▲ 广东省教育研究院汤贞敏院长对标准研制提出总体要求

▲ 广东省教育厅职业教育与终身教育处王魏锋副处长讲话

▲ 广东省教育研究院劳汉生副院长对标准研制提出具体要求

▲ 广东省教育研究院李海东副院长做工作安排

▲ 广东建设职业技术学院赵鹏飞院长做现代学徒制标准研制讲座

▲ 广东省教育研究院职业教育研究室杜怡萍副主任对第一阶段工作进行说明

现代学徒制畜牧兽医专业

▲ 现代学徒制畜牧兽医专业职业能力分析会现场

▲ 现代学徒制畜牧兽医专业职业能力分析会与会人员合影

现代学徒制酒店管理专业

▲ 现代学徒制酒店管理专业职业能力分析会与会人员合影

▲ 现代学徒制酒店管理专业职业能力分析会现场

现代学徒制皮具艺术设计专业

▲ 现代学徒制皮具艺术设计专业职业能力分析会现场

▲ 现代学徒制皮具艺术设计专业职业能力分析会与会人员合影

现代学徒制护理专业

▲ 现代学徒制护理专业职业能力分析会现场

▲ 现代学徒制护理专业职业能力分析会分组讨论

现代学徒制机电一体化技术专业

▲ 现代学徒制机电一体化技术专业职业能力分析会现场

▲ 现代学徒制机电一体化技术专业职业能力分析会与会人员合影

现代学徒制计算机应用技术专业

▲ 现代学徒制计算机应用技术专业职业能力分析会现场

▲ 现代学徒制计算机应用技术专业职业能力分析会与会人员合影

现代学徒制汽车检测与维修技术专业

▲ 现代学徒制汽车检测与维修技术专业职业能力分析会现场

▲ 现代学徒制汽车检测与维修技术专业职业能力分析会专家研讨

现代学徒制汽车车身维修技术专业

▲ 现代学徒制汽车车身维修技术专业职业能力分析会现场

▲ 现代学徒制汽车车身维修技术专业职业能力分析会与会人员合影

现代职业教育标准体系建设系列丛书

广东现代学徒制
专业教学标准研制：职业能力分析（二）

GUANGDONG XIANDAI XUETUZHI
ZHUANYE JIAOXUE BIAOZHUN YANZHI:
ZHIYE NENGLI FENXI（ER）

广东省教育厅
广东省教育研究院 编

广东高等教育出版社
Guangdong Higher Education Press
·广州·

图书在版编目（CIP）数据

广东现代学徒制专业教学标准研制．职业能力分析．二/广东省教育厅，广东省教育研究院编．—广州：广东高等教育出版社，2019.11
（现代职业教育标准体系建设系列丛书）
ISBN 978－7－5361－6357－7

Ⅰ．①广…　Ⅱ．①广…　②广…　Ⅲ．①职业教育－学徒－教育制度－课程标准－调查研究－广东　Ⅳ．①G719.2

中国版本图书馆 CIP 数据核字（2018）第 277499 号

广东现代学徒制专业教学标准研制：职业能力分析（二）
GUANGDONG XIANDAI XUETUZHI ZHUANYE JIAOXUE BIAOZHUN YANZHI：ZHIYE NENGLI FENXI（ER）

出版发行	广东高等教育出版社 地址：广州市天河区林和西横路 邮政编码：510500　电话：（020）87554152　87551077 网址：www.gdgjs.com.cn
印　　刷	佛山市浩文彩色印刷有限公司
开　　本	787 mm×1 092 mm　1/16
印　　张	23.25
插　　页	2
字　　数	560 千
版　　次	2019 年 11 月第 1 版
印　　次	2019 年 11 月第 1 次印刷
定　　价	68.00 元

序

当今世界，科技发展日新月异，技术创新层出不穷，标准化的作用越来越明显，标准化程度已成为衡量各国、各地区核心竞争力的重要因素。标准对国民经济和社会发展具有重要推动作用，一个企业，乃至一个国家，要在激烈的国际竞争中立于不败之地，必须深刻认识标准的重要意义。在职业教育领域，建立科学而完善的标准体系越来越成为内涵发展的驱动力，并最终决定职业教育的人才培养方向和规格。世界职业教育先进国家如英国、德国、澳大利亚等，就是通过开发国家职业资格框架体系，从“知识”“技能”“能力”三个维度对学习成果进行等级评定，进而实现职业教育与劳动力市场、终身教育体系的有机衔接，并为不同国家、不同院校之间的资格等级比较提供了可能。与西方发达国家相比，我国职业教育标准体系尚不健全，标准研制工作相对滞后，在建设现代职业教育体系的背景下，科学制定中国特色、国际水准的现代职业教育标准体系显得尤为紧迫而重要。2014 年 6 月教育部等六部门关于印发《现代职业教育体系建设规划（2014—2020 年）》的通知，明确要求“建立健全职业教育标准体系”；2015 年 8 月教育部印发《关于深化职业教育教学改革 全面提高人才培养质量的若干意见》，明确提出“完善教学标准体系，积极开发与国际先进标准对接的专业教学标准和课程标准”。可见，在未来的中国职业教育中，标准将会成为一个重复率很高的关键词。

广东是改革开放的先行地，建立科学而完善的职业教育标准体系，是创建现代职业教育综合改革试点省的必然要求和重要举措，是建设广东特色、国家需要、世界先进的现代职业教育体系的重要内容，对于广东加快发展现代职业教育和全面实施创新驱动发展战略具有极其重要的作用。从 2013 年启动中高职衔接专业教学标准和课程标准研制工作至今，广东已启动三批共 74 个专业的专业教学标准和课程标准研制工作，投入经费超过 1 000 万元，在实践中形成了一套成熟、有效的标准研制思路、方法与路径。

受广东省教育厅高等教育处、高中与中职教育处委托，广东省教育研究院具体负责标准研制的组织、协调和指导工作。在“能力核心、系统培养”理念指导下，按照设计框架、构建标准、分级培养、衔接贯通的思路，通过供需调研、职业能力分析、课程体系构建、标准编制4个阶段有条不紊地开展工作。其中，第一批9个中高职衔接专业教学标准研制工作已顺利通过验收并付诸实施，围绕专业教学标准与课程标准进行的课程内容开发、教材编写及课程教学实施也已陆续完成；第二批33个中高职衔接、高职本科衔接标准研制项目已完成并陆续进入结题验收阶段，其中30个项目成果已于2017年3月通过了省级验收；第三批项目研制工作正紧锣密鼓地进行。这里给大家展示的是第三批标准研制项目的职业能力分析阶段性成果，它既有针对中高职衔接的标准研制项目，又有从中职到高职再到应用型本科衔接贯通的专业标准研制项目，还有现代学徒制专业教学标准研制项目，以及国际化及IHK证书本土化等专业教学标准项目。项目组依托“四年制应用型本科人才培养”“三二分段专升本应用型人才培养”“现代学徒制试点”等项目，通过项目组内部的高职、本科院校、行业企业、教指委等单位或组织的共同参与、协同创新、联合研制，边研究、边实践、边完善，形成了各具特色、精彩纷呈的研究成果。

职业能力分析是标准研制的关键环节，是实现职业教育专业设置与产业需求、课程内容与职业标准、教学过程与生产过程“三对接”的枢纽。标准研制项目组依托行业企业，运用科学方法，确定了各专业岗位对应的职业能力，为专业教学标准和课程标准编制提供了重要依据。尽管职业能力分析表中还有一些不完善的地方，但我们坚信，在职业院校、行业企业和广大职业教育工作者的共同努力下，职业能力分析工作将会继续拓展和深化，建立广东特色、国家需求、国际接轨的现代职业教育标准体系的目标一定能实现，广东职业教育的明天将会更加美好。

有感而发，是为序。

广东省教育研究院
院长、党委书记

2018年9月

前　言

建立广东特色、国家需要、世界水平的现代职业教育体系，标准必须先行。《广东省人民政府关于创建现代职业教育综合改革试点省的意见》（粤府〔2015〕12号）明确要求“建立职业院校标准体系、建立适应产业发展的专业课程标准体系”，广东省正据此分批次开展专业教学标准和课程标准研制工作。现代学徒制是将传统的学徒培训与现代学校教育相结合的一种校企合作育人的教育制度，是职业教育主动服务区域经济社会发展，推动职业教育体系和劳动就业体系互动，推进现代职业教育体系的战略选择。标准是现代学徒制推进的前提与基础，它可以精准界定现代学徒制的培养目标、人才规格及课程体系等，是组织实施教学、规范教学管理、开发教材和学习资源的基本依据，是评估教育教学质量和人才水平的重要标尺，对推动现代学徒制试点至关重要。

众所周知，英国、美国、德国、澳大利亚等发达国家的职业标准是职业教育人才培养目标定位、课程开发的重要依据。在我国，职业教育缺乏标准的问题相当突出，职业教育在专业设置、专业建设、课程开发及课程实施与评价方面没有成熟的职业标准作为依据，致使学校在人才培养方面的水平参差不齐，同一专业的人才培养方案五花八门，也使得企业在接收毕业生方面无所适从。作为一种教育类型，职业教育必须尽快建立能力核心人才培养与评价标准体系。职业教育重在培养学生的职业能力。职业能力是指人们从事一门或若干相近职业必备的本领，以及在工作生活中所表现出的科学思维和为人处世的态度，是劳动者职业成长的核心竞争力。职业教育以就业为导向，这决定了其标准的源起必然是职业岗位能力，职业能力分析是获得职业岗位能力要求的重要途径，因此，职业能力分析也就成为标准研制的重要环节。

职业能力必须源自于行业企业的岗位能力要求，必须通过科学的方法来获取。广东省借鉴国内外职业能力分析方法，通过研究与实践，创造性地探索出了“二维四步五解”职业能力分析法，即职业能力分析通过头脑风暴、文献研究、个案分析等多种途径，从专业能力和职业素养两个维度，通过专业对接职业岗位、职业岗位细化为工作项目、工作项目细化为工作任务、工作任务细化为职业能力四个步骤，再从完成工作任务应具备的知识、技能、方法、工具、要求五个方面解析职业能力。职业能力分析是现代学徒制专业教学标准开发的关键环节，广东现代学徒制专业教学标准研制对已有“二维四步五解”职业能力分析法进行了改造，通过职业能力分析获取现代学徒制专业的典型工作任务及能力要求，再将典型工作任务转化为工学一体化的课程体系，从而实现课程内容与职业标准的有机对接，既符合标准研制的一般规律，又契合现代学徒制人才培养的基本需求。

本书汇编了广东现代学徒制专业教学标准研制项目中的畜牧兽医、酒店管理、皮具艺术设计、护理、机电一体化技术、计算机应用技术、汽车检测与维修技术、汽车车身维修技术8个专业项目组的职业能力分析成果。这些成果的取得，得到了广东省教育厅职业教育与终身教育处、广东省教育研究院及社会各界同仁的大力支持，凝聚了各项目组的辛勤劳动。在此，对关心和支持标准研制工作的领导和专家表示衷心的感谢！对积极参与标准研制工作的全体人员付出的辛勤劳动致以崇高的敬意！

由于水平和时间有限，书中难免出现错漏，敬请读者不吝指正，以便我们各相关工作更扎实、更有效。

广东现代学徒制专业教学标准
和课程标准项目研制组
2018 年 9 月于广州

目 录

第一章
现代学徒制畜牧兽医专业职业能力分析报告

一、职业能力分析的目的和意义

（一）专业开展职业能力分析的基础

中国共产党第十八届中央委员会第三次全体会议和全国职业教育工作会议明确指出，需要深化产教融合、校企合作，进一步完善校企合作育人机制，创新技术技能人才培养模式，依据《国务院关于加快发展现代职业教育的决定》（国发〔2014〕19号）要求，以及现有畜牧兽医专业培养的毕业生不能完全满足社会需求和产业转型升级需要的现状，广东省职业教育落实《教育部关于开展现代学徒制试点工作的意见》（教职成〔2014〕9号）文件精神，深化产教融合、校企合作，于2014年正式开展"招生即招工、入校即入厂、校企联合培养"的现代学徒制试点。广东科贸职业学院畜牧兽医专业积极就现代学徒制的模式进行探讨和实践，于2015年4月与广东万禾农牧有限公司（现已更名为"广东大广农牧集团公司"）、2016年7月与开平市温氏畜牧有限公司恩平分公司正式签订了合作协议，招收应届、往届中职或高中毕业生在企业的畜牧和兽医各岗位上开展现代学徒制试点工作。2016年7月2日，学校和企业联合成立了现代学徒制试点工作小组，制定了校企联合实施现代学徒制教学的相关规定，期间学院领导和专业教师多次与合作企业开平市温氏畜牧有限公司恩平分公司人力资源部主管和企业负责人进行研讨，确定了高职畜牧兽医专业毕业生现代学徒制职业生涯发展路径（见表1-3）。通过对企业岗位人员的综合调研，分析现代学徒制岗位对学生职业素质和能力的要求及职业资格证书的要求，经双方积极研讨确定了现代学徒制畜牧兽医专业人才培养的目标、课程设置。在此基础上，双方联合组成了课程教学团队对课程教学内容、教学组织方式、实训方式、教学评价标准进行了研讨，制定了较为完善的现代学徒制畜牧兽医专业人才培养方案。

2015年5月，本课题"基于现代学徒制畜牧兽医人才培养模式的高职教育专业标准研制"获得省级教育教学改革项目立项，在广东省教育厅领导下，经广东省教育研究院的指导，项目的开题和调研工作如期进行。在广东万禾农牧有限公司和开平市温氏畜牧有限公司恩平分公司岗位人才培养实践的基础上，项目组面向行业协会、企业、毕业生、在校生及各院校人才培养情况开展了大量的调研工作。通过对调研信息汇总、分析，同时基于"广东中高职衔接畜牧兽医专业教学标准和课程标准研制项目"（项目主持人为广东科贸职业学院姜文联）明确了非现代学徒制中高职畜牧兽医专业毕业生的职业生涯发展路径，确定了现代学徒制畜牧兽医专业毕业生主要面向的岗位。

（二）职业能力分析的目的和意义

目前我国畜牧业在国民经济发展中扮演着重要的角色，畜牧业已经成为事关国计民生的支柱产业，其生产方式不断向集约化、专门化、标准化、无污染、无公害的现代畜牧业生产方式发展，迫切需要大量的畜牧兽医专业高素质高技能专门人才。根据调研分析，广东省一年需要畜牧兽医高素质技能型专门人才1.8万名左右，而广东每年农牧院校畜牧兽医相关专业毕业生不足5 000人，需求缺口非常大。现有畜牧兽医专业培养的毕业生不能完全满足社会的需求和产业转型升级的需要现状，必须通过融合岗位技能需求与课程培新内容，促进产学教一体化，培养适合岗位职业素养需求的高端技能型人才。

《教育部关于开展现代学徒制试点工作的意见》（教职成〔2014〕9号）明确提到："现代学徒制有利于促进行业、企业参与职业教育人才培养全过程，实现专业设置与产业需求对接，课程内容与职业标准对接，教学过程与生产过程对接，毕业证书与职业资格证书对接，职业教育与终身学习对接，提高人才培养质量和针对性。建立现代学徒制是职业教育主动服务当前经济社会发展要求，推动职业教育体系和劳动就业体系互动发展，打通和拓宽技术技能人才培养和成长通道，推进现代职业教育体系建设的战略选择；是深化产教融合、校企合作，推进工学结合、知行合一的有效途径；是全面实施素质教育，把提高职业技能和培养职业精神高度融合，培养学生社会责任感、创新精神、实践能力的重要举措。各地要高度重视现代学徒制试点工作，加大支持力度，大胆探索实践，着力构建现代学徒制培养体系，全面提升技术技能人才的培养能力和水平。"①

广东科贸职业学院动物科技系畜牧兽医专业为促进职业教育的人才更好地适应企业的需求，拟开发基于现代学徒制畜牧兽医人才培养模式的高职教育专业标准，明确中高职毕业生的人才培养目标与定位，确定现代学徒制的职业能力标准，制订中高职衔接的人才培养方案，构建畜牧兽医专业课程体系，提高人才培养的针对性和实用性。

本项目通过对广东省畜牧行业企业、中高职院校毕业生和专业建设第一阶段的调研，分析得到畜牧行业岗位分类分级和畜牧兽医专业职业生涯发展路径，以及广东省中高职院校畜牧兽医专业人才培养目标及课程体系构建的现状与存在问题等成果。开展职业能力分析是现代学徒制专业教学标准与课程标准研制项目的重要组成部分，本项目组在广东省教育研究院的统一指导下，通过行业企业专家对工作项目、工作任务、职业能力等的描述，进行进一步的整理、归纳和分析，形成畜牧兽医专业岗位职业能力分析表，进而形成专业岗位群及职业能力汇总表，明确每一个岗位的岗位任务和岗位能力，从中确定具体任务所需要的理论和实操核心技能，为之后的职业能力分级、能力单元及课程的开发提供依据，为科学编制广东省现代学徒制畜牧兽医专业教学标准和课程标准奠定基础，也有利于校企共同制定人才能力水平评价标准，满足企业对技术技能型人才的选拔与考核，推动畜牧兽医专业相关产业进一步发展。

---

① 中华人民共和国教育部．教育部关于开展现代学徒制试点工作的意见[EB/OL](2014-08-25)[2016-11-15]. http://old.moe.gov.cn/publicfiles/business/htmlfiles/moe/s7055/201409/174583.html.

通过职业能力分析，寻找现代学徒制岗位的工作项目、工作任务，获得胜任工作的职业能力，可以明确职业岗位对知识、技能和态度的要求，能够为现代学徒制畜牧兽医专业教学标准制定、课程体系构建、课程标准和课程内容开发奠定扎实的基础。

二、职业能力分析的组织与实施

（一）职业能力分析的基本方法

项目组进行职业能力分析主要通过头脑风暴法、文献法、分组座谈讨论法和现场访谈法等方法确定职业能力的基本结构框架，再通过归纳、总结、回访、文献研究等方法不断丰富完善职业能力，最终形成完整的岗位职业能力。

1. 头脑风暴法

项目组在调研的基础上，特邀请从事本专业的8位专业技术人员（其中4位为总经理或技术总监、4位为一线组长）参加本专业职业能力分析会，并采用头脑风暴法综合分析畜牧兽医企业主要从业人员的工作项目、工作任务及其职业能力要求，集中讨论进行项目的等级评定，确定能力要求的程度等过程，总结出本专业职业能力初稿。

2. 文献法

文献法主要用于研究国内外职业能力分析方法，参照我国职业标准规定的岗位技能需求和评价方法（如《动物疫病防治员国家职业标准》《家畜繁殖员国家职业标准》《执业兽医资格考试管理办法》等），参考欧洲双元制、西方现代学徒制的做法并进行了研究借鉴，以指导职业能力分析，并对现场职业岗位工作任务等描述语言加以修正。

3. 分组座谈讨论法

在通过头脑风暴法整理分析工作项目/职业素养和工作任务/职业素养分类之后，按照不同的工作岗位项目进行分组讨论职业能力，要求每个工作项目组需5名以上成员，之后将职业能力归纳总结后，所有组员进行结果的再次分析、归纳和确认。

4. 现场访谈法

现场访谈是对合作企业的法人和人事主管、岗位人员及在岗培养的学徒进行访谈，进一步明确现代学徒岗位对于学生职业素质和能力要求，形成针对企业岗位能力要求的职业能力项目。

（二）职业能力分析会的组织

1. 职业能力分析会的前期准备

本项目通过第一阶段的调研，项目组（学院和企业）在广东省教育研究院的培训指导下，通过观摩其他项目的职业能力分析会，熟悉了会议的流程。结合之前调研的经验，较好地掌握了职业能力分析会的准备工作。根据职业能力分析会的流程和要求，本项目组专门安排了人员制订工作方案和负责会场布置，包括主持人的选择、会议记录员的安排、会议程序的制定、落实场地、场地布置、横幅布置、现场录像、座位安排、资料打印、耗材准备及会场其他所需要的物品等。本项目在准备过程中有区别于其他项目的情况，“广东中高职衔接畜牧兽医专业教学标准和课程标准研制项目”的主持人——广东科贸职业学院姜文联也是本项目的参与者，这个项目之前已经进行过畜牧兽医专业职业能力分析（包括中职和高职的职业能力分析），基于该项目的分析，经项目组讨论，目前畜牧兽医专业的职业能力已基本覆盖，所以我们提前将准备好的职业能力表发给专家参考，有效地、有针对性地对现代学徒制的职业能力进行选择和补充。

经项目组讨论研究，按照每个岗位至少 1 名专家（畜牧兽医行业一线岗位负责人都有基层分项工作经历），开会确定邀请的代表性企业，从这些企业选择与相关岗位符合的企业专家或技术人员共 8 人（见表 1－1），其中 4 名为企业的高层负责人，另 4 名为企业主要岗位负责人（其中 2 名是畜牧兽医专业优秀的毕业生），都是从事相对应的岗位工作。同时安排项目组成员分工，每名成员负责 1～2 名企业专家的邀请及邀请函的发送。同时邀请了广东科贸职业学院肖智远副院长（也是广东省家禽业协会名誉会长）、教务处吴霞处长和动物科技系姜文联主任（“广东中高职衔接畜牧兽医专业教学标准和课程标准研制项目”主持人）和项目组的成员参加此次会议。

2. 职业能力分析会的召开

本项目职业能力分析会于 2016 年 10 月 14—15 日在江门市召开。本次会议有专家、课题组成员、会务人员共 26 人参加，还邀请了 8 家大中型畜牧兽医相关企业作为头脑风暴法岗位职业能力分析的主要参与单位，与会专家均是从事育种、生产、品控和兽医的企业高管及岗位技术人员（见表 1－1），项目组 16 名成员参与会议的讨论，会议的全程内容均进行录像和录音。

表 1－1　基于现代学徒制畜牧兽医专业职业能力分析研讨会岗位专家名单

岗位名称	岗位人员（负责人）	岗位专家（负责人）
育种	王新生（方心灵）	周后财副总经理（张朝胜）
生产	许景彪（张君）	陈兴荣经理（张君）
品控	刘文芳（阮国安）	陈国胜厂长（余双祥）
兽医	刘僖（罗映霞）	梁祥解技术总监（康艳梅）

现代学徒制畜牧兽医专业职业能力分析会现场，如图 1－1 所示。

（1）

（2）

图 1－1　现代学徒制畜牧兽医专业职业能力分析会现场

会议首先由项目组负责人张君进行会前说明，向受邀专家和列席人员介绍了项目背景、前期的研究成果、当前的进度和此次会议的目的、任务及流程，逐一引导各位专家发言，按照要求依次确认职业能力分析表的各项具体内容，记录员准确记录专家和主持人的意见信息。在主持人的支持下，会议按照流程有条不紊地进行，各位专家踊跃发表意见，不时出现激烈的讨论，经过专家和项目组成员综合分析，确定了各个岗位的工作项目和工作任务。

随后将提前准备的职业能力分析表发给专家，主持人逐一提出各项职业能力，由主要负责专家给出建议，其他专家补充，旁边有 3 位记录员登记需要补充的职业能力（如图 1－2 所示）。

（1）　　（2）

图 1－2　现代学徒制畜牧兽医专业职业能力分析会分组会议现场

分组讨论中，专家针对具体的职业能力也采用头脑风暴的方法，发散思维，发挥了每位专家的智慧，综合分析讨论，优选劣汰，基于国家标准，增加了随着社会发展产生的新职业能力，准确反映行业企业人员对岗位的认识和理解。

3. 会后资料的整理

在资料分析现场，项目组安排了 3 名本专业项目组成员作为记录员（电脑记录 2 人，辅助记录员 1 人），职业能力分析会分组会议也同时安排 2 名记录员，负责与会专家现场发言的记录及会后资料的汇总。

分析会结束后，项目组成员张君、梁祥解、阮国安、张朝胜、李海华、康艳梅、方心灵等多位项目组成员对会议资料进行了认真细致分析、讨论、整理，将文字材料、录音影像等资料进行了汇编加工，形成了系统而详细的专业能力分析材料。

资料整理按照以下步骤进行：

（1）经过项目组成员统一会议讨论，通过参考相关文献和国家标准，对职业能力分析会上行业专家提出的问题和有争议的部分进行查漏补缺和完善，形成现代学徒制畜牧兽医专业职业能力分析表和分析报告（讨论稿）。

（2）将整理完成的讨论稿发给与会的行业企业专家再次征求意见，并在其基础上进行修改、完善。

（3）经项目组成员完善专家给出的修改稿，如无异议，确定形成畜牧兽医专业最终的职业能力分析表和分析报告。

（三）职业能力分析表的制订

职业能力分析采用的职业能力表是由广东省教育研究院职业教育研究室统一推荐的模板，该表由工作项目、工作任务、职业能力3部分组成，对每个工作项目进行了等级评价，对每一种职业能力也进行了重要程度的标识。其形成过程是，首先由行业企业专家确定每个岗位的3～7个工作项目，然后在每个项目下细分2～5个工作任务，每个任务再对应若干种职业能力，由此，形成系统的职业能力分析表，详见本章“四、职业能力分析表”。结合职业生涯发展路径，将职业能力与相应的岗位对应，可以确定畜牧兽医专业岗位群及专业能力分布。

职业能力分析表的制订分为以下步骤：

（1）根据“广东中高职衔接畜牧兽医专业教学标准和课程标准研制项目”形成的畜牧兽医专业职业能力分析表，将其发给专家参考和补充（第一稿），提前与专家沟通。

（2）通过召开职业能力分析会，形成来自企业的专家对8个职业岗位的初级分析表，同时现场与现代学徒制合作企业岗位人员补充现代学徒制岗位对于学生职业素质和能力的要求，形成针对合作企业岗位能力要求的职业能力项目（第二稿）。

（3）项目组参照国家相应职业标准及合作企业岗位规范要求等，对广东省第二批专业教学标准研制项目中“广东中高职衔接畜牧兽医专业教学标准和课程标准研制项目”的职业能力分析成果进行了研究借鉴，对职业能力再次进行梳理、归纳、补充，形成较完善的职业能力分析表（第三稿）。

（4）2016年11月，项目组分别在合作企业（由项目的企业负责人梁祥解主持）和学校组织了1次小型研讨会（如图1－3所示），对通用的职业素养进行归纳整理，确定能力要求中职和高职两个阶段属于哪一层级的学习水平，形成职业能力分析表，经项目组成员张君整理编号，形成终稿（第四稿）。

（1）

（2）

（3）

（4）

图 1－3 职业能力分析整理合作企业研讨会现场

三、职业能力分析的结论与成效

（一）职业能力分析的结论

本项目在人才需求的基础上，于 2016 年 5—10 月之间，开展现代学徒制畜牧兽医专业职业能力分析工作。通过文献参考、头脑风暴分析及专家座谈讨论，经历查阅文献——组织学习——前期准备——制定表格——组织职业能力分析会——整理会后资料——企业专家反馈——定稿等 8 个步骤，分析出现代学徒制畜牧兽医专业人才培养的主要工作项目，项目组得到了畜牧类和兽医类两类的 8 个岗位 28 项工作项目，并分析确定了各岗位共同的 10 项职业素养，以及全部共 368 项职业能力。

（二）职业生涯发展路径表

项目组参照“广东中高职衔接畜牧兽医专业教学标准和课程标准研制项目”总结出本专业学生主要就业核心岗位类别为畜牧岗位、兽医岗位和销售岗位三大类别，每一类别的岗位根据其工作任务的特殊性可分为 5～6 个层次，根据其与毕业生职业发展的对应关系，总结出畜牧兽医专业毕业生职业生涯发展路径（如表 1－2 所示），确定职业能力分析会重点分析与本专业毕业生关系密切的三类五级共 34 个岗位。

表 1－2 畜牧兽医专业毕业生职业生涯发展路径

发展阶段	职业岗位			职业资格证书	学历层次	发展年限/年（参考时间）	
	畜牧岗位	兽医岗位	销售岗位			中职	高职
Ⅵ	总经理、技术总监			—	高职以上	—	8 以上
Ⅴ	场长、店长	场长、兽医主管	区域销售经理	高级证书	高职/中职	6～8	5～6

续上表

发展阶段	职业岗位			职业资格证书	学历层次	发展年限/年（参考时间）	
	畜牧岗位	兽医岗位	销售岗位			中职	高职
Ⅳ	场长助理、店长助理	兽医主管助理	销售经理	中级工	高职/中职	4～6	2.5～4.5
Ⅲ	生产组长、育种技术员、品控主任	兽医组长	销售主管	中级工	高职/中职	3～5	1.5～2.5
Ⅱ	饲养员、繁殖员、饲料检验员、宠物护理员	兽医助理、检验检疫员	销售员（畜产品、饲料、兽药）	初级工	高职/中职	1～3	0.5～1.5
Ⅰ	学徒（饲养、繁殖、饲料检验、宠物护理）	学徒（兽医、检验检疫）	学徒（畜产品、饲料、兽药）	—	中职	0.5～1	—

通过全面调研，经项目组讨论，确定对现代学徒制畜牧兽医专业对总经理、技术总监、场长等8个岗位进行分析，分析了针对企业的现代学徒制畜牧兽医专业职业岗位范围，总结出本专业学生主要就业核心岗位类别为畜牧岗位和兽医岗位两大类别。每一类别的岗位根据其工作任务的特殊性可分为5个层次，根据其与毕业生职业发展的对应关系，总结出现代学徒制畜牧兽医专业毕业生职业生涯发展路径（如表1－3所示）。现代学徒制学生在合作企业经过1.5～2.5年的顶岗培养，通过考核毕业后将成为组长（生产组长、育种组长、品控组长、兽医组长）。经过2.5～4.5年成为副场长，经过5～6年成为场长，经过8年以上成为总经理（技术总监）。现代学徒制畜牧兽医专业毕业生职业生涯发展路径分为畜牧岗位和兽医岗位，各发展阶段如表1－3所示。

表1－3　现代学徒制畜牧兽医专业毕业生职业生涯发展路径

发展阶段	学徒岗位		学历层次	发展年限/年（参考时间）
	畜牧岗位	兽医岗位	—	高职
Ⅴ	总经理（技术总监）		高职以上	8以上
Ⅳ	场长		高职	5～6
Ⅲ	副场长		高职	2.5～4.5
Ⅱ	组长（生产组长、育种组长、品控组长）	组长	高职	1.5～2.5

续上表

<table>
<tr><th rowspan="2">发展阶段</th><th colspan="2">学徒岗位</th><th>学历层次</th><th>发展年限/年（参考时间）</th></tr>
<tr><th>畜牧岗位</th><th>兽医岗位</th><th>—</th><th>高职</th></tr>
<tr><td rowspan="2">Ⅰ</td><td rowspan="2">技术员（饲养技术员、繁殖技术员、饲料检验技术员）</td><td rowspan="2">医技术员（动物疫病防控、动物检验检疫）</td><td>高职</td><td>0</td></tr>
<tr><td>中职/高中</td><td>0.5～1.5</td></tr>
</table>

（三）畜牧兽医企业岗位群分布情况

畜牧兽医行业是一个涉及面很广的行业，受访企业包括了9家畜牧兽医相关行业协会和60家企业（包括饲料厂、养殖场、兽药厂、动物医院、营销企业等企业）。据调研分析，畜牧兽医专业的毕业生主要从事的岗位领域有畜牧类岗（饲养、繁殖、宠物养护和饲料检验）、兽医类岗（检验检疫、兽医化验和兽医助理）和营销类岗（兽药营销、饲料营销和畜产品营销）3个领域，目前饲养岗、兽医助理岗、繁殖岗、饲料营销岗、兽药营销岗、宠物护理岗、兽医化验岗等8个岗位占整体人员分布的86.6%，与企业岗位需求分布基本一致，具体如表1－4所示。

表1－4 畜牧兽医从业人员岗位分布

<table>
<tr><th colspan="2">职业岗位</th></tr>
<tr><th>畜牧岗位</th><th>兽医岗位</th></tr>
<tr><td colspan="2">总经理、技术总监</td></tr>
<tr><td>场长（店长）
副场长
组长（生产组长、育种组长、品控组长）
技术员（饲养技术员、繁殖技术员、饲料检验技术员）</td><td>场长（兽医主管）
副场长（兽医主管助理）
组长
技术员（动物疫病防控、动物检验检疫）</td></tr>
</table>

本专业中职、高职毕业生主要分布在畜牧类、兽医类和销售类上，这些岗位也是目前企业人才需求缺口最大的岗位。

通过对合作企业——广东万禾农牧有限公司（现更名为广东大广农牧集团公司）人力资源部主管和岗位人员调研，了解到现代学徒制岗位对学生职业素质和能力要求，如表1－5所示。

表1－5　畜牧兽医类岗职业能力和职业素养的要求

岗位分布	岗位	职业能力和职业素质要求
畜牧类	场长（店长）	1. 具备优秀的统筹管理能力。 2. 具有较好的市场判断能力。 3. 具有优秀团队领导能力、沟通能力、协调能力，具有良好的职业道德。 4. 具备掌握畜禽场的生产流程及各个关键环节的技术要求、注意事项，能够发现生产工人在具体操作过程中存在的不足，并且能够及时提出解决问题的办法并及时加以落实。 5. 必须具有能够负责全面管理与技术工作的能力
	副场长	1. 具备全面养殖专业技术知识和丰富畜禽场管理经验，具有统揽全局的能力。 2. 具备针对畜禽场的生产流程及各个关键环节的技术规程（规范），能够通过各种统计资料分析出生产环节存在的问题，并提出改进意见。 3. 监督场长对各项生产程序和各项技术要求的落实情况
	组长、（生产组长、育种组长、品控）	1. 具备高度的疫病防控意识，严格遵守消毒和疫病防控制度。 2. 具备一定的管理能力，可以严格按照畜禽场的生产流程、技术要求、注意事项安排完成工作。 3. 精通养猪场的生产流程中各个关键环节的技术要求、注意事项
	技术员、饲养技术员、繁殖技术员、饲料检验技术员	1. 具备高度的疫病防控意识，严格遵守消毒和疫病防控制度。 2. 具备耐得住寂寞、不怕脏、不怕苦、不怕累的精神，能够严格按照畜禽场的生产流程、技术要求、注意事项完成工作。 3. 了解养猪场的生产流程中各个关键环节的技术要求、注意事项
兽医类	场长（兽医主管）	1. 必须具备全面养殖专业技术知识和丰富管理经验，具有统揽全局的能力。 2. 必须了解畜禽场的生产流程及各个关键环节的技术规程（规范），能够通过各种统计资料分析出生产环节存在的问题，并提出改进意见。 3. 依据畜禽的实际情况，在疫病检测的基础上制定免疫程序、疫病综合防控措施并检测各项措施的效果。通过畜禽的健康状况和生长水平审查饲料供应，提出饲料及使用建议
	副场长（兽医主管助理）	1. 具备相应的专业技术知识和丰富的畜禽场工作经验。 2. 必须对自己负责阶段的技术要求、免疫计划、疫病防控措施、饲养技术全面了解。 3. 具备应该落实各项措施的能力

续上表

岗位分布	岗位	职业能力和职业素质要求
畜牧类	兽医组长	1. 具备较为全面的养殖技术知识。 2. 具备针对畜禽场的生产流程和常发病情况，能够通过各种统计资料分析出生产环节存在的问题，并提出改进意见。 3. 具备正确地处理及解决一般常见的疾病的能力。 4. 具备与客户沟通的能力
	技术员（动物疫病防控、动物检验检疫）	1. 具备动物检验检疫方面的基本理论知识和技能，能在国家各级检验检疫部门、动物产品卫生安全与监督机构、农畜产品生产销售等企业从事动物病虫害检验检疫及防治、农畜产品卫生安全检测、动物保护等方面的技术。 2. 有较强的调查研究与决策、组织与管理、口头与文字表达能力，具有创新意识、独立获取新知识和信息处理能力。 3. 具备良好的职业道德和法律法规知识

（四）职业能力分析的成效

（1）能够为企业特定岗位要求设置有针对性的模块化课程，满足目前企业和人才培养不兼容、管理升级的需要。

通过召开职业能力分析会，学校专业教师和行业企业一线专家又多了一次面对面的交流机会，使得专业教师进一步充分了解当前畜牧兽医行业企业对于人才所需要具备能力的需求，了解企业的产业结构现状及未来发展趋势，明确岗位知识、技能需求，了解企业对现代学徒制畜牧兽医专业毕业生人才需求及职业能力要求，能够对接合作企业特定岗位要求准确定位专业人才培养目标，明确人才培养规格，编制针对特定岗位的课程模块，满足企业在技术等方面的需求。

（2）为现代学徒制畜牧兽医专业课程体系构建、课程标准和课程内容开发奠定扎实的基础。

畜牧兽医专业岗位的工作项目、任务、职业能力及对应的岗位知识和技能的要求，可以为现代学徒制畜牧兽医专业教学标准制定、课程体系构建、课程标准和课程内容开发奠定基础。

（3）为课程教学改革提供了依据。

通过职业能力分析会，项目组进一步明确了畜牧兽医专业毕业生职业生涯升迁路径和现代学徒制畜牧兽医专业职业能力情况，在确定专业主要工作项目及工作任务的基础上，结合畜牧兽医行业的特点，整理出本专业毕业生须具备的职业素养，并分别从社会能力、方法能力等方面进一步分析出各职业素养要素。通过职业能力分析，进一步细化了畜牧兽医专业主要岗位的职业能力需求指标，构建了畜牧兽医专业能力指标体系，明确了开展现代学徒制畜牧兽医专业教学的培养方向与内容。通过召开专家研讨会，通过深入和细致翔实的分析，为科学编制《广东省现代学徒制畜牧兽医专业教学标准和课程标准》提供可靠依据。

四、职业能力分析表

现代学徒制畜牧兽医专业职业能力分析表，如表1－6所示。

表1－6 现代学徒制畜牧兽医专业职业能力分析表

工作项目/职业素养		工作任务/职业素养分类		职业能力（技能、工具、方法、要求、知识）		学习水平 高职 Lj
01	养殖现场情况巡视	01－01	检查动物群体健康状况	01－01－01	能观察动物在静止状态下的表现，是否有离群、聚堆等异常现象，要有及时报告上级的工作原则	L2
				01－01－02	能观察动物的运动状态，对异常情况，要有及时报告上级的工作原则	L2
				01－01－03	能观察动物的采食和饮水情况，是否有厌食等异常表现，要有及时报告上级的工作原则	L2
				01－01－04	能观察动物的呼吸状况，发出特殊的声音时，要有及时报告上级的工作原则	L2
				01－01－05	能观察动物的排泄物状况，出现异常时，要有及时报告上级的工作原则	L2
				01－01－06	能够服从培训，报告执行状态	L2
		01－02	检查畜禽舍周围情况	01－02－01	能够通过播放的监控视频和图片，发现现场的特殊及不正常情况，并汇报	L2
				01－02－02	能发现周围存在的安全隐患，若不能消除，要有及时报告上级的工作原则	L2
02	饲喂	02－01	喂料	02－01－01	正确清扫料槽	L1
				02－01－02	检查饲料质量，发现异常，要有及时报告上级的工作原则	L2
				02－01－03	按场规定，定时定量投料	L2
				02－01－04	发现特殊情况，要按照技术员指导投料	L2
		02－02	饮水	02－02－01	正确清洁饮水系统	L2
				02－02－02	检查供水系统运作是否正常，发现异常，要有及时报告上级的工作原则	L2
				02－02－03	检查水源质量	L2
				02－02－04	发现特殊情况，要按照技术员指导控制饮水	L2

续上表

<table>
<tr><th colspan="2" rowspan="2">工作项目/职业素养</th><th colspan="2" rowspan="2">工作任务/职业素养分类</th><th colspan="2" rowspan="2">职业能力（技能、工具、方法、要求、知识）</th><th>学习水平</th></tr>
<tr><th>高职 Lj</th></tr>
<tr><td rowspan="19">03</td><td rowspan="19">环境控制</td><td rowspan="4">03－01</td><td rowspan="4">温度控制</td><td>03－01－01</td><td>掌握不同动物在不同生长阶段最适温度</td><td>L2</td></tr>
<tr><td>03－01－02</td><td>查看圈舍内温度</td><td>L2</td></tr>
<tr><td>03－01－03</td><td>能操控控温设备</td><td>L2</td></tr>
<tr><td>03－01－04</td><td>检查圈舍其他异常状况，如贼风、灌堂风等，及时处理</td><td>L2</td></tr>
<tr><td rowspan="3">03－02</td><td rowspan="3">湿度控制</td><td>03－02－01</td><td>掌握不同动物在不同生长阶段的最适湿度</td><td>L2</td></tr>
<tr><td>03－02－02</td><td>查看圈舍内湿度</td><td>L2</td></tr>
<tr><td>03－02－03</td><td>能操控控湿设备</td><td>L2</td></tr>
<tr><td rowspan="4">03－03</td><td rowspan="4">空气质量控制</td><td>03－03－01</td><td>掌握不同动物正常生长的空气指标</td><td>L2</td></tr>
<tr><td>03－03－02</td><td>查看圈舍通风情况</td><td>L2</td></tr>
<tr><td>03－03－03</td><td>能操控通风设备</td><td>L2</td></tr>
<tr><td>03－03－04</td><td>具备消除圈舍内强烈刺激性气味的能力</td><td>L2</td></tr>
<tr><td rowspan="4">03－04</td><td rowspan="4">光照控制</td><td>03－04－01</td><td>掌握不同动物在不同生长阶段的最适光照强度</td><td>L2</td></tr>
<tr><td>03－04－02</td><td>掌握不同动物在不同生长阶段的最适光照时间</td><td>L2</td></tr>
<tr><td>03－04－03</td><td>查看圈舍内光照情况</td><td>L2</td></tr>
<tr><td>03－04－04</td><td>能操控控光设备</td><td>L2</td></tr>
<tr><td rowspan="4">03－05</td><td rowspan="4">环境卫生</td><td>03－05－01</td><td>正确清理动物排泄物</td><td>L2</td></tr>
<tr><td>03－05－02</td><td>正确保持圈舍内各处的卫生</td><td>L2</td></tr>
<tr><td>03－05－03</td><td>正确保持圈舍外卫生清洁及时清除各种杂草</td><td>L2</td></tr>
<tr><td>03－05－04</td><td>正确保持公共区域卫生</td><td>L2</td></tr>
</table>

续上表

工作项目/职业素养		工作任务/职业素养分类		职业能力（技能、工具、方法、要求、知识）		学习水平 高职 Lj
04	消毒	04－01	落实消毒计划	04－01－01	掌握相关消毒的常识	L2
				04－01－02	正确配制消毒液	L2
				04－01－03	掌握环境消毒的方法	L2
				04－01－04	掌握饮水消毒的方法	L2
				04－01－05	掌握带畜禽消毒的方法	L2
				04－01－06	具有定期更换圈舍消毒池水的工作原则	L2
				04－01－07	掌握设备用具的消毒方法	L2
		04－02	消毒设施的使用	04－02－01	掌握消毒设备的使用方法	L3
				04－02－02	掌握定期检查消毒设备	L3
05	养殖设施的使用与维护	05－01	喂料设施的使用与维护	05－01－01	掌握喂料设备的使用方法	L3
				05－01－02	要定期检查喂料设备	L3
		05－02	喂水设施的使用与维护	05－02－01	掌握喂水设备的使用方法	L3
				05－02－02	要定期检查喂水设备	L3
		05－03	投药设施的使用与维护	05－03－01	掌握投药设备的使用方法	L3
				05－03－02	要定期检查投药设备	L3
		05－04	公共设施的使用与维护	05－04－01	掌握公共设施设备的使用方法	L3
				05－04－02	要定期检查公共设施设备	L3
06	投药	06－01	投药方案的实施	06－01－01	根据投药计划领取药物	L2
				06－01－02	掌握药物的使用方法	L2
				06－01－03	根据养殖场的投药方案进行投药	L2

续上表

工作项目/职业素养		工作任务/职业素养分类		职业能力（技能、工具、方法、要求、知识）		学习水平 高职 Lj
07	护理	07－01	病弱畜禽的护理	07－01－01	能对病弱畜禽进行隔离	L2
				07－01－02	能对病弱畜禽进行护理	L2
		07－02	生产护理	07－02－01	掌握哺乳动物产前护理方法	L2
				07－02－02	掌握哺乳动物接产方法	L2
				07－02－03	掌握哺乳动物产后护理方法	L2
08	病死畜无害化处理	08－01	无害化处理的实施	08－01－01	掌握无害化处理，坚持以彻底消灭病原微生物为原则	L3
				08－01－02	按照相关法律法规，结合养殖场实际情况，选择适当的处理方法	L3
09	记录	09－01	工作记录	09－01－01	正确填写温度、湿度、光照的记录	L2
				09－01－02	正确填写喂料、饮水记录	L2
				09－01－03	正确填写死亡、淘汰记录	L2
				09－01－04	正确填写存栏记录	L2
				09－01－05	正确填写消毒记录	L2
				09－01－06	正确填写动物的免疫记录	L2
				09－01－07	正确填写投药记录	L2
				09－01－08	正确填写动物治疗记录	L2
				09－01－09	正确填写转栏记录	L2
				09－01－10	正确填写生产（分娩、产蛋）记录	L2
				09－01－11	正确填写特殊情况记录	L2
10	日常管理	10－01	日常学习	10－01－01	学习养殖场的法律法规，爱护饲养动物及公共财物	L2
				10－01－02	具备饲养相关的理论知识和饲养技术，积极参加岗位培训，不断提高自身业务水平	L2
				10－01－03	接受新技术指导	L2

续上表

工作项目/职业素养		工作任务/职业素养分类		职业能力（技能、工具、方法、要求、知识）		学习水平 高职 Lj
10	日常管理	10－02	日常职责	10－02－01	每天定时做好巡护工作，并且不少于三次，做好巡护记录	L3
				10－02－02	做好环境卫生工作，保持场内与周边环境清洁卫生	L3
				10－02－03	正确做好饲料配比，按时投食，补充用水	L3
				10－02－04	仔细观察，在巡护时如发现异常情况，应及时汇报	L3
				10－02－05	填写各类报表，积累各项指标数据，字迹工整	L3
				10－02－06	协助防疫技术人员做好驱虫、防疫、消毒工作	L3
				10－02－07	做好领导安排的其他任务	L3
11	计划管理	11－01	繁育计划	11－01－01	能辨别品种、品系特征	L4
				11－01－02	能概述繁育体系	L4
				11－01－03	能陈述繁育工作流程	L4
				11－01－04	能辨识系谱信息	L4
				11－01－05	能理解繁育计划与生产计划的衔接关系	L4
				11－01－06	能掌握相关技术指标考核	L4
		11－02	生产安排	11－02－01	组织调配人员	L4
				11－02－02	组织周转栏舍	L4
				11－02－03	能检查保养设备	L4
				11－02－04	能统筹准备物资	L4
				11－02－05	指导安全生产	L4
		11－03	选育计划	11－03－01	掌握品种选育标准	L4
				11－03－02	理解选育目标	L4
				11－03－03	掌握选育方法	L4
				11－03－04	理解执行性能测定计划	L4
				11－03－05	评估选育效果	L4

续上表

工作项目/职业素养		工作任务/职业素养分类		职业能力（技能、工具、方法、要求、知识）		学习水平 高职 Lj
12	性能测定	12－01	标识分类	12－01－01	掌握家禽断趾标识技术	L3
				12－01－02	掌握家禽剪冠标识技术	L3
				12－01－03	掌握家禽翅号标识技术	L3
				12－01－04	掌握家畜耳号耳缺标识技术	L3
				12－01－05	掌握家禽脚号标识技术	L3
				12－01－06	掌握 RIF① 卡电子标识技术	L3
		12－02	体貌测定	12－02－01	能掌握毛色基因型选择原理与标准，辨别毛色亮泽程度	L2
				12－02－02	能掌握肤色基因型选择原理与标准，辨别肤色亮泽程度	L2
				12－02－03	能掌握角基因型选择原理及标准，判别角的有无	L2
				12－02－04	能掌握冠形基因型选择原理与标准，辨别鸡冠性状及色泽	L2
				12－02－05	能辨别常见遗传缺陷，如猪的阴囊疝、脐疝及异形蹄等	L2
		12－03	生长性能	12－03－01	能计算种畜禽体重均匀度，例如猪 70 日龄重、4 月龄重	L3
				12－03－02	能根据一定时间内饲料食用量及体重变化量计算饲料报酬率	L3
				12－03－03	能根据淘汰数量及总数量计算其淘汰率或合格率	L3
				12－03－04	能计算畜禽日增重，例如猪平均日增重 30～100 kg	L3
				12－03－05	能够指导使用眼肌扫描仪等设备测定眼肌面积	L3
				12－03－06	能够指导使用背膘测定仪等设备测定一定日龄猪背膘厚度	L3

① RIF：radar identification set，雷达识别装置。

续上表

<table>
<tr><th colspan="2" rowspan="2">工作项目/职业素养</th><th colspan="2" rowspan="2">工作任务/职业素养分类</th><th colspan="2" rowspan="2">职业能力
（技能、工具、方法、要求、知识）</th><th>学习水平</th></tr>
<tr><th>高职
Lj</th></tr>
<tr><td rowspan="12">12</td><td rowspan="12">性能测定</td><td rowspan="6">12－04</td><td rowspan="6">繁殖性能</td><td>12－04－01</td><td>能辨别家禽受精蛋，根据受精蛋与入孵蛋数量计算受精率</td><td>L3</td></tr>
<tr><td>12－04－02</td><td>能根据猪分娩数量与配种数量计算分娩率</td><td>L3</td></tr>
<tr><td>12－04－03</td><td>能计算母猪年产仔数，估计母猪繁殖性能</td><td>L3</td></tr>
<tr><td>12－04－04</td><td>能指导评价家禽孵化效果指标，例如早期死胎率、受精蛋孵化率、入孵蛋孵化率、健雏率与死胎率等</td><td>L3</td></tr>
<tr><td>12－04－05</td><td>能称量畜禽初生重，判别弱仔、健仔</td><td>L3</td></tr>
<tr><td>12－04－06</td><td>能计算仔猪断奶重/断奶窝重，判断母猪繁殖性能</td><td>L3</td></tr>
<tr><td rowspan="6">12－05</td><td rowspan="6">体尺测定</td><td>12－05－01</td><td>能指导使用游标卡尺测量鸡冠高</td><td>L2</td></tr>
<tr><td>12－05－02</td><td>能识别胫长/胫围位置，测量其长度</td><td>L2</td></tr>
<tr><td>12－05－03</td><td>能识别体斜测量位置进行正确测量</td><td>L2</td></tr>
<tr><td>12－05－04</td><td>能识别龙骨测量进行正确测量</td><td>L2</td></tr>
<tr><td>12－05－05</td><td>能指导使用家禽胸角器进行胸角测量</td><td>L2</td></tr>
<tr><td>12－05－06</td><td>能识别猪体长/体高/胸围测量位置，使用测量设备进行测量</td><td>L2</td></tr>
<tr><td rowspan="5">13</td><td rowspan="5">数据整理</td><td rowspan="5">13－01</td><td rowspan="5">数据登记</td><td>13－01－01</td><td>能使用 Office 软件制定数据登记专业表格，例如繁殖数据表格设计、肉用数据表格设计、蛋用数据表格设计等</td><td>L2</td></tr>
<tr><td>13－01－02</td><td>能如实收集记录表格项目中各数据</td><td>L2</td></tr>
<tr><td>13－01－03</td><td>能应用计算机进行数据电子版录入</td><td>L2</td></tr>
<tr><td>13－01－04</td><td>能对录入原始数据进行分类整理</td><td>L2</td></tr>
<tr><td>13－01－05</td><td>能对分类整理数据进行数据汇总</td><td>L2</td></tr>
</table>

续上表

工作项目/职业素养		工作任务/职业素养分类		职业能力（技能、工具、方法、要求、知识）		学习水平 高职 Lj
13	数据整理	13-02	数据分析	13-02-01	能甄别原始统计数据，去除错误数据、不符合统计规律数据	L4
				13-02-02	能使用育种常用软件，例如猪育种软件GBS①、PigCHAMP②及软件包PEST③等	L4
				13-02-03	能对统计结果进行分析，例如显著性检验等	L4
				13-02-04	能根据统计分析结果对选育进行评估	L4
				13-02-05	能陈述总结选育报告	L4
		13-03	数据保存	13-03-01	存档纸质版原始资料	L2
				13-03-02	存档电子版原始材料及统计分析结果	L2
				13-03-03	设定数据查阅权限	L2
				13-03-04	建立健全档案管理制度	L2
14	品种选育	14-01	现场选择	14-01-01	整理选留数据	L3
				14-01-02	能根据畜禽体貌特征进行个体选择	L3
				14-01-03	能对合格畜禽进行分群管理	L3
				14-01-04	能根据生理特征选择种畜禽，根据生殖器选择公鸭、公鹅、公猪等	L3
				14-01-05	能进行配合力测定	L3
		14-02	选配	14-02-01	能根据育种值及体貌特征进行父系选择	L3
				14-02-02	能根据育种值及体貌特征进行母系选择	L3
				14-02-03	能配制精液稀释液	L3
				14-02-04	能使用显微镜对精子密度进行估测	L3
				14-02-05	能使用诱情方法对种公畜进行诱情	L3
				14-02-06	能根据选择父母系进行近交控制	L3
				14-02-07	组建新家系	L3

① GBS：猪场生产管理与育种数据分析系统。

② PigCHAMP：猪场管理软件。

③ PEST：politics，economy，society，technology，宏观环境分析。

续上表

<table>
<tr><th colspan="2" rowspan="2">工作项目/
职业素养</th><th colspan="2" rowspan="2">工作任务/
职业素养分类</th><th colspan="2" rowspan="2">职业能力
（技能、工具、方法、要求、知识）</th><th>学习水平</th></tr>
<tr><th>高职
Lj</th></tr>
<tr><td rowspan="6">14</td><td rowspan="6">品种选育</td><td rowspan="6">14－03</td><td rowspan="6">继代繁育</td><td>14－03－01</td><td>能用直肠检查法判断母畜发情，能确定卵泡的发育期进行家畜发情鉴定</td><td>L3</td></tr>
<tr><td>14－03－02</td><td>掌握人工授精技术，能进行采精及精液品质鉴定、指导输精及进行精液保存</td><td>L3</td></tr>
<tr><td>14－03－03</td><td>能指导家畜妊娠鉴定，例如能够进行直肠检查、判定母畜妊娠时期</td><td>L3</td></tr>
<tr><td>14－03－04</td><td>能进行围产期管理，指导围产期饲喂与保健</td><td>L3</td></tr>
<tr><td>14－03－05</td><td>能指导家畜分娩，例如能护理正常分娩后的母畜及对难产母畜进行产后护理</td><td>L3</td></tr>
<tr><td>14－03－06</td><td>能对继代进行系谱孵化</td><td>L3</td></tr>
<tr><td rowspan="12">15</td><td rowspan="12">监控原辅料</td><td rowspan="6">15－01</td><td rowspan="6">验收原料</td><td>15－01－01</td><td>具备饲料样本采集的技能</td><td>L3</td></tr>
<tr><td>15－01－02</td><td>能够进行饲料卫生检验</td><td>L3</td></tr>
<tr><td>15－01－03</td><td>能够进行饲料原料的感官检验</td><td>L3</td></tr>
<tr><td>15－01－04</td><td>能够进行原料常规成分检测</td><td>L3</td></tr>
<tr><td>15－01－05</td><td>熟悉原料验收质量标准</td><td>L3</td></tr>
<tr><td>15－01－06</td><td>能够出具规范的检验报告</td><td>L3</td></tr>
<tr><td rowspan="3">15－02</td><td rowspan="3">验收辅料</td><td>15－02－01</td><td>熟悉辅料的标准</td><td>L3</td></tr>
<tr><td>15－02－02</td><td>具备辅料常规检验的能力</td><td>L3</td></tr>
<tr><td>15－02－03</td><td>具备指导辅料正确使用的能力</td><td>L3</td></tr>
<tr><td rowspan="3">15－03</td><td rowspan="3">监控原辅料的仓储</td><td>15－03－01</td><td>熟悉原辅料的储存要求</td><td>L3</td></tr>
<tr><td>15－03－02</td><td>熟悉原辅料储存过程中品质的变化</td><td>L3</td></tr>
<tr><td>15－03－03</td><td>能够进行原辅料库存品质的监控</td><td>L3</td></tr>
<tr><td rowspan="3">16</td><td rowspan="3">监控生产过程</td><td rowspan="3">16－01</td><td rowspan="3">监控生产配方</td><td>16－01－01</td><td>熟悉配方的使用及有效性</td><td>L4</td></tr>
<tr><td>16－01－02</td><td>熟悉公司规定的饲料质量标准</td><td>L4</td></tr>
<tr><td>16－01－03</td><td>监控饲料生产配方的执行情况</td><td>L4</td></tr>
</table>

续上表

工作项目/职业素养		工作任务/职业素养分类		职业能力（技能、工具、方法、要求、知识）		学习水平 高职 Lj
16	监控生产过程	16－02	监控生产工艺流程	16－02－01	熟悉生产流程及质量控制关键点	L3
				16－02－02	具备生产过程质量控制点的监控能力	L3
				16－02－03	具有生产过程记录复核的能力	L3
				16－02－04	能够进行设备运行监控	L3
				16－02－05	熟悉计量器具校验的要求	L3
				16－02－06	熟悉回机料处理的有关规定	L3
		16－03	监控生产车间和仓库的环境	16－03－01	熟悉生产车间及仓库的环境要求	L3
				16－03－02	具备生产车间及仓库环境的监控能力	L3
				16－03－03	具备生产设备清洁状况的监控能力	L3
17	监控成品	17－01	抽验成品	17－01－01	熟悉成品的质量标准	L2
				17－01－02	具备成品样品采集和检验的技能	L2
				17－01－03	具备成品质量的分析和评估能力	L2
		17－02	成品质量统计分析	17－02－01	能够做成品的各种化验工作	L2
				17－02－02	规范成品检验记录	L3
				17－02－03	掌握统计分析方法	L3
				17－02－04	能够出具规范的成品质量检验报告	L3
				17－02－05	能够进行品质控制和品质异常分析工作	L3
		17－03	监控成品仓储	17－03－01	熟悉成品储存过程中品质的变化	L3
				17－03－02	能够进行成品库存品质的监控	L3
18	落实及监控质量管理体系	18－01	完善质量管理制度	18－01－01	能够协助制定库房管理制度	L3
				18－01－02	能够协助制定生产车间管理制度	L3
				18－01－03	能够协助制定实验室制度	L3
		18－02	实施及监控质量管理制度	18－02－01	熟悉国家法律法规及国家标准的要求	L3
				18－02－02	具有执行质量管理制度的能力	L3
				18－02－03	具有监控管理制度落实的能力	L3

续上表

<table>
<tr><th colspan="2" rowspan="3">工作项目/职业素养</th><th colspan="2" rowspan="3">工作任务/职业素养分类</th><th colspan="2" rowspan="3">职业能力
（技能、工具、方法、要求、知识）</th><th>学习水平</th></tr>
<tr><th>高职</th></tr>
<tr><th>Lj</th></tr>
<tr><td rowspan="4">18</td><td rowspan="4">落实及监控质量管理体系</td><td rowspan="4">18－03</td><td rowspan="4">培训质量管理制度</td><td>18－03－01</td><td>能够进行相关法律法规的培训</td><td>L3</td></tr>
<tr><td>18－03－02</td><td>能够进行相关国家标准的培训</td><td>L3</td></tr>
<tr><td>18－03－03</td><td>能够进行相关质量管理制度的培训</td><td>L3</td></tr>
<tr><td>18－03－04</td><td>能够进行实验室安全的培训</td><td>L3</td></tr>
<tr><td rowspan="9">19</td><td rowspan="9">管理仪器设备及试剂</td><td rowspan="5">19－01</td><td rowspan="5">仪器设备的使用及管理</td><td>19－01－01</td><td>熟悉所用仪器设备名称、型号、性能特点和功用</td><td>L3</td></tr>
<tr><td>19－01－02</td><td>能够进行常规仪器的使用和日常维护</td><td>L3</td></tr>
<tr><td>19－01－03</td><td>熟悉仪器校验的要求</td><td>L3</td></tr>
<tr><td>19－01－04</td><td>能够进行大型仪器的使用和日常的维护</td><td>L3</td></tr>
<tr><td>19－01－05</td><td>能够编制仪器的采购计划</td><td>L3</td></tr>
<tr><td rowspan="4">19－02</td><td rowspan="4">试剂的使用及管理</td><td>19－02－01</td><td>具备实验试剂配制和使用的能力</td><td>L3</td></tr>
<tr><td>19－02－02</td><td>能够进行常规试剂及危险品的管理</td><td>L3</td></tr>
<tr><td>19－02－03</td><td>能够编制试剂的采购计划</td><td>L3</td></tr>
<tr><td>19－02－04</td><td>熟悉特殊试剂的储存要求</td><td>L3</td></tr>
<tr><td rowspan="7">20</td><td rowspan="7">动物临床巡视</td><td rowspan="6">20－01</td><td rowspan="6">检查动物群体健康状况</td><td>20－01－01</td><td>会查看饲养记录</td><td>L2</td></tr>
<tr><td>20－01－02</td><td>能通过动物在静止状态下的表现，看出是否有离群或聚堆现象，并能够做出正确的判断</td><td>L2</td></tr>
<tr><td>20－01－03</td><td>观察动物的运动状态，判断动物是否正常</td><td>L2</td></tr>
<tr><td>20－01－04</td><td>观察动物的采食和饮水情况，判断是否有厌食表现</td><td>L2</td></tr>
<tr><td>20－01－05</td><td>观察动物呼吸状况、呼吸音，判断动物是否正常</td><td>L2</td></tr>
<tr><td>20－01－06</td><td>观察动物的排泄物状况，判断是否正常</td><td>L2</td></tr>
<tr><td>20－02</td><td>检查畜禽舍周围情况</td><td>20－02－01</td><td>观察畜禽舍周围是否存在安全隐患，是否有老鼠、鸟类等，并针对问题及时提出解决方案</td><td>L2</td></tr>
</table>

续上表

工作项目/职业素养		工作任务/职业素养分类		职业能力（技能、工具、方法、要求、知识）		学习水平 高职 Lj
21	疫苗免疫	21-01	制订免疫计划	21-01-01	分析畜禽的母原抗体的水平，决定首免的时间	L3
				21-01-02	掌握当地疫病流行情况，选择需要免疫的病种	L3
				21-01-03	分析实验室诊断结果，确定疫苗毒株	L3
				21-01-04	会分析畜禽的种类、疫苗的特性等因素，确定免疫途径	L3
				21-01-05	能够制订科学合理的免疫计划	L3
		21-02	选择疫苗	21-02-01	具有根据当地疫病流行状况，选择和确定应使用疫苗的能力	L3
				21-02-02	具有分析疫苗成分和特性的能力，可以掌握每种疫苗的免疫特点	L3
				21-02-03	具有根据养殖场具体情况，选择合适疫苗的能力	L3
				21-02-04	具有查看疫苗的种类、批号、厂名、外观质量、有效时间及免疫头份，判断疫苗优劣的能力	L3
				21-02-05	能够根据各种疫苗按照要求进行保存，对过期、失效、变质的疫苗一律禁用	L3
		21-03	监督实施免疫接种	21-03-01	具有监督是否按照免疫计划实施的能力	L3
				21-03-02	能够做到准时足量免疫接种，确保免疫率100%	L3
				21-03-03	能够正确使用活疫苗	L3
				21-03-04	能够在免疫注射时，严格按照正确操作要求进行	L3
				21-03-05	能够做到在接种过程中，疫苗的稀释比例、剂量、接种方法等项要按规定进行，不得随意更改	L3
				21-03-06	能够做到免疫工具使用前进行严格消毒，更换针头，以免交叉感染，出现免疫应激时会及时处理	L3
				21-03-07	具有监督接种后废弃物无害化处理的能力	L3
				21-03-08	具有监督免疫记录、填写免疫证的能力	L3

续上表

工作项目/职业素养		工作任务/职业素养分类		职业能力（技能、工具、方法、要求、知识）		学习水平 高职 Lj
21	疫苗免疫	21－04	分析免疫效果	21－04－01	能够分析疫苗原因对免疫效果产生的影响	L3
				21－04－02	能够分析动物自身因素对免疫效果产生的影响	L3
				21－04－03	能够分析母源抗体对免疫效果产生的影响	L3
				21－04－04	能够分析饲料因素对免疫效果产生的影响	L3
				21－04－05	能够分析药物对免疫效果产生的影响	L3
				21－04－06	能够分析环境因素对免疫效果产生的影响	L3
				21－04－07	能够分析人为因素对免疫效果产生的影响	L3
				21－04－08	能够分析疾病因素对免疫效果产生的影响	L3
				21－04－09	具有通过实验室检测结果评价疫苗免疫效果的能力	L3
				21－04－10	具有依据临床或畜禽群体生产成绩评价疫苗免疫效果的能力	L3
				21－04－11	能够定期对已免疫病种进行免疫抗体检测，落实常年补免措施，确保防疫质量的能力	L3
22	药物预防	22－01	制订药物预防计划	22－01－01	能够根据养殖场的实际情况，制订日常保健计划	L4
				22－01－02	能够根据生产中可能预见的突发状况，制订应激保健计划	L4
		22－02	选择药物	22－02－01	能够根据养殖场具体状况，选择和确定应使用的预防药物	L3
				22－02－02	能够了解药物的成分和特性，掌握每种药物的使用特点	L3
				22－02－03	具有根据药敏试验结果选择药物的能力	L3

续上表

工作项目/职业素养		工作任务/职业素养分类		职业能力（技能、工具、方法、要求、知识）		学习水平 高职 Lj
22	药物预防	22－03	监督实施药物预防	22－03－01	会查看药物的种类、批号、厂名、外观质量、有效期	L3
				22－03－02	会对各种药物按照要求进行保存，对过期、失效、变质的药物一律禁用	L3
				22－03－03	具有监督是否按照计划实施的能力	L3
				22－03－04	能够做到准时足量预防用药	L3
		22－04	分析药物预防效果	22－04－01	具有查看畜禽健康状况，评估预防用药效果的能力	L4
23	消毒防疫	23－01	制订消毒计划	23－01－01	会根据养殖场的疫病特点、发生情况和消毒药物特点，制订适合本养殖场的消毒计划	L4
				23－01－02	能够做到尽量交叉用药，避免连续用药，懂得药物之间的相互作用	L4
				23－01－03	能够根据养殖规模，计算每种消毒药物用量	L4
		23－02	选择消毒药物	23－02－01	能够有针对性地选择消毒药物	L4
				23－02－02	能够根据不同疾病的易发季节选择不同的消毒药	L4
				23－02－03	能够根据动物情况选择不同的消毒药	L4
				23－02－04	能够根据场区位置的不同选择不同的消毒药	L4
				23－02－05	能够根据不同的消毒方式，选择最佳的消毒药物	L4
				23－02－06	能够掌握每种消毒药物的最佳消毒方法	L4
		23－03	监督实施消毒	23－03－01	具有监督消毒计划实施的能力	L3
				23－03－02	能够监督人员、车辆、物品等进出生产区都必须经过严格消毒	L3
				23－03－03	能够监督生产区内外消毒池内消毒液定期更换，保持有效浓度	L3
				23－03－04	能够监督日常畜禽、环境消毒	L3
				23－03－05	能够按照使用说明，正确使用消毒剂	L3
				23－03－06	能够做到消毒要彻底，不存在死角	L3
				23－03－07	能够做到在消毒药物使用过程中保证人畜安全和个人防护，避免对人畜产生损害	L3
				23－03－08	能够总结消毒过程中常见问题，并进行及时纠正错误操作	L3

续上表

工作项目/职业素养		工作任务/职业素养分类		职业能力（技能、工具、方法、要求、知识）		学习水平 高职 Lj
24	疾病诊断与分析	24－01	问诊	24－01－01	具有与饲养员沟通，了解动物的采食、饮水、体温等情况的能力	L3
				24－01－02	能够做到问诊内容详尽、完整、真实可靠	L3
		24－02	视诊	24－02－01	会观察动物的身体状况、粪尿状况，会对动物的总体状况做出一定的评定	L3
				24－02－02	会观察饲料是否正常、是否有霉变、饲料配方是否合理等	L3
				24－02－03	会观察动物的毛色是否正常、体表是否有寄生虫等	L3
				24－02－04	会观察动物眼结膜是否正常，是否有苍白、潮红、炎症等特殊病变	L3
				24－02－05	会观察粪便是否正常，是否有血便、寄生虫、下痢等症状	L3
				24－02－06	会观察动物的站姿是否正常，是否有点头运动或臀部升降运动等	L3
				24－02－07	会观察饮食，是否有厌食、吞咽困难、采食量下降、反刍异常等现象	L3
				24－02－08	会观察舌头，看舌苔是否变薄、变厚、变黄等异常情况	L3
		24－03	触诊	24－03－01	能够判断动物的体温是否正常，是否有寒热现象	L3
				24－03－02	能够观察触摸过程中动物的反映是否正常，是否反映太大或太迟钝	L3
		24－04	叩诊	24－04－01	能够掌握正确的叩诊方法和技巧	L3
				24－04－02	能够掌握正常的叩诊音，通过叩诊，判断叩诊音是否正常	L3
				24－04－03	能够掌握疾病诊断正确的叩诊位置	L3
		24－05	听诊	24－05－01	能够掌握不同的听诊方法和正常的听诊音	L3
				24－05－02	可正确使用各种听诊器	L3
		24－06	嗅诊	24－06－01	能够掌握粪便、口气、饲料等正常气味	L3

续上表

工作项目/职业素养		工作任务/职业素养分类		职业能力（技能、工具、方法、要求、知识）		学习水平 高职 Lj
24	疾病诊断与分析	24－07	测定体温	24－07－01	能够掌握动物正常体温的测定方法，正确使用体温测量工具	L3
				24－07－02	能够掌握不同动物的正常体温范围，对异常体温做出判定	L3
				24－07－03	熟悉体温与疾病的关系，能够掌握不同疾病常出现的不同热型	L3
		24－08	解剖动物	24－08－01	具有识别动物正常器官的形态、位置、结构的能力	L3
				24－08－02	能够掌握不同动物正确的病理解剖方法，熟练使用解剖工具	L3
				24－08－03	具有较强的心理素质，能做到胆大心细	L3
				24－08－04	具有辨别和检查动物正常生理功能的能力	L3
				24－08－05	能够掌握动物的八大系统，了解各系统正常器官的形态结构	L3
		24－09	采集病料	24－09－01	能够在病料采集过程中，做到无污染、无病原扩散	L3
				24－09－02	能够做到病料采集目标明确，采集部位典型，组织结构完整	L3
				24－09－03	能够做到采集时间及时，大小合理	L3
				24－09－04	采集用具要锋利，能够做到动作要轻	L3
				24－09－05	会在病料上注明病料的名称和采集的时间、地点、器官名称等	L3
		24－10	送检和保存病料	24－10－01	能够做到病料送检要及时，保证病料新鲜	L3
				24－10－02	根据实际情况，能够掌握病料长期和短期的保存方法	L3
		24－11	分析病因	24－11－01	可通过药敏试验，对微生物进行综合分析	L4
				24－11－02	能够正确分析饲料原因引起的疾病特征	L4
				24－11－03	能够正确分析细菌引起的疾病特征	L4
				24－11－04	能够正确分析病毒引起的疾病特征	L4
				24－11－05	能够正确分析寄生虫引起的疾病特征	L4
				24－11－06	能够正确分析其他因素引起的疾病特征	L4

续上表

工作项目/职业素养		工作任务/职业素养分类		职业能力（技能、工具、方法、要求、知识）		学习水平 高职 Lj
25	疾病治疗	25－01	制订治疗方案	25－01－01	具有通过药敏实验等方法选择有效药物的能力	L4
				25－01－02	懂得注意药物之间的相互作用，具有防止药效的降低或丧失的能力	L4
				25－01－03	在药物选择过程中，为防止耐药性的产生，能够做到轮换用药	L4
				25－01－04	能够根据不同的动物，在药物选择过程中，做到规避食品安全问题	L4
				25－01－05	能够掌握国家的禁用药物和国家相关药物使用的法律法规	L4
		25－02	监督实施治疗方案	25－02－01	具有监督药物的正确使用方法、使用剂量、防止药物中毒的能力	L4
				25－02－02	具有监督不同药物的投药方式和投药途径的能力	L4
26	病死畜无害化处理	26－01	选择无害化处理方法	26－01－01	能够做到无害化处理，坚持以彻底消灭病原微生物为原则	L4
				26－01－02	能够按照相关法律法规，结合养殖场实际情况，选择适当的处理方法	L4
		26－02	监督实施无害化处理	26－02－01	具有监督无害化处理实施情况的能力	L4
27	团队建设	27－01	招聘培训	27－01－01	G1 根据市场发展计划提交人员需求计划	L3
				27－01－02	G2 根据标准选择合适的人才	L3
				27－01－03	G3 协助公司做岗位培训计划	L3
				27－01－04	G4 导师制教学，以老带新	L3
		27－02	考核与管理	27－02－01	H1 参与制定销售制度	L3
				27－02－02	H2 参与制定销售流程	L3
				27－02－03	H3 监督管理日常销售情况	L3
				27－02－04	H4 绩效考核与评价	L3
		27－03	职业规划与成长	27－03－01	I1 协助设定阶段性职业发展路径	L3
				27－03－02	I2 引导团队成员完善职业规划	L3
				27－03－03	I3 激励员工	L3

续上表

工作项目/职业素养		工作任务/职业素养分类		职业能力（技能、工具、方法、要求、知识）		学习水平 高职 Lj
28	职业素养(通用能力、核心技能、关键能力)	28－01	沟通交流	28－01－01	能通过询问饲养员和积极聆听饲养员的介绍，获得畜禽饲喂情况	L3
				28－01－02	能够对统计数据及饲养结果进行文字总结	L3
				28－01－03	能够清晰准确地汇报工作及下达任务	L3
				28－01－04	能够准确简明表达自己的观点和倾听理解他人意见	L3
				28－01－05	能够详细制订周计划、月计划	L3
				28－01－06	能够读懂畜禽的行为表现	L3
		28－02	数字应用	28－02－01	熟练应用 Office 软件	L3
				28－02－02	能够掌握 SPSS①、SAS② 等统计软件	L3
				28－02－03	能够使用 QQ、微信等交流工具	L3
		28－03	革新创新	28－03－01	能够优化畜禽饲养条件	L3
				28－03－02	有革新意识	L3
		28－04	自主学习	28－04－01	学习畜禽育种新理论、新方法	L3
				28－04－02	学习畜禽繁殖新技术	L3
				28－04－03	学习管理知识	L3
		28－05	团队合作	28－05－01	有团结力	L3
				28－05－02	有集体荣誉感	L3
				28－05－03	能够集体劳动	L3
				28－05－04	各饲养环节衔接	L3
		28－06	解决问题	28－06－01	能及时反馈问题	L3
				28－06－02	能及时分析解决问题	L3

① SPSS：statistical product and service solutions，统计产品与服务解决方案。

② SAS：statistical analysis system，统计分析软件。

续上表

工作项目/职业素养		工作任务/职业素养分类		职业能力（技能、工具、方法、要求、知识）		学习水平 高职 Lj
28	职业素养（通用能力、核心技能、关键能力）	28－07	信息处理	28－07－01	具备收集处理统计有效数据的能力	L3
				28－07－02	具备信息推理与分析的能力	L3
				28－07－03	能读懂畜禽育种估计值	L3
		28－08	责任（安全）意识	28－08－01	正确使用机械设备，安全生产	L3
				28－08－02	了解人畜共患病，做好个人防护	L3
				28－08－03	安全处理病死畜禽尸体	L3
		28－09	外语应用	28－09－01	具备阅读畜牧兽医专业英语的能力	L3
				28－09－02	能查阅畜牧相关英文说明书	L3
				28－09－03	能使用英文版的育种软件	L3
		28－10	其他	28－10－01	能吃苦耐劳	L3
				28－10－02	耐得住寂寞	L3
				28－10－03	态度端正、爱岗敬业	L3

注：“学习水平”中的高职 L*j* 的 *j* 对应“表 1－3　现代学徒制畜牧兽医专业毕业生职业生涯发展路径”中的高职发展阶段。若是第Ⅱ发展阶段，则用 L2 表示；若是第Ⅲ发展阶段，则用 L3 表示，依此类推。

五、附录

（一）参与职业能力分析的行业企业专家名单（如表 1－7 所示）

表 1－7　参与职业能力分析的行业企业专家名单

序号	姓名	单位名称	职务
1	周后财	广东大广农牧集团公司	总经理
2	陈兴荣	开平市温氏畜牧有限公司	经理
3	陈国胜	广东粤禽育种有限公司	经理
4	梁祥解	广东大广农牧集团公司	技术总监
5	许景彪	广东壹号食品股份有限公司	兽医组长
6	刘　儋	武汉科前生物股份有限公司	育种组长

续上表

序号	姓名	单位名称	职务
7	刘文芳	开平市温氏畜牧有限公司	品控组长
8	王新生	开平市温氏畜牧有限公司恩平分公司	生产组长

（二）参与职业能力分析的院校教师名单（如表1－8所示）

表1－8　参与职业能力分析的院校教师名单

序号	姓名	单位名称	职务/职称
1	张　君	广东科贸职业学院	专业带头人/讲师
2	肖智远	广东科贸职业学院	副院长/研究员
3	吴　霞	广东科贸职业学院	教务处长/教授
4	刘思伽	广东科贸职业学院	副主任/副研究员
5	梁建彝	广东科贸职业学院	系书记/副教授
6	方心灵	广东科贸职业学院	专业带头人/讲师
7	阮国安	广东科贸职业学院	教研室主任/讲师
8	张朝胜	广东科贸职业学院	教师/讲师
9	康艳梅	广东科贸职业学院	教师/讲师
10	余双祥	广东科贸职业学院	教师/高级兽医师
11	李海华	广东科贸职业学院	教师/高级畜牧师
12	吴　林	广东科贸职业学院	教师/副教授
13	姜文联	广东科贸职业学院	系主任/高级畜牧师
14	刘国乾	广东科贸职业学院	教师/讲师
15	唐　玲	广东科贸职业学院	教师/讲师
16	林洁文	广东科贸职业学院	秘书/助教

第二章
现代学徒制酒店管理专业职业能力分析报告

一、职业能力分析的目的和意义

（一）酒店管理专业开展职业能力分析的基础

佛山职业技术学院酒店管理专业于2006年开始招生，经过十多年的发展，酒店管理专业的各项工作已走向常态化和规范化：在人才培养模式、师资配备、课程设置、教材建设、实训基地建设、教科研工作等各方面稳步向前推进，尤其是在校企合作办学方面取得了优越的成绩：我们的合作企业主要为国际一流的品牌酒店集团和本地著名的品牌酒店，有全球排名前列的洲际酒店集团、温德姆酒店集团，以及佛山保利洲际酒店、佛山恒安瑞士大酒店、佛山高明碧桂园凤凰酒店、佛山岭南天地马哥孛罗酒店、佛山皇冠假日酒店、广州翡翠皇冠假日酒店、佛山金太阳大酒店、佛山南海枫丹白鹭酒店等多家珠江三角洲地区著名酒店。佛山职业技术学院与洲际酒店集团签订英才培养学院合作项目，是佛山职业技术学院创建广东省示范院校进程中的亮点，也是佛山职业技术学院酒店管理专业国际化办学、培养高层次酒店管理职业人才的重要平台。校企深度合作，共同培养现代酒店管理精英，注重酒店管理卓越人才的职业素质，立体化嵌入人才培养全过程，全方位培养学生职业规范、职业道德、职业人文素养、职业素养、职业创新创业能力等综合素质能力。2014年佛山职业技术学院酒店管理专业入选广东省高职院校现代学徒制试点单位，采用校企双导师团队交互训教的方式实施在校培养及在企业实施多岗位在岗培养，合作育人。

2015年5月，佛山职业技术学院承担了广东省教育厅“基于现代学徒制人才培养模式酒店管理专业教学标准研制”项目。为了进一步明确酒店管理专业岗位的主要工作项目、每一个工作项目所包含的工作任务，以及相应的职业能力，探索现代学徒制酒店管理专业职业能力标准体系，以便为下一步课程体系的构建及核心课程的开发找到合理依据，在广东省教育研究院的指导下，本项目组召开了现代学徒制酒店管理专业职业能力分析会，通过职业能力分析，形成了现代学徒制酒店管理专业岗位职业能力分析表，进而形成酒店管理专业岗位群及职业能力分布汇总表，明确了每一个岗位所要完成的岗位任务和职业能力，并以此为基础，从中确定相应职业岗位所需要的知识、能力和素养，为构建本专业课程体系提供依据，为科学编制现代学徒制酒店管理专业教学标准和课程标准奠定基础。

（二）开展职业能力分析的必要性

职业能力是人们从事其职业的多种能力的综合，主要包含三方面基本要素：第一，为了胜任一种具体职业而必须要具备的能力，即任职资格；第二，指在步入职场之后表现的职业素质；第三，开始职业生涯之后具备的职业生涯管理能力。职业能力既是行业企业用人的要求和标准，也是职业教育人才培养的目标，是职业院校与行业企业有机联系的重要纽带①，任何一个职业岗位都有相应的岗位职责要求，一定的职业能力则是胜任某种职业岗位的必要条件。

通过职业能力分析，找寻典型工作项目、任务，获得胜任工作的职业能力，可以明确职业岗位对知识、技能和态度的要求，为课程体系建构和课程内容开发奠定扎实的基础。

（三）职业能力分析的目的和意义

1．确定现代学徒制酒店管理专业应培养的职业能力

职业能力是专业人才培养目标、课程教学目标的重要内容，是明确人才培养规格的重要依据。通过职业能力分析，可以有层次地、清晰地表达职业能力。而且这些能力是可评可测的，既提高了职业教育人才培养目标的可操作性和导向性，也使得目标成为专业评估评价的重要依据。

2．确定职业岗位的典型工作任务

职业教育培养的是应用型人才，职业教育课程不仅要关注让学生获得哪些职业知识，而且要关注学生以什么结构来获得这些知识。毋庸置疑，课程结构是影响学生职业能力形成的重要变量。职业教育的课程结构要与工作的结构有机地对应起来。由此，基于工作过程的课程开发孕育而生，开发基于工作过程的课程，职业岗位的典型工作任务必须确定，因为职业活动中的典型工作任务是形成职业能力，使职业能力构成的知识、技能、态度三要素结构化的重要载体。

通过职业能力分析，找寻典型工作项目、任务，获得胜任工作的职业能力，可以明确职业岗位对知识、技能和态度的要求。为课程体系建构和课程内容开发奠定扎实的基础。

二、职业能力分析的组织与实施

（一）职业能力分析的基本方法

为了更准确地确定现代学徒制酒店管理专业的岗位职业能力，项目组主要采用观摩学习（专家咨询）、头脑风暴法、文献法、访谈法等方式方法进行。

1．观摩学习（专家咨询）

经过前期的调研，项目组已形成了调研报告，通过对调研报告的分析研究，已初步

① 杜怡萍．“二维四步五解”职业能力分析法的实践探索［J］．职教论坛，2015（9）：8－14.

形成现代学徒制酒店管理专业毕业生的就业岗位群及职业生涯发展路径。为了在此基础上更好地开展后续的分析研究工作，项目组成员参加了由广东轻工职业技术学院举办的职业能力分析会。同时，杜怡萍主任、邓文辉博士及黄文伟老师等广东省教育研究院的专家，给项目组开展职业能力分析提供了有力的帮助。

2. 头脑风暴法

为了使前期初步的设想归纳转换成实用型方案，项目组邀请了10位企业专家参加职业能力分析会，通过“头脑风暴式”的讨论，企业专家分享了各自的实际经验。项目组也分享了酒店行业企业专家的集体智慧。通过畅所欲言，互相启发和激励，项目组全面确定毕业生就业岗位中典型的工作项目、工作任务及应该具备的职业能力和职业素养。

3. 文献法

项目组先后查阅了100多篇（部）相关的论文、专著及相关的行业标准。海内外有关文献的研究方法和手段，可以指导项目组进行酒店管理专业的职业能力分析，并对职业岗位的任务及能力等的描述用词进行修正，以使项目的成果更加丰满，更具合理性、科学性。

4. 访谈法

由于地域或性质的差异，酒店企业具有各自的特点。为了避免我们的结果以偏概全，为了进一步提高研究成果的适用程度，项目组在召开职业能力分析会并完成会后资料的整理以后，再次通过座谈、走访、约谈、电话访谈、微信访谈等方式与不同的酒店企业专家对职业能力分析结果进行反复确认与修改。

（二）职业能力分析会的组织

1. 职业能力分析会的前期准备

经过第一阶段的调研分析工作后，项目组根据广东省教育研究院的工作布置，拟在2016年5月28日举行职业能力分析会。

（1）职业能力分析会工作方案的制订。

为了使职业能力分析会的工作能够顺利地进行，项目组按照专家研讨会的工作内容进行具体工作方案的制订及落实。方案对会议主题、参会专家和列席人员、时间和地点、会议议程、组织与分工、工作进程等方面的工作进行了缜密的计划。

（2）筹备工作会议的召开。

多次召开筹备工作会议，布置落实各项工作，以保障会议的顺利进行。

（3）企业专家的确定及邀请。

项目组在前期的调研中，通过问卷调查、访谈、文献分析等多种途径，基本掌握了酒店管理专业职业岗位群的信息，了解了酒店管理专业毕业生的主要去向及专业对应的目标岗位。因此，项目组最终确定对前厅部的领班、接待主管、礼宾司及经理，客房部的楼层领班、客房部主管及经理，餐饮部的餐厅领班、主管及经理，营销部的主管和经理，后勤（文职）的人事部经理、人事主管和培训主管等15个岗位进行职业能力分析，其岗位覆盖率达94%。这些岗位的关联程度高，在职业发展过程中，从事这些岗位的人员都有相关的经历。据此，项目组以在相关岗位上工作3年以上、具有比较好的语言表达能力等作为遴选条件，确定参会企业专家的范围。每个岗位均拟邀请两位来自不同酒店部门的中层管理人员（即经理或总监）作为企业专家，项目组拟邀前厅部、客房部、餐饮部、营销部及后勤（文职）等5个部门的10位专家参会（实际与会专家具体名单见表2-5）。同时，会议开始前，项目组把职业能力分析会的形式、内容、要求等向各位专家进行解读。

2. 职业能力分析会的召开

2016年5月28日佛山职业技术学院召开现代学徒制酒店管理专业职业能力分析行业企业专家研讨会，参会人员有广东省教育研究院专家、酒店行业企业专家、中职学校教学专业负责人、项目组全体人员、佛山职业技术学院财经管理系各专业负责人及骨干教师，共30多人。会议分开幕式和研讨会两部分。开幕式由佛山职业技术学院财经管理系主任黄佑军教授主持，佛山职业技术学院副院长李柏青教授致开幕词。研讨会由广东省教育研究院职业教育研究室副主任邓文辉博士主持，会议流程及各项内容如下：

（1）专家个人自述。

（2）职业能力分析前培训。

（3）确定现代学徒制酒店管理专业岗位群及发展路径。

（4）以前厅部岗位作为示范分析：确定岗位的工作项目、确定岗位工作项目的工作任务（工作步骤或事项）、确定岗位工作项目中工作任务（工作步骤或事项）所需的职业能力。

（5）分岗位进行分析：餐饮部岗位、客房部岗位继续由邓文辉博士主持分析，后勤（文职）岗位、销售部岗位由两名专业老师负责主持进行。

（6）分岗位整理职业能力分析表，打印纸质稿交由专家修改并确认。各岗位专家集中到主会场确定岗位职业素养，并评定工作项目等级。

（7）职业能力分析会后的工作布置。

3. 会后资料整理工作安排

职业能力分析会结束后，项目组对会议资料进行认真细致的分析和整理，综合现场的文字材料、录音录像等资料，进行梳理和补充，形成了比较系统而详细的职业能力分析材料。资料整理过程分四个步骤：

（1）将职业能力分析会上的专家意见真实完整地记录下来，然后运用规范的职业能力术语和表达对专家意见进行修正，形成初步的现代学徒制酒店管理专业职业能力分析表。

（2）参考已有的研究成果和相关文献，对行业企业专家没有进行完整分析的工作内容进行补充和完善，形成现代学徒制酒店管理专业职业能力分析表和分析报告（讨论稿）。

（3）将整理出来的讨论稿发给与会的行业企业专家再次征询其意见，并让他们修改完善；同时，组织项目组成员继续通过走访形式到其他酒店进行咨询、调研，对讨论稿进行补充和调整修改。

（4）项目组开会研讨、分析各类专家、人员的意见，修改完善讨论稿，形成最终的职业能力分析表和分析报告。

（三）职业能力分析表的制订

1. 职业能力分析表的内容

项目组采用了由广东省教育研究院职业教育研究室统一推荐的职业能力分析表，该表主要由工作项目、工作任务、职业能力及职业素养等四大部分组成。同时，要求对每个工作项目进行等级评价，对每一项职业能力也要进行重要程度的标识。

2. 职业能力分析表的制订过程及依据如表 2－1 所示

表 2－1 职业能力分析表的制订过程及依据

制订过程		依据
确定现代学徒制酒店管理专业岗位群及发展路径		前期的调研成果
酒店各相关部门工作岗位	列出各岗位的主要工作项目	1. 在主持人的引导下，酒店专家经过“头脑风暴式”讨论得出的结果； 2. 合作酒店的管理手册； 3. 行业标准
	把每项工作项目细化为工作任务	
	分解分析完成每一项工作任务应具备的职业能力	
	分析岗位的通用能力（职业素养）	
	对每项工作项目和每项职业能力的完成程度进行评定	

三、职业能力分析的结论与成效

（一）现代学徒制酒店管理专业职业能力分析表的基本内容

酒店行业纷繁复杂，不同性质、不同规模、不同等级的酒店企业，工作岗位的职责和任务内容不尽相同。本项目组在酒店行业企业调研阶段，通过资料的分析及对现代学徒制酒店管理专业毕业生就业岗位及发展岗位进行了梳理，确定了现代学徒制酒店管理专业毕业生职业生涯发展路径如表 2－2 所示，并在职业能力分析会上得到了企业专家的确认。

表 2－2 现代学徒制酒店管理专业毕业生职业生涯发展路径

发展阶段	就业岗位						学历层次	发展年限/年（参考时间）	
	接待服务				营销	后勤（文职）		高职	高职（学徒）
Ⅴ	房务总监		餐饮总监		营销总监	部门总监	高职	8 以上	
Ⅳ	前厅部经理	客房部经理	餐饮部经理	宴会部经理	营销部经理	部门经理	高职	5～8	3～5

续上表

发展阶段	就业岗位							学历层次	发展年限/年（参考时间）	
	接待服务				营销	后勤（文职）			高职	高职（学徒）
Ⅲ	前厅部主管	客房部主管	餐饮部主管	宴会部主管	营销主任	部门主管	秘书	高职	3～5	2～3
Ⅱ	前厅部领班	楼层领班	餐厅领班	宴会部领班	营销协调员	部门文员		高职	2～3	1～2
Ⅰ	前厅部服务员	客房部服务员	餐饮部服务员	宴会部服务员	—	—		高职	0～1	—

高职酒店管理专业（含中职及现代学徒制）毕业生就业主要面向酒店的前厅部、餐饮部、营销部、客房部及后勤（文职）等部门岗位。本次会议主要针对前厅部的领班、接待主管、礼宾司及经理，客房部的楼层领班、客房部主管及经理，餐饮部的餐厅领班、主管及经理，营销部的主管和经理，后勤（文职）的人事部经理、人事主管和培训主管等5个工作部门15个岗位开展分析，共有69个工作项目、226个工作任务、1148种职业能力。同时，还分析整理出各岗位所共同需要的11种职业素养及其对应的67种职业能力，11种职业素养分别是沟通交流、数字应用、革新创新、自主学习、团队合作、解决问题、信息处理、服务意识、责任（安全）意识、外语应用及其他。现代学徒制酒店管理专业职业能力分析表的具体内容如表2－4所示。

（二）现代学徒制酒店管理专业职业岗位群及职业能力分布

现代学徒制酒店管理专业职业岗位及职业能力分布汇总表，如表2－3所示。

表2－3　现代学徒制酒店管理专业职业岗位群及职业能力分析汇总表

发展阶段	前厅部岗位		客房部岗位		餐饮部岗位		营销部岗位		后勤(文职）岗位		学历层次
	名称	项目及任务数	名称	项目及任务数	名称	项目及任务数	名称	项目及任务数	名称	项目及任务数	
Ⅴ	—	—	—	—	—	—	—	—	—	—	
Ⅳ	前厅部经理	5个工作项目，11个工作任务	客房部经理	6个工作项目，22个工作任务	餐饮部经理	6个工作项目，14个工作任务	营销部经理	6个工作项目，22个工作任务	人事部经理	4个工作项目，15个工作任务	高职

续上表

发展阶段	前厅部岗位		客房部岗位		餐饮部岗位		营销部岗位		后勤(文职) 岗位		学历层次
	名称	项目及任务数	名称	项目及任务数	名称	项目及任务数	名称	项目及任务数	名称	项目及任务数	
Ⅲ	接待主管、礼宾司	5 个工作项目，16 个工作任务	客房部主管	6 个工作项目，18 个工作任务	餐饮部主管	6 个工作项目，18 个工作任务	营销部主管	5 个工作项目，17 个工作任务	人事主管、培训主管	5 个工作项目，16 个工作任务	高职
Ⅱ	前厅部领班	5 个工作项目，19 个工作任务	楼层领班	6 个工作项目，15 个工作任务	餐厅领班	4 个工作项目，14 个工作任务	—	—	—	—	高职
Ⅰ	—	—	—	—	—	—	—	—	—	—	—

（三）职业能力分析对标准研制工作的作用

现代学徒制酒店管理专业培养的是应用型人才，教学标准和课程标准必须以就业为导向，能充分体现出工作岗位对学生知识、能力和素养的要求，从而满足企业对人才的需要。通过前期调研及行业企业专家的集体讨论，项目组获得了当前酒店行业企业对人才需求的翔实的第一手资料，有助于项目组在制定教学标准和课程标准时，能紧贴社会的实际需要，所制定的标准既能清晰地反映毕业生的岗位发展路径和能力水平，也能适应酒店行业企业在新形势下对人才需求的不断变化。职业能力分析对标准研制工作的具体作用表现在如下三个方面：

（1）为标准研制提供了客观而翔实的第一手资料。

（2）使项目组在进行研制工作时做到有的放矢，避免出现以往的盲目、不切实际的现象。

（3）避免对不同岗位实际需求的认识偏差，解决供求无法有效对接的问题，同时使研制的标准真正起到规范、具有可操作性的作用。

四、职业能力分析表

现代学徒制酒店管理专业职业能力分析表，如表 2－4 所示。

表 2－4 现代学徒制酒店管理专业职业能力分析表

工作项目/职业素养		工作任务/职业素养分类		职业能力（技能、工具、方法、要求、知识）		学习水平 高职 Lj
01	礼宾	01－01	行李寄存	01－01－01	指导询问客人信息（贵重物品、危险物品等）	L2
				01－01－02	指导整理、运送团队客人行李	L2
				01－01－03	认真检查行李存放保管是否合理，督促礼宾员主动帮客人运送行李	L2
				01－01－04	保障客人行李的安全	L2
				01－01－05	督查行李物品分类摆放（如礼宾用品、客人行李等）	L2
				01－01－06	检查行李存放保管是否合理	L2
		01－02	礼宾租车	01－02－01	了解车费付款方式（能判断潜在风险）	L2
				01－02－02	指导员工进行机场接送（熟悉客人航班号、到达时间等）	L2
				01－02－03	跟进客人的满意度	L2
		01－03	迎客服务	01－03－01	督促员工使用正确的迎宾用语和肢体语言	L2
				01－03－02	负责检查员工仪容仪表，督导员工做好班前准备，指导其服务态度和言行举止，控制服务质量	L2
				01－03－03	及时传达更新酒店的重要信息资料，保证所属员工知晓有关酒店内外的重要事件，帮助员工解决工作中遇到的难题，处理工作差错和事故	L2
				01－03－04	督促迎宾员主动为上下车的客人抄录出租车车牌号，开关车门，并将抄录的卡片交给客人	L2
				01－03－05	督促员工配合保安员及时疏导门前的车辆，确保门前交通畅通	L2
				01－03－06	重要客人的引领服务	L2
				01－03－07	专梯服务（VIP① 服务）	L2

① VIP：very important person，贵宾。

续上表

工作项目/职业素养		工作任务/职业素养分类		职业能力（技能、工具、方法、要求、知识）		学习水平 高职 Lj
01	礼宾	01－04	其他	01－04－01	准确判断并执行客人的要求	L2
				01－04－02	掌握与客人交流的技巧（使用中英文）	L2
				01－04－03	督导员工做好酒店各部门和客人报刊、电报、传真、邮件的接收和分发工作	L2
				01－04－04	协助主管对其员工进行业务知识、操作技巧和外语培训	L2
				01－04－05	警惕大堂出现的可疑人物，负责所处区域的防盗、防火安全工作	L2
02	商务服务	02－01	文书管理	02－01－01	能操作办公自动化及各种办公设备	L2
				02－01－02	具备外语和文秘的相关知识	L2
				02－01－03	熟悉各种服务项目的收费标准	L2
		02－02	票务管理	02－02－01	指导操作酒店应用系统营业点及模块	L2
				02－02－02	指导机票、船票、车票等的预订	L2
				02－02－03	指导票务系统的操作	L2
				02－02－04	指导员工辨别人民币真伪	L2
				02－02－05	审核、校对代客人输入的文稿、表格和翻译函等	L2
		02－03	督导与保障	02－03－01	检查员工的工作质量，确保为客人提供准确高效的服务	L2
				02－03－02	督促员工为客人提供收发信件、长途电话、电传、上网、复印、打字、制表、排版、翻译信函等秘书性服务工作	L2
				02－03－03	检查工作设备的使用，定期组织进行清洁保养，维护高雅的营业环境	L2
				02－03－04	通晓商务中心工作程序和设施设备的操作，能熟练操作电脑	L2
				02－03－05	及时补充必备物品，申报设备维修	L2
03	前厅部领班维护宾客关系	03－01	受理宾客投诉	03－01－01	掌握顾客投诉处理程序及处理技巧	L2
				03－01－02	调查并处理有关客人的投诉	L2
		03－02	建立客史档案	03－02－01	掌握酒店系统应用	L2
				03－02－02	建立酒店住客档案信息	L2
		03－03	突发事件处理	03－03－01	掌握酒店不同类型突发事件的处理程序及技巧	L2
				03－03－02	能够进行一定程度的急救	L2

续上表

工作项目/职业素养		工作任务/职业素养分类		职业能力（技能、工具、方法、要求、知识）		学习水平 高职 Lj
04	前台接待	04－01	散客/团队入住	04－01－01	掌握住宿治安登记系统	L2
				04－01－02	辨别证件（身份证、护照等）、信用卡	L2
				04－01－03	掌握前台应用系统	L2
				04－01－04	管理客房钥匙	L2
				04－01－05	掌握客人入住服务标准流程	L2
				04－01－06	处理客人所订房间类型及按照特殊要求安排房间	L2
		04－02	散客/团队退房	04－02－01	掌握退房服务程序	L2
				04－02－02	掌握系统账务的处理	L2
		04－03	贵重物品寄存	04－03－01	核对住客信息	L2
				04－03－02	熟悉贵重物品的寄存程序	L2
				04－03－03	掌握贵重物品保险箱的数量、规格及使用方法	L2
				04－03－04	处理保险箱钥匙丢失或逾期存放等问题	L2
		04－04	外币兑换	04－04－01	掌握外币兑换种类及当日牌价	L2
				04－04－02	掌握外币兑换单的填写	L2
				04－04－03	辨别外币的真伪	L2
		04－05	夜审	04－05－01	掌握系统夜审工作的流程	L2
				04－05－02	掌握前台各种报表的制作方法	L2
		04－06	VIP 入住/退房	04－06－01	关注 VIP 抵店及在店期间的各项服务	L2
				04－06－02	提前做好 VIP 离店的各项服务	L2
				04－06－03	掌握 VIP 接待等级分级方法	L2
				04－06－04	做好 VIP 住店工作	L2
				04－06－05	做好 VIP 离店工作（如结账、安排车辆、送别等）	L2

续上表

工作项目/职业素养		工作任务/职业素养分类		职业能力（技能、工具、方法、要求、知识）		学习水平 高职 Lj
05	前台管理	05－01	基本业务管理	05－01－01	熟悉前台的销售内容与销售程序	L2
				05－01－02	督导员工按章办事的能力	L2
				05－01－03	编制预订处员工的排班表，协助主管做好本部员工的业务培训工作，帮助员工提高业务技能	L2
				05－01－04	制作各种统计分析报表	L2
		05－02	预订业务	05－02－01	受理客人预订，及时做好记录，输入电脑系统	L2
				05－02－02	检查预订资料，调整和检查预订内容，整理客史档案	L2
				05－02－03	熟悉合同价格，准备各类预订统计报表，追查预订未到原因，为特殊预订封存房间	L2
				05－02－04	监督并参与预订工作，掌握预订技巧，提高房间销售额	L2
				05－02－05	负责制作、保存和分送周报表、月报表，反映房间订房情况	L2
				05－02－06	帮助员工处理疑难问题，及时处理投诉	L2
				05－02－07	通晓预订工作程序，能准确地操作酒店管理系统	L2
		05－03	接待业务	05－03－01	监督和参与前台接待工作，及时检查员工处理事务的结果，发现问题及时纠正	L2
				05－03－02	帮助员工解决工作中遇到的难题，处理工作差错和事故	L2
				05－03－03	检查员工仪容仪表，督导员工做好班前准备工作	L2
				05－03－04	指导员工的服务态度和言行举止，控制工作进度、服务质量	L2
				05－03－05	及时传达更新酒店的重要信息资料，保证所属员工知晓酒店内外有关的重要事件	L2
				05－03－06	负责接待处员工的排班工作，协助接待主管进行员工业务培训、督导和考核	L2
				05－03－07	熟悉酒店电脑管理系统，熟知前台接待、收银操作程序	L2

续上表

工作项目/职业素养		工作任务/职业素养分类		职业能力（技能、工具、方法、要求、知识）		学习水平 高职 Lj
06	协助前厅部经理工作	06－01	服从与替代	06－01－01	遵守前厅部制定的规章及按架构向直属上司汇报	L3
				06－01－02	服从并准时完成上级分配的工作	L3
				06－01－03	替代前厅经理完成其放假或缺席时的工作	L3
		06－02	协助制定部门制度及工作程序	06－02－01	协助制定接待处、订房部的规章制度、工作程序	L3
				06－02－02	协助制定总机、商务中心的规章制度、工作程序	L3
				06－02－03	负责制定礼宾组的规章制度、工作程序	L3
				06－02－04	负责编制部门员工的排班表	L3
		06－03	协助执行制度	06－03－01	协助落实和妥善执行一切规章制度	L3
				06－03－02	协助制定员工的出勤、纪律行为及工作表现要求并做记录	L3
				06－03－03	协助指导员工掌握正确服务程序	L3
07	处理前厅部的业务	07－01	掌握业务信息	07－01－01	掌握客房预订情况和当天的客情	L3
				07－01－02	掌握客房出租率和平均房价等业务信息	L3
				07－01－03	根据当天离店和抵店情况，最大限度地销售即时客房	L3
				07－01－04	掌握整个酒店的房类分布情况	L3
				07－01－05	掌握酒店 VIP 入住状况，及时将信息传达给员工	L3
				07－01－06	掌握当日房间出租状态及客人预订信息	L3
				07－01－07	掌握酒店房型、房价、房态	L3
				07－01－08	处理超额预订及其他问题	L3
				07－01－09	全面掌握酒店住客信息	L3
				07－01－10	调查客人反馈意见并分享到酒店相关职能部门	L3
				07－01－11	及时收集、整理、储存、更新、提供酒店的重要信息资料，保证所属员工知晓酒店内外相关的重要事件	L3

续上表

工作项目/职业素养		工作任务/职业素养分类		职业能力（技能、工具、方法、要求、知识）		学习水平 高职 Lj
07	处理前厅部的业务	07－02	熟悉业务	07－02－01	熟悉前台业务要求和程序	L3
				07－02－02	熟悉酒店的各项服务及设施	L3
				07－02－03	熟知当地各重要服务机构的地址、营业项目和时间	L3
				07－02－04	熟悉本部门的各项工作程序和有关业务规定	L3
				07－02－05	熟悉酒店运转体系，熟悉酒店各分部的基本运作流程	L3
				07－02－06	熟悉酒店电脑管理系统，熟知前台接待、收银、订房操作程序	L3
		07－03	督导部门业务	07－03－01	检查团队、重要客人和预订客人的排房情况	L3
				07－03－02	留意客人的账务，确保所有客人的挂账要求符合酒店规定	L3
				07－03－03	检查接待和预订工作的必备品及设备的使用情况，及时补充必备品，申报设备维修	L3
				07－03－04	检查接待处物品的摆放，保持柜台清洁整齐，保证房卡的控制和存盘单一致	L3
				07－03－05	面对提出特殊要求的客人，及时联系相关部门为其提供个性化服务	L3
				07－03－06	检查接待处和订房部编制的各种统计分析报表	L3
				07－03－07	检查住客房间信息及账务	L3
				07－03－08	了解员工的工作能力，合理安排工作	L3
				07－03－09	监督员工的仪容仪表、操作规范，控制服务质量	L3
				07－03－10	严格检查和监督电信保密制度的实施，维护顾客利益	L3
				07－03－11	及时发现问题、解决难题	L3

续上表

工作项目/职业素养		工作任务/职业素养分类		职业能力（技能、工具、方法、要求、知识）		学习水平 高职 Lj
08	前厅部主管维护宾客关系	08－01	统筹处理宾客投诉	08－01－01	调查并处理有关客人对接待处的投诉	L3
				08－01－02	处理客人对员工的投诉	L3
				08－01－03	建立宾客投诉档案	L3
				08－01－04	能够和酒店各部门协调配合处理各类投诉	L3
				08－01－05	懂得宾客投诉处理程序与技巧	L3
		08－02	VIP 接待	08－02－01	掌握 VIP 的信息（国籍、喜好、停留时间、风俗习惯等）	L3
				08－02－02	安排 VIP 房间并通知相关部门	L3
				08－02－03	做好 VIP 抵店前的准备工作（房卡、欢迎信、鲜花、水果的准备等）	L3
				08－02－04	安排 VIP 抵店及在店期间的服务和行程	L3
				08－02－05	检查当日抵店的 VIP 订房信息	L3
				08－02－06	熟悉 VIP 的接待程序与接待标准	L3
				08－02－07	发现 VIP 入住需及时通知宾客关系经理，特别重要的客人直接报告前厅部经理、总经理	L3
				08－02－08	接待重要客人和大型团队时，亲自组织门前的服务工作，保证提供有序、高效的服务，确保顾客安全和满意	L3
		08－03	整理客史档案	08－03－01	懂得客史档案整理的知识与技能	L3
				08－03－02	具备发现客人细节并不断总结的能力	L3
				08－03－03	合并及整理系统历史住客信息	L3
		08－04	加强与宾客沟通	08－04－01	了解宾客心理需求，善于与宾客打交道	L3
				08－04－02	熟记常客和重要客人的姓名、相貌特征及个人需求	L3
				08－04－03	主动招呼再次光临的客人，最大限度地争取“回头客”	L3
				08－04－04	学会灵活运用沟通、协调的方法	L3
				08－04－05	掌握沟通协调的程序	L3
				08－04－06	做好团队、会议和重要客人接待服务工作	L3

续上表

工作项目/职业素养		工作任务/职业素养分类		职业能力（技能、工具、方法、要求、知识）		学习水平 高职 Lj
09	前厅部员工管理	09－01	培训员工	09－01－01	制订员工的培训计划	L3
				09－01－02	具备培训知识与培训技能，能实施业务培训和考核	L3
				09－01－03	负责对员工进行业务培训、督导、考核，不断提高员工的业务水平和服务质量	L3
				09－01－04	保证服务人员任何时候都按行为规范工作	L3
				09－01－05	跟踪培训效果的技能	L3
		09－02	人才发展计划	09－02－01	了解员工职业规划方向	L3
				09－02－02	培养与发展有潜力的员工	L3
		09－03	督导员工	09－03－01	督导员工，负责培训、招募员工，对违纪员工提出处理意见	L3
				09－03－02	督导员工做好酒店各部门和客人报刊、传真、邮件的接收和分发工作	L3
				09－03－03	掌握语言沟通技巧，指导员工开展工作	L3
				09－03－04	帮助员工解决工作中遇到的难题，处理工作差错和事故	L3
10	前厅部其他日常工作	10－01	主持会议	10－01－01	召开每日例会并下达上级的指令，确保每位员工清楚明确	L3
				10－01－02	能有效控制会场	L3
				10－01－03	了解会议流程及会议的主要内容	L3
		10－02	前厅安全保障	10－02－01	具备前台设备应用常识及设备维护的基础知识	L3
				10－02－02	协调、沟通与电信部门和酒店有关部门的关系，确保通信系统的正常运行	L3
				10－02－03	密切与工程部合作，定期检修和保养各分部机器设备	L3
				10－02－04	负责部门设备的申领、补充工作，安排每月部门的备用品使用	L3
				10－02－05	警惕大堂出现的可疑人物，负责所处区域的防盗、防火安全工作	L3
				10－02－06	具备成本控制意识	L3
		10－03	报表管理	10－03－01	熟悉前厅部所有报表的制作	L3
				10－03－02	负责制作各种业务报表	L3

续上表

工作项目/职业素养		工作任务/职业素养分类		职业能力（技能、工具、方法、要求、知识）		学习水平 高职 Lj
11	主持前厅部日常工作	11－01	主持会议	11－01－01	主持召开前厅的部门例会	L4
				11－01－02	传达上级布置的前厅工作要点	L4
				11－01－03	听取前厅各部门的工作汇报，解决难题	L4
				11－01－04	布置前厅各部门的工作任务	L4
		11－02	管理日常工作	11－02－01	与各前厅部门的主管商讨新制定的策略，以增加营业额，减低成本	L4
				11－02－02	报表管理	L4
				11－02－03	检查部门工作进度	L4
				11－02－04	加强与管家、财务、销售、工程、餐饮等部门的横向联系，确保酒店服务的一致性	L4
				11－02－05	抽查服务质量，纠正偏差	L4
				11－02－06	定期组织检查消防器具，做好通缉协查、防火、防盗工作	L4
				11－02－07	撰写年度总结报告	L4
				11－02－08	每天要巡视和检查所管理的范围，确保安全	L4
12	前厅部制度修订	12－01	建立制度	12－01－01	制定前厅部的经营管理制度	L4
				12－01－02	制定前厅服务标准和操作流程	L4
				12－01－03	健全岗位职责、规章制度和程序	L4
				12－01－04	建立前厅部的工作责任制	L4
		12－02	制订计划	12－02－01	编制并组织实施部门年度预算	L4
				12－02－02	制订前厅各部门的月度、年度工作计划	L4
				12－02－03	策划和制订各项客务计划	L4

续上表

工作项目/职业素养		工作任务/职业素养分类		职业能力（技能、工具、方法、要求、知识）		学习水平 高职 Lj
13	前厅部经营管理	13－01	控制成本	13－01－01	掌握客房的预订和销售情况	L4
				13－01－02	掌握酒店产品及周边旅游资源的信息	L4
				13－01－03	有效控制客房销售及住房比例的合理分配	L4
				13－01－04	根据授权给予客人必要的折扣和优惠，保证最佳的住房率和平均房价，以获取最大经营收益	L4
				13－01－05	分析对前厅部操作的观点和立场：降低操作成本，增加营业额，简化繁杂的工作程序	L4
				13－01－06	做出个案式的更正和推出所需要的策略，保持和控制工资的平衡	L4
		13－02	推广促销	13－02－01	根据市场需求，向总经理提出销售建议	L4
				13－02－02	积极开展各种推广促销活动，最大限度地增加酒店收入	L4
				13－02－03	熟悉客人需求与销售市场状况	L4
14	前厅部人事管理	14－01	员工任职管理	14－01－01	与人事部及各部门主管沟通，聘请前厅部员工	L4
				14－01－02	与人事部及各部门主管沟通，解雇前厅部员工	L4
				14－01－03	负责对员工实施培训、考核和评估工作	L4
				14－01－04	善于运用激励方法调动员工的积极性	L4
				14－01－05	制定餐饮部各员工的培训课程，并监督训练及执行	L4
				14－01－06	观察能力强，具备良好的预测和判断能力	L4
		14－02	执行人才发展计划	14－02－01	掌握人才职业规划的知识与技能	L4
				14－02－02	了解员工职业规划方向	L4
				14－02－03	培养与发展有潜力的员工	L4

续上表

工作项目/职业素养		工作任务/职业素养分类		职业能力（技能、工具、方法、要求、知识）		学习水平 高职 Lj
15	前厅部经理维护宾客关系	15－01	VIP 服务	15－01－01	制定 VIP 的接待程序与接待标准	L4
				15－01－02	统筹安排 VIP 的接待事项	L4
				15－01－03	VIP 接待工作项目的跟踪服务与事后总结	L4
				15－01－04	负责重要客人的接待工作	L4
				15－01－05	亲自恭候迎送 VIP，保证“回头客”	L4
				15－01－06	根据 VIP 等级通知相关部门做好接待安排	L4
				15－01－07	能运用流利的英文与客人进行对话	L4
		15－02	处理宾客重大投诉	15－02－01	了解宾客投诉的处理原则、宾客投诉类型及其处理方法	L4
				15－02－02	掌握宾客重大投诉处理程序与技巧	L4
				15－02－03	能妥善处理宾客的重大投诉	L4
		15－03	管理客史档案	15－03－01	掌握客史档案整理的知识与技能	L4
				15－03－02	具备运行管理的能力	L4
				15－03－03	掌握客史档案管理的技巧	L4
16	前厅部日常管理	16－01	协助上级工作	16－01－01	协助客房主管做好辖区客房的接待服务工作	L2
				16－01－02	协助督导、培训及考核评估工作	L2
		16－02	主持班内工作	16－02－01	定期召开班组会，传达酒店、部门的指示和决议	L2
				16－02－02	编制本分部员工排班表，并记录考勤	L2
				16－02－03	每天检查员工的仪容仪表、礼貌礼节、服务态度及工作效率	L2
				16－02－04	负责管家部物资消耗的统计分析工作	L2
				16－02－05	巡视员工的工作进度，抽查服务质量，发现问题及时纠正偏差，确保日常工作的顺利进行	L2
		16－03	填写上交月度报表	16－03－01	汇总并上交一次性用品及清洁洗涤剂使用率报表	L2
				16－03－02	汇总上交制服盘点报表、清洁剂盘点报表、布草盘点报表	L2
				16－03－03	定期检查并报告所负责楼层的各类物品的存储量及消耗量	L2

续上表

<table>
<tr><th colspan="2" rowspan="2">工作项目/职业素养</th><th colspan="2" rowspan="2">工作任务/职业素养分类</th><th colspan="2" rowspan="2">职业能力（技能、工具、方法、要求、知识）</th><th>学习水平</th></tr>
<tr><th>高职 Lj</th></tr>
<tr><td rowspan="15">17</td><td rowspan="15">房间清洁管理</td><td rowspan="4">17－01</td><td rowspan="4">掌握房态</td><td>17－01－01</td><td>了解楼层分布、房态表、房型</td><td>L2</td></tr>
<tr><td>17－01－02</td><td>掌握实时房态</td><td>L2</td></tr>
<tr><td>17－01－03</td><td>根据需要及时组织力量做好房间的整理和清洁卫生工作</td><td>L2</td></tr>
<tr><td>17－01－04</td><td>尽快提供符合标准的可出租房，掌握并报告房态</td><td>L2</td></tr>
<tr><td rowspan="3">17－02</td><td rowspan="3">检查仪容仪表</td><td>17－02－01</td><td>检查员工的衣服，保持整洁干净</td><td>L2</td></tr>
<tr><td>17－02－02</td><td>指导员工化淡妆</td><td>L2</td></tr>
<tr><td>17－02－03</td><td>要求女士员工夹起头发</td><td>L2</td></tr>
<tr><td rowspan="4">17－03</td><td rowspan="4">准备工作</td><td>17－03－01</td><td>规范填写钥匙领用表</td><td>L2</td></tr>
<tr><td>17－03－02</td><td>掌握钥匙领用制度</td><td>L2</td></tr>
<tr><td>17－03－03</td><td>检查工作车的补给状况</td><td>L2</td></tr>
<tr><td>17－03－04</td><td>检查工具的完好</td><td>L2</td></tr>
<tr><td rowspan="4">17－04</td><td rowspan="4">做房流程</td><td>17－04－01</td><td>规范填写报表</td><td>L2</td></tr>
<tr><td>17－04－02</td><td>规范收集脏布草</td><td>L2</td></tr>
<tr><td>17－04－03</td><td>督查补给工作车、清洁吸尘器及工作车</td><td>L2</td></tr>
<tr><td>17－04－04</td><td>归还钥匙及上交报表</td><td>L2</td></tr>
<tr><td rowspan="10">18</td><td rowspan="10">查房管理</td><td rowspan="5">18－01</td><td rowspan="5">核实信息</td><td>18－01－01</td><td>核实房号及房态</td><td>L2</td></tr>
<tr><td>18－01－02</td><td>随时掌握客房状态的变化，向前厅等部门提供准确的房态资料</td><td>L2</td></tr>
<tr><td>18－01－03</td><td>统计核实客房酒吧酒水的消耗量，并报有关部门</td><td>L2</td></tr>
<tr><td>18－01－04</td><td>检查控制客房用品、清洁洗涤用品等各类物品的存量和消耗量，抽查使用情况，避免浪费，掌握并负责填写物品申领单</td><td>L2</td></tr>
<tr><td>18－01－05</td><td>处理特殊房态（DND①、有客房、有行李）</td><td>L2</td></tr>
<tr><td rowspan="5">18－02</td><td rowspan="5">处理物品事件</td><td>18－02－01</td><td>及时处理客人的遗留物品</td><td>L2</td></tr>
<tr><td>18－02－02</td><td>及时处理有偿物品损坏或丢失情况</td><td>L2</td></tr>
<tr><td>18－02－03</td><td>每日检查客房内小酒吧物品的消耗，做好补充和报账工作</td><td>L2</td></tr>
<tr><td>18－02－04</td><td>填写领班工作日报表和房态显示表</td><td>L2</td></tr>
<tr><td>18－02－05</td><td>处理房间物品弄脏的赔偿</td><td>L2</td></tr>
</table>

① DND：do not disturb，请勿打扰房。

续上表

工作项目/职业素养		工作任务/职业素养分类		职业能力（技能、工具、方法、要求、知识）		学习水平 高职 Lj
19	客服	19－01	基本服务管理	19－01－01	熟悉服务中心服务工作规范及流程	L2
				19－01－02	向客房主管报告贵宾房号、到店时间及要求	L2
				19－01－03	建立失物招领档案，保管客人的遗留物品，监督遗留物品处理程序的实施	L2
				19－01－04	核实房号及确认顾客需求	L2
				19－01－05	对服务中心所有的物品、设备进行编号建档，定期核对	L2
				19－01－06	与前台核定房间实际出租状况和预订、退房情况	L2
				19－01－07	处理住客的特殊行为及患病情况	L2
				19－01－08	核实借物的完好及整洁	L2
		19－02	督导服务规范	19－02－01	规范员工的服务用语及礼貌礼节	L2
				19－02－02	督导员工在规定时间内完成服务要求	L2
				19－02－03	服务跟进并反馈结果	L2
				19－02－04	借物单的填写与确认	L2
20	楼层管理	20－01	班前准备	20－01－01	准备报表及排房工作	L2
				20－01－02	检查钥匙的领用情况	L2
				20－01－03	准备班前会议计划和资料	L2
				20－01－04	说明当日重要客户及顾客个性化要求	L2
				20－01－05	检查并安排楼层公共区域的清洁卫生工作	L2
				20－01－06	收集当日客房入住状态信息	L2
				20－01－07	安排员工做房顺序（VIP房间优先）	L2
				20－01－08	开展员工日常操作的实操培训	L2
		20－02	班后检查	20－02－01	检查房间消费品的补充情况	L2
				20－02－02	检查员工钥匙归还情况	L2
				20－02－03	负责检查管辖楼层房间的设备设施运转情况，保证客房的正常并达到规定的标准	L2
				20－02－04	检查房间物品摆放、空调、清洁等的情况	L2
				20－02－05	检查交班工作	L2
				20－02－06	检查前台每天安排的房间，跟进客人的特殊要求	L2

续上表

工作项目/职业素养		工作任务/职业素养分类		职业能力（技能、工具、方法、要求、知识）		学习水平 高职 Lj
21	客房安全保障	21－01	设备维修与保养	21－01－01	建立工程维修档案	L2
				21－01－02	联系工程部，解决客房维修事项	L2
				21－01－03	向客房主管和工程部提供每日维修房的房号	L2
				21－01－04	检查房间的维修事项，确保房间各项物品及设备完好无损，发现问题，立即向主管及有关部门报告	L2
				21－01－05	跟进工程部的维修进展	L2
		21－02	安全维护	21－02－01	负责服务中心的安全和消防管理	L2
				21－02－02	定期组织管辖区域的消防器具检查	L2
				21－02－03	做好通缉协查、防火、防盗工作，负责主管区域的安全职责	L2
22	协助行政管家工作	22－01	协助制定部门制度及工作程序	22－01－01	贯彻行政管家的决策、决定和各项指令	L3
				22－01－02	及时将本部门的销售状况及特别事件上报行政管家	L3
				22－01－03	按时完成上级分配的工作	L3
				22－01－04	制定楼层各项规章制度并指挥实施	L3
				22－01－05	协助制定并更新楼层服务管理制度、操作规程、岗位职责	L3
				22－01－06	制定并组织实施客房楼层的安全、卫生等各项规章制度	L3
				22－01－07	建立和完善客房楼层的工作程序和标准	L3
				22－01－08	负责编制部门员工的排班表	L3
		22－02	协助执行制度	22－02－01	协助落实和妥善执行一切规章制度	L3
				22－02－02	协助制定员工的出勤、纪律行为及工作表现要求并做记录	L3
				22－02－03	实施本部门的年度工作计划、季度工作安排，及时向上级报告完成情况	L3
				22－02－04	在行政管家的领导下，做好客房的管理和服务，保证良好的社会声誉和经济效益	L3
				22－02－05	检查规章制度的实施和执行情况	L3
				22－02－06	制订周密的工作计划，合理安排人员和物资使用，控制资源消耗	L3
				22－02－07	协助指导员工掌握正确服务程序	L3

续上表

工作项目/职业素养		工作任务/职业素养分类		职业能力（技能、工具、方法、要求、知识）		学习水平 高职 Lj
23	处理客房部的业务	23－01	掌握业务信息	23－01－01	掌握每天入退房数量	L3
				23－01－02	与前台核定房间实际出租状况和预订情况，掌握并报告房态	L3
				23－01－03	收集客人的个性资料	L3
				23－01－04	及时收集、整理、储存、更新、提供酒店的重要信息资料，保证所属员工知晓酒店内外相关的重要事件	L3
		23－02	熟悉业务	23－02－01	熟悉楼层业务要求和程序	L3
				23－02－02	熟悉楼层的各项服务及设施	L3
				23－02－03	熟悉酒店运转体系及各分部的基本运作流程	L3
				23－02－04	熟悉酒店电脑管理系统	L3
				23－02－05	了解主要客源国的风俗习惯及重点客人和常客入住特点	L3
				23－02－06	掌握客房管理和服务程序	L3
				23－02－07	掌握客房服务标准	L3
				23－02－08	掌握客房清洁和保养方面的完备知识	L3
		23－03	操作业务	23－03－01	优先检查当日工作房	L3
				23－03－02	检查走客房、续住房及空房	L3
				23－03－03	随时关注楼层的安全状态	L3
				23－03－04	管辖区域安全及卫生状态	L3
				23－03－05	收集检查员工报表	L3
				23－03－06	检查顾客遗留物品的登记和处理情况	L3
				23－03－07	预计次日人员安排及调配	L3
				23－03－08	掌握管辖区域房态状况	L3
				23－03－09	根据每天的实际开房率灵活调控人员的安排	L3
				23－03－10	及时处理员工不能解决的疑难问题并向行政管家报告	L3

续上表

工作项目/职业素养		工作任务/职业素养分类		职业能力（技能、工具、方法、要求、知识）		学习水平 高职 Lj
23	处理客房部的业务	23－04	督导部门业务	23－03－11	根据需要及时组织力量做好房间的整理和清洁卫生工作，尽快提供符合标准的可出租房	L3
				23－04－01	加强现场督导，检查员工的仪容仪表和服务质量	L3
				23－04－02	及时纠正员工不符合规范的行为和表现	L3
				23－04－03	安排房间清洁和周期性卫生工作计划	L3
				23－04－04	巡查分区，及时处理员工及顾客反馈的问题	L3
				23－04－05	严格控制成本，降低消耗	L3
				23－04－06	督导员工积极实施制订发布的促销方案	L3
				23－04－07	巡视员工的工作进度，抽查服务质量，发现问题及时纠正偏差，确保日常工作的顺利进行	L3
				23－04－08	面对提出特殊要求的客人，及时联系相关部门为其提供个性化服务	L3
				23－04－09	不断改进及提高房间的清洁标准、服务水平	L3
				23－04－10	及时发现问题、解决难题	L3
				23－04－11	监控服务及卫生质量	L3
				23－04－12	监察PA① 公区的保养及洗涤质量的管理	L3
24	客房部主管维护宾客关系	24－01	处理宾客投诉	24－01－01	有效处理客人对住房的投诉，并主动征询客人的意见和建议	L3
				24－01－02	处理管理范围内客人的投诉	L3
				24－01－03	建立宾客投诉档案	L3
				24－01－04	能够和酒店各部门协调配合处理各类投诉	L3
				24－01－05	懂得宾客投诉处理程序与技巧	L3

① PA：public area，公共区域。

续上表

工作项目/职业素养		工作任务/职业素养分类		职业能力（技能、工具、方法、要求、知识）		学习水平 高职 Lj
24	客房部主管维护宾客关系	24－02	VIP 接待	24－02－01	掌握 VIP 的信息（国籍、喜好、停留时间、风俗习惯等）	L3
				24－02－02	熟悉 VIP 的接待程序与接待标准	L3
				24－02－03	检查贵宾房间的设备设施、物品摆放、温度、空气、清洁等情况，确保房间处于最佳状态	L3
				24－02－04	确保房间质量符合酒店的接待规范并亲自招待贵宾	L3
				24－02－05	切实提供个性化的服务	L3
				24－02－06	落实当天 VIP 的跟进工作	L3
		24－03	整理客史档案	24－03－01	懂得客史档案整理的知识与技能	L3
				24－03－02	具备发现客人细节并不断总结的能力	L3
		24－04	加强与宾客沟通	24－04－01	了解宾客心理需求，善于与宾客打交道	L3
				24－04－02	留意客人的动向，了解客人的需求，虚心听取客人的意见，接受客人的投诉	
				24－04－03	主动招呼再次光临的客人，最大限度地争取“回头客”	L3
				24－04－04	学会灵活运用沟通、协调的方法	L3
				24－04－05	掌握沟通协调的程序	L3
				24－04－06	维系顾客关系，定期短信、电话回访，收集反馈意见	L3
				24－04－07	向客人推广酒店内各项设施	L3
				24－04－08	了解市场及客人的需要并及时向上司提供有建设性之意见	L3
				24－04－09	做好团队、会议和重要客人接待服务工作	L3

续上表

工作项目/职业素养		工作任务/职业素养分类		职业能力（技能、工具、方法、要求、知识）		学习水平 高职 Lj
25	客房部的员工管理	25－01	培训员工	25－01－01	制订员工的培训计划	L3
				25－01－02	具备培训知识与培训技能，能实施业务培训和考核	L3
				25－01－03	负责对员工进行业务培训、督导、考核，不断提高员工的业务水平和服务质量	L3
				25－01－04	保证服务人员任何时候都按行为规范工作	L3
				25－01－05	按酒店服务礼仪标准对员工进行培训	L3
				25－01－06	培训员工服务流程标准	L3
				25－01－07	定期给员工进行服务案例分析	L3
				25－01－08	跟踪培训效果的技能	L3
		25－02	人才发展计划	25－02－01	了解员工职业规划方向	L3
				25－02－02	协助员工做好个人的发展计划	L3
				25－02－03	培养与发展有潜力的员工	L3
		25－03	督导员工	25－03－01	负责培训、招募员工，对违纪员工提出处理意见	L3
				25－03－02	督导员工管理的区域服务规范	L3
				25－03－03	制定员工手册	L3
				25－03－04	督导员工做好酒店各部门和客人报刊、传真、邮件的接收和分发工作	L3
				25－03－05	跟进每月员工排班表，根据订房情况合理调配楼层服务人手	L3
				25－03－06	掌握语言沟通技巧，指导员工开展工作	L3
				25－03－07	帮助员工解决工作中遇到的难题，处理工作差错和事故	L3
		25－04	绩效考核	25－04－01	对员工进行绩效评估，并按奖惩制度事实奖惩	L3
				25－04－02	参加员工甄选及评估工作	L3
				25－04－03	负责每月核对楼层员工考勤	L3
				25－04－04	核算业务	L3
				25－04－05	计算工作量	L3
				25－04－06	对直接下级的员工调配、升职、降级、奖励处分等人事变动提出意见	L3
				25－04－07	评估员工的表现，合理地使用员工	L3

续上表

工作项目/职业素养		工作任务/职业素养分类		职业能力（技能、工具、方法、要求、知识）		学习水平 高职 Lj
25	客房部的员工管理	25-04	绩效考核	25-04-08	关心员工的工作和生活，及时提供必要的工作指导和帮助	L3
				25-04-09	参考顾客反馈意见	L3
26	客房部安全保障	26-01	设施设备维护	26-01-01	具备前台设备应用常识及设备维护的基础知识	L3
				26-01-02	协调、沟通与电信部门和酒店有关部门的关系，确保通信系统的正常运行	L3
				26-01-03	密切与工程部合作，定期检修和保养各分部机器设备	L3
				26-01-04	负责管辖区域设备设施的维护和保养	L3
				26-01-05	熟悉客房设备、清洁工具、清洁剂的使用和操作方面的知识	L3
				26-01-06	保持设备的完好率	L3
				26-01-07	负责检查房间的设备设施维修保养情况	L3
				26-01-08	设施设备保养计划及安全防范	L3
				26-01-09	负责部门设备的申领、补充工作，安排每月部门的备用品使用	L3
				26-01-10	定期检查所有设施、设备运转	L3
				26-01-11	督导部门所有设备设施的正常使用管理及保养	L3
		26-02	楼层安全维护	26-02-01	警惕辖区范围内出现的可疑人物，负责所处区域的防盗、防火安全工作	L3
				26-02-02	保证消防通道畅通	L3
				26-02-03	跟进营业区域、地毯、地板维护保养工作	L3
				26-02-04	定期组织管辖区域的消防器具检查，做好通缉协查、防火、防盗工作	L3
				26-02-05	检查控制客房用品、清洁洗涤用品等各类物品的存量和消耗量，抽查使用情况，避免浪费	L3

续上表

工作项目/职业素养		工作任务/职业素养分类		职业能力（技能、工具、方法、要求、知识）		学习水平 高职 Lj
27	客房部其他日常工作	27－01	主持会议	27－01－01	参加客房部例会，了解酒店部门的运转情况	L3
				27－01－02	主持召开班前早会，传达上级部署的任务和指令，向下属布置工作任务，确保各环节正常运转	L3
				27－01－03	了解会议流程及会议的主要内容	L3
		27－02	报表呈交	27－02－01	负责制作各种业务报表	L3
				27－02－02	填写并上交固定资产盘点报表、财务支出及设备损耗报表	L3
				27－02－03	填写上报月度培训汇总报表	L3
				27－02－04	填写上交客人意见跟进情况报表	L3
				27－02－05	填写上交遗留物品汇总报表	L3
				27－02－06	填写上交计划卫生报表、设备设施保养报表	L3
				27－02－07	填写上交泳池水质监控报表、健身中心会员汇总报表	L3
				27－02－08	填写上交工程保养报表	L3
				27－02－09	汇总上交各分部排班报表、人员流动报表	L3
28	主持客房部日常工作	28－01	主持会议	28－01－01	主持每周管家部例会	L4
				28－01－02	主持每月的部门业务会议	L4
				28－01－03	传达落实上级决议及决定	L4
				28－01－04	分配当天总经理下达的任务	L4
				28－01－05	布置客房各部门的工作任务	L4
				28－01－06	听取下属各部门的工作汇报，帮助解决各部门的难题	L4

续上表

工作项目/职业素养		工作任务/职业素养分类		职业能力（技能、工具、方法、要求、知识）		学习水平 高职 Lj
28	主持客房部日常工作	28－02	整理报表	28－02－01	做好工作日志和总结	L4
				28－02－02	建立管家部工作的完整档案体系	L4
				28－02－03	管理报表	L4
				28－02－04	撰写部门年度总结报告	L4
				28－02－05	汇总并上交部门月度突出问题汇总报表	L4
		28－03	确保工作质量	28－03－01	检查部门工作进度	L4
				28－03－02	抽查服务质量，纠正偏差	L4
				28－03－03	检查员工的礼貌礼节、仪容仪表、服务态度和工作效率	L4
				28－03－04	跟进财务及采购部门的采购工作	L4
				28－03－05	定期进行市场调查	L4
		28－04	加强部门联系	28－04－01	与各部门的主管商讨新建立的策略，以增加营业额、降低成本或增加客房操作的生产力	L4
				28－04－02	加强与管家、财务、销售、工程、前厅等部门的横向联系，确保酒店服务的一致性	L4
29	客房部制度修订	29－01	建立制度	29－01－01	制定客房部的经营管理制度	L4
				29－01－02	制定客房部的服务标准和操作流程	L4
				29－01－03	健全客房部的岗位职责、规章制度和程序	L4
				29－01－04	制定部门操作规程及服务规范	L4
				29－01－05	拟定硬件设施使用及日常工作管理制度	L4
		29－02	落实制度	29－02－01	执行客房部门会议并解决所有需要解决的事项，以达到部门正确操作的功能，必要时应做出操作程序更正或新制定政策等	L4
				29－02－02	协助和指引各客房部门的主管，对有客房操作和需求提出功能性的建议和指示	L4
				29－02－03	按规章制度实施奖惩	L4
				29－02－04	督导员工依照工作责任制的指引工作	L4

续上表

工作项目/职业素养		工作任务/职业素养分类		职业能力（技能、工具、方法、要求、知识）		学习水平 高职 Lj
29	客房部制度修订	29－03	制订计划	29－03－01	拟定、上报管家部全年工作计划、季度工作安排	L4
				29－03－02	编制年度客房各类物品的预算，并列出购置清单	L4
				29－03－03	安排好卫生计划	L4
				29－03－04	安排好“四害”计划	L4
				29－03－05	安排好外洗计划	L4
				29－03－06	落实外包项目的人员及工作计划	L4
				29－03－07	策划和制订各项客务计划	L4
30	客房部经营管理	30－01	市场分析	30－01－01	定期分析和报告经营情况，领导员工积极完成各项经营指标	L4
				30－01－02	掌握市场变化并及时引导，跟进创收，控制成本及降低消耗	L4
				30－01－03	制定部门经营决策	L4
		30－02	控制成本	30－02－01	定期深入检查部门收支控制情况，控制成本支出	L4
				30－02－02	开源节流及部门成本控制	L4
				30－02－03	做出个案式的更正和推出所需要的策略，保持和控制工资的平衡	L4
				30－02－04	负责维修保养、设备折旧管理	L4
				30－02－05	负责成本核算、成本控制管理	L4
				30－02－06	负责配合并监督客房销售控制工作	L4
		30－03	做好预算	30－03－01	做好年度支出预算	L4
				30－03－02	做好人力资源预算	L4
				30－03－03	管理好各分部消耗品	L4
				30－03－04	提出年度布草消耗、采购计划及预算	L4
				30－03－05	保障客房最大限度的出租率和最高经济收入	L4

续上表

工作项目/职业素养		工作任务/职业素养分类		职业能力（技能、工具、方法、要求、知识）		学习水平 高职 Lj
30	客房部经营管理	30－04	推广促销	30－04－01	根据市场需求，向总经理提出销售建议	L4
				30－04－02	积极开展各种推广促销活动，最大限度地增加酒店收入	L4
				30－04－03	熟悉客人需求与销售市场状况	L4
				30－04－04	直接向总经理汇报有关客房推销活动情况	L4
				30－04－05	撰写营运操作、营业额、成本和各部门赚取盈利的报告	L4
				30－04－06	分析正确监督功能和收效	L4
				30－04－07	完成上级领导分配的销售任务	L4
				30－04－08	跟催已编制的政策和策划各项目，以确保能依从先前所规定的方法和标准开展	L4
31	客房部人事管理	31－01	员工任职管理	31－01－01	与人事部及各部门主管沟通，聘请客房部员工	L4
				31－01－02	与人事部及各部门主管沟通，解雇客房部员工	L4
				31－01－03	确定人员编制，合理分配及调度人力	L4
		31－02	奖惩管理	31－02－01	制订激励计划	L4
				31－02－02	落实工作质量评估	L4
				31－02－03	了解人力资源的员工补给状况	L4
				31－02－04	奖惩、任免主管及领班	L4
		31－03	员工培训	31－03－01	负责对员工实施培训、考核和评估工作	L4
				31－03－02	制订员工培训计划	L4
				31－03－03	善于运用激励方法调动员工的积极性	L4
				31－03－04	制定客房部各员工的培训课程，并监督训练及执行	L4
				31－03－05	指导执行规章制度	L4
				31－03－06	介绍福利待遇政策	L4
				31－03－07	观察能力强，具备良好的预测和判断能力	L4
		31－04	执行人才发展计划	31－04－01	掌握人才职业规划的知识与技能	L4
				31－04－02	了解员工职业规划方向	L4
				31－04－03	培养与发展有潜力的员工	L4

续上表

工作项目/职业素养		工作任务/职业素养分类		职业能力（技能、工具、方法、要求、知识）		学习水平 高职 Lj
32	客房部人身及卫生安全保障	32－01	人身安全	32－01－01	关注员工及顾客健康状态、情绪表现	L4
				32－01－02	处置工伤事故	L4
				32－01－03	与保安部紧密协作，确保客人的人身及财产安全	L4
		32－02	卫生消防安全	32－02－01	保证客房和公共区域达到卫生标准	L4
				32－02－02	定期组织检查消防器具，做好通缉协查、防火、防盗工作	L4
				32－02－03	巡查消防设施状态	L4
33	客房部经理维护宾客关系	33－01	关心常客	33－01－01	保持联系	L4
				33－01－02	拟订优惠措施	L4
		33－02	开发新客源	33－02－01	推介广告	L4
				33－02－02	开展促销活动	L4
				33－02－03	运用新媒介	L4
		33－03	控制服务质量	33－03－01	加强制度规范管理	L4
				33－03－02	提高员工的敬业度	L4
				33－03－03	运用激励政策	L4
				33－03－04	监督、指导、协调全部管家部活动，为住客提供规范化、程序化、制度化的优质服务	L4
				33－03－05	处理投诉，发展与住店客人的友好关系	L4
				33－03－06	检查贵宾客房，使之达到酒店要求的标准	L4
				33－03－07	提高员工的敬业度	L4
34	餐饮部日常管理	34－01	执行上级命令	34－01－01	执行及跟办餐厅经理及主管分配的工作	L2
				34－01－02	妥善执行制定的规章制度	L2
				34－01－03	严格执行架构图的汇报程序	L2
		34－02	协助工作	34－02－01	协助餐厅经理及主管监察员工的工作、更期及考勤，并向上级汇报	L2
				34－02－02	随时协助高级待应/服务员日常的工作，提供正确服务程序	L2
				34－02－03	协助主管、餐厅经理完成盘点工作	L2
				34－02－04	协助餐厅经理及主管开展对员工的培训和业绩考核	L2

续上表

工作项目/职业素养		工作任务/职业素养分类		职业能力（技能、工具、方法、要求、知识）		学习水平 高职 Lj
34	餐饮部日常管理	34－03	编排任务	34－03－01	负责完成餐厅营业前检查表的相关工作	L2
				34－03－02	负责带动及公平安排分配相关小组的工作	L2
				34－03－03	协助带位员工安排订座的编排	L2
		34－04	排班及考勤	34－04－01	跟进本班组员工考勤登记及培训考核登记工作	L2
				34－04－02	跟进每月餐厅布草盘点监督工作	L2
				34－04－03	检查员工仪容仪表及出勤状况	L2
				34－04－04	制作排班表	L2
		34－05	易耗品管理	34－05－01	有效管理灯光、空调的使用	L2
				34－05－02	负责餐厅打包用品的管理库存、申购工作	L2
				34－05－03	负责印刷品（如柯达单、点心单）的申购	L2
35	餐厅管理	35－01	迎送客服务	35－01－01	检查服务员的仪容仪表和具体操作	L2
				35－01－02	统计顾客预订信息	L2
				35－01－03	电话预订	L2
				35－01－04	收集宾客意见反馈	L2
				35－01－05	为客人提供餐饮推广，每日推介信息	L2
				35－01－06	检查及提醒客人携带物品	L2
		35－02	餐前督导	35－02－01	领导本班服务员做好开餐前的准备工作	L2
				35－02－02	按照领班检查表逐项检查，发现问题，及时采取措施，如有必要，及时报告上级	L2
				35－02－03	检查用品物品是否齐备、清洁和无破损	L2
				35－02－04	检查桌椅、餐具的摆放是否规范	L2
				35－02－05	检查菜单、酒具是否卫生并无破损	L2
				35－02－06	检查餐厅环境卫生、温度及餐具摆放	L2

续上表

<table>
<tr><th colspan="2" rowspan="2">工作项目/职业素养</th><th colspan="2" rowspan="2">工作任务/职业素养分类</th><th colspan="2" rowspan="2">职业能力（技能、工具、方法、要求、知识）</th><th>学习水平</th></tr>
<tr><th>高职 Lj</th></tr>
<tr><td rowspan="14">35</td><td rowspan="14">餐厅管理</td><td rowspan="11">35－03</td><td rowspan="11">对客服务</td><td>35－03－01</td><td>汇报及礼貌地解决客人的投诉</td><td>L2</td></tr>
<tr><td>35－03－02</td><td>开餐后注意观察客人用餐情况，及时回答客人问题</td><td>L2</td></tr>
<tr><td>35－03－03</td><td>督导服务员主动向客人介绍菜式及主动推销饮品，加强酒店收益</td><td>L2</td></tr>
<tr><td>35－03－04</td><td>掌握餐厅推广菜品知识，每日菜品沽清</td><td>L2</td></tr>
<tr><td>35－03－05</td><td>过单、落单服务</td><td>L2</td></tr>
<tr><td>35－03－06</td><td>经常与厨房联系，跟催出菜程序及菜式，推销时令菜牌及滞销食品，提供反映客人意见</td><td>L2</td></tr>
<tr><td>35－03－07</td><td>经常向上级汇报反映客人的意见</td><td>L2</td></tr>
<tr><td>35－03－08</td><td>每日留意厨房发出的今日特色菜并主动向客人推广</td><td>L2</td></tr>
<tr><td>35－03－09</td><td>充分了解酒店及餐厅的产品，懂得根据宴会性质搭配菜单及酒水</td><td>L2</td></tr>
<tr><td>35－03－10</td><td>督导上菜的行为规范</td><td>L2</td></tr>
<tr><td>35－03－11</td><td>检查结账操作方式（如支票、POS① 机刷卡、微信支付、支付宝支付）</td><td>L2</td></tr>
<tr><td rowspan="3">35－04</td><td rowspan="3">出品监控</td><td>35－04－01</td><td>经常留意汁酱与菜式的配搭是否正确</td><td>L2</td></tr>
<tr><td>35－04－02</td><td>经常留意厨房的出品是否达到酒店的标准</td><td>L2</td></tr>
<tr><td>35－04－03</td><td>了解当日厨房供应情况及厨师长特荐内容，与备餐间协调合作</td><td>L2</td></tr>
<tr><td rowspan="7">36</td><td rowspan="7">酒吧服务</td><td rowspan="4">36－01</td><td rowspan="4">营业前准备</td><td>36－01－01</td><td>检查酒吧的环境卫生状况，督促酒水员搞好卫生</td><td>L2</td></tr>
<tr><td>36－01－02</td><td>检查服务区域内的杯具和用具卫生、供应状况</td><td>L2</td></tr>
<tr><td>36－01－03</td><td>酒水盘点库存管理</td><td>L2</td></tr>
<tr><td>36－01－04</td><td>酒水、水果申购及回货验收</td><td>L2</td></tr>
<tr><td rowspan="3">36－02</td><td rowspan="3">出品制作监控</td><td>36－02－01</td><td>监控酒吧的各项出品，确保酒水的出品、质量和服务的规范化</td><td>L2</td></tr>
<tr><td>36－02－02</td><td>监控各类鸡尾酒制作</td><td>L2</td></tr>
<tr><td>36－02－03</td><td>监控水果拼盘及果汁制作</td><td>L2</td></tr>
</table>

① POS：point of sale，销售点系统。

续上表

工作项目/职业素养		工作任务/职业素养分类		职业能力（技能、工具、方法、要求、知识）		学习水平 高职 Lj
36	酒吧服务	36－03	日常督导	36－03－01	认真检查各酒吧的每日营业表，如发现问题，要及时处理，并上报酒水部主管	L2
				36－03－02	随时掌握酒水库存状态，审核当日酒吧提货单，并交主管签字，做好酒水控制	L2
				36－03－03	检查酒吧的硬件设备，发现问题及时报工程部维修	L2
37	协助餐饮部培训与指导	37－01	基本服务规范	37－01－01	培训员工餐桌布置标准	L2
				37－01－02	掌握斟酒服务规范	L2
				37－01－03	监控传菜、上菜过程的规范	L2
				37－01－04	介绍语音、语调规范及标准接听流程	L2
				37－01－05	介绍宴会服务程序和操作规程	L2
				37－01－06	掌握酒吧系统管理和系列服务程序	L2
		37－02	了解专业知识和技能	37－02－01	熟悉主要种类酒水的性质、产地、生产过程及常用酒水的调治方法	L2
				37－02－02	了解各种菜肴的名称、特点及食用方式、营养价值	L2
				37－02－03	了解餐具、酒具、布草的使用方法和保养知识	L2
				37－02－04	了解服务心理和国内外各地宾客的饮食习惯及爱好	L2
38	协助餐饮部经理工作	38－01	协助制定部门制度及工作程序	38－01－01	及时将本部门的销售状况及特别事件上报餐饮部经理	L3
				38－01－02	按时完成上级分配的工作	L3
				38－01－03	制定宴会各项规章制度并指挥实施	L3
				38－01－04	制定并组织实施酒水部的安全、卫生、酒水控制等各项规章制度	L3
				38－01－05	建立和完善宴会的工作程序和标准	L3
				38－01－06	负责编制部门员工的排班表	L3
		38－02	协助执行制度	38－02－01	协助落实和妥善执行一切规章制度	L3
				38－02－02	协助制定员工的出勤、纪律行为及工作表现要求并做记录	L3
				38－02－03	协助指导员工掌握正确服务程序	L3

续上表

工作项目/职业素养		工作任务/职业素养分类		职业能力（技能、工具、方法、要求、知识）		学习水平 高职 Lj
39	处理餐饮部的业务	39－01	掌握业务信息	39－01－01	收集常来宾客对菜肴和服务的建议和意见，并采取相应的改进措施	L3
				39－01－02	根据季节差异及宾客反馈的建议和意见与厨师长研究，制定特别菜单	L3
				39－01－03	与厨师长共同议定宴会菜单、价格	L3
				39－01－04	根据各酒吧的特点和要求，制定各酒吧的销售品种及销售价格	L3
				39－01－05	及时收集、整理、储存、更新、提供酒店的重要信息资料，保证员工知晓酒店内外的重要事件	L3
		39－02	熟悉业务	39－02－01	熟悉餐厅业务要求和程序	L3
				39－02－02	熟悉酒店的各项服务及设施	L3
				39－02－03	熟知当地各重要服务机构的地址、营业项目和时间	L3
				39－02－04	熟悉本部门的各项工作程序和有关业务规定	L3
				39－02－05	熟悉酒店运转体系及各分部的基本运作流程	L3
				39－02－06	熟悉酒店电脑管理系统	L3
				39－02－07	熟悉酒水的来源、品牌及规格，了解主要酒类的特点	L3
				39－02－08	有重要的宴会、酒会需要亲自上场服务	L3
				39－02－09	设计酒水饮料单，制定含酒精和不含酒精饮料的配制标准	L3
				39－02－10	通晓餐厅管理和中餐、西餐系列服务程序	L3
				39－02－11	掌握食品、酒水、烹饪方面的知识和推销技巧	L3
				39－02－12	了解主要客源国的风俗习惯及重点客人和常客口味特点	L3
				39－02－13	参加大型宴会服务合同条款的谈判和签约	L3
				39－02－14	通晓各类宴会管理和服务技能与台型设计	L3
				39－02－15	掌握食品、酒水、烹饪方面的知识	L3
				39－02－16	能研制新的酒牌、新的鸡尾酒	L3

续上表

工作项目/职业素养		工作任务/职业素养分类		职业能力（技能、工具、方法、要求、知识）		学习水平 高职 Lj
39	处理餐饮部的业务	39－03	督导部门业务	39－03－01	督导完成中餐厅、西餐厅日常经营工作	L3
				39－03－02	加强现场督导，检查员工的仪容仪表和服务质量	L3
				39－03－03	及时纠正员工不符合规范的行为和表现	L3
				39－03－04	开餐前半小时（大型宴会在开餐前一小时），检查当日预订和特别宴会的各项准备工作	L3
				39－03－05	检查餐厅内的卫生状况、摆台情况等	L3
				39－03－06	严格控制成本，降低消耗	L3
				39－03－07	组织员工完成餐饮部下达的销售指标	L3
				39－03－08	控制酒水的进货、领取、保管和销售	L3
				39－03－09	与采购部密切联系，掌握整个酒水库存状态，并严格控制整个酒水部的成本	L3
				39－03－10	面对提出特殊要求的客人，及时联系相关部门为其提供个性化服务	L3
				39－03－11	控制酒水出品的分量，检查出品质量	L3
				39－03－12	督导员工积极实施制订发布的促销方案	L3
				39－03－13	了解员工工作能力，合理安排工作	L3
				39－03－14	建议并组织与酒商定期举办酒水促销活动，促进饮食的销售	L3
				39－03－15	严格检查和监督电信保密制度的实施，维护顾客利益	L3
				39－03－16	经常留意厨房出品是否达到制定的标准及跟催上菜程序	L3
				39－03－17	负责节日推广活动布置工作	L3
				39－03－18	及时发现问题、解决难题	L3

续上表

<table>
<tr><th rowspan="2" colspan="2">工作项目/
职业素养</th><th rowspan="2" colspan="2">工作任务/
职业素养分类</th><th rowspan="2" colspan="2">职业能力
（技能、工具、方法、要求、知识）</th><th>学习水平</th></tr>
<tr><th>高职
Lj</th></tr>
<tr><td rowspan="22">40</td><td rowspan="22">餐饮部主管维护宾客关系</td><td rowspan="5">40－01</td><td rowspan="5">处理宾客投诉</td><td>40－01－01</td><td>有效处理客人对饮料的投诉，并主动征询客人的意见和建议</td><td>L3</td></tr>
<tr><td>40－01－02</td><td>处理管理范围内客人的投诉</td><td>L3</td></tr>
<tr><td>40－01－03</td><td>建立宾客投诉档案</td><td>L3</td></tr>
<tr><td>40－01－04</td><td>能够和酒店各部门协调配合处理各类投诉</td><td>L3</td></tr>
<tr><td>40－01－05</td><td>懂得宾客投诉处理程序与技巧</td><td>L3</td></tr>
<tr><td rowspan="3">40－02</td><td rowspan="3">VIP 接待</td><td>40－02－01</td><td>掌握 VIP 客人的信息（国籍、喜好、停留时间、风俗习惯等）</td><td>L3</td></tr>
<tr><td>40－02－02</td><td>熟悉 VIP 客人的接待程序与接待标准</td><td>L3</td></tr>
<tr><td>40－02－03</td><td>接待重要客人和大型团队时，亲自组织餐前的服务工作，保证提供有序、高效的服务，确保顾客的安全和满意</td><td>L3</td></tr>
<tr><td rowspan="2">40－03</td><td rowspan="2">整理客史档案</td><td>40－03－01</td><td>懂得客史档案整理的知识与技能</td><td>L3</td></tr>
<tr><td>40－03－02</td><td>具备发现客人细节并不断总结的能力</td><td>L3</td></tr>
<tr><td rowspan="12">40－04</td><td rowspan="12">加强与宾客沟通</td><td>40－04－01</td><td>了解宾客心理需求，善于与宾客打交道</td><td>L3</td></tr>
<tr><td>40－04－02</td><td>熟记常客和重要客人的姓名、相貌特征及个人需求</td><td>L3</td></tr>
<tr><td>40－04－03</td><td>主动招呼再次光临的客人，最大限度地争取“回头客”</td><td>L3</td></tr>
<tr><td>40－04－04</td><td>学会灵活运用沟通、协调的方法</td><td>L3</td></tr>
<tr><td>40－04－05</td><td>掌握沟通协调的程序</td><td>L3</td></tr>
<tr><td>40－04－06</td><td>维系顾客关系，定期短信、电话回访，收集反馈意见</td><td>L3</td></tr>
<tr><td>40－04－07</td><td>督导员工管理的区域服务规范</td><td>L3</td></tr>
<tr><td>40－04－08</td><td>向客人推广酒店内各项设施</td><td>L3</td></tr>
<tr><td>40－04－09</td><td>经常与总厨联系，推销时令菜式，提供、反映顾客意见</td><td>L3</td></tr>
<tr><td>40－04－10</td><td>了解市场及客人的需要并及时向上司提供有建设性的意见</td><td>L3</td></tr>
<tr><td>40－04－11</td><td>观察菜品品质并及时补救</td><td>L3</td></tr>
<tr><td>40－04－12</td><td>做好团队、会议和重要客人的接待服务工作</td><td>L3</td></tr>
</table>

续上表

工作项目/职业素养		工作任务/职业素养分类		职业能力（技能、工具、方法、要求、知识）		学习水平 高职 Lj
41	餐饮部的员工管理	41－01	培训员工	41－01－01	制订员工的培训计划	L3
				41－01－02	具备培训知识与培训技能，能实施业务培训和考核	L3
				41－01－03	负责对员工进行业务培训、督导、考核，不断提高员工的业务水平和服务质量	L3
				41－01－04	保证服务人员任何时候都按行为规范工作	L3
				41－01－05	制定各种酒水的服务方法，培训员工的服务技巧和调酒技术	L3
				41－01－06	按酒店服务礼仪标准对员工进行培训	L3
				41－01－07	讲解菜式介绍技巧	L3
				41－01－08	讲解菜单记忆技巧	L3
				41－01－09	培训酒店品牌更新知识	L3
				41－01－10	培训员工服务流程标准	L3
				41－01－11	培训员工上菜规范	L3
				41－01－12	培训员工酒水知识及服务操作	L3
				41－01－13	定期给员工进行服务案例分析	L3
				41－01－14	跟踪培训效果的技能	L3
		41－02	人才发展计划	41－02－01	了解员工职业规划方向	L3
				41－02－02	协助员工做好个人的发展计划	L3
				41－02－03	培养与发展有潜力的员工	L3
		41－03	督导员工	41－03－01	负责培训、招募员工，对违纪员工提出处理意见	L3
				41－03－02	制定员工手册	L3
				41－03－03	督导员工做好酒店各部门和客人报刊、传真、邮件的接收和分发工作	L3
				41－03－04	跟进每月员工排班表，根据订餐情况合理调配餐厅服务人手	L3
				41－03－05	掌握语言沟通技巧，指导员工开展工作	L3
				41－03－06	帮助员工解决工作中遇到的难题，处理工作差错和事故	L3

续上表

工作项目/职业素养		工作任务/职业素养分类		职业能力（技能、工具、方法、要求、知识）		学习水平 高职 Lj
41	餐饮部的员工管理	41－04	绩效考核	41－04－01	对员工进行绩效评估，并按奖惩制度事实奖惩	L3
				41－04－02	参加员工甄选及评估工作	L3
				41－04－03	负责每月核对餐厅员工考勤	L3
				41－04－04	核算业务	L3
				41－04－05	计算工作量	L3
				41－04－06	参考顾客反馈意见	L3
42	餐厅安全保障	42－01	设施设备维护	42－01－01	具备前台设备应用常识及设备维护的基础知识	L3
				42－01－02	协调、沟通与电信部门和酒店有关部门的关系，确保通信系统的正常运行	L3
				42－01－03	密切与工程部合作，定期检修和保养各分部机器设备	L3
				42－01－04	负责管辖区域的设备设施的维护和保养	L3
				42－01－05	加强对餐厅设备物资、用具的管理和保养	L3
				42－01－06	保持设备的完好率	L3
				42－01－07	负责各酒吧的设备、用具和财产的定期清点并做维修保养和更新	L3
				42－01－08	加强对餐厅设备物资、用具的管理和保养，并备有登记簿	L3
				42－01－09	负责部门设备的申领、补充工作，安排每月部门的备用品使用	L3
				42－01－10	定期检查所有设施、设备运转	L3
				42－01－11	每月盘点家私物品及餐具用品、报损、申购工作	L3
		42－02	菜品安全	42－02－01	观察菜品品质并及时补救	L3
				42－02－02	保证所有食品在有效期内使用	L3
				42－02－03	制订餐厅每周清洁沽清计划	L3
				42－02－04	制订餐具清洁计划及节能管理	L3
				42－02－05	具备成本控制意识	L3

续上表

工作项目/职业素养		工作任务/职业素养分类		职业能力（技能、工具、方法、要求、知识）		学习水平 高职 Lj
42	餐厅安全保障	42－03	餐厅安全	42－03－01	跟进每周餐厅消杀工作	L3
				42－03－02	警惕大堂出现的可疑人物，负责所处区域的防盗、防火安全工作	L3
				42－03－03	保证消防通道畅通	L3
				42－03－04	跟进营业区域、地毯、地板维护保养工作	L3
43	餐饮部其他日常工作	43－01	报表管理	43－01－01	熟悉餐饮部所有报表的制作	L3
				43－01－02	负责制作各种业务报表	L3
		43－02	主持会议	43－02－01	参加餐饮部每日例会，理解酒店餐饮营业部门的运转情况	L3
				43－02－02	主持召开班前会，传达上级部署的任务和指令，向员工布置工作任务，确保各环节正常运转	L3
				43－02－03	了解会议流程及会议的主要内容	L3
44	主持餐饮部日常工作	44－01	主持会议	44－01－01	主持召开餐饮部门的例会	L4
				44－01－02	传达上级布置的餐饮工作要点	L4
				44－01－03	听取工作汇报，解决餐饮部门的难题	L4
				44－01－04	布置餐饮各部门的工作任务	L4
		44－02	管理日常工作	44－02－01	与各餐饮部门的主管商讨新制定的策略，以增加营业额，降低成本或增加餐饮操作的生产力	L4
				44－02－02	报表管理	L4
				44－02－03	检查部门工作进度	L4
				44－02－04	加强与管家、财务、销售、工程、前厅等部门的横向联系，确保酒店服务的一致性	L4
				44－02－05	抽查服务质量，纠正偏差	L4
				44－02－06	定期组织检查消防器具，做好通缉协查、防火、防盗工作	L4
				44－02－07	撰写年度总结报告	L4
				44－02－08	定期进行市场调查	
				44－02－09	每天要巡视和检查各餐饮部门，包括所有餐厅、厨房、货仓及其他管理下的范围，以确保安全	L4

续上表

工作项目/职业素养		工作任务/职业素养分类		职业能力（技能、工具、方法、要求、知识）		学习水平 高职 Lj
45	餐饮部制度修订	45－01	建立制度	45－01－01	制定餐饮部的经营管理制度	L4
				45－01－02	制定餐饮部的服务标准和操作流程	L4
				45－01－03	健全餐饮部的岗位职责、规章制度和程序	L4
				45－01－04	协助和指引各餐饮部门的主管，对有关餐饮操作和需求提出功能性的建议和指示	L4
				45－01－05	执行餐饮部门会议并解决所有需要解决的事项，包括宴会操作上的问题，以达到部门正确操作的功能，必要时应做出操作程序更正或新制定政策等	L4
				45－01－06	制定部门操作规程及服务规范，按规章制度实施奖惩	L4
				45－01－07	拟订硬件设施使用及日常工作管理制度	L4
				45－01－08	建立所有餐饮部的工作责任制，以使新加入员工能依照工作责任制的指引工作	L4
		45－02	制订计划	45－02－01	编制并组织实施部门年度预算	L4
				45－02－02	协助餐饮部总监制定中餐部和西餐部年度、月度营业计划	L4
				45－02－03	策划和制订各项客务计划	L4
46	餐饮部经营管理	46－01	控制成本	46－01－01	监督所有菜单的编制，食物的价格、卖相、卫生、推广计划的编制，以及员工的编制，在任何时间均确保食物的质量和服务的质量良好	L4
				46－01－02	确保所有餐饮部指定的采购品种质量良好	L4
				46－01－03	签批所有餐饮部门的餐饮采购订单	L4
				46－01－04	制定餐饮价格，监督采购和盘点	L4
				46－01－05	分析对餐饮部操作的观点和立场：降低操作成本，增加营业额，简化繁集的工作程序和卫生设备	L4
				46－01－06	定期分析和报告经营情况，领导员工积极完成各项经营指标	L4
				46－01－07	控制成本支出，定期深入检查部门收支控制情况	L4
				46－01－08	做出个案式的更正和推出所需要的策略，保持和控制工资的平衡	L4

续上表

工作项目/职业素养		工作任务/职业素养分类		职业能力（技能、工具、方法、要求、知识）		学习水平 高职 Lj
46	餐饮部经营管理	46-02	推广促销	46-02-01	根据市场需求，向总经理提出销售建议	L4
				46-02-02	积极开展各种推广促销活动，最大限度地增加酒店收入	L4
				46-02-03	熟悉客人需求与销售市场状况	L4
				46-02-04	直接向总经理汇报有关餐饮推广活动情况	L4
				46-02-05	撰写营运操作、营业额、成本和各部门赚取利润的报告	L4
				46-02-06	分析正确监督的功能和收效	L4
				46-02-07	负责季节性的产品（如粽子、月饼、大闸蟹、年糕）售卖点管理工作	L4
				46-02-08	完成上级领导分配的销售任务	L4
				46-02-09	定期举办美食节、美食周等促销活动	L4
				46-02-10	根据季节差异及宾客反馈的意见和建议与厨师长研究、制定特别菜单	L4
				46-02-11	跟催已编制的政策和策划各项目工作，以确保能依从先前所规定的方法和标准	L4
47	餐饮部人事管理	47-01	员工任职管理	47-01-01	与人事部及各部门主管沟通，聘请餐饮部员工	L4
				47-01-02	与人事部及各部门主管沟通，解雇餐饮部员工	L4
		47-02	员工培训	47-02-01	负责对员工实施培训、考核和评估工作	L4
				47-02-02	善于运用激励方法调动员工的积极性	L4
				47-02-03	制定餐饮部各员工的培训课程，并监督训练及执行	L4
				47-02-04	指导执行规章制度	L4
				47-02-05	介绍福利待遇政策	L4
				47-02-06	观察能力强，具备良好的预测和判断能力	L4
		47-03	执行人才发展计划	47-03-01	掌握人才职业规划的知识与技能	L4
				47-03-02	了解员工职业规划方向	L4
				47-03-03	培养与发展有潜力的员工	L4

续上表

<table>
<tr><th colspan="2" rowspan="2">工作项目/职业素养</th><th colspan="2" rowspan="2">工作任务/职业素养分类</th><th colspan="2" rowspan="2">职业能力
（技能、工具、方法、要求、知识）</th><th>学习水平</th></tr>
<tr><th>高职
Lj</th></tr>
<tr><td rowspan="4">48</td><td rowspan="4">餐饮部员工安全保障</td><td rowspan="2">48－01</td><td rowspan="2">人身安全</td><td>48－01－01</td><td>关注员工及顾客健康状态、情绪表现</td><td>L4</td></tr>
<tr><td>48－01－02</td><td>处理工伤事故</td><td>L4</td></tr>
<tr><td rowspan="2">48－02</td><td rowspan="2">消防安全</td><td>48－02－01</td><td>疏通消防通道</td><td>L4</td></tr>
<tr><td>48－02－02</td><td>巡查消防设施状态</td><td>L4</td></tr>
<tr><td rowspan="10">49</td><td rowspan="10">餐饮部经理维护宾客关系</td><td rowspan="3">49－01</td><td rowspan="3">关心常客</td><td>49－01－01</td><td>保持联系</td><td>L4</td></tr>
<tr><td>49－01－02</td><td>推介新品</td><td>L4</td></tr>
<tr><td>49－01－03</td><td>拟订优惠措施</td><td>L4</td></tr>
<tr><td rowspan="3">49－02</td><td rowspan="3">开发新客源</td><td>49－02－01</td><td>推介广告</td><td>L4</td></tr>
<tr><td>49－02－02</td><td>开展促销活动</td><td>L4</td></tr>
<tr><td>49－02－03</td><td>运用新媒介</td><td>L4</td></tr>
<tr><td rowspan="4">49－03</td><td rowspan="4">控制服务质量</td><td>49－03－01</td><td>加强制度规范管理</td><td>L4</td></tr>
<tr><td>49－03－02</td><td>提高员工的敬业度</td><td>L4</td></tr>
<tr><td>49－03－03</td><td>运用激励政策</td><td>L4</td></tr>
<tr><td>49－03－04</td><td>提高员工的敬业度</td><td>L4</td></tr>
<tr><td rowspan="9">50</td><td rowspan="9">协助行政管家工作</td><td rowspan="9">50－01</td><td rowspan="9">制订部门分部计划和预算</td><td>50－01－01</td><td>贯彻上级的决策、决定和各项指令</td><td>L3</td></tr>
<tr><td>50－01－02</td><td>及时将本部门的销售状况及特别事件上报行政管家</td><td>L3</td></tr>
<tr><td>50－01－03</td><td>按时完成上级分配的工作</td><td>L3</td></tr>
<tr><td>50－01－04</td><td>负责各自主管业务的销售活动</td><td>L3</td></tr>
<tr><td>50－01－05</td><td>负责各分部的日常管理工作和员工考核培训工作</td><td>L3</td></tr>
<tr><td>50－01－06</td><td>负责制订各分部的年度、季度销售计划和预算，并合理组织实施</td><td>L3</td></tr>
<tr><td>50－01－07</td><td>制订市场销售部全年的公关计划和广告预算，经管理层批准后监督实施</td><td>L3</td></tr>
<tr><td>50－01－08</td><td>依据酒店管理层商讨制定的标准赠送礼品</td><td>L3</td></tr>
<tr><td>50－01－09</td><td>负责编制部门员工的排班表</td><td>L3</td></tr>
</table>

续上表

工作项目/职业素养		工作任务/职业素养分类		职业能力（技能、工具、方法、要求、知识）		学习水平 高职 Lj
50	协助行政管家工作	50－02	协助执行制度	50－02－01	协助落实和妥善执行一切规章制度	L3
				50－02－02	协助制定员工的出勤、纪律行为及工作表现要求并做记录	L3
				50－02－03	实施本部门的年度工作计划、季度工作安排，及时向上级报告完成情况	L3
				50－02－04	协助上级做好销售计划和促销方案的制定、执行和总结工作	L3
				50－02－05	检查规章制度的实施和执行情况	L3
				50－02－06	协助指导员工掌握正确服务程序	L3
51	处理营销部的业务	51－01	公关	51－01－01	加强与酒店分部之间的沟通，便于顺利协作	L3
				51－01－02	收集客人的个性资料	L3
				51－01－03	组织收集有关公众对酒店整体形象的意见，递交分析报告上交管理层，以提供决策的依据	L3
				51－01－04	负责与有关政府职能部门、新闻机构、社会各界人士建立良好的工作与合作关系	L3
				51－01－05	负责各种紧急、突发及危机事件中公关事项的处理	L3
				51－01－06	建立公共关系业务档案	L3
		51－02	宣传	51－02－01	负责组织、策划、实施酒店的大型公关活动，吸引社会公众的关注，提高酒店整体形象与社会知名度	L3
				51－02－02	了解国内外市场动态及当地旅游市场动态，定期向上级递交调查研究报告	L3
				51－02－03	负责组织酒店宣传册、销售手册及各影像资料的编写、制作、印刷、收集、存档	L3
				51－02－04	根据新设施、新服务的出台，同步更新酒店宣传资料	L3
				51－02－05	定期向新闻媒介发布消息，介绍酒店最新服务项目和管理新动向等	L3
				51－02－06	加强与海内外各新闻媒体单位的协作，获得他们的信任与支持，不失时机地宣传酒店	L3
				51－02－07	及时收集、整理、储存、更新、提供酒店的重要信息资料	L3

续上表

工作项目/职业素养		工作任务/职业素养分类		职业能力（技能、工具、方法、要求、知识）		学习水平 高职 Lj
51	处理营销部的业务	51－03	执行业务	51－03－01	统计销售数据	L3
				51－03－02	熟悉酒店 VI① 设计	L3
				51－03－03	执行、完成销售计划	L3
				51－03－04	熟悉酒店运转体系及各分部的基本运作流程	L3
				51－03－05	熟悉酒店电脑管理系统	L3
				51－03－06	了解主要客源国的风俗习惯及重点客人和常客特点	L3
				51－03－07	深入市场调研和分析，善于以市场为导向进行决策	L3
				51－03－08	负责订购酒店赠客礼品并赠予相关机构和客户	L3
				51－03－09	管辖区域安全及卫生状态	L3
				51－03－10	收集检查员工报表	L3
				51－03－11	及时处理员工不能解决的疑难问题并向行政管家报告	L3
		51－04	督导部门业务	51－04－01	加强现场督导，检查员工的仪容仪表和服务质量	L3
				51－04－02	及时纠正员工不符合规范的行为和表现	L3
				51－04－03	严格控制成本，减少消耗	L3
				51－04－04	督导员工积极实施制订发布的促销方案	L3
				51－04－05	巡视各部门，检查工作进度，抽查服务质量，纠正偏差，确保日常工作顺利进行	L3
				51－04－06	及时发现问题、解决难题	L3
52	营销部主管维护宾客关系	52－01	处理宾客投诉	52－01－01	处理管理范围内客人的投诉	L3
				52－01－02	建立宾客投诉档案	L3
				52－01－03	能够和酒店各部门协调配合处理相关投诉	L3
				52－01－04	懂得宾客投诉处理程序与技巧	L3

① VI：visual identity，视觉识别系统。

续上表

工作项目/职业素养		工作任务/职业素养分类		职业能力（技能、工具、方法、要求、知识）		学习水平 高职 Lj
52	营销部主管维护宾客关系	52－02	VIP 接待	52－02－01	掌握 VIP 的信息（国籍、喜好、停留时间、风俗习惯等）	L3
				52－02－02	熟悉 VIP 的接待程序与接待标准	L3
				52－02－03	能亲自迎接 VIP	L3
				52－02－04	落实酒店 VIP 的接待工作	L3
				52－02－05	切实提供个性化的服务	L3
				52－02－06	落实当天 VIP 的跟进工作	L3
		52－03	整理客史档案	52－03－01	懂得客史档案整理的知识与技能	L3
				52－03－02	及时建立客户档案	
				52－03－03	分析客源特点，向上级递交市场分析报告	L3
		52－04	加强与宾客沟通	52－04－01	了解宾客心理需求，善于与宾客打交道	L3
				52－04－02	及时将客户意见反馈给相关部门，恰当提出产品组合、改进意见，提高酒店服务质量	L3
				52－04－03	加强与重要客户的沟通，定期拜访客户，与之建立长期稳定的良好协作关系	L3
				52－04－04	积极向客户推广酒店新项目和新计划，定期、不定期地安排客户参观	L3
				52－04－05	与有潜力的客户保持联系，力争成为新的合作伙伴	L3
				52－04－06	学会灵活运用沟通、协调的方法	L3
				52－04－07	掌握沟通协调的程序	L3
				52－04－08	维系顾客关系，定期短信、电话回访，收集反馈意见	L3
				52－04－09	向客人推广酒店内各项设施	L3
				52－04－10	了解市场及客人的需要并及时向上司提供有建设性的意见	L3

续上表

工作项目/职业素养		工作任务/职业素养分类		职业能力（技能、工具、方法、要求、知识）		学习水平 高职 Lj
53	营销部的员工管理	53－01	培训员工	53－01－01	制订员工的培训计划	L3
				53－01－02	具备培训知识与培训技能，能实施业务培训和考核	L3
				53－01－03	负责对员工进行业务培训、督导、考核，不断提高员工的业务水平和服务质量	L3
				53－01－04	保证营销人员任何时候都能按行为规范工作	L3
				53－01－05	按酒店服务礼仪标准对员工进行培训	L3
				53－01－06	培训员工营销服务流程标准	L3
				53－01－07	定期给员工进行服务案例分析	L3
				53－01－08	具备跟踪培训效果的技能	L3
		53－02	人才发展计划	53－02－01	了解员工职业规划方向	L3
				53－02－02	协助员工做好个人的发展计划	L3
				53－02－03	培养与发展有潜力的员工	L3
		53－03	督导员工	53－03－01	负责培训、招募员工，对违纪员工提出处理意见	L3
				53－03－02	制定员工手册	L3
				53－03－03	指导下级工作，严格控制与保证酒店所有宣传品的质量	L3
				53－03－04	掌握语言沟通技巧，指导员工开展工作	L3
				53－03－05	帮助员工解决工作中遇到的难题，处理工作差错和事故	L3
		53－04	绩效考核	53－04－01	对员工进行绩效评估，并按奖惩制度事实奖惩	L3
				53－04－02	参加员工甄选及评估工作	L3
				53－04－03	核算业务	L3
				53－04－04	计算工作量	L3
				53－04－05	对直属员工调配、升职、降级、奖励处分等人事变动提出意见	L3
				53－04－06	评估员工的表现，合理地使用员工	L3
				53－04－07	关心员工的工作和生活，及时提供必要的工作指导和帮助	L3
				53－04－08	参考顾客反馈意见	L3

续上表

工作项目/职业素养		工作任务/职业素养分类		职业能力（技能、工具、方法、要求、知识）		学习水平 高职 Lj
54	营销部其他日常工作	54－01	安全保障	54－01－01	警惕辖区范围内出现的可疑人物，负责所处区域的防盗、防火安全工作	L3
				54－01－02	保证消防通道畅通	L3
				54－01－03	定期组织管辖区域的消防器具检查，做好通缉协查、防火、防盗工作	L3
		54－02	主持会议	54－02－01	参加营销部例会，理解酒店部门的运转情况	L3
				54－02－02	主持召开部门例会，传达上级布置的工作要点，听取汇报，布置工作，解决难题	L3
				54－02－03	了解会议流程及会议的主要内容	L3
		54－03	报表制作与档案管理	54－03－01	负责制作各种业务报表	L3
				54－03－02	填写上报月度培训汇总报表	L3
				54－03－03	填写上交客人意见跟进情况报表	L3
				54－03－04	负责酒店历史资料的编写、收集及存档管理等工作	L3
55	主持营销部日常工作	55－01	主持会议	55－01－01	主持营销部例会	L4
				55－01－02	传达落实上级决议及决定	L4
				55－01－03	布置部门的工作任务	L4
				55－01－04	听取各部门的工作汇报，帮助解决营销难题	L4
		55－02	整理报表	55－02－01	做好工作日志和总结	L4
				55－02－02	建立管家部工作的完整档案体系	L4
				55－02－03	管理报表	L4
				55－02－04	撰写部门年度总结报告	L4
				55－02－05	了解国内外市场动态及当地旅游市场动态，定期向上级递交调查研究报告	L4
				55－02－06	汇总并上交部门月度突出问题汇总报表	L4

续上表

<table>
<tr><th colspan="2" rowspan="2">工作项目/
职业素养</th><th colspan="2" rowspan="2">工作任务/
职业素养分类</th><th colspan="2" rowspan="2">职业能力
（技能、工具、方法、要求、知识）</th><th>学习水平</th></tr>
<tr><th>高职
Lj</th></tr>
<tr><td rowspan="7">55</td><td rowspan="7">主持营销部日常工作</td><td rowspan="4">55－03</td><td rowspan="4">确保工作质量</td><td>55－03－01</td><td>检查部门工作进度</td><td>L4</td></tr>
<tr><td>55－03－02</td><td>抽查服务质量，纠正偏差</td><td>L4</td></tr>
<tr><td>55－03－03</td><td>检查员工的礼貌礼节、仪容仪表、服务态度和工作效率</td><td>L4</td></tr>
<tr><td>55－03－04</td><td>定期进行市场调查</td><td>L4</td></tr>
<tr><td rowspan="3">55－04</td><td rowspan="3">加强部门联系</td><td>55－04－01</td><td>加强与管家、财务、餐饮、工程、前厅等部门的横向联系，确保酒店服务的一致性</td><td>L4</td></tr>
<tr><td>55－04－02</td><td>及时将客户意见反馈给相关部门，恰当提出产品组合、改进意见，提高酒店服务质量</td><td>L4</td></tr>
<tr><td>55－04－03</td><td>协助上级做好销售计划和促销方案的制订、执行和总结工作</td><td>L4</td></tr>
<tr><td rowspan="11">56</td><td rowspan="11">营销部制度修订</td><td rowspan="4">56－01</td><td rowspan="4">建立制度</td><td>56－01－01</td><td>制定营销部的管理制度</td><td>L4</td></tr>
<tr><td>56－01－02</td><td>制定营销部的服务标准和操作流程</td><td>L4</td></tr>
<tr><td>56－01－03</td><td>健全营销部的岗位职责、规章制度和程序</td><td>L4</td></tr>
<tr><td>56－01－04</td><td>制定部门操作规程及服务规范</td><td>L4</td></tr>
<tr><td rowspan="4">56－02</td><td rowspan="4">落实制度</td><td>56－02－01</td><td>执行营销部门会议并解决所有需要解决的事项，以达到部门正确操作的功能，必要时应做出操作程序更正或制定新政策等</td><td>L4</td></tr>
<tr><td>56－02－02</td><td>协助和指引各分部的主管开展工作</td><td>L4</td></tr>
<tr><td>56－02－03</td><td>按规章制度实施奖惩</td><td>L4</td></tr>
<tr><td>56－02－04</td><td>督导员工依照工作责任制的指引工作</td><td>L4</td></tr>
<tr><td rowspan="3">56－03</td><td rowspan="3">制订计划</td><td>56－03－01</td><td>负责制订各分部的年度、季度销售计划和预算</td><td>L4</td></tr>
<tr><td>56－03－02</td><td>策划和制订各项客务计划</td><td>L4</td></tr>
<tr><td>56－03－03</td><td>制订酒店新项目的推广计划</td><td>L4</td></tr>
<tr><td rowspan="4">57</td><td rowspan="4">营销部经营管理</td><td rowspan="4">57－01</td><td rowspan="4">公关</td><td>57－01－01</td><td>协调与各类媒体的工作联系</td><td>L4</td></tr>
<tr><td>57－01－02</td><td>组织统筹酒店各类活动</td><td>L4</td></tr>
<tr><td>57－01－03</td><td>联系贵宾开展宣传工作</td><td>L4</td></tr>
<tr><td>57－01－04</td><td>沟通协调酒店各部门的工作（熟悉酒店各部门操作流程）</td><td>L4</td></tr>
</table>

续上表

工作项目/职业素养		工作任务/职业素养分类		职业能力（技能、工具、方法、要求、知识）		学习水平 高职 Lj
57	营销部经营管理	57－02	策划	57－02－01	掌握市场变化并及时引导，跟进创收，控制成本及减少消耗	L4
				57－02－02	搜集、整理市场情报及销售信息	L4
				57－02－03	酒店产品对外形象定位与包装、推广	L4
				57－02－04	撰写年度宣传计划并落实实施	L4
				57－02－05	按照上级标准制订宣传计划	L4
				57－02－06	定期分析和报告经营情况，领导员工积极完成各项经营指标	L4
				57－02－07	制定部门经营决策	L4
		57－03	控制成本	57－03－01	定期深入检查部门收支控制情况，控制成本支出	L4
				57－03－02	开源节流及部门成本控制	L4
				57－03－03	做出个案式的更正和推出所需要的策略，保持和控制工资的平衡	L4
				57－03－04	负责维修保养、设备折旧管理	L4
				57－03－05	负责成本核算、成本控制管理	L4
				57－03－06	负责配合并监督酒店销售控制工作	L4
		57－04	审核	57－04－01	审核酒店对外宣传文稿	L4
				57－04－02	审核美工产品	L4
		57－05	推广促销	57－05－01	根据市场需求，向总经理提出销售建议	L4
				57－05－02	积极开展各种推广促销活动，最大限度地增加酒店收入	L4
				57－05－03	熟悉客人需求与销售市场状况	L4
				57－05－04	直接向总经理汇报有关客房推销活动情况	L4
				57－05－05	撰写营运操作、营业额、成本和各部门赚取利润的报告	L4
				57－05－06	分析正确监督功能和收效	L4
				57－05－07	完成上级领导分配的销售任务	L4
				57－05－08	积极向客户推广酒店新项目和新计划	L4
				57－05－09	能根据市场需求，提出销售建议，并开展各种推广促销活动	L4
				57－05－10	控房（掌握客房的预订和销售情况，有效控制客房销售及住房比例的合理分配）	L4

续上表

<table>
<tr><th colspan="2" rowspan="2">工作项目/
职业素养</th><th colspan="2" rowspan="2">工作任务/
职业素养分类</th><th colspan="2" rowspan="2">职业能力
（技能、工具、方法、要求、知识）</th><th>学习水平</th></tr>
<tr><th>高职
Lj</th></tr>
<tr><td rowspan="5">57</td><td rowspan="5">营销部经营管理</td><td rowspan="5">57 - 06</td><td rowspan="5">工作跟进与落实</td><td>57 - 06 - 01</td><td>签署销售协议</td><td>L4</td></tr>
<tr><td>57 - 06 - 02</td><td>与集团总部保持密切沟通</td><td>L4</td></tr>
<tr><td>57 - 06 - 03</td><td>时刻关注酒店预算、预测酒店收益</td><td>L4</td></tr>
<tr><td>57 - 06 - 04</td><td>及时反馈信息给上级</td><td>L4</td></tr>
<tr><td>57 - 06 - 05</td><td>跟催已编制的政策和策划各项目，以确保能依从先前所规定的方法和标准开展</td><td>L4</td></tr>
<tr><td rowspan="17">58</td><td rowspan="17">营销部人事管理</td><td rowspan="3">58 - 01</td><td rowspan="3">员工任职管理</td><td>58 - 01 - 01</td><td>与人事部及各部门主管沟通，聘请营销部员工</td><td>L4</td></tr>
<tr><td>58 - 01 - 02</td><td>与人事部及各部门主管沟通，解雇营销部员工</td><td>L4</td></tr>
<tr><td>58 - 01 - 03</td><td>确定人员编制，合理分配及调度人力</td><td>L4</td></tr>
<tr><td rowspan="4">58 - 02</td><td rowspan="4">奖惩管理</td><td>58 - 02 - 01</td><td>制订激励计划</td><td>L4</td></tr>
<tr><td>58 - 02 - 02</td><td>落实工作质量评估</td><td>L4</td></tr>
<tr><td>58 - 02 - 03</td><td>了解人力资源的员工补给状况</td><td>L4</td></tr>
<tr><td>58 - 02 - 04</td><td>奖惩、任免主管及领班</td><td>L4</td></tr>
<tr><td rowspan="7">58 - 03</td><td rowspan="7">员工培训</td><td>58 - 03 - 01</td><td>负责对员工实施培训、考核和评估工作</td><td>L4</td></tr>
<tr><td>58 - 03 - 02</td><td>制订员工培训计划</td><td>L4</td></tr>
<tr><td>58 - 03 - 03</td><td>善于运用激励方法调动员工的积极性</td><td>L4</td></tr>
<tr><td>58 - 03 - 04</td><td>制定营销部各员工的培训课程，并监督训练及执行</td><td>L4</td></tr>
<tr><td>58 - 03 - 05</td><td>指导执行规章制度</td><td>L4</td></tr>
<tr><td>58 - 03 - 06</td><td>介绍福利待遇政策</td><td>L4</td></tr>
<tr><td>58 - 03 - 07</td><td>观察能力强，具备良好的预测和判断能力</td><td>L4</td></tr>
<tr><td rowspan="3">58 - 04</td><td rowspan="3">执行人才发展计划</td><td>58 - 04 - 01</td><td>掌握人才职业规划的知识与技能</td><td>L4</td></tr>
<tr><td>58 - 04 - 02</td><td>了解员工职业规划方向</td><td>L4</td></tr>
<tr><td>58 - 04 - 03</td><td>培养与发展有潜力的员工</td><td>L4</td></tr>
</table>

续上表

工作项目/职业素养		工作任务/职业素养分类		职业能力（技能、工具、方法、要求、知识）		学习水平 高职 Lj
59	营销部工作布置与检查	59－01	人身安全	59－01－01	关注员工及顾客健康状态、情绪表现	L4
				59－01－02	与保安部紧密协作，确保客人的人身及财产安全	L4
				59－01－03	处理工伤事故	L4
		59－02	卫生消防安全	59－02－01	保证客房和公共区域达到卫生标准	L4
				59－02－02	定期组织检查消防器具，做好通缉协查、防火、防盗工作	L4
				59－02－03	能经常巡视各部门，确保日常工作顺利进行	L4
				59－02－04	巡查消防设施状态	L4
60	营销部经理维护宾客关系	60－01	客户拜访	60－01－01	加强与重要客户的沟通，定期拜访客户	L4
				60－01－02	维系老客户关系，撰写并提交报告	L4
				60－01－03	走访客房，并提交访问报告，协调客户与酒店的关系	L4
				60－01－04	分析拜访报告，制定销售策略	L4
				60－01－05	加强与重要客户的沟通	L4
				60－01－06	定期或不定期地安排客户参观，并与有潜力的客户保持联系，力争成为新的合作伙伴	L4
		60－02	开发新客源	60－02－01	推介广告，开拓新客户	L4
				60－02－02	开展促销活动	L4
				60－02－03	运用新媒介	L4
				60－02－04	及时建立客户档案，分析客源特点，向上级递交市场分析报告	L4
		60－03	控制服务质量	60－03－01	加强制度规范管理	L4
				60－03－02	提高员工的敬业度	L4
				60－03－03	运用激励政策	L4
				60－03－04	监督、指导、协调全部管家部活动，为住客提供规范化、程序化、制度化的优质服务	L4
				60－03－05	处理投诉，发展与住店客人的友好关系	L4
				60－03－06	检查贵宾客房，使之达到酒店要求的标准	L4
				60－03－07	提高员工的敬业度	L4

续上表

工作项目/职业素养		工作任务/职业素养分类		职业能力（技能、工具、方法、要求、知识）		学习水平 高职 Lj
61	协助人事部经理工作	61－01	协助制定部门制度	61－01－01	服从并准时完成上级分配的工作	L3
				61－01－02	协助酒店各部门做应急帮扶	L3
				61－01－03	负责编制部门员工的排班表	L3
				61－01－04	协助制定部门的管理制度、操作规程和岗位职责	L3
		61－02	协助执行制度	61－02－01	协助落实和妥善执行一切规章制度	L3
				61－02－02	协助制定员工的出勤、纪律行为及工作表现要求并做记录	L3
				61－02－03	协助指导员工掌握正确服务程序	L3
62	后勤（文职）日常工作	62－01	主持会议	62－01－01	召开每日例会并下达上级的指令，确保每位员工清楚明确	L3
				62－01－02	能有效控制会场	L3
				62－01－03	了解会议流程及会议的主要内容	L3
		62－02	报表管理	62－02－01	熟悉部门所有报表的制作	L3
				62－02－02	负责制作各种业务报表	L3
		62－03	安全保障	62－03－01	协调、沟通与电信部门和酒店有关部门的关系，确保通信系统的正常运行	L3
				62－03－02	警惕部门出现的可疑人物，负责所处区域的防盗、防火安全工作	L3
				62－03－03	具备成本控制意识	L3
		62－04	负责部门日常工作安排及协调	62－04－01	安排部门相关人员业务活动行程	L3
				62－04－02	负责部门费用报销（熟悉财务报销流程）	L3
				62－04－03	开展相关部门培训	L3
				62－04－04	撰写分析报告	L3
				62－04－05	草拟及发放相关通知	L3
				62－04－06	申报及管理部门用品	L3

续上表

工作项目/职业素养		工作任务/职业素养分类		职业能力（技能、工具、方法、要求、知识）		学习水平 高职 Lj
63	后勤（文职）人事管理	63－01	招聘	63－01－01	负责酒店的招聘程序维护	L3
				63－01－02	办理入职	L3
				63－01－03	办理外籍员工相关居留证照	L3
				63－01－04	建立人事档案（系统档案和纸制档案）	L3
		63－02	薪资福利管理	63－02－01	购买“五险一金”	L3
				63－02－02	完成每月薪资审核（含员工奖金、津贴）	L3
				63－02－03	核算员工提成/佣金	L3
				63－02－04	申报并落实节假日福利	L3
				63－02－05	落实相关政策福利（职称津贴、产假津贴）	L3
				63－02－06	负责员工福利委员会的会议召开及问题跟进	L3
		63－03	管理员工关系	63－03－01	负责员工离职面谈	L3
				63－03－02	处理员工日常问题	L3
				63－03－03	负责员工满意度的达成	L3
				63－03－04	按月存档、装订归档考勤资料	L3
				63－03－05	负责酒店流失率的统计及计算	L3
64	培训管理	64－01	制订培训计划	64－01－01	负责部门新员工培训工作	L3
				64－01－02	分析培训需求	L3
				64－01－03	制订员工的培训计划	L3
				64－01－04	设计培训课程	L3
				64－01－05	建设培训资源（师资）	L3
		64－02	实施培训	64－02－01	具备培训知识与培训技能，能实施业务培训和考核	L3
				64－02－02	保证服务人员任何时候都按行为规范工作	L3
				64－02－03	负责对员工进行业务培训、督导、考核，不断提高员工的业务水平和服务质量	L3
				64－02－04	实施并组织培训	L3
		64－03	考核评估	64－03－01	评估培训（双向评估）	L3
				64－03－02	跟进培训结果及做出反馈	L3

续上表

工作项目/职业素养		工作任务/职业素养分类		职业能力（技能、工具、方法、要求、知识）		学习水平 高职 Lj
65	后勤（文职）主管的员工管理	65－01	组织员工活动	65－01－01	开展常规员工活动（生日会、员工感谢周、年会、主题晚会、拓展活动）	L3
				65－01－02	开展消防主题活动	L3
				65－01－03	负责员工餐厅的日常工作汇报及管理	L3
				65－01－04	开展社会公益活动（爱心捐款、志愿者活动）	L3
		65－02	人才发展计划	65－02－01	了解员工职业规划方向	L3
				65－02－02	培养与发展有潜力的员工	L3
		65－03	督导员工	65－03－01	督导员工，负责培训、招募员工，对违纪员工提出处理意见	L3
				65－03－02	督导员工做好酒店各部门和客人报刊、传真、邮件的接收和分发工作	L3
				65－03－03	掌握语言沟通技巧，指导员工开展工作	L3
				65－03－04	帮助员工解决工作中遇到的难题，处理工作差错和事故	L3
		65－04	实习生管理	65－04－01	负责日常实习生问题处理	L3
				65－04－02	负责院校师生参观酒店的工作安排	L3
				65－04－03	负责月度实习生会议的跟进及召开	L3
				65－04－04	负责集团实习生项目的维护及管理	L3
				65－04－05	负责实习生项目的政策培训	L3
66	后勤（文职）经理的员工管理	66－01	处理员工关系	66－01－01	建立劳动合同	L4
				66－01－02	维护和更新人事信息	L4
				66－01－03	处理人事纠纷	L4
				66－01－04	调配劳务关系	L4
		66－02	管理员工餐厅	66－02－01	负责员工餐厅的成本控制	L4
				66－02－02	负责员工餐厅日常菜单的审阅	L4
				66－02－03	负责员工餐厅的公众假日菜单确认	L4

续上表

工作项目/职业素养		工作任务/职业素养分类		职业能力（技能、工具、方法、要求、知识）		学习水平 高职 Lj
66	后勤（文职）经理的员工管理	66－03	管理员工宿舍	66－03－01	负责寻找及确认员工宿舍的管理公司	L4
				66－03－02	负责员工宿舍管理	L4
				66－03－03	负责员工宿舍日常应急事件的处理	L4
				66－03－04	负责员工宿舍的制度制定及执行	L4
				66－03－05	负责员工宿舍的关系维护	L4
				66－03－06	负责员工宿舍信箱的意见处理	L4
		66－04	控制酒店员工流失率	66－04－01	负责与部门经理进行及时的沟通	L4
				66－04－02	负责进行市场流失率的调查	L4
				66－04－03	负责代表酒店每月向集团汇报酒店流失率	L4
		66－05	中层以上管理级员工档案管理	66－05－01	管理中层以上管理级员工福利	L4
				66－05－02	管理中层以上管理级员工档案	L4
				66－05－03	管理中层以上管理级员工在集团网站的档案	L4
				66－05－04	组织安排中层以上管理级员工活动	L4
67	人事管理	67－01	招聘	67－01－01	分析职位需求	L4
				67－01－02	匹配岗位人员需求	L4
				67－01－03	选择合适的招聘渠道	L4
				67－01－04	拟定并发布招聘信息	L4
				67－01－05	甄选候选人（简历、人才测评）	L4
				67－01－06	面试（电话面试、视频面试、面对面面试）	L4
				67－01－07	负责酒店招聘政策及集团招聘政策的执行	L4
				67－01－08	负责面试部门秘书及主管级以上求职者	L4
				67－01－09	负责制订招聘计划	L4
				67－01－10	调查背景	L4
		67－02	薪资福利管理	67－02－01	调整员工薪酬	L4
				67－02－02	落实后勤福利（员工宿舍、食堂和交通）	L4
				67－02－03	申报及办理工伤意外险	L4

续上表

工作项目/职业素养		工作任务/职业素养分类		职业能力（技能、工具、方法、要求、知识）		学习水平 高职 Lj
67	人事管理	67－03	绩效考核	67－03－01	设计考核方案（晋升、调职、调薪）	L4
				67－03－02	制定考核标准	L4
				67－03－03	实施考核	L4
				67－03－04	统计分析考核数据	L4
				67－03－05	运用考核结果	L4
68	召开会议及培训	68－01	管理层会议	68－01－01	确认会议菜单	L4
				68－01－02	确认参加人员的名单	L4
				68－01－03	跟进处理会议内容的问题	L4
				68－01－04	协调解决会议问题	L4
		68－02	培训	68－02－01	负责酒店人力资源政策的培训	L4
				68－02－02	负责集团部分培训工作	L4
69	其他工作	69－01	管理帮工公司	69－01－01	负责帮工公司的资格审核及寻找	L4
				69－01－02	负责市场帮工公司的价格调查	L4
				69－01－03	负责帮工公司的联系及维护	L4
				69－01－04	负责与帮工公司洽谈及签订合同	L4
		69－02	联系实习生	69－02－01	负责合作院校的开发	L4
				69－02－02	负责合作院校的关系维护	L4
				69－02－03	负责与合作院校签订实习协议及跟进实习安排	L4
		69－03	部门协调	69－03－01	协调酒店各部门与人力资源部之间的关系	L4
				69－03－02	负责酒店活动的安排及协调	L4
				69－03－03	参加相关政府部门的会议	L4
		69－04	执行制度	69－04－01	负责部门工作的审阅，确保酒店政策的执行	L4
				69－04－02	负责相关事务单位的接待工作	L4
		69－05	组织活动	69－05－01	组织酒店产品知识竞赛、技能大赛	L4
				69－05－02	组织酒店主题演练（消防事故、泳池事故、食物中毒等）	L4

续上表

<table>
<tr><th colspan="2" rowspan="2">工作项目/职业素养</th><th colspan="2" rowspan="2">工作任务/职业素养分类</th><th colspan="2" rowspan="2">职业能力（技能、工具、方法、要求、知识）</th><th>学习水平</th></tr>
<tr><th>高职
Lj</th></tr>
<tr><td rowspan="25">70</td><td rowspan="25">职业素养（通用能力、核心技能、关键能力）</td><td rowspan="8">70－01</td><td rowspan="8">沟通交流</td><td>70－01－01</td><td>及时领会上级意图，准确传递信息</td><td>L2</td></tr>
<tr><td>70－01－02</td><td>掌握正确的肢体语言的表达方法（眼神、手势、动作等）</td><td>L2</td></tr>
<tr><td>70－01－03</td><td>具有较广的知识面</td><td>L3</td></tr>
<tr><td>70－01－04</td><td>具有清晰的口头语言表达能力和较强的逻辑性</td><td>L3</td></tr>
<tr><td>70－01－05</td><td>尊重他人，善于聆听他人的意见，理解他人的想法和意图</td><td>L4</td></tr>
<tr><td>70－01－06</td><td>具有亲和力</td><td>L4</td></tr>
<tr><td>70－01－07</td><td>具备一定的心理学基础知识</td><td>L4</td></tr>
<tr><td>70－01－08</td><td>构建融洽的人际关系</td><td>L4</td></tr>
<tr><td rowspan="5">70－02</td><td rowspan="5">数字应用</td><td>70－02－01</td><td>能快速准确地进行数字运算</td><td>L2</td></tr>
<tr><td>70－02－02</td><td>掌握一定的数据统计和分析的方法</td><td>L3</td></tr>
<tr><td>70－02－03</td><td>能使用 Excel 对数字进行处理</td><td>L3</td></tr>
<tr><td>70－02－04</td><td>能对基本的财务、统计表进行分析</td><td>L4</td></tr>
<tr><td>70－02－05</td><td>具备良好的成本意识</td><td>L4</td></tr>
<tr><td rowspan="5">70－03</td><td rowspan="5">革新创新</td><td>70－03－01</td><td>能在服务工作过程中不断创新</td><td>L3</td></tr>
<tr><td>70－03－02</td><td>提供个性化服务</td><td>L3</td></tr>
<tr><td>70－03－03</td><td>能激励员工提出创新的建议</td><td>L4</td></tr>
<tr><td>70－03－04</td><td>能运用新技术、新方法提高效益</td><td>L4</td></tr>
<tr><td>70－03－05</td><td>关注行业发展前沿的动态</td><td>L4</td></tr>
<tr><td rowspan="6">70－04</td><td rowspan="6">自主学习</td><td>70－04－01</td><td>具有强烈的上进心</td><td>L2</td></tr>
<tr><td>70－04－02</td><td>能主动通过各种渠道进行学习提升自己</td><td>L2</td></tr>
<tr><td>70－04－03</td><td>具有良好的学习习惯和方法</td><td>L2</td></tr>
<tr><td>70－04－04</td><td>能虚心接受新知识</td><td>L3</td></tr>
<tr><td>70－04－05</td><td>具有终身学习的意识，主动更新知识</td><td>L3</td></tr>
<tr><td>70－04－06</td><td>能主动创造自主学习的环境，寻找相关资料进行学习</td><td>L3</td></tr>
</table>

续上表

工作项目/职业素养		工作任务/职业素养分类		职业能力（技能、工具、方法、要求、知识）		学习水平 高职 Lj
70	职业素养（通用能力、核心技能、关键能力）	70－05	团队合作	70－05－01	具备团队意识、合作精神，能在团队中履行个人职责	L2
				70－05－02	具有奉献精神和集体荣誉感	L2
				70－05－03	具备尊重与服务的态度，支持并配合他人开展工作	L3
				70－05－04	积极与同事交流，参与团队活动	L3
				70－05－05	能够共同开展并完成团队任务	L3
				70－05－06	能充分发挥员工的优势，加强补位意识，知人善用	L4
		70－06	解决问题	70－06－01	主动参与部门培训，学习解决问题的方式和技巧	L2
				70－06－02	具备基本的应急处理能力	L2
				70－06－03	处理问题时能妥善考虑员工关系，公平、公正地解决问题	L3
				70－06－04	加强防范意识，防患于未然	L3
				70－06－05	具备发现问题、分析问题、解决问题的能力	L3
				70－06－06	应变能力强，能及时规避风险	L4
				70－06－07	具有大局意识，善于调动资源，有效控制问题的影响面	L4
				70－06－08	具有预见能力，善于发现问题	L4
		70－07	信息处理	70－07－01	熟练掌握酒店管理信息系统	L2
				70－07－02	熟练运用办公自动化软件开展工作	L2
				70－07－03	熟悉网络系统操作，能运用网络和信息系统开展工作	L2
				70－07－04	具备收集顾客个性化信息的意识和能力	L3
				70－07－05	具备独立思考与分辨信息的能力	L4
		70－08	服务意识	70－08－01	主动为他人提供个性化服务	L2
				70－08－02	能为客人提供耐心细致、热情周到的服务	L2
				70－08－03	遵守职业道德，明确顾客至上、文明服务	L2

续上表

工作项目/职业素养		工作任务/职业素养分类		职业能力（技能、工具、方法、要求、知识）		学习水平 高职 Lj
70	职业素养（通用能力、核心技能、关键能力）	70－09	责任（安全）意识	70－09－01	增强社会责任感和工作岗位责任心	L2
				70－09－02	具备对客服务的安全意识	L2
				70－09－03	具备急救、自救常识	L3
				70－09－04	重视安全检查	L3
				70－09－05	具备保密常识	L3
				70－09－06	勇于承担责任，不推诿	L3
				70－09－07	掌握消防设备的使用方法	L3
				70－09－08	熟知酒店的应急疏散通道	L3
				70－09－09	落实安全责任制度	L4
				70－09－10	加强安全规范教育，识别危险源	L4
		70－10	外语应用	70－10－01	具备英语日常生活交流的能力（听、说）	L3
				70－10－02	能用英语进行流利的会话，并具有一定的书写能力	L3
				70－10－03	掌握部门各岗位的职业英语	L4
				70－10－04	能阅读相关的外文资料，有较好的英语会话能力	L4
		70－11	其他	70－11－01	具备良好的职业道德和职业素养	L2
				70－11－02	保持积极的心态	L2
				70－11－03	保持良好的仪容仪表	L2
				70－11－04	注意服务礼仪礼节	L2
				70－11－05	能吃苦耐劳，有坚韧的工作态度	L2
				70－11－06	抗压能力强，不畏挫折，保持坚定的信念	L3
				70－11－07	懂得自我调节，控制情绪	L3

注：“学习水平”中的高职 L*j* 的 *j* 对应“表 2－2　现代学徒制酒店管理专业毕业生职业生涯发展路径”中的高职发展阶段。若是第Ⅱ发展阶段，则用 L2 表示；若是第Ⅲ发展阶段，则用 L3 表示，依此类推。

五、附录

（一）参与职业能力分析的行业企业专家名单（如表2－5所示）

表2－5　参与职业能力分析的行业企业专家名单

序号	姓名	单位名称	职务
1	陈翰恩	佛山保利洲际酒店	人事部总监
2	黄翠萍	佛山顺德美的万豪酒店	人力资源部经理
3	陈晓月	佛山岭南天地马哥孛罗酒店	销售总监
4	麦英华	佛山南海枫丹白鹭酒店	餐饮部总监
5	黄昌毅	佛山南海枫丹白鹭酒店	餐饮部经理
6	蔡金玲	佛山恒安瑞士大酒店	餐厅经理
7	潘艳玲	佛山岭南天地马哥孛罗酒店	行政总监
8	岳宏伟	佛山高明碧桂园凤凰酒店	前厅经理
9	李柳英	佛山岭南天地马哥孛罗酒店	行政管家
10	陈桂亮	佛山高明碧桂园凤凰酒店	客房经理

（二）参与职业能力分析的院校教师名单（如表2－6所示）

表2－6　参与职业能力分析的院校教师名单

序号	姓名	单位名称	职务/职称
1	余　琳	佛山职业技术学院	系副主任/教授
2	陈瑞萍	佛山职业技术学院	副教授
3	王　炜	佛山职业技术学院	讲师
4	余孟君	佛山职业技术学院	助教
5	周艳丽	佛山职业技术学院	讲师
6	马　锦	佛山职业技术学院	讲师
7	吴健鹏	佛山职业技术学院	讲师
8	腾晓蓉	佛山职业技术学院	副教授
9	黄小浪	佛山职业技术学院	讲师
10	石玉秋	佛山职业技术学院	副教授
11	黄佑军	佛山职业技术学院	系主任/教授
12	陈大力	佛山职业技术学院	副处长/副教授
13	张兆添	佛山市南海区盐步职业技术学校	商贸部教学部长

第三章
现代学徒制皮具艺术设计专业职业能力分析报告

一、职业能力分析的目的和意义

职业教育是一种面向职业和行业岗位的教育类型，职业能力分析是专业标准制定的依据，工作任务分析是专业教育标准开发中的一项关键性工作，岗位工作任务和职业能力分析是构建职业教育专业标准和课程标准的基础。本项目通过第一阶段对广东省皮具行业企业、中高职院校师生和专业建设的调研，分析得出皮具行业岗位分类分级和皮具艺术设计专业毕业生职业生涯发展路径。

为进一步明确皮具艺术设计专业岗位的主要工作项目、每一工作项目所包含的工作任务以及相应的职业能力，探索皮具艺术设计专业职业能力标准体系，以便为下一步课程体系的构建及核心课程的开发找到合理依据，本项目组召开了专门的职业能力分析行业专家研讨会，参加的专家有足够的代表性。通过职业能力分析，获得了皮具艺术设计专业典型工作项目、工作任务及对应职业能力要求列表，进而形成皮具艺术设计专业岗位职业能力分析汇总表，并且对各项工作技能进行分级，分别确定中职层次和高职层次应该达到的技能等级，为确定课程教学内容做准备，因此，职业能力分析环节是实现课程内容与岗位对接的关键环节。

职业能力分析作为课程开发的基础工作，其主要目的是找出职业要求和课程内容之间的联系。在项目研制过程中，项目组充分调动了广东省皮具行业中有代表性的企业资源，发挥企业在职业能力分析工作中的主体作用，采取“企业岗位一线专家主导式”的技术路线开展皮具艺术设计专业职业能力分析工作。在广东省教育研究院的指导下，项目组与来自皮具行业中有代表性企业的一线专家面对面地研讨，对职业岗位工作任务及能力要求进行了深入细致的分析，原生态地呈现出皮具企业岗位的职业能力要求，为下一步制定专业教学标准，构建课程体系，开发基于典型工作任务的课程，实现课程内容与岗位能力、职业素养发展能力要求紧密对接，提供了重要依据。

本专业通过专业调研，在职业能力分析方面已经具备了以下两方面的基础。

（1）确定皮具艺术设计专业面向的职业领域主要是皮具设计、皮具打版和皮具市场类工作。

（2）确定了皮具艺术设计专业的职业领域中高职毕业生各自适应和发展的职业岗位，主要包括版房经理、设计经理、产品企划、版师、设计主管、设计师买手、助理版师（出格员）、设计师、搭配陈列师、技师、助理设计师、开发跟单员、助理技师、绘图员（美工）、电商美工、生产骨干（熟手）、电商助理等。

二、职业能力分析的组织与实施

（一）职业能力分析的基本方法

为了确定皮具艺术设计专业的岗位职业能力，项目组借鉴了广东省教育研究院的“二维四步五解”职业能力分析方法、专家集体头脑风暴法，以及问卷调查法、咨询专家、个案分析等方法，对相关岗位的职业能力进行了分析。

1. 职业能力分析行业专家研讨会

职业能力分析的第一步工作，是召开皮具行业职业能力分析行业专家研讨会。行业专家研讨会是一种程序化的方法，来自行业中各具代表性的行业专家，在主持人的引导下，分别对不同职业岗位（群）的职业能力进行分析。专家们针对自身工作岗位的日常工作或阶段性工作所涉及的工作项目、工作任务和应具备的职业能力畅所欲言，发表个人见解，会议主持人尽量创造融洽轻松的气氛、使所有专家都能独立思考、积极发表意见、参与研讨。

行业专家研讨会由专门的课程开发主持人主持，主要参加者为行业专家和少量参与课程开发的教师。其中，行业专家（10～14 位）的标准是：

（1）优秀技术工人和技师，可以是班组长、工段长、车间主任和基层部门负责人，可以有极少数工程师或部门技术主管。

（2）他们当前的工作任务与被分析的职业相符，有 3 年以上工作经验。

（3）接受过与所开发课程教育层次一致的职业教育（如中职或高职），从事工作与所学专业对口，并且经常参加专业进修。

（4）所服务的企业工作组织灵活，所在工作岗位属于技术先进之列，承担整体化和综合性的工作任务，完成任务的方式有较大的设计空间。

（5）所服务的企业包括不同所有制（国有、民营、合资和外企等）、规模（大、中、小型企业）和发展阶段（知名企业和一般企业）。

（6）代表之间没有相互影响（没有上下级关系）。

（7）不选择人事管理部门人员，尽管他们可能有一线工作经历；不选择多次参加学校专业咨询或兼职教学的企业专家。

2. 专家集体头脑风暴法

第一阶段较为广泛的调研结果表明，皮具艺术设计专业职业能力分析主要是立足于皮具设计、皮具打版和皮具市场这三个职业领域。基于毕业生面向不同的企业、不同的职业生涯发展方向及不同职业岗位（群）的职业能力差异较为突出的问题，项目组运用专家集体头脑风暴法，分场次召开职业能力分析会。来自皮具行业中各具代表性企业的专家，在主持人的引导下，分别对不同职业岗位（群）的职业能力进行分析。在研讨会中重点采用了专家集体头脑风暴法得出结论，其间充分重视大家的观点并平等对待，使所有专家都能独立思考、积极发表意见、参与研讨。在讨论中分析、确定出每一个岗位对应的工作任务和职业能力，初步形成岗位职业能力分析表。

3. 问卷调查法

项目组最后根据问卷调查的116家皮具企业、12所高职院校、5所中职学校的结果对于相关岗位职责进行个案分析，补充完善了行业企业专家职业能力研讨会中形成的职业能力分析表，对职业分析的结果用科学、规范的文字进行表述。

项目组通过问卷星等形式调研，了解皮具艺术设计专业毕业生主要就业岗位及能力要求、企业对现代学徒的认识及员工报读现代学徒制的意愿。根据不同类型皮具企业需求及员工意愿分析，将面向皮具艺术设计行业的主要就业岗位，包括设计师、设计主管、设计师买手、搭配陈列师等确定为现代学徒制的目标岗位。

（二）职业能力分析会的组织

经过本项目组成员的多方筹备，现代学徒制皮具艺术设计专业职业能力分析行业专家研讨会于2017年3月30日召开。

1. 职业能力分析会的前期准备

项目组参加了广东省教育研究院的培训与指导会议，理解职业能力分析的重要性，在初步掌握职业能力分析的方法路径、基本流程、工作内容、注意事项和重点难点的基础上，通过现场观摩，感受职业能力分析会会场氛围，熟悉会议流程、学习方法技巧，在广东省教育研究院的指导下，开展了广东皮具艺术设计专业职业能力分析行业专家研讨会的前期筹备工作。主要筹备工作如下：

（1）确定职业能力分析的岗位。

皮具艺术设计专业毕业生就业主要面向皮具行业的打版类岗位、设计类岗位和市场类岗位。企业类型或规模不同，其岗位分工略有差异。表3－1综合了目前国内皮具行业中有代表性的皮具生产销售企业、皮具贸易公司、皮具品牌企业的岗位及岗位晋升路线，较全面地呈现了现代学徒制皮具艺术设计专业毕业生的职业生涯发展路径。

此次职业能力分析的岗位是依据职业生涯路径中高职毕业1～8年内的主要就业岗位来确定。

表3－1　现代学徒制皮具艺术设计专业毕业生职业生涯发展路径

发展阶段	就业岗位			学历层次	发展年限/年（参考时间）		
	打版类岗位	设计类岗位	市场类岗位		中职	高职	本科
Ⅵ	技术经理	创意总监	品牌总经理	本科	—	—	8以上
Ⅴ	版房主管	设计经理	产品企划	高职	—	6～8	5～8
Ⅳ	版师	*设计主管	*设计师买手	高职	6～8	4～5	2～4
Ⅲ	出格员	*设计师	*搭配陈列师	高职	3～5	2～3	1～2
Ⅱ	技师	助理设计师	开发跟单员	高职	2～3	0～1	—
Ⅰ	生产骨干（熟手）	绘图员（美工）	电商助理	中职	1～2	—	—

注：表中“*”号标注的岗位，为高职现代学徒制的主要目标岗位。

（2）确定职业能力分析会参会人员。

通过参加广东省教育厅、广东省教育研究院有关专家的培训并观摩了其他专业的职业能力分析会以后，项目组认为，参会人员的行业背景和相关岗位工作经历、对学生职业生涯发展的熟悉程度是职业能力分析会的关键所在。

在前期广泛调研的基础上，项目组专门聘请了广东省教育研究院杜怡萍研究员和黄文伟副研究员担任职业能力分析会的主持人。参与分析会的16位行业专家分别来自广州皮都皮具发展股份有限公司、广东新濠畔集团有限公司、广州市龙行天尚皮具设计有限公司、中山蜜拉服饰有限公司、东莞市顺琦手袋实业有限公司等12家企业或行业组织，企业代表包括设计师、设计主管、搭配陈列师、设计师买手、开发跟单员、版师、技师等职位的企业专家。

另外，广州番禺职业技术学院艺术设计学院副院长叶永平、教务处副处长卢飞跃及皮具艺术设计专业所有专业教师参加职业能力分析会。会议尽量让更多的企业专家发表意见，提高职业能力分析质量。学校专业教师列席，听取行业企业技术专家和管理专家的分析，以便会后整理资料。

（3）联系相关企业。

根据职业能力分析会的要求，项目组在向企业发送联系函的同时，以电话和微信等形式与企业联系人确定会议的内容和要求、召开的时间、会议流程、会务准备（会场、电脑、投影仪、会议用品等），确保会议如期召开并达到预期目标。

（4）邀请职业能力分析会专家。

职业能力分析分会召开前一周，以电话和邮件等形式联系企业专家，向专家陈述职业能力分析会的内容及要求，并发放职业能力分析表、职业能力陈述用语等资料，指导其提前做好准备并熟悉会议流程。

2. *召开职业能力分析会*

在企业的积极配合和大力支持下，皮具艺术设计专业的职业能力分析会如期召开，会议由项目组负责人张来源教授主持，项目组成员段娜担任记录员。会议首先进行职业能力分析会会前说明，向受邀专家、列席人员及与会其他人员介绍职业能力分析会的目的、任务和流程。会议具体安排如下：

分析岗位：技师、版师、开发跟单员、设计师、设计主管、设计师买手、搭配陈列师。

地点：广州番禺职业技术学院。

时间：2017年3月30日。

企业专家：陈蓉、王河、陈启贤、段文燕、曹中华、何金龙、张钧、李洁文、叶兰辉、李力、何小阳、周晓彬、刘双喜、张莉、潘康宁、余义中。

现代学徒制皮具艺术设计专业职业能力分析行业专家研讨会，如图3-1所示。

图 3－1　现代学徒制皮具艺术设计专业职业能力分析行业专家研讨会合影

3. 会后资料的整理

职业能力分析会结束后，项目组成员段娜、刘雪姿、刘科江、卢磊、李娟、朱梦妮、吕唐军等人对此次分析会的资料进行了认真细致的分析、整理。

第一步，将文字资料、录音及音像资料等进行分类汇编加工，运用规范的职业能力术语和表达对职业能力分析会形成的原始职业能力分析表进行修正、补充，形成初步的皮具艺术设计专业职业能力分析表。

第二步，项目组成员对会议初定的职业能力分析表进行整理和多次讨论，并结合广东省几家皮具企业相关岗位职责的制度进行个案分析、修改。

第三步，多次到皮具企业组织小型的职业能力分析会，深入分析生产岗位（生产总监、生产主管）和市场岗位，较好地补充和完善了前期企业实践专家调研访谈会的岗位分析成果。

第四步，把文稿发送给皮具行业企业专家审阅，并确定皮具艺术设计专业各岗位“职业能力分析表”的最终版本。

（三）职业能力分析表的制订

职业能力分析会所采用的职业能力分析表是由广东省教育研究院职业教育研究室统一推荐的模板，该表由工作项目、工作任务、职业能力三大部分构成，此外，项目组又对每个工作任务进行了职业能力分析和等级评价。其形成过程是结合职业能力分析会上确定的分析岗位，企业专家按岗位工作流程，梳理出每个岗位的工作项目，然后在每个项目下细分工作任务，每个工作任务再对应若干种职业能力，并对每个工作任务进行等级评价，由此形成职业能力分析表，详见表 3－3。本次分析会主要分析了现代学徒制皮具艺术设计专业的目标岗位，然后结合皮具艺术设计专业毕业生职业生涯发展路径，将职业能力与相应的岗位对应，可以确定现代学徒制皮具艺术设计专业岗位群及职业能力分布，如表 3－2 所示。

表3－2　现代学徒制皮具艺术设计专业岗位群及职业能力分布汇总表

发展阶段	打版类岗位		设计类岗位		市场类岗位		学历层次
	名称	项目及任务数	名称	项目及任务数	名称	项目及任务数	
Ⅵ	技术经理	—	创意总监	—	品牌总经理	—	本科
Ⅴ	版房主管	—	设计经理	—	产品企划	—	高职
Ⅳ	版师	5个工作项目，17个工作任务	＊设计主管	8个工作项目，30个工作任务	＊设计师买手	5个工作项目，16个工作任务	高职
Ⅲ	出格员	—	＊设计师	6个工作项目，21个工作任务	＊搭配陈列师	8个工作项目，33个工作任务	高职
Ⅱ	技师	5个工作项目，15个工作任务	助理设计师	3个工作项目，14个工作任务	开发跟单员	—	高职
Ⅰ	生产骨干（熟手）	—	绘图员（美工）	—	电商助理	—	中职
另外包括各岗位所共同需要的9项职业通用能力、52个职业能力点							

注：表中“＊”号标注的岗位，为高职现代学徒制的主要目标岗位。

三、职业能力分析的结论与成效

（一）职业能力分析的结论

本次职业能力分析会，项目组重点分析了皮具行业中的打版类、设计类、市场类等3大类6个层次共7个岗位，其中打版类岗位Ⅱ级和Ⅳ级2个岗位共10个工作项目32个工作任务，设计类岗位Ⅱ级至Ⅳ级3个岗位共17个工作项目65工作任务，市场类岗位Ⅲ级和Ⅳ级2个岗位共13个工作项目49个工作任务。皮具艺术设计专业的职业能力分析表共计41个工作项目、155个工作任务、732个职业能力点。另外，项目组还分析了各岗位所共同需要的9项职业通用能力52个职业能力点。9项职业通用能力包括沟通交流、数字应用、革新创新、自主学习、团队合作、解决问题、信息处理、责任（安全）意识、外语运用，详见表3－3。

工作项目方面，首先，打版类岗位包括开料、台面、边油、车位、成型及包装、与设计师沟通、准备材料及五金配件、出格及确定结构、生产制作跟踪、成品缺陷改良共10个工作项目；其次，设计类岗位包括客户样品开发、客户订单全程掌控及跟踪、货款跟踪、明确市场定位、研发概念、确定主题概念、确定设计方案（款式设计）、根据确定的设计方案制作样板、设计跟踪、市场调研及预测流行趋势、定风格及流行色、产品系列策划、半成品开发、文化塑型、市场分析、创新延续、设计团队管理共17个工作项目；最后，市场类岗位包括相关品牌陈列市场调研、产品的风格分析、掌握营销及运营计划主要内容、陈列计划及陈列手册制定、陈列道具配备、产品现场陈列、现场调整优化、店员陈列培训、熟悉品牌现状及市场发展方向、收集时尚资讯、数据分析、制订买手计划、公司部门的协调与对接共13个工作项目。这些工作项目涵盖了皮具生产技术、设计、市场营销三类人员的基本工作任务和工作过程。

职业能力分析充分体现“企业主体、企业主导”的技术思想，最终形成了皮具艺术设计专业职业能力分析表，职业岗位包括版师、技师、设计主管、设计师、设计师买手、开发跟单员、搭配陈列师等7个岗位的工作项目、工作任务及每一个工作任务对应的职业能力要求，每一个项目的确定都是经过实践专家的热烈讨论，凝聚了与会专家的智慧，文字表达准确地反映了皮具行业企业人员对岗位的认识和分析。

（二）职业能力分析的成效

职业能力分析会的召开，取得了以下4个方面的成效。

1. *加深学校对行业企业的充分认识*

通过职业能力分析会，以及专业教师深入不同企业与一线专家面对面交流，项目组充分了解到了目前皮具企业对于人才所需要具备的岗位能力和要求。企业实践专家按照皮具企业岗位工作流程认真梳理出各个岗位的工作项目、工作内容及职业能力要求，而且非常具体详细。所得到的详细资料，加深了学校专业教师对皮具企业岗位及具体岗位所需的职业能力的充分认识，有利于日后在的教学工作中更加有目的、有针对性地组织教学，以培养学生相应的职业能力。

2. *为现代学徒制皮具艺术设计专业的人才培养目标提供科学依据*

此次职业能力分析行业专家研讨会所获得的详细资料，都是当前皮具行业企业对人才需求的真实描述。高职院校的人才培养目标是培养行业急需的职业人才，所以在制定专业人才培养目标的时候，要充分考虑社会的需要。本项目的职业能力分析过程，是以企业为主导，充分发挥企业一线专家的作用。参与职业能力分析的一线专家来自皮具行业的不同类型企业，这些企业的发展在行业中处于领先地位，并涵盖了皮具行业的主要领域，因此为确定高职皮具艺术设计专业人才培养目标提供了科学依据。

3. *为制定现代学徒制皮具艺术设计专业教学标准提供重要依据*

专业教学标准是指导和管理专业教学的主要依据，制定现代学徒制教学标准是取得人才培养模式改革突破的关键所在，也是进一步推广现代学徒制人才培养模式的质量保证。基于工作过程及典型工作任务的职业能力分析，可作为制定适合现代学徒制“双重身份、双元育人、工学交替、岗位成才”人才培养模式的专业教学标准的重要依据。

4. *为开发现代学徒制皮具艺术设计专业的课程及课程标准提供依据*

分析皮具艺术设计专业职业岗位的工作任务之后，项目组根据皮具设计领域和职业岗位（群）的任职要求，参照《皮具设计师国家职业资格标准》，建立突出职业能力培养的课程标准，使人才培养与社会需求紧密对接，将职业能力培养与课程设置相结合。因此，深入分析每条职业能力对知识、技能学习水平的要求，可以依据不同的职业能力水平设计课程。经过职业能力分析会讨论得到的详细资料，可为开发基于工作过程的课程及课程标准提供重要的依据。

四、职业能力分析表

现代学徒制皮具艺术设计专业职业能力分析表，如表3-3所示。

表 3－3　现代学徒制皮具艺术设计专业职业能力分析表

工作项目/职业素养		工作任务/职业素养		职业能力（技能、工具、方法、要求、知识）		学习水平 中职 Li	学习水平 高职 Lj
01	开料	01－01	核对版单	01－01－01	了解皮具制作要求	L1	
				01－01－02	熟悉皮革面料种类、风格	L1	
				01－01－03	熟悉各类辅料、五金功能	L1	
				01－01－04	会按照版单核对皮革面料	L1	
				01－01－05	会按照版单核对辅料、五金	L1	
		01－02	选料	01－02－01	能分辨物料瑕疵	L1	
				01－02－02	会核对物料色差	L1	
				01－02－03	能根据材料选择记号笔	L1	
				01－02－04	能根据特殊物料对纹路开裁	L1	
				01－02－05	会按版单准确选用皮革面料	L1	
				01－02－06	会按版单准确选用辅料、五金	L1	
		01－03	开裁	01－03－01	懂得按照先大后小、先长后短的材料配套	L1	
				01－03－02	掌握排料的方法技巧	L1	
				01－03－03	熟悉刀模、啤机等开裁大货的准备工作	L1	
				01－03－04	掌握手工开裁样板的技巧	L1	
				01－03－05	掌握刀模开裁样板的技巧	L1	
		01－04	铲皮	01－04－01	熟悉铲皮的物料	L1	
				01－04－02	掌握铲边厚度要求	L1	
				01－04－03	掌握铲边尺寸余量要求	L1	
				01－04－04	能按纸格要求熟练使用小铲机	L1	
				01－04－05	能按纸格要求熟练使用大铲机	L1	
02	台面	02－01	物料挑选	02－01－01	熟悉物料分类（主辅料分类）	L1	
				02－01－02	能按要求筛选合格的面料	L1	
				02－01－03	能按要求筛选合格的辅料	L1	
				02－01－04	能按要求筛选合格的五金	L1	
				02－01－05	懂得合格物料的标准	L1	

续上表

工作项目/职业素养		工作任务/职业素养		职业能力（技能、工具、方法、要求、知识）		学习水平 中职 Li	学习水平 高职 Lj
02	台面	02-02	生产制作	02-02-01	熟悉记号笔画位标记	L1	
				02-02-02	掌握排版刷刷胶水的技巧	L1	
				02-02-03	掌握胶水壶刷胶水的技巧	L1	
				02-02-04	能按纸格要求用折边机/推竹/锥子折边	L1	
				02-02-05	掌握包边的技巧	L1	
				02-02-06	会用打钉机、五金模具安装五金件	L1	
				02-02-07	会用模具进行半成品组装	L1	
		02-03	跟进反馈	02-03-01	熟悉首件检验的要求	L1	
				02-03-02	熟悉制作流程	L1	
				02-03-03	懂得制作流程进程的合理性	L1	
				02-03-04	能够在制作流程中发现缺陷	L1	
				02-03-05	能够对工艺部件改进	L1	
03	边油	03-01	核对边油	03-01-01	会检查边油颜色	L1	
				03-01-02	会检查边油质量	L1	
				03-01-03	能依照版单确认上边油的部件	L1	
				03-01-04	能依照版单确认上边油的方法	L1	
				03-01-05	熟悉上边油的工具、设备	L1	
		03-02	封边	03-02-01	能根据裁片厚度、形状选择打磨机、砂纸等打磨方式	L1	
				03-02-02	掌握上填充剂的技巧	L1	
				03-02-03	掌握打底油的技巧	L1	
				03-02-04	掌握用油边斗、挑针、自动油边等工具油边上色的方法	L1	
				03-02-05	掌握打磨的技巧	L1	

续上表

工作项目/职业素养		工作任务/职业素养		职业能力（技能、工具、方法、要求、知识）		学习水平 中职 Li	学习水平 高职 Lj
03	边油	03－03	清洁	03－03－01	会用白电油清洁上面边油	L1	
				03－03－02	会用生胶片清洁上面边油	L1	
				03－03－03	会检验油边是否合格	L1	
				03－03－04	熟悉油边的饱满度和是否有砂眼的标准	L1	
				03－03－05	掌握保护方法（用纸张、胶筒隔离）	L1	
04	车位	04－01	裁片缝合	04－01－01	熟悉制定车缝流程（熟悉车缝流程工艺）	L1	
				04－01－02	掌握面线、底线、里布线选线的方法	L1	
				04－01－03	掌握线号核对的方法	L1	
				04－01－04	会根据部件材料、制作方法正确选用平车车缝	L1	
				04－01－05	会根据部件材料、制作方法正确选用同步车车缝	L1	
				04－01－06	会根据部件材料、制作方法正确选用高车车缝	L1	
				04－01－07	掌握裁片组合车缝的方法	L1	
		04－02	质量跟踪	04－02－01	会识别线路的抛线	L1	
				04－02－02	会识别线路的跳线	L1	
				04－02－03	会识别线路的起珠	L1	
				04－02－04	会依照版单要求检查线距、边距是否正确	L1	
				04－02－05	会检查裁片拼接是否错位、部件安装是否到位等拼接效果是否达到工艺标准	L1	
				04－02－06	会进行质量反馈	L1	
05	成型及包装	05－01	清洁、整形	05－01－01	熟悉选择清洁工具的使用方法	L1	
				05－01－02	了解清洗剂的属性	L1	
				05－01－03	能根据物料属性选择清洗剂	L1	
				05－01－04	掌握清洁线头的方法（烧线笔、小剪刀）	L1	
				05－01－05	熟悉整形填充标准（根据形状选择填充材料定型）	L1	

续上表

工作项目/职业素养		工作任务/职业素养		职业能力（技能、工具、方法、要求、知识）		学习水平 中职 Li	学习水平 高职 Lj
05	成型及包装	05－02	检验	05－02－01	熟悉检验物料是否合格的标准	L1	
				05－02－02	熟悉检验车线是否合格的标准	L1	
				05－02－03	熟悉检验物料搭配是否合格的标准	L1	
				05－02－04	会确认检验袋型是否饱满	L1	
				05－02－05	熟悉检验包袋受力程度的方法	L1	
		05－03	包装	05－03－01	了解包装的流程	L1	
				05－03－02	会核对包装材料（吊牌、条码、纸箱、胶袋）	L1	
				05－03－03	了解成品包装入胶袋的方法	L1	
				05－03－04	了解成品包装装箱的方法	L1	
				05－03－05	能完成成品入库	L1	
06	与设计师沟通	06－01	款式图纸分析	06－01－01	了解款式图表达的材料选用	L1～L2	L2
				06－01－02	了解款式图表达的结构工艺	L1～L2	L2
				06－01－03	会分析整款包的做法	L1～L2	L2
				06－01－04	会分析整款包的工艺要求	L1～L2	L2
				06－01－05	掌握整体尺寸比例	L1～L2	L2
				06－01－06	确定主配料的搭配是否合适	L1～L2	L2
		06－02	把握整体细节	06－02－01	熟悉面料使用的细节要求	L1～L2	L2
				06－02－02	熟悉辅料使用的细节要求	L1～L2	L2
				06－02－03	熟悉里布使用的细节要求	L1～L2	L2
				06－02－04	熟悉手挽的中高	L1～L2	L2
				06－02－05	掌握整个包的功能使用性	L1～L2	L2
		06－03	确定袋型	06－03－01	会分析定型袋型图纸的要求	L1～L2	L2
				06－03－02	会分析半定型袋型图纸的要求	L1～L2	L2
				06－03－03	会分析休闲袋型图纸的要求	L1～L2	L2
				06－03－04	懂得袋型的软硬与内部结构的关系	L1～L2	L2
				06－03－05	能正确判断袋型的软硬与内部结构	L1～L2	L2

续上表

工作项目/职业素养		工作任务/职业素养		职业能力（技能、工具、方法、要求、知识）		学习水平 中职 Li	学习水平 高职 Lj
06	与设计师沟通	06－04	确定工艺	06－04－01	懂得皮具的制作流程与工艺知识	L1～L2	L2
				06－04－02	会确定产品运用的裁料工艺	L1～L2	L2
				06－04－03	会确定产品运用的台面手工工艺	L1～L2	L2
				06－04－04	会确定产品运用的车缝工艺	L1～L2	L2
				06－04－05	会确定产品部件组合工艺	L1～L2	L2
07	准备材料及五金配件	07－01	准备面料	07－01－01	了解面料的厚度、柔软度	L1～L2	L2
				07－01－02	核对面料是否有色差	L1～L2	L2
				07－01－03	确定是否会色迁移	L1～L2	L2
				07－01－04	能识别面料属性	L1～L2	L2
				07－01－05	能按要求准备所需面料	L1～L2	L2
		07－02	确定辅料	07－02－01	熟悉里布的厚度、柔软度	L1～L2	L2
				07－02－02	熟悉托辅料的选用原则	L1～L2	L2
				07－02－03	熟悉托辅料使用的厚度	L1～L2	L2
				07－02－04	能按要求确定所需里布	L1～L2	L2
				07－02－05	能按要求确定所需托辅料	L1～L2	L2
		07－03	搭配五金	07－03－01	了解五金配件的搭配原则	L1～L2	L2
				07－03－02	懂得质量把控（检查电镀是否合格）	L1～L2	L2
				07－03－03	懂得确定是否耐用	L1～L2	L2
				07－03－04	熟悉五金配件的功能	L1～L2	L2
				07－03－05	能按要求搭配所需五金	L1～L2	L2
				07－03－04	熟悉五金的适用性	L1～L2	L2
08	出格及确定结构	08－01	出格	08－01－01	熟悉原版图纸做整体结构上的分析	L1～L2	L2
				08－01－02	熟悉拉链与织带及边骨料规格	L1～L2	L2
				08－01－03	能把控每个部位的抛位	L1～L2	L2
				08－01－04	掌握出格步骤、出格工具	L1～L2	L2
				08－01－05	会出正格	L1～L2	L2

续上表

工作项目/职业素养		工作任务/职业素养		职业能力（技能、工具、方法、要求、知识）		学习水平 中职 Li	学习水平 高职 Lj
08	出格及确定结构	08 - 01	出格	08 - 01 - 06	会出料格	L1 ~ L2	L2
				08 - 01 - 07	能标注属性名称、物料名称、件数	L1 ~ L2	L2
				08 - 01 - 08	熟练工艺标注	L1 ~ L2	L2
				08 - 01 - 09	会运用箱包 CAD① 软件出格	L1 ~ L2	L2
				08 - 01 - 10	会写资料汇总	L1 ~ L2	L2
		08 - 02	模型制作	08 - 02 - 01	会检查纸格是否正确	L1 ~ L2	L2
				08 - 02 - 02	会进行纸格的贴合对位	L1 ~ L2	L2
				08 - 02 - 03	会进行比例调整	L1 ~ L2	L2
				08 - 02 - 04	熟练运用 PU② 料车缝出外型	L1 ~ L2	L2
				08 - 02 - 05	会对模型进行整形修正	L1 ~ L2	L2
		08 - 03	确定结构	08 - 03 - 01	了解皮具的结构与工艺	L1 ~ L2	L2
				08 - 03 - 02	会分析整体结构是否正确并确定	L1 ~ L2	L2
				08 - 03 - 03	会分析并确定比例	L1 ~ L2	L2
				08 - 03 - 04	能检查各个部位之间连接是否合理	L1 ~ L2	L2
				08 - 03 - 05	能正确确定结构	L1 ~ L2	L2
09	生产制作跟踪	09 - 01	正确开料	09 - 01 - 01	了解面料纹路的使用方向技巧	L1 ~ L2	L2
				09 - 01 - 02	了解托底铺料的使用方向技巧	L1 ~ L2	L2
				09 - 01 - 03	会核对面料纹路	L1 ~ L2	L2
				09 - 01 - 04	核对托底铺料的方向	L1 ~ L2	L2
				09 - 01 - 05	核对贴合料平实、圆角圆顺	L1 ~ L2	L2
		09 - 02	油边质量	09 - 02 - 01	了解常用边油的属性	L1 ~ L2	L2
				09 - 02 - 02	会核对边油的选择是否准确（中光、亚光、亮光）	L1 ~ L2	L2
				09 - 02 - 03	会检查边油是否有色差	L1 ~ L2	L2

① CAD：computer aided design，计算机辅助设计。

② PU：poly urethane，聚氨酯。

续上表

工作项目/职业素养		工作任务/职业素养		职业能力（技能、工具、方法、要求、知识）		学习水平 中职 Li	学习水平 高职 Lj
09	生产制作跟踪	09－02	油边质量	09－02－04	会检查边油是否平滑	L1～L2	L2
				09－02－05	会检查油边的饱满度	L1～L2	L2
		09－03	台面手工质量	09－03－01	会检查拉链窗的制作质量	L1～L2	L2
				09－03－02	会检查铲皮是否符合工艺标准	L1～L2	L2
				09－03－03	会检查折边是否符合工艺标准	L1～L2	L2
				09－03－04	会检查袋口套袋是否平整	L1～L2	L2
				09－03－05	会检查五金安装质量	L1～L2	L2
		09－04	车位精度	09－04－01	熟悉车缝线针距标准	L1～L2	L2
				09－04－02	会检查车缝线的粗细及平顺性	L1～L2	L2
				09－04－03	会检查面线、底线是否正确	L1～L2	L2
				09－04－04	会检查里布线选线是否正确	L1～L2	L2
				09－04－05	能检查埋袋对位是否准确	L1～L2	L2
10	成品缺陷改良	10－01	确定尺寸比例	10－01－01	熟悉常用皮具常用尺寸比例		L2
				10－01－02	会核对手挽中高尺寸是否合适		L2
				10－01－03	会查看整体效果是否协调		L2
				10－01－04	会核对前后幅与其他部件比例是否吻合		L2
				10－01－05	会核对埋袋部位尺寸是否吻合		L2
		10－02	成型效果	10－02－01	了解成型效果基本要求		L2
				10－02－02	会查看主配料搭配是否合理		L2
				10－02－03	会查看托辅料选用是否正确		L2
				10－02－04	会查看内袋结构与外袋是否贴合		L2
				10－02－05	会按版单检查是否达到预期效果		L2
		10－03	缺陷改良	10－03－01	会检查细节工艺出现的缺陷		L2
				10－03－02	会检查制作过程中出现的误差		L2
				10－03－03	懂得缺陷改良的方法		L2
				10－03－04	能完成缺陷改良		L2
				10－03－05	能完成误差改良		L2

续上表

工作项目/职业素养		工作任务/职业素养		职业能力（技能、工具、方法、要求、知识）		学习水平 中职 Li	学习水平 高职 Lj
11	客户样品开发	11－01	客户需求分析	11－01－01	根据客户图纸需求配置效果图		L2
				11－01－02	根据客户需求配置工艺图		L2
				11－01－03	具有快速手绘或电脑表达效果图的能力		L2
				11－01－04	具有表现工艺图的能力		L2
				11－01－05	根据客户要求进行样品开发		L2
				11－01－06	根据客户反馈意见进行样品开发调整		L2
		11－02	样品安排	11－02－01	会制订样品计划		L2
				11－02－02	会制作样品单		L2
				11－02－03	能分析材料选用		L2
				11－02－04	掌握样品进度的跟踪及控制		L2
				11－02－05	能满足顾客样品更改的需求		L2
		11－03	制定品质标准	11－03－01	了解召开样品首次评审会的程序		L2
				11－03－02	熟悉制定样板评审表的方法		L2
				11－03－03	根据客户样板需求制定标准		L2
				11－03－04	会召开样品完成后的评审会		L2
				11－03－05	会制定样品完成后的评审表		L2
		11－04	成本核算及报价	11－04－01	熟悉物料价格		L2
				11－04－02	掌握工艺的分析和估价的方法		L2
				11－04－03	会制定投料明细表		L2
				11－04－04	会计算物料成本		L2
				11－04－05	了解人工成本的投入		L2
12	客户订单全程掌控及跟踪	12－01	安排生产计划	12－01－01	会制作整体生产制造单（指示单）		L2
				12－01－02	会制作开料生产制造单		L2
				12－01－03	会制作台面生产制造单		L2
				12－01－04	会制作车缝生产制造单		L2
				12－01－05	会制定制造生产排期指示单		L2

续上表

工作项目/职业素养		工作任务/职业素养		职业能力（技能、工具、方法、要求、知识）		学习水平 中职 Li	学习水平 高职 Lj
12	客户订单全程掌控及跟踪	12－02	安排物料采购	12－02－01	会制订物料订购计划		L2
				12－02－02	能提供齐色齐套的物料色卡		L2
				12－02－03	会制订物料采购计划		L2
				12－02－04	能及时安排采购部门订购大货物料		L2
				12－02－05	能跟进大货物料回厂进度		L2
		12－03	生产单制作及大货订单安排	12－03－01	熟悉生产指示单的内容		L2
				12－03－02	懂得客户订单的要求		L2
				12－03－03	能根据客户订单的准确信息制作出生产指示单		L2
				12－03－04	根据客户的交货排期，制作生产计划		L2
				12－03－05	能按照订单安排生产		L2
		12－04	生产订单跟踪	12－04－01	熟悉订单生产流程		L2
				12－04－02	当生产异常时能及时合理调配，能灵活控制货期进度		L2
				12－04－03	掌握生产进度		L2
				12－04－04	掌握物料安全库存量		L2
				12－04－05	能按照订单全程跟踪		L2
		12－05	质量品质管理及跟进	12－05－01	了解原材料的品质要求		L2
				12－05－02	了解成品的品质要求		L2
				12－05－03	能完成前期（原材料）的品质管控		L2
				12－05－04	能完成中期（半成品）的品质管控		L2
				12－05－05	能完成尾期（成品）的品质管控		L2
		12－06	包装安排	12－06－01	了解包装指令单的内容		L2
				12－06－02	了解包装材料选用标准		L2
				12－06－03	根据客户要求制作出正确包装指令单		L2
				12－06－04	根据客户要求制定包装标准订购包装材料（在产品上线前开始提前订购）		L2
				12－06－05	能按要求安排包装		L2

续上表

工作项目/职业素养		工作任务/职业素养		职业能力（技能、工具、方法、要求、知识）		学习水平 中职 Li	学习水平 高职 Lj
12	客户订单全程掌控及跟踪	12－07	出货安排	12－07－01	了解出货装箱单的内容		L2
				12－07－02	了解制定出货装箱单的要求		L2
				12－07－03	根据客户要求制作出准确的出货装箱单		L2
				12－07－04	能提供正确的出货装箱单资料给到船务订舱位（FOB① 订柜）		L2
				12－07－05	能按计划完成出货		L2
13	货款跟踪	13－01	请款单	13－01－01	能根据出货的实际数量确定单价金额		L2
				13－01－02	会制作请款单		L2
				13－01－03	熟悉请款单审核的程序		L2
				13－01－04	会传送请款单至客户请款		L2
				13－01－05	能确定货款是否到位		L2
		13－02	与财务核对账目	13－02－01	了解查看请款单金额的程序		L2
				13－02－02	了解查看财务实际到账金额的程序		L2
				13－02－03	根据请款单的金额与财务核对实际到账金额是否与之相符合		L2
		13－03	寄提单给客户	13－03－01	了解货款到账的流程		L2
				13－03－02	跟踪货款到账		L2
				13－03－03	确认货款到账		L2
				13－03－04	寄出提单给客户		L2
14	明确市场定位	14－01	了解品牌文化	14－01－01	熟悉网络调查的方法		L3
				14－01－02	会运用走访实体店的方法了解品牌文化		L3
				14－01－03	能通过展会收集品牌文化信息		L3
				14－01－04	会收集杂志品牌文化信息		L3
				14－01－05	了解品牌文化内涵		L3

① FOB：free on board，也称“船上交货价”，贸易术语。

续上表

工作项目/职业素养		工作任务/职业素养		职业能力（技能、工具、方法、要求、知识）		学习水平 中职 Li	学习水平 高职 Lj
14	明确市场定位	14－02	熟悉市场定位、风格	14－02－01	会进行区域市场调查		L3
				14－02－02	能走访商场进行调查		L3
				14－02－03	能通过调研了解目标品牌理念		L3
				14－02－04	会分析目标品牌市场		L3
				14－02－05	会分析目标品牌设计风格		L3
		14－03	掌握目标客户需求	14－03－01	掌握客户价位		L3
				14－03－02	了解客户风格		L3
				14－03－03	会分析产品适用场合		L3
				14－03－04	会分析产品材料需求		L3
				14－03－05	会分析产品结构工艺需求		L3
		14－04	竞品分析	14－04－01	通过网络了解竞争对手		L3
				14－04－02	通过实体店了解竞争对手		L3
				14－04－03	通过杂志、发布会等渠道了解竞争对手		L3
				14－04－04	会分析竞品的款式、面料		L3
				14－04－05	会分析竞品的价格、色彩		L3
15	研发概念	15－01	流行趋势分析及掌握	15－01－01	会通过网络收集媒体资讯		L3
				15－01－02	能够参加现场发布会分析流行趋势		L3
				15－01－03	能够走访商场分析流行趋势		L3
				15－01－04	能够参与面料会展分析流行趋势		L3
				15－01－05	掌握最新的流行趋势		L3
15	研发概念	15－02	确定主题版	15－02－01	会综合整理流行趋势与市场调查结果		L3
				15－02－02	能明确相关流行主题		L3
				15－02－03	能明确相关颜色		L3
				15－02－04	能明确相关版型及面料		L3
				15－02－05	会概括主题人群风格定位与使用场景		L3
				15－02－06	会制作主题版		L3

续上表

工作项目/职业素养		工作任务/职业素养		职业能力（技能、工具、方法、要求、知识）		学习水平 中职 Li	学习水平 高职 Lj
16	确定主题概念	16－01	确定主题故事	16－01－01	会收集相关图片		L3
				16－01－02	了解故事图片的作用		L3
				16－01－03	会整理故事背景内容		L3
				16－01－04	会撰写故事背景文案		L3
				16－01－05	能确定主题故事		L3
		16－02	确定设计元素	16－02－01	会筛选提炼主题元素		L3
				16－02－02	能确定色彩设计元素		L3
				16－02－03	能确定图案、材质设计元素		L3
				16－02－04	能确定款式设计元素		L3
				16－02－05	能确定设计元素运用方法		L3
		16－03	主题色彩、材料、版型、工艺、细节	16－03－01	会整理粘贴趋势图片		L3
				16－03－02	会整理粘贴相关市场材料		L3
				16－03－03	会整理粘贴参考图		L3
				16－03－04	会整理粘贴版型图		L3
				16－03－05	会整理粘贴工艺图		L3
				16－03－06	会整理粘贴细节装饰图		L3
				16－03－07	制作完整主题版		L3
17	确定设计方案（款式设计）	17－01	完成系列效果图绘制	17－01－01	掌握熟练的手绘表现能力		L3
				17－01－02	具有创意构思的能力		L3
				17－01－03	能够根据创意构思进行马克笔及彩铅快速手绘表现		L3
				17－01－04	掌握熟练的电脑软件绘图能力		L3
				17－01－05	掌握电脑设计软件表现效果图的技巧		L3

续上表

工作项目/职业素养		工作任务/职业素养		职业能力（技能、工具、方法、要求、知识）		学习水平 中职 Li	学习水平 高职 Lj
17	确定设计方案（款式设计）	17－01	完成系列效果图绘制	17－01－06	能够使用相关设计软件（PS①、AI②、CDR③）绘制效果图		L3
		17－02	筛选并调整最终效果图	17－02－01	了解效果图表现的完整性		L3
				17－02－02	了解产品效果图的系列化		L3
				17－02－03	会筛选有用的设计效果图		L3
				17－02－04	能对设计效果图提出优化建议		L3
				17－02－05	能根据意见要求进行效果图修改		L3
				17－02－06	能确定最终效果图		L3
		17－03	绘制结构和工艺图	17－03－01	熟悉的结构图画法		L3
				17－03－02	熟悉的工艺图画法		L3
				17－03－03	能够根据结构工艺采用马克笔、彩铅等手绘表达工艺结构		L3
				17－03－04	能使用电脑相关设计软件完成工艺设计		L3
				17－03－05	能确定效果图的合理性和可操作性		L3
				17－03－06	会绘制结构工艺图		L3
		17－04	选定系列设计的颜色、材料	17－04－01	熟悉系列效果图色彩与材料搭配知识		L3
				17－04－02	会根据系列效果图进行色彩与材料搭配		L3
				17－04－03	会挑选确定所用的设计色彩		L3
				17－04－04	能正确挑选主题材料		L3
				17－04－05	能确定主题所用的材料		L3
		17－05	完成最终的设计方案	17－05－01	了解设计文案的制作方法与内容		L3
				17－05－02	掌握运用 PowerPoint 的制作技巧		L3
				17－05－03	熟悉设计文案的制作步骤		L3
				17－05－04	能用文案呈现最终设计方案		L3

① PS：Photoshop，图像处理软件。
② AI：Adobe Illustrator，一种基于矢量图形的绘图程序。
③ CDR：CorelDRAW，一种绘图软件。

续上表

工作项目/职业素养		工作任务/职业素养		职业能力（技能、工具、方法、要求、知识）		学习水平 中职 Li	学习水平 高职 Lj
18	根据确定的设计方案制作样板	18－01	提交设计方案给版房	18－01－01	了解提交设计方案给版房的程序		L3
				18－01－02	会标注交接版房注意事项		L3
				18－01－03	了解版房制版的要求		L3
				18－01－04	会传达想要的样板效果		L3
				18－01－05	能与版房保持及时沟通		L3
		18－02	与版师跟踪、确定及调整	18－02－01	了解纸模的制作		L3
				18－02－02	懂得纸模制作后成型效果		L3
				18－02－03	能与版师确认纸模		L3
				18－02－04	根据工艺要求进行调整		L3
		18－03	确定成品样板	18－03－01	熟悉样板包的内容		L3
				18－03－02	熟悉设计效果的要求		L3
				18－03－03	能检查样板包与设计效果是否一致		L3
				18－03－04	会进行样板包的修改		L3
				18－03－05	会进行样板包的记录		L3
19	设计跟踪	19－01	订货会跟踪	19－01－01	能及时参加订货会		L4
				19－01－02	能积极与客户交流沟通		L4
				19－01－03	了解客户需求		L4
				19－01－04	了解市场销售趋势		L4
				19－01－05	能寻找新卖点		L4
		19－02	收集顾客反馈	19－02－01	会收集顾客对展示效果的反馈		L4
				19－02－02	会收集顾客对陈列效果的反馈		L4
				19－02－03	会收集反馈使用情况		L4
				19－02－04	会收集改进意见		L4
				19－02－05	能与设计师及时反馈沟通		L4

续上表

工作项目/职业素养		工作任务/职业素养		职业能力（技能、工具、方法、要求、知识）		学习水平 中职 Li	学习水平 高职 Lj
19	设计跟踪	19－03	市场终端反馈	19－03－01	能积极走访终端店铺		L4
				19－03－02	能与销售人员沟通并收集意见		L4
				19－03－03	能够找出产品不足		L4
				19－03－04	能够改进产品设计卖点		L4
		19－04	设计改良及二次开发	19－04－01	能根据市场调查，综合整理客户反馈		L4
				19－04－02	懂得款式设计元素改良的方法		L4
				19－04－03	懂得结构设计改良的方法		L4
				19－04－04	会制订进行二次开发的方案		L4
				19－04－05	能进行二次开发，找到新的设计卖点		L4
20	市场调研及预测流行趋势	20－01	时尚触角	20－01－01	了解社会、政治、经济、文化、科技的进步与发展		L4
				20－01－02	了解区域文化		L4
				20－01－03	能树立正确的世界观与社会责任感		L4
				20－01－04	能关注时尚动态		L4
				20－01－05	具有前瞻性，能预测未来 2～3 年的时尚动态		L4
		20－02	媒体信息	20－02－01	能及时关注世界时装周发布秀		L4
				20－02－02	了解上层社会需求		L4
				20－02－03	能关注媒体动态		L4
				20－02－04	能及时了解网络时尚动态		L4
				20－02－05	能及时了解流行趋势机构发布的动态		L4
		20－03	确定前沿潮流	20－03－01	掌握引领潮流的资讯		L4
				20－03－02	了解产品完美特征		L4
				20－03－03	能关注其他产品设计潮流		L4
				20－03－04	具有敏锐的感知能力、丰富的体验需求		L4
				20－03－05	会筛选所需的设计潮流元素		L4

续上表

工作项目/职业素养		工作任务/职业素养		职业能力（技能、工具、方法、要求、知识）		学习水平 中职 Li	学习水平 高职 Lj
20	市场调研及预测流行趋势	20－04	协调产品架构	20－04－01	熟悉产品价格		L4
				20－04－02	会搭建价格层次		L4
				20－04－03	能判断流行时间		L4
				20－04－04	了解优化办法		L4
				20－04－05	能够寻找优化办法		L4
21	定风格及流行色	21－01	颜色创新	21－01－01	能够采用多样化方法进行颜色创新		L4～L5
				21－01－02	能运用多元化工艺进行颜色创新		L4～L5
				21－01－03	会收集建筑及动物、植物等自然界的颜色		L4～L5
				21－01－04	会把色彩进行重构及创新		L4～L5
				21－01－05	会挑选颜色、形成色系系列化		L4～L5
		21－02	制作色板	21－02－01	会制作冷暖色色板		L4～L5
				21－02－02	会制作混搭色色板		L4～L5
				21－02－03	会制作主题色色板		L4～L5
				21－02－04	会制作季节性色板		L4～L5
				21－02－05	会制作不同色系色板		L4～L5
		21－03	参照色半成品	21－03－01	熟悉采用染色工艺为半成品着色的方法		L4～L5
				21－03－02	熟悉采用印花工艺为半成品着色的方法		L4～L5
				21－03－03	熟悉采用电镀、热转等工艺为半成品着色的方法		L4～L5
				21－03－04	掌握手工上色		L4～L5
				21－03－05	掌握搭配图案色彩		L4～L5
		21－04	颜色搭配	21－04－01	了解色彩搭配方法		L4～L5
				21－04－02	熟悉面料颜色搭配原则		L4～L5
				21－04－03	熟悉搭配半成品及配件颜色		L4～L5
				21－04－04	熟悉搭配成品色系		L4～L5
				21－04－05	掌握整体搭配成品服饰，塑造整体形象		L4～L5

续上表

工作项目/职业素养		工作任务/职业素养		职业能力（技能、工具、方法、要求、知识）		学习水平 中职 Li	学习水平 高职 Lj
22	产品系列策划	22－01	概念款（高定款）设计	22－01－01	了解客户个性需求		L4～L5
				22－01－02	具有个性化设计的表现能力		L4～L5
				22－01－03	具有创意的能力		L4～L5
				22－01－04	懂得选择高品质原材料		L4～L5
				22－01－05	懂得选择高价值工艺（一般为纯手工艺术）		L4～L5
				22－01－06	能够确定超前的产品概念		L4～L5
		22－02	市场系列设计	22－02－01	熟悉大众审美需求		L4～L5
				22－02－02	懂得打造适应性强的产品的标准		L4～L5
				22－02－03	懂得打造品质高的产品的标准		L4～L5
				22－02－04	能够计算生产可量化		L4～L5
				22－02－05	能够细分价格（高、中、低）		L4～L5
		22－03	辅助设计	22－03－01	能设计小配饰		L4～L5
				22－03－02	能设计展示效果		L4～L5
				22－03－03	能设计标识		L4～L5
				22－03－04	能设计包装		L4～L5
				22－03－05	能设计相关配件		L4～L5
23	半成品开发	23－01	材料开发	23－01－01	了解皮具材料的市场发展		L5
				23－01－02	能根据市场需求研发材料		L5
				23－01－03	能根据产品性能要求开发半成品（如皮料、五金）		L5
				23－01－04	能开发跨界材料（如环保材料）		
				23－01－05	能根据原材料市场运用新材料（如飞织等）		L5
		23－02	工艺开发	23－02－01	了解工艺开发创新的领域		L5
				23－02－02	了解工艺开发创新的技术		L5
				23－02－03	能开发运用新设备（如3D打印机等）		L5
				23－02－04	能开发运用其他新科技的工艺		L5
				23－02－05	能应用跨界工艺		L5

续上表

<table>
<tr><th rowspan="2" colspan="2">工作项目/职业素养</th><th rowspan="2" colspan="2">工作任务/职业素养</th><th rowspan="2" colspan="2">职业能力
（技能、工具、方法、要求、知识）</th><th colspan="2">学习水平</th></tr>
<tr><th>中职
Li</th><th>高职
Lj</th></tr>
<tr><td rowspan="5">23</td><td rowspan="5">半成品开发</td><td rowspan="5">23－03</td><td rowspan="5">款式开发</td><td>23－03－01</td><td>会确定开发功能性（承载、负重、智能化）</td><td></td><td>L5</td></tr>
<tr><td>23－03－02</td><td>会确定开发造型(尺寸、比例、软硬度、质感)</td><td></td><td>L5</td></tr>
<tr><td>23－03－03</td><td>会确定款式色彩搭配</td><td></td><td>L5</td></tr>
<tr><td>23－03－04</td><td>会确定材质选用</td><td></td><td>L5</td></tr>
<tr><td>23－03－05</td><td>会开发款式系列</td><td></td><td>L5</td></tr>
<tr><td rowspan="19">24</td><td rowspan="19">文化塑型</td><td rowspan="5">24－01</td><td rowspan="5">灵感故事和主题故事</td><td>24－01－01</td><td>懂得采集、获取和启发灵感</td><td></td><td>L5</td></tr>
<tr><td>24－01－02</td><td>了解故事图片的作用</td><td></td><td>L5</td></tr>
<tr><td>24－01－03</td><td>会整理故事背景内容</td><td></td><td>L5</td></tr>
<tr><td>24－01－04</td><td>会命名产品主题，延伸灵感故事</td><td></td><td>L5</td></tr>
<tr><td>24－01－05</td><td>会撰写故事背景文案</td><td></td><td>L5</td></tr>
<tr><td rowspan="9">24－02</td><td rowspan="9">时尚T台发布</td><td>24－02－01</td><td>了解时尚T台发布的流程</td><td></td><td>L5</td></tr>
<tr><td>24－02－02</td><td>会确定发布时尚主题</td><td></td><td>L5</td></tr>
<tr><td>24－02－03</td><td>了解塑造模特发型、化妆等整体形象的塑造方法</td><td></td><td>L5</td></tr>
<tr><td>24－02－04</td><td>了解音乐、灯光、舞美整体形象的塑造方法</td><td></td><td>L5</td></tr>
<tr><td>24－02－05</td><td>能塑造模特发型、化妆等整体形象</td><td></td><td>L5</td></tr>
<tr><td>24－02－06</td><td>能塑造音乐、灯光、舞美整体形象</td><td></td><td>L5</td></tr>
<tr><td>24－02－07</td><td>熟悉动态展示表演的技巧</td><td></td><td>L5</td></tr>
<tr><td>24－02－08</td><td>熟悉静态展示表演的技巧</td><td></td><td>L5</td></tr>
<tr><td>24－02－09</td><td>能展示表演（表演方式、场地、动态/静态）</td><td></td><td>L5</td></tr>
<tr><td rowspan="5">24－03</td><td rowspan="5">多媒体发布（明星造型）</td><td>24－03－01</td><td>能打造明星名媛造型、形象代言</td><td></td><td>L5</td></tr>
<tr><td>24－03－02</td><td>能运用自媒体展示自我</td><td></td><td>L5</td></tr>
<tr><td>24－03－03</td><td>了解采用报纸、杂志等媒体手段的发布流程</td><td></td><td>L5</td></tr>
<tr><td>24－03－04</td><td>了解采用电台、互联网、直播多样化媒体手段的发布流程</td><td></td><td>L5</td></tr>
<tr><td>24－03－05</td><td>能采用多样化媒体手段（报纸、杂志、电台、互联网、直播等）</td><td></td><td>L5</td></tr>
</table>

续上表

工作项目/职业素养		工作任务/职业素养		职业能力（技能、工具、方法、要求、知识）		学习水平 中职 Li	学习水平 高职 Lj
24	文化塑型	24－04	生活文化	24－04－01	能采用街拍的形式进行宣传		L5
				24－04－02	能采用集会的形式进行宣传		L5
				24－04－03	能展示社会公共形象		L5
				24－04－04	能宣传社会公共形象		L5
25	市场分析	25－01	大客户沟通	25－01－01	会整理分析客户订单量		L5
				25－01－02	会整理分析市场销售量		L5
				25－01－03	会整理分析返单量		L5
				25－01－04	掌握沟通的技巧		L5
				25－01－05	能有效与大客户沟通		L5
		25－02	私人定制顾客沟通	25－02－01	了解心理需求		L5
				25－02－02	了解个性需求		L5
				25－02－03	了解身份象征需求		L5
				25－02－04	了解顾客定制的设计要求		L5
				25－02－05	了解顾客定制的工艺要求		L5
		25－03	数据调查	25－03－01	掌握市场调查的基本方法		L5
				25－03－02	掌握数据分析的基本方法		L5
				25－03－03	会分析消费者（年龄段、身份、地位、性格、喜好、审美等）		L5
				25－03－04	会分析区域性（气候、习俗、宗教、文化等）		L5
				25－03－05	会分析购买力（高、中、低）		L5
		25－04	内部沟通	25－04－01	掌握沟通技巧		L5
				25－04－02	能建立与市场部运营的沟通（好卖）		L5
				25－04－03	能建立与生产部的沟通（好做）		L5
				25－04－04	能建立与设计部的沟通（可行性）		L5
				25－04－05	能建立与一线销售人员的沟通（反馈信息）		L5

续上表

工作项目/职业素养		工作任务/职业素养		职业能力（技能、工具、方法、要求、知识）		学习水平 中职 Li	学习水平 高职 Lj
26	创新延续	26－01	材料优化	26－01－01	熟悉市场原材料		L5
				26－01－02	能根据市场原材料选择最优材料		L5
				26－01－03	懂得材料质量好的品质标准		L5
				26－01－04	会整理优化材料质量、品质		L5
				26－01－05	能根据市场反馈信息优化产品材料		L5
		26－02	性能优化	26－02－01	能根据市场反馈信息优化产品性能		L5
				26－02－02	能根据科技创新进行优化结构		L5
				26－02－03	能根据科技创新进行优化功能		L5
				26－02－04	会整理优化细节		
				26－02－05	能加强人性化设计		L5
				26－02－06	了解三维扫描、3D 打印及技术转化		L5
		26－03	塑造经典	26－03－01	了解全方位打造经典产品的要求		L5
				26－03－02	懂得如何保障产品品质		L5
				26－03－03	了解品牌文化的内涵		L5
				26－03－04	懂得延续品牌 DNA① 的理念		L5
				26－03－05	掌握持续宣传及推广的方法		L5
		26－04	概念细节优化	26－04－01	能考虑新事物、新需求的出现		L5
				26－04－02	掌握优化工艺、结构、细节		L5
				26－04－03	能优化宣传、推广及市场		L5
				26－04－04	掌握优化结构、细节的技巧		L5
				26－04－05	了解宣传、推广的方法		L5

① DNA：这里指品牌基因，包括品牌核心价值和品牌个性。

续上表

工作项目/职业素养		工作任务/职业素养		职业能力（技能、工具、方法、要求、知识）		学习水平 中职 Li	学习水平 高职 Lj
27	设计团队管理	27－01	财务预算	27－01－01	会预算人员工资		L5
				27－01－02	会预算研发经费		L5
				27－01－03	会预算知识产权保护费		L5
				27－01－04	会预算产品材料成本费		L5
				27－01－05	会预算产品人工成本费		L5
				27－01－06	会预算其他费用		L5
		27－02	制度系统化	27－02－01	制定设计流程		L5
				27－02－02	制定制作流程		L5
				27－02－03	建立指导技术复制系统		L5
				27－02－04	建立品质检测系统		L5
				27－02－05	建立信息反馈系统		L5
		27－03	核心价值	27－03－01	能推行创新、原创		L5
				27－03－02	了解设计师品牌		L5
				27－03－03	能打造设计师品牌		L5
				27－03－04	懂得团队文化		L5
				27－03－05	建立团队文化和精髓		L5
		27－04	人事管理	27－04－01	能组织招聘活动		L5
				27－04－02	能开展学习提升活动		L5
				27－04－03	能对员工开展技能培训		L5
				27－04－04	懂得激励、奖惩机制		L5
				27－04－05	能建立激励、奖惩机制		L5
28	相关品牌陈列市场调研	28－01	调研相关品牌陈列主题	28－01－01	能够调研相关品牌店面形象		L4
				28－01－02	能够调研相关品牌产品风格系列主题		L4
				28－01－03	能够调研相关品牌产品陈列主题		L4
				28－01－04	能够确定相关品牌橱窗设计主题		L4
				28－01－05	能够调研相关品牌产品营销活动		L4

续上表

工作项目/职业素养		工作任务/职业素养		职业能力（技能、工具、方法、要求、知识）		学习水平 中职 Li	学习水平 高职 Lj
28	相关品牌陈列市场调研	28－02	调研相关品牌空间布局	28－02－01	能够调研相关品牌的SKU[①]布局		L4
				28－02－02	能够调研相关品牌的色彩布局		L4
				28－02－03	能够调研相关品牌的道具布局		L4
				28－02－04	能够调研相关品牌的灯光配置		L4
				28－02－05	能够调研相关品牌的陈列搭配		L4
		28－03	调研相关品牌服饰风格	28－03－01	能够调研产品色系		L4
				28－03－02	能够调研产品风格		L4
				28－03－03	能够调研陈列风格		L4
				28－03－04	能够调研主打产品（广告款）		L4
				28－03－05	能够调研店内整体氛围布置		L4
		28－04	调研相关品牌客流分析	28－04－01	会整理高客流期及低客流期的客流统计		L4
				28－04－02	能分析进店客人的年龄层级		L4
				28－04－03	能分析进店客人的职业趋向		L4
				28－04－04	能分析进店客人的消费喜好		L4
				28－04－05	能分析进店客人的着装风格		L4
29	产品的风格分析	29－01	分析产品系列主题	29－01－01	能分析产品系列配比（SKU）		L4～L5
				29－01－02	能分析不同产品系列的风格主题		L4～L5
				29－01－03	能进行产品的组合、搭配		L4～L5
		29－02	分析产品风格	29－02－01	能分析产品主题风格		L4～L5
				29－02－02	能分析产品基本风格		L4～L5
				29－02－03	能分析产品风格特点		L4～L5
		29－03	分析产品色系	29－03－01	能分析产品主题色		L4～L5
				29－03－02	能分析产品基本色		L4～L5
				29－03－03	能分析产品流行色		L4～L5
				29－03－04	能分析产品色系搭配		L4～L5

① SKU：stock keeping unit（库存量单位），即每个商品的属性、颜色/尺码等信息。

续上表

<table>
<tr><th colspan="2" rowspan="2">工作项目/职业素养</th><th colspan="2" rowspan="2">工作任务/职业素养</th><th colspan="2" rowspan="2">职业能力（技能、工具、方法、要求、知识）</th><th colspan="2">学习水平</th></tr>
<tr><th>中职 Li</th><th>高职 Lj</th></tr>
<tr><td rowspan="8">29</td><td rowspan="8">产品的风格分析</td><td rowspan="5">29－04</td><td rowspan="5">分析材料物资</td><td>29－04－01</td><td>熟悉产品材料种类</td><td></td><td>L4～L5</td></tr>
<tr><td>29－04－02</td><td>熟悉产品不同材质区别</td><td></td><td>L4～L5</td></tr>
<tr><td>29－04－03</td><td>熟悉产品不同材质性能</td><td></td><td>L4～L5</td></tr>
<tr><td>29－04－04</td><td>熟悉产品不同辅料特征</td><td></td><td>L4～L5</td></tr>
<tr><td>29－04－05</td><td>熟悉产品不同五金配件特征</td><td></td><td>L4～L5</td></tr>
<tr><td rowspan="3">29－05</td><td rowspan="3">分析技术工艺</td><td>29－05－01</td><td>熟悉工艺种类</td><td></td><td>L4～L5</td></tr>
<tr><td>29－05－02</td><td>熟悉不同工艺特点</td><td></td><td>L4～L5</td></tr>
<tr><td>29－05－03</td><td>熟悉不同工艺流程</td><td></td><td>L4～L5</td></tr>
<tr><td rowspan="18">30</td><td rowspan="18">掌握营销及运营计划主要内容</td><td rowspan="7">30－01</td><td rowspan="7">掌握基本款营销计划</td><td>30－01－01</td><td>掌握基本款产品系列</td><td></td><td>L4</td></tr>
<tr><td>30－01－02</td><td>掌握基本款产品款型</td><td></td><td>L4</td></tr>
<tr><td>30－01－03</td><td>掌握基本款产品色彩</td><td></td><td>L4</td></tr>
<tr><td>30－01－04</td><td>掌握基本款产品材质</td><td></td><td>L4</td></tr>
<tr><td>30－01－05</td><td>掌握基本款产品价格</td><td></td><td>L4</td></tr>
<tr><td>30－01－06</td><td>掌握基本款产品各层级店配货计划</td><td></td><td>L4</td></tr>
<tr><td>30－01－07</td><td>掌握基本款产品销量计划</td><td></td><td>L4</td></tr>
<tr><td rowspan="7">30－02</td><td rowspan="7">掌握主推款营销计划</td><td>30－02－01</td><td>掌握主推款产品系列</td><td></td><td>L4</td></tr>
<tr><td>30－02－02</td><td>掌握主推款产品款型</td><td></td><td>L4</td></tr>
<tr><td>30－02－03</td><td>掌握主推款产品色彩</td><td></td><td>L4</td></tr>
<tr><td>30－02－04</td><td>掌握主推款产品材质</td><td></td><td>L4</td></tr>
<tr><td>30－02－05</td><td>掌握主推款产品价格</td><td></td><td>L4</td></tr>
<tr><td>30－02－06</td><td>掌握主推款产品各层级店配货计划</td><td></td><td>L4</td></tr>
<tr><td>30－02－07</td><td>掌握主推款产品销量计划</td><td></td><td>L4</td></tr>
<tr><td rowspan="4">30－03</td><td rowspan="4">掌握搭配款营销计划</td><td>30－03－01</td><td>掌握搭配款产品系列</td><td></td><td>L4</td></tr>
<tr><td>30－03－02</td><td>掌握搭配款产品款型</td><td></td><td>L4</td></tr>
<tr><td>30－03－03</td><td>掌握搭配款产品色彩</td><td></td><td>L4</td></tr>
<tr><td>30－03－04</td><td>掌握搭配款产品材质</td><td></td><td>L4</td></tr>
</table>

续上表

工作项目/职业素养		工作任务/职业素养		职业能力（技能、工具、方法、要求、知识）		学习水平 中职 Li	学习水平 高职 Lj
30	掌握营销及运营计划主要内容	30-03	掌握搭配款营销计划	30-03-05	掌握搭配款产品价格		L4
30	掌握营销及运营计划主要内容	30-03	掌握搭配款营销计划	30-03-06	掌握搭配款产品各层级店配货计划		L4
30	掌握营销及运营计划主要内容	30-04	掌握当季营销活动计划	30-03-07	掌握搭配款产品销量计划		L4
30	掌握营销及运营计划主要内容	30-04	掌握当季营销活动计划	30-04-01	掌握当季营销市场情况		L4
30	掌握营销及运营计划主要内容	30-04	掌握当季营销活动计划	30-04-02	掌握当季各层级店促销计划		L4
30	掌握营销及运营计划主要内容	30-04	掌握当季营销活动计划	30-04-03	掌握各层级店促销计划		L4
30	掌握营销及运营计划主要内容	30-05	了解各层级店开店计划方案	30-04-04	掌握活动促销经营		L4
30	掌握营销及运营计划主要内容	30-05	了解各层级店开店计划方案	30-05-01	了解店面所在商区		L4
30	掌握营销及运营计划主要内容	30-05	了解各层级店开店计划方案	30-05-02	了解店面所在位置		L4
30	掌握营销及运营计划主要内容	30-05	了解各层级店开店计划方案	30-05-03	了解店面面积		L4
30	掌握营销及运营计划主要内容	30-05	了解各层级店开店计划方案	30-05-04	了解店内装修效果图		L4
30	掌握营销及运营计划主要内容	30-05	了解各层级店开店计划方案	30-05-05	了解店内布置		L4
30	掌握营销及运营计划主要内容	30-05	了解各层级店开店计划方案	30-05-06	了解店内 SKU 设置		L4
31	陈列计划及陈列手册制定	31-01	熟悉配货计划	31-01-01	熟悉各转型出库数量		L4
31	陈列计划及陈列手册制定	31-01	熟悉配货计划	31-01-02	熟悉各层级店配货转型及数量		L4
31	陈列计划及陈列手册制定	31-01	熟悉配货计划	31-01-03	熟悉各转型上架时间		L4
31	陈列计划及陈列手册制定	31-02	规划整体陈列布局	31-02-01	制订各层级店陈列计划		L4
31	陈列计划及陈列手册制定	31-02	规划整体陈列布局	31-02-02	确定各层级店陈列主题定位		L4
31	陈列计划及陈列手册制定	31-02	规划整体陈列布局	31-02-03	制订各层级店活动促销陈列方案		L4
31	陈列计划及陈列手册制定	31-03	规划整体陈列布局	31-03-01	掌握各层级店 SKU		L4
31	陈列计划及陈列手册制定	31-03	规划整体陈列布局	31-03-02	确定各 SKU 的色系、风格排列组合		L4
31	陈列计划及陈列手册制定	31-03	规划整体陈列布局	31-03-03	确定主推款的搭配方案		L4
31	陈列计划及陈列手册制定	31-03	规划整体陈列布局	31-03-04	确定道具的摆放、灯光位置及方向要求		L4
31	陈列计划及陈列手册制定	31-03	规划整体陈列布局	31-03-05	能够做出样板，并要求各层级店拍照		L4

续上表

工作项目/职业素养		工作任务/职业素养		职业能力（技能、工具、方法、要求、知识）		学习水平 中职 Li	学习水平 高职 Lj
31	陈列计划及陈列手册制定	31－04	列明道具及数量				
				31－04－01	掌握各层级店常规道具实图及数量		L4
				31－04－02	掌握各层级店活动用道具实图及数量		L4
				31－04－03	掌握各层级店季节性主题陈列道具实图及数量		L4
				31－04－04	掌握各层级店节日特定主题陈列道具实图及数量		L4
32	陈列道具配备	32－01	选购道具	32－01－01	确定款式、材质、价格		L4
				32－01－02	确定供应商、交货期		L4
				32－01－03	能够与供应商进行谈判		L4
				32－01－04	签订购销合同		L4
		32－02	制作道具	32－02－01	确定款式、材质		L4
				32－02－02	确定工厂定做价格、交货期		L4
				32－02－03	确定签订加工合同		L4
33	产品现场陈列	33－01	整理产品	33－01－01	检查瑕疵产品		L4
				33－01－02	隐藏吊牌		L4
				33－01－03	合理进行产品分区		L4
		33－02	陈列产品	33－02－01	能将产品分区上架		L4
				33－02－02	能将主推款搭配，并摆放到位		L4
				33－02－03	能将经典款与基础款系列搭配		L4
		33－03	调整灯光	33－03－01	注意检查灯具是否损坏		L4
				33－03－02	注意灯具调整到位		L4
				33－03－03	合理安排灯光分区		L4
		33－04	布置道具	33－04－01	注意检查道具是否损坏		L4
				33－04－02	确定道具分区放置		L4
				33－04－03	确定道具的摆放方向		L4

续上表

工作项目/职业素养		工作任务/职业素养		职业能力（技能、工具、方法、要求、知识）		学习水平 中职 Li	学习水平 高职 Lj
34	现场调整优化	34－01	调整产品	34－01－01	掌握各店销售情况		L4
				34－01－02	掌握各店断货、补货及库存情况		L4
				34－01－03	掌握各店产品销售情况并做整体调整或局部调整		L4
		34－02	调整灯光	34－02－01	能随时更换损坏灯具		L4
				34－02－02	根据已调整的商品，调整灯光数量及方向		L4
				34－02－03	根据营销主题（如节日），调整灯光布置		L4
		34－03	优化道具	34－03－01	随时更换损坏道具		L4
				34－03－02	根据已调整的商品，增减陈列道具		L4
				34－03－03	根据营销主题（如节日），调整道具布置		L4
				34－03－04	根据季节更替，优化道具摆放		L4
35	店员陈列培训	35－01	培训陈列前准备	35－01－01	能培训店员熟悉店内 SKU 量及每区 SKU 布局		L4
				35－01－02	能培训店员掌握陈列标准		L4
				35－01－03	能培训店员检查商品瑕疵、清洁商品		L4
		35－02	培训商品色差风格布局	35－02－01	能培训店员将商品按系列分区		L4
				35－02－02	能培训店员将各区商品做色系分区		L4
				35－02－03	能培训店员将各区商品做风格布置		L4
				35－02－04	能培训店员进行主推款和经典款的系列搭配		L4
		35－03	培训主推款搭配	35－03－01	能培训店员了解各区主推款及摆放位置		L4
				35－03－02	能培训店员将主推款做风格搭配		L4
		35－04	培训灯光调整	35－04－01	能培训店员检查各区光源是否正常		L4
				35－04－02	能培训店员将灯光分区布置		L4
				35－04－03	能培训店员将灯光调整到位		L4

续上表

工作项目/职业素养		工作任务/职业素养		职业能力（技能、工具、方法、要求、知识）		学习水平 中职 Li	学习水平 高职 Lj
35	店员陈列培训	35－05	培训道具设置	35－05－01	能培训店员检查道具		L4
				35－05－02	能培训店员布置摆放道具		L4
		35－06	培训断货陈列调整	35－06－01	能培训店员检查商品库存，找出滞销款		L4
				35－06－02	能培训店员反馈销售意见，指导商品整体调整或部分调整		L4
36	熟悉品牌现状及市场发展方向	36－01	品牌培训	36－01－01	熟悉品牌文化		L5
				36－01－02	熟悉企业文化		L5
				36－01－03	熟悉品牌形象		L5
		36－02	了解竞品发展现状	36－02－01	了解竞品设计风格		L5
				36－02－02	了解竞品价格结构		L5
				36－02－03	了解竞品的销售业绩		L5
		36－03	关注国际品牌	36－03－01	采集国际品牌的工艺元素		L5
				36－03－02	采集国际品牌的色彩搭配		L5
				36－03－03	采集国际品牌的主题推广		L5
				36－03－04	采集国际品牌的经典创新		L5
37	收集时尚资讯	37－01	掌握网络媒体	37－01－01	通过时装周收集时尚资讯		L5
				37－01－02	通过设计师平台收集时尚资讯		L5
				37－01－03	通过行业协会收集时尚资讯		L5
				37－01－04	通过网络与社交媒体收集时尚资讯		L5
				37－01－05	通过时尚杂志收集时尚资讯		L5
		37－02	关注新品发布	37－02－01	通过品牌订货会关注新品发布		L5
				37－02－02	通过时尚网络关注新品发布		L5
				37－02－03	通过实体卖场关注新品发布		L5
		37－03	熟悉原材料	37－03－01	通过展会熟悉原材料		L5
				37－03－02	通过供应商熟悉原材料		L5
				37－03－03	通过市场走访熟悉原材料		L5

续上表

工作项目/职业素养		工作任务/职业素养		职业能力（技能、工具、方法、要求、知识）		学习水平 中职 Li	学习水平 高职 Lj
37	收集时尚资讯	37－04	熟悉产品搭配	37－04－01	通过品牌秀场熟悉产品搭配		L5
				37－04－02	通过橱窗展示熟悉产品搭配		L5
				37－04－03	通过时尚行业展会熟悉产品搭配		L5
38	数据分析	38－01	掌握销售反馈	38－01－01	分析周期销售报表		L5
				38－01－02	掌握畅销、平销、滞销产品状况		L5
				38－01－03	分析销售状况出现的原因		L5
		38－02	了解客户反馈	38－02－01	收集订货会客人反馈		L5
				38－02－02	收集销售人员反馈		L5
				38－02－03	收集消费者反馈		L5
39	制订买手计划	39－01	完成产品整体计划	39－01－01	确定产品主题		L5
				39－01－02	确定产品价格		L5
				39－01－03	确定产品设计风格		L5
				39－01－04	确定产品结构工艺		L5
		39－02	完成产品推广计划	39－02－01	能完成产品推广文案的制定		L5
				39－02－02	能完成产品视觉营销方案		L5
				39－02－03	能制定产品季度推广策划方案		L5
		39－03	制订采购计划	39－03－01	制订品牌设计方案（产品比例、市场定位）		L5
				39－03－02	新季度产品整体规划		L5
				39－03－03	根据季度更替拟定产品组合的采购		L5
				39－03－04	根据本品牌的风格定位拟定产品组合的采购		L5
				39－03－05	能合理进行资金分配		L5
				39－03－06	根据上一季度 SKU、销售情况拟定产品组合的采购		L5
				39－03－07	能组织、跟进、产品订货会		L5

续上表

<table>
<tr><th colspan="2" rowspan="2">工作项目/职业素养</th><th colspan="2" rowspan="2">工作任务/职业素养</th><th colspan="2" rowspan="2">职业能力（技能、工具、方法、要求、知识）</th><th colspan="2">学习水平</th></tr>
<tr><th>中职 Li</th><th>高职 Lj</th></tr>
<tr><td rowspan="8">40</td><td rowspan="8">公司部门的协调与对接</td><td rowspan="3">40－01</td><td rowspan="3">部门对接</td><td>40－01－01</td><td>能与开发部沟通确定买手计划</td><td></td><td>L5</td></tr>
<tr><td>40－01－02</td><td>能与市场部沟通确定买手计划</td><td></td><td>L5</td></tr>
<tr><td>40－01－03</td><td>能与工程部沟通确定买手计划</td><td></td><td>L5</td></tr>
<tr><td rowspan="2">40－02</td><td rowspan="2">营销对接</td><td>40－02－01</td><td>能与营销部门沟通销售利弊</td><td></td><td>L5</td></tr>
<tr><td>40－02－02</td><td>能与营销部门反馈销售数据</td><td></td><td>L5</td></tr>
<tr><td rowspan="2">40－03</td><td rowspan="2">市场对接</td><td>40－03－01</td><td>能与代理商沟通市场需求</td><td></td><td>L5</td></tr>
<tr><td>40－03－02</td><td>能与业务员沟通客户需求</td><td></td><td>L5</td></tr>
<tr><td>40－04</td><td>物流对接</td><td>40－04－01</td><td>能与物流公司对接，保证产品的时效性与安全性</td><td></td><td>L5</td></tr>
<tr><td rowspan="17">41</td><td rowspan="17">职业素养（通用能力、核心技能、关键能力）</td><td rowspan="6">41－01</td><td rowspan="6">沟通交流</td><td>41－01－01</td><td>交流陈述逻辑清晰</td><td></td><td>L2</td></tr>
<tr><td>41－01－02</td><td>善于运用文字与客户沟通</td><td></td><td>L2</td></tr>
<tr><td>41－01－03</td><td>善于运用语言与客户沟通</td><td></td><td>L2</td></tr>
<tr><td>41－01－04</td><td>能用邮件与客户沟通</td><td></td><td>L2</td></tr>
<tr><td>41－01－05</td><td>具备对外、对内的沟通能力</td><td></td><td>L3</td></tr>
<tr><td>41－01－06</td><td>沟通信息覆盖全面</td><td></td><td>L3</td></tr>
<tr><td rowspan="6">41－02</td><td rowspan="6">数字应用</td><td>41－02－01</td><td>擅长操作 Office 软件</td><td>L1</td><td></td></tr>
<tr><td>41－02－02</td><td>觉察数字要敏感</td><td></td><td>L2</td></tr>
<tr><td>41－02－03</td><td>能用数字化手段呈现产品的每个细节</td><td></td><td>L2</td></tr>
<tr><td>41－02－04</td><td>会面料使用计划的计算</td><td></td><td>L2</td></tr>
<tr><td>41－02－05</td><td>熟悉尺寸比例的计算</td><td></td><td>L2</td></tr>
<tr><td>41－02－06</td><td>会价格成本的计算</td><td>L1</td><td></td></tr>
<tr><td rowspan="5">41－03</td><td rowspan="5">革新创新</td><td>41－03－01</td><td>思想多元化</td><td></td><td>L3</td></tr>
<tr><td>41－03－02</td><td>敢于尝试</td><td></td><td>L4</td></tr>
<tr><td>41－03－03</td><td>具有创意思维</td><td></td><td>L4</td></tr>
<tr><td>41－03－04</td><td>熟悉创意方法</td><td></td><td>L4</td></tr>
<tr><td>41－03－05</td><td>敢于挑战新事物</td><td></td><td>L4</td></tr>
</table>

续上表

工作项目/职业素养		工作任务/职业素养		职业能力（技能、工具、方法、要求、知识）		学习水平 中职 Li	学习水平 高职 Lj
41	职业素养（通用能力、核心技能、关键能力）	41－03	革新创新	41－03－06	会运用创新思维进行设计		L4
				41－03－07	会运用改良思维进行设计		L4
		41－04	自主学习	41－04－01	能提高皮具专业知识		L2
				41－04－02	能够及时更新行业信息		L4
				41－04－03	能了解法律相关知识		L5
				41－04－04	能了解合同法相关知识		L5
				41－04－05	能了解票据法相关知识		L5
				41－04－06	能了解社会文化		L5
				41－04－07	能及时了解经济发展		L5
				41－04－08	能及时了解科学技术的发展		L5
		41－05	团队合作	41－05－01	能处理好与客户的关系		L3
				41－05－02	能处理好上下级的关系		L3
				41－05－03	能与同事和睦相处		L3
				41－05－04	能处理好协助部门人员的合作关系		L3
				41－05－05	具有良好的团队合作意识		L3
				41－05－06	能与团队协作完成工作		L3
		41－06	解决问题	41－06－01	能及时反馈问题		L3
				41－06－02	能够有效利用资源整合		L4
				41－06－03	有谈判能力		L4
				41－06－04	能迅速形成解决问题的思路		L4
				41－06－05	能在第一时间内解决客户的问题和生产问题		L4
		41－07	信息处理	41－07－01	能够分类管理		L3
				41－07－02	保密客户信息		L3
				41－07－03	及时更新客户资料		L3
				41－07－04	及时传达信息		L3
				41－07－05	版权、设计方案保密		L3

续上表

<table>
<tr><th colspan="2" rowspan="2">工作项目/职业素养</th><th colspan="2" rowspan="2">工作任务/职业素养</th><th colspan="2" rowspan="2">职业能力
（技能、工具、方法、要求、知识）</th><th colspan="2">学习水平</th></tr>
<tr><th>中职
Li</th><th>高职
Lj</th></tr>
<tr><td rowspan="9">41</td><td rowspan="9">职业素养（通用能力、核心技能、关键能力）</td><td rowspan="5">41－08</td><td rowspan="5">责任（安全）意识</td><td>41－08－01</td><td>能严格遵守公司规章制度</td><td>L1</td><td></td></tr>
<tr><td>41－08－02</td><td>具有安全防范意识</td><td>L1</td><td></td></tr>
<tr><td>41－08－03</td><td>知道常用危险化学品（天那水）的处理方法</td><td>L1</td><td></td></tr>
<tr><td>41－08－04</td><td>消防安全</td><td>L1</td><td></td></tr>
<tr><td>41－08－05</td><td>正确使用机器设备，安全生产</td><td>L1</td><td></td></tr>
<tr><td rowspan="4">41－09</td><td rowspan="4">外语运用</td><td>41－09－01</td><td>能够阅读行业的专业名词</td><td></td><td>L4</td></tr>
<tr><td>41－09－02</td><td>能够确保外语沟通顺畅</td><td></td><td>L4</td></tr>
<tr><td>41－09－03</td><td>能够简单书写外文的设计说明</td><td></td><td>L4</td></tr>
<tr><td>41－09－04</td><td>能够协助外籍客户熟悉产品</td><td></td><td>L4</td></tr>
</table>

注："学习水平"中的中职Li的i对应"表3－1 现代学徒制皮具艺术设计专业毕业生职业生涯发展路径"中的中职发展阶段。若是第Ⅰ发展阶段，则用L1表示；若是第Ⅱ发展阶段，则用L2表示，依此类推。同理，高职Lj的j对应"表3－1 现代学徒制皮具艺术设计专业毕业生职业生涯发展路径"中的高职发展阶段。若是第Ⅱ发展阶段，则用L2表示；若是第Ⅲ发展阶段，则用L3表示，依此类推。

五、附录

（一）参与职业能力分析的行业企业专家名单（如表3－4所示）

表3－4 参与职业能力分析的行业企业专家名单

序号	姓名	单位名称	职务
1	陈 蓉	Runbo enterprises co.，ltd 润博企业有限公司	总经理
2	王 河	广州和约商贸有限公司	总经理
3	陈启贤	广东新濠畔集团有限公司	研发中心主任
4	段文燕	广州开友品牌管理有限公司	总经理
5	曹中华	广州履朴信息科技有限公司	总经理/品牌创始人
6	何金龙	广州皮都皮具发展股份有限公司	总经理
7	张 钧	广州皮都皮具发展股份有限公司	培训讲师
8	李洁文	中山蜜拉服饰有限公司	设计组长

续上表

序号	姓名	单位名称	职务
9	叶兰辉	广州市龙行天尚皮具设计有限公司	设计师
10	李　力	深圳市宝安区石岩固特异手工皮具厂	设计师
11	何小阳	广州市龙行天尚皮具设计有限公司	版师
12	周晓彬	东莞市永鸿手袋有限公司	版房主管
13	刘双喜	广州才聚人力资源有限公司	培训讲师
14	张　莉	东莞市顺琦手袋实业有限公司	产品主管
15	潘康宁	广州考奎皮具厂	技术经理
16	余义中	东莞市顺琦手袋实业有限公司	生产总监

（二）参与职业能力分析的院校教师名单（如表3－5所示）

表3－5　参与职业能力分析的院校教师名单

序号	姓名	单位名称	职务/职称
1	孟源北	广州番禺职业技术学院	党委书记/研究员
2	张来源	广州番禺职业技术学院	艺术设计学院院长/教授
3	叶永丰	广州番禺职业技术学院	艺术设计学院副校长/教授
4	段　娜	广州番禺职业技术学院	皮具艺术设计专业教研室主任/副教授
5	刘雪姿	广州番禺职业技术学院	皮具艺术设计专业骨干教师/高级工艺美术师
6	刘科江	广州番禺职业技术学院	皮具艺术设计专业骨干教师/副教授
7	卢　磊	广州番禺职业技术学院	皮具艺术设计专业骨干教师/讲师
8	朱梦妮	广州番禺职业技术学院	皮具艺术设计专业骨干教师/讲师
9	吕唐军	广州番禺职业技术学院	皮具艺术设计专业骨干教师/讲师
10	李　娟	广州番禺职业技术学院	皮具艺术设计专业骨干教师/讲师
11	卢飞跃	广州番禺职业技术学院	教务处副处长/教授
12	林炜潜	广州市番禺区新造职业技术学校	服装设计与工艺专业主任
13	黄燕琼	广州市番禺区新造职业技术学校	服装设计与工艺专业教师
14	吴　雁	广州市纺织服装职业学校	教学部副主任
15	王羊羊	广东技术师范学院	服装与服饰设计专业负责人
16	董雪丹	广东技术师范学院	服装与服饰设计专业专任教师

第四章
现代学徒制护理专业职业能力分析报告

一、职业能力分析的目的和意义

为适应21世纪我国社会、文化和科学技术发展的需要，推动医学教育的改革和发展，护理教育作为医学教育中的重要组成部分，也面临着前所未有的机遇和挑战。临床护理工作以实践为主，其质量和要求在不断发展、更新，但是单一的学校教育往往滞后、固化，理论教育和实践工作脱节，导致护理专业学生和新入职护士的不适应，而医院对护理专业学生和新入职护士的工作能力亦不满意，需要再教育后才能上岗。鉴于此，清远职业技术学院探索护理专业现代学徒制的人才培养模式，由学校和医疗机构双方共同制订人才培养方案，实行在岗培养，共同培养岗位需要的人才，使学徒在毕业后可以直接上岗工作。

在之前的工作中，项目组采用问卷调查和实地访谈、电话访谈等形式，调查了珠江三角洲地区和粤东、粤西、粤北共26家医疗单位、4家高职院校、6家中职院校，对行业现状和人才需求、医疗机构用工需求情况、护理职业岗位（群）及典型任务、护理专业毕业生职业生涯发展路径、职业院校课程设置情况、学生学习状况、护理专业毕业生就业情况等进行了调研分析，明确了护理专业毕业生的就业岗位群及其职业生涯发展路径。

岗位工作任务和职业能力分析是构建现代学徒制教育专业标准和开发课程的起点和基础。为进一步明确护理专业岗位的主要项目、每个工作项目所需要的具体工作任务，以及完成每个工作任务所要具备的职业能力和每个岗位的通用能力，确保工作项目和具体工作任务描述的条目化、系统化和精确化，在广东省教育研究院的统一指导下，项目组针对护理专业毕业生重点就业岗位开展职业能力分析会，同时对个别岗位的职业能力进行了验证性分析。

通过医疗机构护理专家对工作岗位、工作能力的描述，项目组进一步整理、分析，形成护理专业岗位职业能力分析表和护理专业岗位群及职业能力分布汇总表，明确每一个岗位的岗位任务和岗位能力，从中确定具体任务所需要的理论知识和操作技能，为科学编制《广东省现代学徒制护理专业教学标准》提供可靠依据。

二、职业能力分析的组织与实施

2016年6月，清远职业技术学院召开了护理岗位职业能力分析会，主要针对社区护理、老年护理岗位进行职业能力分析，得到了宝贵的原始职业能力分析表，同时在肇庆医学高等专科学校护理专业高本衔接职业能力分析的基础上对临床护理岗位进行了验证性分析，并在后期针对职业能力分析会上未明确的内容走访一些医疗机构，进一步深入调研，以完善数据资料。具体的组织实施过程如下：

（一）职业能力分析的基本方法

为了确定护理专业的职业能力，项目组采用头脑风暴法、文献法、专家咨询法等方法，对相关岗位进行了职业能力分析。

1. 头脑风暴法

为了充分了解不同岗位护理专家对本岗位的主要工作项目及具体工作任务，以及完成工作任务所需要具备的职业能力，项目组采用了头脑风暴法，专家们集体思考，广开言路，激发灵感，畅所欲言。本次职业能力分析会中，主持人对15位行业专家集体培训后，分3个分会场对不同的护理岗位进行职业能力分析，让大家围绕岗位发表个人见解，主持人对其意见不加评论，尽量创造一个使所有专家都能独立思考、积极参与的研讨氛围，使他们的职业经验和对职业能力的理解在分析过程中得以充分展示和自由表达。

2. 文献法

项目组在职业能力分析会的基础上，通过查询文献，收集相关岗位的职业能力要求，沿着行业专家的主体思路，丰富完善护理专业岗位职业能力要求。

3. 专家咨询法

在召开职业能力分析会的前期工作中，项目组咨询相关专家，了解主要岗位的工作项目，以及讨论需要邀请的专家人员等。在职业能力分析会后期，项目组针对职业能力分析会上未明确的内容走访一些医疗机构，进一步深入调研，以完善数据资料。

（二）职业能力分析会的组织

1. 职业能力分析会的前期准备

通过参加广东省教育研究院的培训和观摩指导会，项目组成员理解职业能力分析会的重要性，并掌握了职业能力分析会召开的基本流程、工作内容、注意事项和重点难点。在广东省教育研究院的指导下，项目组开展职业能力分析研讨会的前期工作，主要筹备工作如下：

（1）主持人。

主持人应当熟练掌握任务分解技术，善于引导行业专家小组进行工作任务解析，并善于归纳、整合、提炼专家的意见，同时富有激情、情绪饱满。清远职业技术学院请到了具有多年临床护理工作经验及丰富护理教学经验的专家——广东省肇庆医高专护理学院陈晓霞主任作为主持人，有力保证了职业能力分析会的成功。职业能力分析会同时配备了3名陈晓霞主任培训的助理主持，确保3个分会场有序开展。

（2）确定分析岗位。

项目组按照《广东省医疗卫生机构护士（助产士）岗位管理指导意见》中临床护理岗位的具体要求，以及前期调研得到的护理职业岗位（群），确定了需要进行职业能力分析的3个岗位，分别是临床护理岗位、老年护理岗位、社区护理岗位。其中肇庆医学高等专科学校已经完成了护理专业高本衔接临床护理岗位的分析，因此在本次分析会中，临床护理仅做验证性分析。

（3）邀请岗位护理专家。

根据所分析的岗位，项目组邀请广东省护理教育中心刘雪琴主任、广州医科大学附属第三医院邹小芳护士长、暨南大学附属第一医院老年专科护士王琳等4名行业专家进行老年护理岗位职业能力分析，邀请广州市番禺区东环街社区卫生服务中心欧丽萍护士长、英德市人民医院城南社区卫生服务中心谭秋娴副主任等6名行业专家进行社区护理岗位职业能力分析，邀请清远市人民医院蔡艳芳主任、广东省妇幼保健院颜斐斐护士长等5名行业专家对临床护理岗位进行验证性分析（行业专家具体名单见表4－3）。同时提前向专家们发放邀请函，简单介绍分析会的内容和相关要求，方便大家准备。

（4）会务筹备。

根据职业能力分析会的要求，项目组制定会议议程，选定主会场及分会场地点，制订会议准备工作方案，动员护理院校教师，明确任务分工，责任到人，最后按方案准备好摄像机、电脑、投影仪、打印机、白板等会议用品、工具，准备好会场，配备助理主持和记录员。

2. 职业能力分析会的召开

2016年6月7日，项目组顺利召开职业能力分析会。

（1）会议任务与要求。

主持人陈晓霞主任向各位专家提出分析任务和要求，并介绍了现代学徒制护理专业教学标准开发的背景情况，同时向专家们确认护理专业岗位群及职业生涯路径。

（2）规范表述。

主持人向行业专家和列席代表介绍职业能力分析的有关方案，包括每个岗位的工作项目、工作任务和能力要求，并对规范用词表达职业能力进行指导。

（3）分析步骤。

①确定工作项目。将护理专业社区护理岗位和老年护理岗位的职业活动按工作的性质和要求分解成若干个工作项目。临床护理岗位做验证性分析，专家们可以在原来的基础上进行修订。

②确定工作任务。按工作的性质和要求，将每一个工作项目分解为若干相对独立的单项任务，分解的时候避免任务之间的交叉，采用“名词＋动词”短语形式表示工作任务，每个工作项目的工作任务以5～7个为宜。

③确定职业能力。分析完成每项工作任务应具备的职业能力。职业能力采用“动词＋名词”短语形式表达，每项工作任务应具备的职业能力以4～6个为宜，职业能力包括技能、工具、方法、要求、知识5个方面的内容。主持人分别对社区护理岗位和老年护理岗位工作项目中的工作任务进行职业能力分析后，3个分会场分别进行不同岗位的职业能力分析和验证分析。

④通用职业能力分析。3个分会场的专家再次集中总会场，讨论护理专业通用的职业能力。

3. 会后资料的整理

职业能力分析会结束后，项目组对会议资料进行认真细致的分析、整理，针对分析会上部分未完善的工作项目和工作任务进一步咨询行业专家，完善职业能力分析表。

（三）职业能力分析表的制定

1. 表格的使用

项目组使用广东省教育研究院职业教育研究室统一推荐的模板作为职业能力分析表，该表由工作项目、工作任务、职业能力及学习水平四部分组成。

2. 职业能力分析

根据前期的专业调研结果，项目组确定了本次会议需要分析的目标岗位，根据不同岗位的工作流程和工作内容，来分析工作项目和工作任务，梳理出相应的职业能力，并进行了等级评价，即对每一项职业能力进行学习水平的标识。

（1）分析会上，在主持人的引领下记录各岗位护理专家对工作项目、工作任务和职业能力的描述，记录员在主持人的指导下用规范的职业能力表述语对专家的语言进行修正，形成初步的分岗位的“护理专业职业能力分析表”。

（2）项目组成员查阅相关文献，进一步分析国家及广东省对于职业资格标准要求、岗位要求、人才培训要求等的资料，沿着行业护理专家的思路，丰富和完善了护理专业职业能力分析表，形成“护理专业职业能力分析表（汇总）”。

（3）将整理出来的汇总表发给与会的行业护理专家，再次征询意见，进行删补、完善。

（4）项目组成员商讨完善讨论稿，形成终稿。项目组对表格进行合并、归类和编号，最终形成完整的“护理专业职业能力分析表”，并撰写职业能力分析报告。

三、职业能力分析的结论与成效

（一）职业能力分析的结论

通过对临床护理岗位、老年护理岗位、社区护理岗位的职业能力分析，共整理出 43 个项目，223 个工作任务，895 条职业能力。其中社区护理岗位 12 个工作项目、39 个工作任务，整理出 155 条职业能力；老年护理岗位 11 个工作项目、38 个工作任务，整理出 134 条职业能力；临床护理岗位进行了验证性分析，包括普通病房、急诊护理、供应室护理、ICU[①] 护理、手术室护理、精神疾病护理、新生儿护理等岗位，经过整合后整理出 15 个工作项目、121 个工作任务，合计 503 条职业能力。同时对病区护士长管理岗位进行了验证性分析，经过整合后整理出 5 个工作项目、25 个工作任务、103 条职业能力。最后梳理出职业素养（通用能力）共 9 项 52 条职业能力。现代学徒制护理专业毕业生职业生涯发展路径如表 4－1 所示。现代学徒制护理专业岗位群及职业能力分布汇总情况如表 4－2 所示。

① ICU：intensive care unit，重症加强护理病房。

表4－1 现代学徒制护理专业毕业生职业生涯发展路径

<table>
<tr><th rowspan="2">发展阶段</th><th colspan="3">就业岗位</th><th rowspan="2">学历层次</th><th colspan="2">发展年限/年（参考时间）</th></tr>
<tr><th>技术等级</th><th>技术岗位</th><th>管理岗位</th><th>中职</th><th>高职</th></tr>
<tr><td>Ⅶ</td><td>N6</td><td>专科护士</td><td>护理部主任</td><td>本科</td><td>—</td><td>≥15</td></tr>
<tr><td>Ⅵ</td><td>N5</td><td>专科护士</td><td>科护士长护理部副主任</td><td>本科</td><td>—</td><td>≥12</td></tr>
<tr><td>Ⅴ</td><td>N4</td><td>高级责任护士（临床护理岗位）</td><td>科护士长</td><td>高职、本科</td><td rowspan="2">≥15</td><td rowspan="2">≥10</td></tr>
<tr><td>Ⅳ</td><td>N3</td><td>高级责任护士（临床护理岗位）</td><td>护理组长病区护士长</td><td>高职、本科</td></tr>
<tr><td>Ⅲ</td><td>N2</td><td>初级责任护士（临床护理岗位）</td><td>—</td><td>高职、本科</td><td>≥5</td><td>≥3</td></tr>
<tr><td>Ⅱ</td><td>N1</td><td>初级责任护士（临床护理岗位）</td><td>—</td><td>中职、高职、本科</td><td>≥1</td><td>≥1</td></tr>
<tr><td>Ⅰ</td><td>N0</td><td>助理护士</td><td>—</td><td>中职</td><td>≥0</td><td>—</td></tr>
</table>

注：(1)“发展阶段”应依据国家、行业企业有关规定以及调查分析确定将职业发展分为若干个阶段、阶段数量因各专业的具体情况而不同。

(2)“就业岗位”的分类仅供参考，各专业可以自行分类。

(3)“学历层次”要明确高职对应的层次。

表4－2 现代学徒制护理专业岗位群及职业能力分布汇总表

<table>
<tr><th rowspan="2">发展阶段</th><th rowspan="2">职称</th><th colspan="3">技术岗位</th><th colspan="2">管理岗位</th><th rowspan="2">学历层次</th></tr>
<tr><th>技术等级</th><th>名称</th><th>项目及任务数</th><th>名称</th><th>项目及任务数</th></tr>
<tr><td>Ⅶ</td><td>主任护师</td><td>N6</td><td rowspan="2">专科护士</td><td>—</td><td>—</td><td>—</td><td>—</td></tr>
<tr><td>Ⅵ</td><td>副主任护师</td><td>N5</td><td>—</td><td>—</td><td>—</td><td>—</td></tr>
<tr><td>Ⅴ</td><td rowspan="2">主管护师</td><td>N4</td><td rowspan="2">高级责任护士</td><td rowspan="2">9个工作项目，31个工作任务</td><td>—</td><td>—</td><td>本科/高职</td></tr>
<tr><td>Ⅳ</td><td>N3</td><td>病区护士长</td><td>5个工作项目，25个工作任务</td><td>高职</td></tr>
</table>

续上表

<table>
<tr><th rowspan="2">发展阶段</th><th rowspan="2">职称</th><th colspan="3">技术岗位</th><th colspan="2">管理岗位</th><th rowspan="2">学历层次</th></tr>
<tr><th>技术等级</th><th>名称</th><th>项目及任务数</th><th>名称</th><th>项目及任务数</th></tr>
<tr><td>Ⅲ</td><td>护师</td><td>N2</td><td rowspan="2">初级责任护士</td><td rowspan="2">28 个工作项目，164 个工作任务</td><td>—</td><td>—</td><td>高职</td></tr>
<tr><td>Ⅱ</td><td>护士</td><td>N1</td><td>—</td><td>—</td><td>高职/中职</td></tr>
<tr><td>Ⅰ</td><td>—</td><td>N0</td><td>助理护士</td><td>1 个工作项目，3 个工作任务</td><td>—</td><td>—</td><td>中职</td></tr>
</table>

（二）职业能力分析的成效

（1）职业能力分析为现代学徒制护理专业教学标准建设打下坚实基础，为下一步进行课程体系转换提供了充分依据。

（2）加深了医疗单位和学校的合作，促进双方相互了解。

通过职业能力分析会，医疗单位和学校有更多的接触和交流，促进双方相互了解和合作，为教师和相关岗位专家的交流互补提供机会和平台。

（3）进一步细化、完善护理专业主要岗位职业能力需求指标。

在肇庆医学高等专科学校对临床护理岗位进行职业能力分析的基础上，项目组进行了临床护理岗位的验证性分析，进一步细化、完善临床护理岗位职业能力。社区护理、老年护理两个岗位的职业能力分析，扩展了护理主要岗位职业能力需求指标。

（4）专业教师全程旁听分析会，更加明确不同岗位的能力要求情况，有利于现代学徒制护理专业人才培养方案的制订和教学研究。

四、职业能力分析表

现代学徒制护理专业职业能力分析表，如表 4－3 所示。

表 4－3　现代学徒制护理专业职业能力分析表

<table>
<tr><th colspan="2" rowspan="2">工作项目/职业素养</th><th colspan="2" rowspan="2">工作任务/职业素养</th><th colspan="2" rowspan="2">职业能力（技能、工具、方法、要求、知识）</th><th colspan="2">学习水平</th></tr>
<tr><th>中职 Li</th><th>高职 Lj</th></tr>
<tr><td rowspan="4">01</td><td rowspan="4">入院护理</td><td rowspan="4">01－01</td><td rowspan="4">入院准备</td><td>01－01－01</td><td>建立住院病历</td><td>L2</td><td>L1</td></tr>
<tr><td>01－01－02</td><td>准备床单位</td><td>L1</td><td>L1</td></tr>
<tr><td>01－01－03</td><td>告知主管医生</td><td>L1</td><td>L1</td></tr>
<tr><td>01－01－04</td><td>安排床位</td><td>L1</td><td>L1</td></tr>
</table>

续上表

<table>
<tr><th rowspan="3" colspan="2">工作项目/职业素养</th><th rowspan="3" colspan="2">工作任务/职业素养</th><th rowspan="3" colspan="2">职业能力
（技能、工具、方法、要求、知识）</th><th colspan="2">学习水平</th></tr>
<tr><th>中职</th><th>高职</th></tr>
<tr><th>Li</th><th>Lj</th></tr>
<tr><td rowspan="11">01</td><td rowspan="11">入院护理</td><td rowspan="6">01－02</td><td rowspan="6">入院评估</td><td>01－02－01</td><td>快速评估病情严重程度的能力</td><td>L5</td><td>L3</td></tr>
<tr><td>01－02－02</td><td>采集健康史</td><td>L4</td><td>L2</td></tr>
<tr><td>01－02－03</td><td>护理体检</td><td>L6</td><td>L2</td></tr>
<tr><td>01－02－04</td><td>评估辅助检查结果</td><td>L5</td><td>L2</td></tr>
<tr><td>01－02－05</td><td>评估患者心理状况</td><td>L4</td><td>L2</td></tr>
<tr><td>01－02－06</td><td>评估社会情况</td><td>L3</td><td>L2</td></tr>
<tr><td rowspan="5">01－03</td><td rowspan="5">入院宣教</td><td>01－03－01</td><td>介绍住院环境</td><td>L3</td><td>L1</td></tr>
<tr><td>01－03－02</td><td>介绍主管医生、主管护士</td><td>L2</td><td>L1</td></tr>
<tr><td>01－03－03</td><td>介绍安全防范措施</td><td>L3</td><td>L3</td></tr>
<tr><td>01－03－04</td><td>介绍探视、陪护、请假等相关制度</td><td>L3</td><td>L1</td></tr>
<tr><td>01－03－05</td><td>介绍入院检查相关知识</td><td>L5</td><td>L2</td></tr>
<tr><td rowspan="11">02</td><td rowspan="11">护理文书（临床护理岗位）</td><td>02－01</td><td>法律法规</td><td>02－01－01</td><td>规范书写</td><td>L6</td><td>L4</td></tr>
<tr><td>02－02</td><td>各类评估单</td><td>02－02－01</td><td>使用规范量表的能力</td><td>L6</td><td>L4</td></tr>
<tr><td rowspan="3">02－03</td><td rowspan="3">各类记录单</td><td>02－03－01</td><td>掌握准确客观及时记录的方法</td><td>L6</td><td>L3</td></tr>
<tr><td>02－03－02</td><td>动态观察病情并记录</td><td>L6</td><td>L3</td></tr>
<tr><td>02－03－03</td><td>使用专业术语的能力</td><td>L3</td><td>L3</td></tr>
<tr><td>02－04</td><td>告知书</td><td>02－04－01</td><td>签署各种护理知情同意书</td><td>L4</td><td>L2</td></tr>
<tr><td rowspan="2">02－05</td><td rowspan="2">护理会诊单</td><td>02－05－01</td><td>熟知会诊的目的和程序</td><td>L4</td><td>L3</td></tr>
<tr><td>02－05－02</td><td>正确书写护理会诊单</td><td>L4</td><td>L3</td></tr>
<tr><td rowspan="2">02－06</td><td rowspan="2">护嘱单</td><td>02－06－01</td><td>评估病情的能力</td><td>L5</td><td>L4</td></tr>
<tr><td>02－06－02</td><td>制订护理计划的能力</td><td>L5</td><td>L4</td></tr>
<tr><td>02－07</td><td>交接单</td><td>02－07－01</td><td>按照相应内容准确填写</td><td>L4</td><td>L4</td></tr>
</table>

续上表

<table>
<tr><th colspan="2" rowspan="2">工作项目/职业素养</th><th colspan="2" rowspan="2">工作任务/职业素养</th><th colspan="2" rowspan="2">职业能力
（技能、工具、方法、要求、知识）</th><th colspan="2">学习水平</th></tr>
<tr><th>中职 Li</th><th>高职 Lj</th></tr>
<tr><td rowspan="24">02</td><td rowspan="24">护理文书（临床护理岗位）</td><td rowspan="6">02－08</td><td rowspan="6">实时记录</td><td>02－08－01</td><td>实时记录</td><td>L5</td><td>L3</td></tr>
<tr><td>02－08－02</td><td>使用专业术语</td><td>L3</td><td>L3</td></tr>
<tr><td>02－08－03</td><td>焦点记录</td><td>L6</td><td>L4</td></tr>
<tr><td>02－08－04</td><td>规范书写护理文书</td><td>L5</td><td>L4</td></tr>
<tr><td>02－08－05</td><td>正确使用各种评估记录单</td><td>L5</td><td>L4</td></tr>
<tr><td>02－08－06</td><td>妥善保管</td><td>L2</td><td>L2</td></tr>
<tr><td rowspan="2">02－09</td><td rowspan="2">手术护理记录</td><td>02－09－01</td><td>熟悉手术护理记录内容，规范记录</td><td>L4</td><td>L3</td></tr>
<tr><td>02－09－02</td><td>明确记录的重要意义</td><td>L3</td><td>L2</td></tr>
<tr><td rowspan="3">02－10</td><td rowspan="3">手术安全核查记录</td><td>02－10－01</td><td>具有较强的安全意识</td><td>L3</td><td>L2</td></tr>
<tr><td>02－10－02</td><td>明确手术安全核查的重要意义</td><td>L3</td><td>L2</td></tr>
<tr><td>02－10－03</td><td>规范记录手术安全核查结果</td><td>L5</td><td>L4</td></tr>
<tr><td rowspan="2">02－11</td><td rowspan="2">安全交接记录</td><td>02－11－01</td><td>明确安全交接的内容</td><td>L4</td><td>L3</td></tr>
<tr><td>02－11－02</td><td>熟悉交接的方法及注意事项</td><td>L4</td><td>L3</td></tr>
<tr><td rowspan="2">02－12</td><td rowspan="2">手术物品器械清点记录</td><td>02－12－01</td><td>明确记录时机及记录规范</td><td>L4</td><td>L3</td></tr>
<tr><td>02－12－02</td><td>及时准确记录清点结果</td><td>L5</td><td>L3</td></tr>
<tr><td rowspan="3">02－13</td><td rowspan="3">书写护理文书</td><td>02－13－01</td><td>熟悉电脑操作</td><td>L4</td><td>L3</td></tr>
<tr><td>02－13－02</td><td>准备语言描述</td><td>L3</td><td>L3</td></tr>
<tr><td>02－13－03</td><td>正确规范书写</td><td>L5</td><td>L3</td></tr>
<tr><td rowspan="2">02－14</td><td rowspan="2">及时评估</td><td>02－14－01</td><td>识别精神症状</td><td>L5</td><td>L4</td></tr>
<tr><td>02－14－02</td><td>辨别异常精神症状</td><td>L5</td><td>L4</td></tr>
<tr><td rowspan="3">02－15</td><td rowspan="3">《临床护理文书书写规范》学习</td><td>02－15－01</td><td>准备学习资源</td><td>L3</td><td>L2</td></tr>
<tr><td>02－15－02</td><td>组织学习</td><td>L4</td><td>L2</td></tr>
<tr><td>02－15－03</td><td>运用相关知识</td><td>L5</td><td>L4</td></tr>
<tr><td rowspan="4">03</td><td rowspan="4">护理评估</td><td rowspan="4">03－01</td><td rowspan="4">晨间护理评估</td><td>03－01－01</td><td>评估患者夜间睡眠情况</td><td>L1</td><td>L1</td></tr>
<tr><td>03－01－02</td><td>评估患者病情</td><td>L6</td><td>L3</td></tr>
<tr><td>03－01－03</td><td>评估患者皮肤状况</td><td>L1</td><td>L1</td></tr>
<tr><td>03－01－04</td><td>评估患者饮食、排泄情况</td><td>L1</td><td>L1</td></tr>
</table>

续上表

<table>
<tr><th colspan="2" rowspan="2">工作项目/
职业素养</th><th colspan="2" rowspan="2">工作任务/
职业素养</th><th colspan="2" rowspan="2">职业能力
（技能、工具、方法、要求、知识）</th><th colspan="2">学习水平</th></tr>
<tr><th>中职
Li</th><th>高职
Lj</th></tr>
<tr><td rowspan="16">03</td><td rowspan="16">护理评估</td><td rowspan="7">03－02</td><td rowspan="7">专科护理评估</td><td>03－02－01</td><td>评估病情</td><td>L1</td><td>L2</td></tr>
<tr><td>03－02－02</td><td>评估心理状态（焦虑、抑郁量表的使用）</td><td>L5</td><td>L3</td></tr>
<tr><td>03－02－03</td><td>评估自理能力</td><td>L1</td><td>L1</td></tr>
<tr><td>03－02－04</td><td>评估患者社会状况（家庭关系、经济状况、文化程度等）</td><td>L4</td><td>L2</td></tr>
<tr><td>03－02－05</td><td>掌握疾病基本知识（临床表现）</td><td>L1</td><td>L1</td></tr>
<tr><td>03－02－06</td><td>掌握辅助检查的结果</td><td>L4</td><td>L2</td></tr>
<tr><td>03－02－07</td><td>发现护理问题</td><td>L5</td><td>L2</td></tr>
<tr><td rowspan="3">03－03</td><td rowspan="3">再次护理评估</td><td>03－03－01</td><td>评估患者病情</td><td>L4</td><td>L2</td></tr>
<tr><td>03－03－02</td><td>及时跟踪和分析各种检查检验结果</td><td>L4</td><td>L2</td></tr>
<tr><td>03－03－03</td><td>对比分析</td><td>L5</td><td>L3</td></tr>
<tr><td>03－04</td><td>用药评估</td><td>03－04－01</td><td>评估用药史、过敏史</td><td>L1</td><td>L1</td></tr>
<tr><td rowspan="3">03－05</td><td rowspan="3">晚间护理评估</td><td>03－05－01</td><td>评估患者睡眠需求及习惯</td><td>L1</td><td>L1</td></tr>
<tr><td>03－05－02</td><td>评估患者病情</td><td>L5</td><td>L2</td></tr>
<tr><td>03－05－03</td><td>评估患者排泄情况</td><td>L1</td><td>L1</td></tr>
<tr><td rowspan="3">03－06</td><td rowspan="3">出院评估</td><td>03－06－01</td><td>评估身体状况、心理状况</td><td>L1</td><td>L1</td></tr>
<tr><td>03－06－02</td><td>评估各项辅助检查结果</td><td>L4</td><td>L2</td></tr>
<tr><td>03－06－03</td><td>评估自我护理能力</td><td>L4</td><td>L2</td></tr>
<tr><td rowspan="9">04</td><td rowspan="9">治疗与检查配合</td><td rowspan="9">04－01</td><td rowspan="9">静脉输液</td><td>04－01－01</td><td>识别身份</td><td>L1</td><td>L1</td></tr>
<tr><td>04－01－02</td><td>解释输液目的</td><td>L2</td><td>L1</td></tr>
<tr><td>04－01－03</td><td>熟练掌握静脉输液的流程</td><td>L1</td><td>L1</td></tr>
<tr><td>04－01－04</td><td>评估血管</td><td>L1～L2</td><td>L1</td></tr>
<tr><td>04－01－05</td><td>掌握血管解剖知识</td><td>L2～L3</td><td>L2</td></tr>
<tr><td>04－01－06</td><td>了解药物特性</td><td>L2～L3</td><td>L1～L2</td></tr>
<tr><td>04－01－07</td><td>选择输液工具</td><td>L1～L2</td><td>L1</td></tr>
<tr><td>04－01－08</td><td>计算药品浓度及剂量</td><td>L2～L3</td><td>L1～L2</td></tr>
<tr><td>04－01－09</td><td>建立浅静脉通道</td><td>L1</td><td>L1</td></tr>
</table>

续上表

<table>
<tr><th rowspan="2" colspan="2">工作项目/职业素养</th><th rowspan="2" colspan="2">工作任务/职业素养</th><th rowspan="2" colspan="2">职业能力（技能、工具、方法、要求、知识）</th><th colspan="2">学习水平</th></tr>
<tr><th>中职 Li</th><th>高职 Lj</th></tr>
<tr><td rowspan="24">04</td><td rowspan="24">治疗与检查配合</td><td rowspan="8">04－01</td><td rowspan="8">静脉输液</td><td>04－01－10</td><td>建立深静脉通道</td><td></td><td>L2</td></tr>
<tr><td>04－01－11</td><td>熟识各种输液不良反应的表现</td><td>L2</td><td>L1～L2</td></tr>
<tr><td>04－01－12</td><td>观察输液效果</td><td>L2</td><td>L1</td></tr>
<tr><td>04－01－13</td><td>观察并处理输液、输血不良反应</td><td>L2</td><td>L1～L2</td></tr>
<tr><td>04－01－14</td><td>操作输液仪器</td><td>L1</td><td>L1</td></tr>
<tr><td>04－01－15</td><td>控制输液速度</td><td>L1</td><td>L1</td></tr>
<tr><td>04－01－16</td><td>安排输液顺序</td><td>L1</td><td>L1</td></tr>
<tr><td>04－01－17</td><td>保护血管</td><td>L2</td><td>L1</td></tr>
<tr><td rowspan="5">04－02</td><td rowspan="5">药液注射（静脉注射、皮下注射、肌肉注射、皮内注射）</td><td>04－02－01</td><td>识别患者身份</td><td>L1</td><td>L1</td></tr>
<tr><td>04－02－02</td><td>评估药液性质，选择注射部位、注射工具</td><td>L2～L3</td><td>L1～L2</td></tr>
<tr><td>04－02－03</td><td>掌握各种注射法的目的、原则和方法</td><td>L2～L3</td><td>L1～L2</td></tr>
<tr><td>04－02－04</td><td>计算药品浓度及剂量</td><td>L2～L3</td><td>L1～L2</td></tr>
<tr><td>04－02－05</td><td>注射药液</td><td>L1</td><td>L1</td></tr>
<tr><td rowspan="5">04－03</td><td rowspan="5">给口服药（口服、舌下含服、含服、嚼服）</td><td>04－03－01</td><td>识别患者身份</td><td>L1</td><td>L1</td></tr>
<tr><td>04－03－02</td><td>执行发药流程核对制度</td><td>L1</td><td>L1</td></tr>
<tr><td>04－03－03</td><td>评估药液性质</td><td>L1</td><td>L1</td></tr>
<tr><td>04－03－04</td><td>指导患者正确服药</td><td>L1</td><td>L1</td></tr>
<tr><td>04－03－05</td><td>观察服药后的疗效和不良反应</td><td>L2～L3</td><td>L1～L2</td></tr>
<tr><td rowspan="6">04－04</td><td rowspan="6">氧气吸入</td><td>04－04－01</td><td>执行氧气吸入的流程</td><td>L1</td><td>L1</td></tr>
<tr><td>04－04－02</td><td>掌握吸氧的指征与适应证</td><td>L1～L2</td><td>L1</td></tr>
<tr><td>04－04－03</td><td>判断缺氧程度并调节氧流量</td><td>L1～L2</td><td>L1</td></tr>
<tr><td>04－04－04</td><td>判断吸氧的效果</td><td>L1～L2</td><td>L1</td></tr>
<tr><td>04－04－05</td><td>发现氧中毒的症状</td><td>L5</td><td>L2～L3</td></tr>
<tr><td>04－04－06</td><td>防范氧气吸入的不安全事件</td><td>L2～L3</td><td>L2</td></tr>
</table>

续上表

工作项目/职业素养		工作任务/职业素养		职业能力（技能、工具、方法、要求、知识）		学习水平 中职 Li	学习水平 高职 Lj
04	治疗与检查配合	04－05	管道护理	04－05－01	解释管道置入的目的、配合方法、注意事项	L2	L1
				04－05－02	评估病人配合能力和合作程度	L1～L2	L1
				04－05－03	把握各种管道的特性、使用方法、适应证和禁忌证（胸腔闭式引流管、腹部引流管、冲洗管、脑部引流管、切口引流管、胃管、尿管、镇痛泵导管等）	L3～L4	L2～L3
				04－05－04	执行各种管道置入的流程	L2～L3	L1～L2
				04－05－05	准备各种管道置入所需的物品	L2	L1
				04－05－06	置入管道	L2～L3	L1～L2
				04－05－07	维护管道的固定通畅	L1～L2	L1
				04－05－08	执行管道护理（标记、固定、引流通畅、记录出入量及引流液的色质量）	L2～L3	L2
				04－05－09	判断和处理管道置入异常的情况	L2～L3	L2
				04－05－10	更换引流瓶（袋）	L1	L1
				04－05－11	处理管道故障	L2～L3	L2
				04－05－12	预防并处理意外接脱管	L2～L3	L2
				04－05－13	预防和处理管道并发症	L2～L3	L2
		04－06	协助检查	04－06－01	联系功能科室，预约检查	L1～L2	L1
				04－06－02	解释检查的目的、患者配合方法、注意事项	L1～L2	L1
				04－06－03	指导并落实病人做好检查前的准备	L1～L3	L1
				04－06－04	转运病人（选择工具、时机、途中突发急救、交接病人）	L2～L3	L2
				04－06－05	观察并护理接受检查后的患者	L2～L3	L2
				04－06－06	采集检验标本	L1～L2	L1
				04－06－07	留置病理标本	L2～L3	L1
				04－06－08	管理病理标本	L2～L3	L2
				04－06－09	识别与报告检验结果的异常值、危急值	L2～L3	L2

续上表

工作项目/职业素养		工作任务/职业素养		职业能力（技能、工具、方法、要求、知识）		学习水平 中职 Li	学习水平 高职 Lj
04	治疗与检查配合	04－07	麻醉配合	04－07－01	准备麻醉用具、药物	L1	L1
				04－07－02	摆麻醉体位	L1～L2	L1
				04－07－03	处理麻醉的不良反应	L2～L3	L2
		04－08	手术配合	04－08－01	开无菌台	L1	L1
				04－08－02	清点手术器械敷料	L1	L1
				04－08－03	执行外科洗手、穿脱手术衣及隔离衣、戴无菌手套、整理器械台、穿针引线、传递手术器械、敷料	L1～L2	L1
				04－08－04	识别骨科手术器械、普外科手术器械、妇产科手术器械、五官科手术器械、手外科手术器械等，并掌握其功能和使用方法	L1～L2	L1
				04－08－05	识别缝线的种类、名称、性能及适用范围	L2～L3	L1～L2
				04－08－06	识别引流管的种类、名称、规格及用途	L2～L3	L1～L2
				04－08－07	采集、运送血标，使用血制品	L2	L1
				04－08－08	管理管道（输液管、尿管、胃管、麻醉管）	L2～L3	L1
				04－08－09	掌握手术室常用药品的种类、用途、使用注意事项及保管原则	L2～L3	L1～L2
				04－08－10	使用各类医用气体（氧气、氮气、二氧化碳）	L2～L3	L1～L2
				04－08－11	使用小型快速消毒炉	L2	L1
				04－08－12	识别消毒灭菌指示胶带、灭菌指示剂的变色情况，正确判断手术包的灭菌效果	L2～L3	L1
				04－08－13	运用解剖生理等知识配合手术（骨科手术、普外科手术、妇产科手术、五官科手术、手外科手术、神经外科手术、心胸外科手术、腔镜手术）	L2～L3	L1～L2
				04－08－14	使用电刀、电凝（使用适应证、禁忌证、参数调节、负极板的安全摆放）	L2～L3	L1～L2
				04－08－15	预防手术病人低体温	L2～L3	L1～L2

续上表

工作项目/职业素养		工作任务/职业素养		职业能力（技能、工具、方法、要求、知识）		学习水平 中职 Li	学习水平 高职 Lj
05	急救配合	05－01	抢救配合	05－01－01	知道护士在抢救配合中的作用	L1	L1
				05－01－02	掌握各科常见疾病并发症抢救配合的要点	L2～L3	L1～L2
				05－01－03	评估急危重症	L2～L3	L1～L2
				05－01－04	配合医生完成急危重症患者的抢救（儿童异物吸入的急救、溺水者、中毒者、休克患者、中毒患者、大面积烧伤病人的急救处理，大批伤员急救的应对，输血、输液反应及药物过敏的处理，心跳、呼吸骤停的急救，多器官复合伤患者的急救）	L2～L3	L1～L2
				05－01－05	进行心肺脑复苏	L1	L1
				05－01－06	执行院内及院前急救（具有综合性医学基础知识及应急、急救技能）	L2～L3	L1～L2
				05－01－07	使用体外电除颤、心电监护仪、洗胃机	L2～L3	L1～L2
				05－01－08	配合医生进行进一步及高级生命支持	L2～L3	L1～L2
				05－01－09	识别心脏骤停不同类型心电图	L3～L4	L1～L2
				05－01－10	监测体温、意识、呼吸、瞳孔、肾功能、肺动脉压、心排血量、颅内压	L2～L3	L1～L2
				05－01－11	执行抢救口头医嘱	L2～L3	L1～L2
				05－01－12	熟悉常用抢救药物的使用方法与注意事项（如肾上腺素、去钾肾上腺素、异丙肾上腺素、阿托品、可拉明、洛贝林、纳洛酮、碳酸氢钠溶液、多巴胺、西地兰、速尿、利多卡因、葡萄糖酸钙等）	L3～L4	L1～L2
		05－02	气道的管理	05－02－01	使用简易呼吸气囊	L2～L3	L1～L2
				05－02－02	配合医生进行气管插管、气管切开、环甲膜穿刺	L2～L3	L1～L2
				05－02－03	配合医生使用支气管纤维镜	L2～L3	L1～L2
				05－02－04	使用呼吸机	L3～L4	L1～L2
				05－02－05	吸痰、清理气道	L2～L3	L1～L2
				05－02－06	护理气管插管、气管切开患者	L2～L3	L1～L2

续上表

工作项目/职业素养		工作任务/职业素养		职业能力（技能、工具、方法、要求、知识）		学习水平 中职 Li	学习水平 高职 Lj
05	急救配合	05－03	紧急事件的处理	05－03－01	处理大出血、过敏性休克、心脏骤停，开通绿色通道	L2～L3	L1～L2
				05－03－02	紧急事件上报流程	L2～L3	L1～L2
				05－03－03	批量病人的手术抢救	L2～L3	L1～L2
				05－03－04	标本遗失的应急处理	L3～L4	L1～L2
				05－03－05	手术物品数目不符的应急处理	L2～L3	L1～L2
				05－03－06	火灾、停电、停氧的应急处理	L2～L3	L1～L2
06	病人护理	06－01	皮肤护理	06－01－01	评估患者的皮肤	L1～L2	L1
				06－01－02	制订并实施皮肤保护计划	L1	L1
				06－01－03	清洁皮肤	L1	L1
				06－01－04	防压疮	L1	L1
		06－02	口腔护理	06－02－01	评估病人的口腔情况，选择合适漱口液	L1	L1
				06－02－02	指导病人做好口腔护理	L1	L1
				06－02－03	指导特殊病人进行口腔护理时如何配合操作	L1	L1
				06－02－04	落实口腔护理	L1	L1
		06－03	排泄护理	06－03－01	正确评估病人的排泄情况	L1	L1
				06－03－02	观察排泄物特性，及时发现病情变化	L2	L1～L2
				06－03－03	护理尿潴留、排尿失禁、便秘、大便失禁的病人	L2	L1
				06－03－04	执行导尿、尿管留置、保留灌肠、不保留灌肠并观察其疗效	L2～L3	L1
		06－04	营养护理	06－04－01	评估患者的营养和饮食情况	L2	L1
				06－04－02	计算患者的出入水量	L2～L3	L2
				06－04－03	对患者进行饮食指导	L2	L1～L2
				06－04－04	干预异常营养	L5	L3

续上表

工作项目/职业素养		工作任务/职业素养		职业能力（技能、工具、方法、要求、知识）		学习水平 中职 Li	学习水平 高职 Lj
06	病人护理	06－05	体位护理	06－05－01	评估患者的舒适程度，找出患者不舒适的原因	L2	L1～L2
				06－05－02	安置符合病情需要的卧位	L2	L1
				06－05－03	变换患者卧位并关注病人病情变化及各种治疗的情况	L3～L4	L1～L2
				06－05－04	摆手术体位（胸、腹部手术体位，颈部手术体位，脑科手术体位，骨科手术体位）	L2～L3	L1
				06－05－05	实现体位安全护理（维持正常的呼吸和循环、完整的皮肤）	L2～L3	L1～L2
		06－06	疼痛护理	06－06－01	评估疼痛的程度、发生疼痛的机制和影响因素	L2～L3	L1
				06－06－02	制定并实施疼痛护理措施	L2～L3	L1
				06－06－03	遵医嘱使用止痛药并观察药物疗效和副作用	L2～L3	L1
				06－06－04	运用冷、热疗止痛	L1～L2	L1
				06－06－05	应用镇痛泵止痛并观察其疗效、处理其副作用	L2～L3	L1～L2
		06－07	监测生命体征	06－07－01	监测生命体征	L1	L1
				06－07－02	判断并处理异常生命体征	L1～L2	L1
				06－07－03	记录病人生命体征的变化	L1	L1
				06－07－04	识别与报告生命体征的危急值	L2～L3	L2
		06－08	病情观察	06－08－01	运用前瞻性思维观察和分析病情变化	L3～L4	L2～L3
				06－08－02	识别并报告病情的异常发展	L3～L4	L2～L3
				06－08－03	明确相关疾病观察的重点	L3～L4	L2～L3
				06－08－04	处理异常病情	L3～L4	L2～L3
				06－08－05	使用心电监护仪	L1	L1
				06－08－06	识别生命体征、血氧饱和度、心电图的异常情况及临床意义	L3～L4	L2～L3
				06－08－07	判断麻醉复苏程度、是否出现并发症	L3～L4	L2～L3
				06－08－08	判断是否出现并发症并准确处理	L3～L4	L2～L3

续上表

工作项目/职业素养		工作任务/职业素养		职业能力（技能、工具、方法、要求、知识）		学习水平 中职 Li	学习水平 高职 Lj
06	病人护理	06－09	用药护理	06－09－01	明确药理知识（熟读说明书）	L2～L3	L1～L2
				06－09－02	观察药物疗效（输液、注射、口服、雾化吸入、局部用药）	L2～L3	L1～L2
				06－09－03	判断药物常见的不良反应	L2～L3	L1～L2
				06－09－04	预防和处理药物常见的不良反应	L2～L3	L2
				06－09－05	计算药物剂量	L2～L3	L1～L2
				06－09－06	选择正确的给药途径（输液、注射、口服、舌下含服、雾化吸入、局部用药）	L1～L2	L1
				06－09－07	管理药物	L2～L3	L1～L2
				06－09－08	掌握药物配伍禁忌（高危药物）（相应科室常用药）	L2～L3	L1～L2
				06－09－09	配置使用药物	L1～L2	L1
				06－09－10	指导患者服药（方法、时间、用量、服用的注意事项）	L1～L2	L1
		06－10	心理护理	06－10－01	掌握与病人及家属沟通的技巧	L1～L2	L1
				06－10－02	评估不同疾病、不同年龄患者心理	L1～L2	L1
				06－10－03	识别并处理异常心理	L2～L3	L1～L2
				06－10－04	评价心理干预效果	L1～L2	L1
				06－10－05	独立完成各种手术的术前访视工作	L2～L3	L1～L2
				06－10－06	进行术前健康教育及心理疏导	L1～L2	L1
				06－10－07	进行手术后回访	L1～L2	L1
				06－10－08	重视家属知情权	L1～L2	L1
		06－11	术前护理	06－11－01	提高患者手术耐受力（配合检查与治疗、饮食护理、保证睡眠与休息）	L2～L3	L1～L2
				06－11－02	准备手术区皮肤	L1～L2	L1
				06－11－03	进行术前胃、肠道准备及呼吸道准备	L1～L2	L1
				06－11－04	指导病人练习手术体位、床上大小便、深呼吸、有效咳嗽	L1～L2	L1
				06－11－05	执行术前心理护理	L1～L2	L1

续上表

工作项目/职业素养		工作任务/职业素养		职业能力（技能、工具、方法、要求、知识）		学习水平 中职 Li	学习水平 高职 Lj
06	病人护理	06－11	术前护理	06－11－06	指导病人如何配合麻醉、手术	L1～L2	L1
				06－11－07	执行术前医嘱（备血、皮试、术前用药）	L1～L2	L1
				06－11－08	执行术前安全核查制度	L1～L2	L1
				06－11－09	掌握安全转运的方法与技巧	L2～L3	L1～L2
				06－11－10	运送病人到手术室并进行交接	L1～L2	L1
				06－11－11	准备手术器械、辅助设备、抢救物品、麻醉用品	L1～L2	L1
				06－11－12	配合麻醉师完成麻醉工作	L1～L2	L1
		06－12	术后护理	06－12－01	转运、交接术后患者	L2～L3	L1～L2
				06－12－02	安置体位	L1～L2	L1
				06－12－03	评估术中情况、术后全身情况、局部情况、疼痛情况、肢体感觉及活动、术后心理—社会支持情况	L2～L3	L1～L2
				06－12－04	观察病情、维持呼吸循环功能	L2～L3	L1～L2
				06－12－05	护理术后镇痛泵导管、胸腔及腹腔引流管、导尿管、胃管、输液管等各种管道	L2～L3	L1～L2
				06－12－06	预防意外拔管	L2～L3	L1～L2
				06－12－07	发现麻醉并发症、手术后并发症	L2～L3	L1～L2
				06－12－08	运用预见性思维对术后并发症进行预防及有效处理	L2～L3	L1～L2
				06－12－09	指导患者术后饮食	L1～L2	L1
				06－12－10	护理手术切口	L2～L3	L1
				06－12－11	患者进行术后功能锻炼	L2～L3	L1～L2
		06－13	产前检查	06－13－01	完成产前腹部检查	L1～L2	L1
				06－13－02	测量骨盆	L1～L2	L1
		06－14	孕期保健	06－14－01	推算预产期	L1～L2	L1
				06－14－02	指导孕妇保健（孕期卫生、营养、活动）	L2～L3	L1～L2

续上表

工作项目/职业素养		工作任务/职业素养		职业能力（技能、工具、方法、要求、知识）		学习水平 中职 Li	学习水平 高职 Lj
06	病人护理	06－15	分娩指导	06－15－01	讲解分娩知识	L2～L3	L1～L2
				06－15－02	指导产妇在分娩过程如何配合医护人员进行接生	L2～L3	L1～L2
		06－16	接生准备	06－16－01	完成产时会阴冲洗消毒、备皮	L1～L2	L1
				06－16－02	完成产时铺巾、开包等用物准备	L1～L2	L1
				06－16－03	洗手、穿手术衣、戴手套	L1～L2	L1
		06－17	产程观察	06－17－01	观察产程	L1～L2	L1
				06－17－02	判断胎心、宫缩、宫口开大的程度	L3	L2
		06－18	产后护理	06－18－01	护理会阴	L1～L2	L1
				06－18－02	判断并处理会阴的异常情况	L3	L1～L2
				06－18－03	观察产褥期生命体征、子宫复旧、恶露变化	L1～L2	L1
				06－18－04	教育产妇及家属了解产褥期卫生及营养保健	L1～L2	L1
				06－18－05	指导母乳喂养及乳房护理	L1～L2	L1
				06－18－06	指导产妇行产后锻炼，促进早日康复	L1～L2	L1
		06－19	新生儿护理	06－19－01	执行新生儿出生后的即刻护理	L1～L2	L1
				06－19－02	协助医生处理新生儿窒息	L1～L2	L1
				06－19－03	判断新生儿的异常	L2～L3	L1～L2
				06－19－04	促进早期亲子接触、早开奶	L1～L2	L1
				06－19－05	进行新生儿脐部护理、臀部护理、口腔护理等日常生活护理	L1～L2	L1
				06－19－06	给新生儿进行沐浴	L1～L2	L1
				06－19－07	为新生儿进行抚触	L1～L2	L1
		06－20	早产儿护理	06－20－01	进行早产儿的发展性照顾（营养性吸吮、声音光线的控制）	L3	L1～L2
				06－20－02	早期判断视网膜病变	L2～L3	L1～L2
				06－20－03	筛查新生儿听力	L2～L3	L1～L2
				06－20－04	使用温箱	L1	L1

续上表

工作项目/职业素养		工作任务/职业素养		职业能力（技能、工具、方法、要求、知识）		学习水平 中职 Li	学习水平 高职 Lj
06	病人护理	06－21	并发症的预防与处理	06－21－01	评估高危因素（格拉斯哥昏迷评分、跌倒、压疮、镇静、疼痛、非计划性拔管、坠床、走失等）	L2～L3	L1～L2
				06－21－02	预防管道相关性感染	L2～L3	L1～L2
				06－21－03	预防肢体功能失用性萎缩	L2～L3	L1～L2
				06－21－04	预防药物外渗	L2～L3	L1～L2
				06－21－05	预防呼吸机相关性肺炎	L2～L3	L1～L2
				06－21－06	预防深静脉血栓	L2～L3	L1～L2
				06－21－07	预防压疮	L1～L2	L1
07	工作交接	07－01	仪器交接	07－01－01	检查仪器功能	L1	L1
				07－01－02	清点仪器数量、使用中仪器的情况	L1	L1
		07－02	环境交接	07－02－01	评估病人要求的环境	L1	L1
				07－02－02	交接特殊感染环境	L1～L2	L1
		07－03	特殊病人交接	07－03－01	评估病人的病情	L1～L2	L1
				07－03－02	交接特殊病人（危重、情绪异常、应用特殊药物等）	L2～L3	L2
		07－04	特殊药品交接	07－04－01	交接特殊药品（贵重药品、剧麻毒药的质和量）	L2～L3	L2
				07－04－02	交接特殊药品的使用	L2～L3	L2
		07－05	书写交班记录	07－05－01	书写交接班的内容	L1～L2	L1
				07－05－02	运用规范的医学术语书写交接班记录	L1～L2	L1
		07－06	床旁病人交接	07－06－01	交接病人的皮肤、管道、用药、情绪	L1～L2	L1
				07－06－02	执行“七不接”“七不交”	L1～L2	L1
08	安全护理	08－01	病房安全	08－01－01	介绍安全防范措施，正确设置安全指引和标识	L2	L1～L2
				08－01－02	保障转运和移动病人时的安全	L4	L2～L3
				08－01－03	确认环境安全（病房出口、水电、消防应急、病床等）	L4	L2～L3
				08－01－04	保证治疗安全（氧气治疗、注射治疗、仪器使用治疗等）	L5	L2～L3

续上表

工作项目/职业素养		工作任务/职业素养		职业能力（技能、工具、方法、要求、知识）		学习水平 中职 Li	学习水平 高职 Lj
08	安全护理	08－01	病房安全	08－01－05	明确各因素（物理、化学、生物、辐射）的安全威胁	L4	L2～L3
				08－01－06	识别病房安全，处理紧急（安全）事件	L4	L2～L3
				08－01－07	掌握常用仪器设备正确的操作流程、故障排除方法、使用注意事项	L5	L2～L3
		08－02	预防手术患者、手术部位、手术方式错误	08－02－01	熟悉手术安全核查制度	L3～L4	L2～L3
				08－02－02	具有强烈的安全意识	L3～L4	L2～L3
		08－03	安全交接、转运	08－03－01	掌握交接的内容、注意事项	L5	L2～L3
				08－03－02	掌握转运工具的正确使用、转运的方法及注意事项	L3	L2～L3
				08－03－03	熟悉特殊病人的转运方法及注意事项	L5	L2～L3
				08－03－04	熟悉转运过程中病情观察要点及突发情况的处理	L5	L3～L4
		08－04	预防意外伤	08－04－01	掌握常见意外伤的预防措施	L4	L4
				08－04－02	掌握意外伤的处理措施（如脱管、坠床、电灼伤等）	L4	L3～L4
		08－05	正确安置体位	08－05－01	掌握生理解剖知识	L3～L4	L2
				08－05－02	掌握常见体位的安置方法及注意事项、并发症的预防	L3～L4	L3
				08－05－03	掌握常见手术体位的种类、用物准备、适用范围	L3～L4	L2
				08－05－04	熟悉安置体位用具的使用与管理	L3～L4	L2
		08－06	预防手术异物遗留	08－06－01	熟悉异物遗留的概念、危害	L3～L4	L2
				08－06－02	掌握手术器械的清点方法、时机、注意事项	L3～L4	L2
		08－07	预防低体温	08－07－01	熟悉低体温的相关知识（概念、发生原因、对机体的影响及临床表现）	L3～L4	L2
				08－07－02	掌握低体温设备的使用及注意事项	L3～L4	L2
				08－07－03	熟悉低体温的预防及处理方法	L3～L4	L2

续上表

<table>
<tr><th rowspan="2" colspan="2">工作项目/
职业素养</th><th rowspan="2" colspan="2">工作任务/
职业素养</th><th rowspan="2" colspan="2">职业能力
（技能、工具、方法、要求、知识）</th><th colspan="2">学习水平</th></tr>
<tr><th>中职
Li</th><th>高职
Lj</th></tr>
<tr><td rowspan="24">08</td><td rowspan="24">安全护理</td><td rowspan="3">08－08</td><td rowspan="3">正确安全使用仪器设备</td><td>08－08－01</td><td>熟悉仪器设备的原理、配件</td><td>L3～L4</td><td>L2</td></tr>
<tr><td>08－08－02</td><td>掌握正确操作流程、故障排除、注意事项</td><td>L3～L4</td><td>L2</td></tr>
<tr><td>08－08－03</td><td>熟悉仪器设备的日常管理</td><td>L3～L4</td><td>L2</td></tr>
<tr><td rowspan="7">08－09</td><td rowspan="7">正确安全用药</td><td>08－09－01</td><td>用药前评估、病情观察</td><td>L3～L4</td><td>L2</td></tr>
<tr><td>08－09－02</td><td>熟悉高危药、易混淆药的概念和管理等</td><td>L3～L4</td><td>L2</td></tr>
<tr><td>08－09－03</td><td>掌握用药查对制度</td><td>L3～L4</td><td>L2</td></tr>
<tr><td>08－09－04</td><td>掌握输液、输血的技术规范</td><td>L3～L4</td><td>L2</td></tr>
<tr><td>08－09－05</td><td>熟悉常用药物的原理、副作用、适应证及禁忌证</td><td>L3～L4</td><td>L2</td></tr>
<tr><td>08－09－06</td><td>掌握常用药物的使用方法</td><td>L3～L4</td><td>L2</td></tr>
<tr><td>08－09－07</td><td>预防及处理药物外渗</td><td>L3～L4</td><td>L2</td></tr>
<tr><td rowspan="2">08－10</td><td rowspan="2">正确留置标本</td><td>08－10－01</td><td>熟悉病理标本的留置方法、注意事项</td><td>L2～L3</td><td>L2</td></tr>
<tr><td>08－10－02</td><td>固定液的原理、使用注意事项</td><td></td><td>L4</td></tr>
<tr><td rowspan="4">08－11</td><td rowspan="4">安全转运全麻患者</td><td>08－11－01</td><td>掌握全麻患者交接的内容、注意事项</td><td>L2</td><td>L2</td></tr>
<tr><td>08－11－02</td><td>正确使用转运工具</td><td>L3</td><td>L2</td></tr>
<tr><td>08－11－03</td><td>熟悉特殊病人的转运方法及注意事项</td><td>L4</td><td>L2</td></tr>
<tr><td>08－11－04</td><td>密切观察转运过程中病情变化及处理突发情况</td><td>L5</td><td>L3</td></tr>
<tr><td rowspan="2">08－12</td><td rowspan="2">书写安全交接记录</td><td>08－12－01</td><td>明确安全交接的内容</td><td>L3</td><td>L1</td></tr>
<tr><td>08－12－02</td><td>熟悉交接的方法及注意事项</td><td>L3</td><td>L2</td></tr>
<tr><td rowspan="3">08－13</td><td rowspan="3">气腹的安全管理</td><td>08－13－01</td><td>明确气腹的重要意义</td><td>L4</td><td>L3</td></tr>
<tr><td>08－13－02</td><td>掌握气腹机的工作原理、操作方法及注意事项</td><td></td><td>L3</td></tr>
<tr><td>08－13－03</td><td>观察病情</td><td>L4</td><td>L3</td></tr>
</table>

续上表

工作项目/职业素养		工作任务/职业素养		职业能力（技能、工具、方法、要求、知识）		学习水平 中职 Li	学习水平 高职 Lj
08	安全护理	08－14	患儿安全	08－14－01	预防烫伤	L2	L1
				08－14－02	预防坠床	L2	L1
				08－14－03	预防误吸	L2	L1
				08－14－04	预防输液外渗	L2	L1
				08－14－05	预防尿布皮炎	L2	L1
				08－14－06	预防皮肤损伤	L2	L1
				08－14－07	预防感染	L2	L1
				08－14－08	预防寒冷损伤综合征	L3	L2
				08－14－09	预防盗窃婴儿	L2	L1
		08－15	工作人员安全	08－15－01	具备安全意识	L2	L1
				08－15－02	制订安全培训计划，掌握标准预防知识及技能	L4	L2
				08－15－03	具备安全防护能力	L4	L3
				08－15－04	防护能力的考核及演练	L5	L3
				08－15－05	掌握脱身法	L5	L5
				08－15－06	掌握职业暴露及预防措施	L3	L2
		08－16	入院身份识别	08－16－01	核对、登记、复印家属身份证	L2	L1
				08－16－02	盖家属手指印	L1	L1
				08－16－03	盖患儿左脚印	L1	L1
				08－16－04	核对签名（双人）	L2	L1
				08－16－05	确认签名	L2	L1
				08－16－06	佩戴手腕带	L1	L1
				08－16－07	共同核对手腕带（管床护士、陪同检查人员及家属）	L1	L1
		08－17	外出检查、治疗的身份识别	08－17－01	核对患儿身份信息（治疗操作前后）	L2	L1
				08－17－02	核实家属有效证件	L2	L1
		08－18	出院身份识别	08－18－01	核对（双人）患儿身份信息并签名	L2	L1
				08－18－02	核对（护士与家属）患儿身份信息并签名	L2	L1

续上表

<table>
<tr><th colspan="2" rowspan="2">工作项目/
职业素养</th><th colspan="2" rowspan="2">工作任务/
职业素养</th><th colspan="2" rowspan="2">职业能力
（技能、工具、方法、要求、知识）</th><th colspan="2">学习水平</th></tr>
<tr><th>中职
Li</th><th>高职
Lj</th></tr>
<tr><td rowspan="24">09</td><td rowspan="24">健康宣教</td><td rowspan="2">09－01</td><td rowspan="2">入院健康宣教</td><td>09－01－01</td><td>具备告知沟通能力</td><td>L3</td><td>L2</td></tr>
<tr><td>09－01－02</td><td>准确进行健康教育需求评估</td><td>L4</td><td>L3</td></tr>
<tr><td rowspan="19">09－02</td><td rowspan="19">住院健康宣教</td><td>09－02－01</td><td>具备疾病相关知识</td><td>L2</td><td>L1</td></tr>
<tr><td>09－02－02</td><td>明确诱因、症状、转归</td><td>L3</td><td>L2</td></tr>
<tr><td>09－02－03</td><td>明确疾病康复的目的、意义、相关技能及重要性</td><td>L2</td><td>L2</td></tr>
<tr><td>09－02－04</td><td>根据相应疾病明确日常生活中的宜和忌</td><td>L2</td><td>L1</td></tr>
<tr><td>09－02－05</td><td>明确饮食护理的目的</td><td>L1</td><td>L1</td></tr>
<tr><td>09－02－06</td><td>明确具体和客观的饮食指标</td><td>L3</td><td>L2</td></tr>
<tr><td>09－02－07</td><td>介绍检查的相关知识</td><td>L2</td><td>L1</td></tr>
<tr><td>09－02－08</td><td>检查的准备</td><td>L1</td><td>L1</td></tr>
<tr><td>09－02－09</td><td>检查的配合</td><td>L2</td><td>L1</td></tr>
<tr><td>09－02－10</td><td>指导合理用药（方法、剂量、服药时间等）</td><td>L2</td><td>L1</td></tr>
<tr><td>09－02－11</td><td>识别用药反应</td><td>L3</td><td>L2</td></tr>
<tr><td>09－02－12</td><td>告知患者安全事项</td><td>L2</td><td>L1</td></tr>
<tr><td>09－02－13</td><td>告知家属安全事项</td><td>L2</td><td>L1</td></tr>
<tr><td>09－02－14</td><td>能做好工作人员自身安全防护</td><td>L3</td><td>L2</td></tr>
<tr><td>09－02－15</td><td>告知患者身份识别制度</td><td>L1</td><td>L1</td></tr>
<tr><td>09－02－16</td><td>制定患者合适的康复方法</td><td>L3</td><td>L2</td></tr>
<tr><td>09－02－17</td><td>能正确使用康复设备</td><td>L2</td><td>L1</td></tr>
<tr><td>09－02－18</td><td>鼓励家属参与康复</td><td>L2</td><td>L1</td></tr>
<tr><td>09－02－19</td><td>掌握外科手术相关指导的知识与技能</td><td>L3</td><td>L2</td></tr>
<tr><td rowspan="3">09－03</td><td rowspan="3">出院健康宣教</td><td>09－03－01</td><td>能说出出院病人用药的主要方法</td><td>L1</td><td>L1</td></tr>
<tr><td>09－03－02</td><td>正确告知出院病人复查、随诊信息</td><td>L3</td><td>L2</td></tr>
<tr><td>09－03－03</td><td>指导患者学会自我护理</td><td>L4</td><td>L3</td></tr>
</table>

续上表

工作项目/职业素养		工作任务/职业素养		职业能力（技能、工具、方法、要求、知识）		学习水平 中职 Li	学习水平 高职 Lj
09	健康宣教	09－03	出院健康宣教	09－03－04	告知患者病情及自我观察内容	L5	L4
				09－03－05	能说出电话随访的目的	L2	L1
				09－03－06	准确说出不同疾病电话随访的内容和时间	L3	L2
				09－03－07	能够根据病人出院及目前居家情况进行电话随访和指导	L3	L2
				09－03－08	能进行社区常见病的健康知识宣教	L5	L4
				09－03－09	能对社区居民/特定患者家属开展健康讲座	L6	L5
				09－03－10	能制作社区健康教育宣传单张	L5	L4
10	出院护理（临床护理岗位）	10－01	出院评估	10－01－01	评估身体状况、心理状况	L4	L2
				10－01－02	评估各项辅助检查结果	L5	L2
				10－01－03	评估自我护理能力	L4	L3
		10－02	用药指导	10－02－01	告知用药剂量、方法、注意事项	L5	L3
				10－02－02	指导观察药物作用及副作用	L5	L4
		10－03	康复指导	10－03－01	指导康复锻炼方法	L4	L3
				10－03－02	指导自我康复检查方法	L4	L3
				10－03－03	告知注意事项	L3	L3
				10－03－04	复诊告知	L2	L2
11	管理工作	11－01	病人管理	11－01－01	能正确应用各种风险评估工具评估病人的风险，做好病人安全管理	L4	L3
				11－01－02	能做好病人信息管理（病情、隐私、基本资料）	L3	L2
				11－01－03	传染病风险疫情的排查，收集和提供风险信息	L4	L3
				11－01－04	建立良好的人际关系	L2	L1
		11－02	护理人员管理	11－02－01	能根据工作规律的特点，分清主次、缓急，科学合理排班		L5
				11－02－02	能列出护理人员常见的培训教育方法		L4
				11－02－03	熟悉护理人员培训教育的内容		L3
				11－02－04	具有团体管理意识，具备组织、协调能力		L4

续上表

工作项目/职业素养		工作任务/职业素养		职业能力（技能、工具、方法、要求、知识）		学习水平 中职 Li	学习水平 高职 Lj
11	管理工作	11－03	时间管理	11－03－01	合理安排工作的时间和内容	L2	L1
				11－03－02	特殊的治疗、检查、护理一定在规定时间内完成	L3	L2
				11－03－03	能够指导特殊病人明确使用药物的时间、饮食的时间、休息的时间等	L3	L2
				11－03－04	突发事件在规定时间内上报	L3	L3
		11－04	病区环境管理	11－04－01	明确病区环境管理的制度和要求	L2	L2
				11－04－02	正确设置安全指引和标识	L3	L2
				11－04－03	保持消防应急通道通畅	L3	L2
				11－04－04	明确隔离病区的管理	L2	L2
				11－04－05	熟悉手术室人员出入的管理制度	L2	L2
				11－04－06	能够对病区物品正确放置	L2	L2
				11－04－07	熟悉手术室物品出入的管理制度	L2	L2
				11－04－08	能规范清洁、消毒手术室物体表面及空气	L2	L2
				11－04－09	正确进行医疗废物分类和处理	L1	L1
		11－05	仪器设备管理	11－05－01	定时检测、维护、保养科室的仪器设备	L2	L1
				11－05－02	能按要求清洁消毒科室仪器设备	L2	L2
				11－05－03	保证仪器处于备用状态	L2	L1
		11－06	药物管理	11－06－01	能根据各种药物的性能（包括特殊药品）做好药物的管理	L4	L1
				11－06－02	能够按照要求正确使用药物	L3	L1
				11－06－03	保证备用药物在有效期内	L2	L1
				11－06－04	能够核对并及时补充科室基数药物、急救药物	L2	L1
		11－07	护理质量管理	11－07－01	明确病区的管理目标及质量指标	L3	L1
				11－07－02	明确各项规章制度	L1	L1

续上表

工作项目/职业素养		工作任务/职业素养		职业能力（技能、工具、方法、要求、知识）		学习水平 中职 Li	学习水平 高职 Lj
12	布类打包	12－01	准备工作	12－01－01	准备带光源检查工具	L1～L2	L1
				12－01－02	认识各种规格布类	L1～L2	L1
		12－02	组装布包	12－02－01	懂得包装要求	L1～L2	L1
				12－02－02	保持密闭性	L1～L2	L1
		12－03	核对	12－03－01	认真细致	L1～L2	L1
				12－03－02	明确核对重要性	L1～L2	L1
		12－04	密封包装	12－04－01	明确包装标准	L1～L2	L1
				12－04－02	规范包装	L1～L2	L1
				12－04－03	标识类别、签署代码	L1～L2	L1
		12－05	打印、贴标签	12－05－01	计算机、打印机应用	L1～L2	L1
		12－06	清点、分类	12－06－01	认识器械	L1～L2	L1
				12－06－02	具有职业防护能力	L1～L2	L1
				12－06－03	清点登记	L1～L2	L1
		12－07	清洗器械及回收箱	12－07－01	常水冲洗	L1～L2	L1
				12－07－02	纯水漂洗	L1～L2	L1
				12－07－03	超声清洗	L1～L2	L1
				12－07－04	配制多酶清洗液	L1～L2	L1
				12－07－05	检测超声机	L1～L2	L1
				12－07－06	手工清洗	L1～L2	L1
				12－07－07	机械清洗	L1～L2	L1
		12－08	消毒	12－08－01	掌握润滑煮沸消毒法	L1～L2	L1
				12－08－02	配制化学消毒剂	L1～L2	L1
				12－08－03	掌握化学消毒法	L1～L2	L1
		12－09	烘干	12－09－01	使用及保养烘干机	L1～L2	L1
				12－09－02	掌握烘干温度	L1～L2	L1
		12－10	记录	12－10－01	及时记录	L1～L2	L1
				12－10－02	描述规范、清晰	L1～L2	L1

续上表

工作项目/职业素养		工作任务/职业素养		职业能力（技能、工具、方法、要求、知识）		学习水平 中职 Li	学习水平 高职 Lj
13	器械检查包装	13－01	器械质量清洗检查	13－01－01	明确清洗质量标准	L1～L2	L1
				13－01－02	认识器械种类	L1～L2	L1
		13－02	器械组装	13－02－01	了解器械包清单	L1～L2	L1
				13－02－02	明白器械功能	L1～L2	L1
				13－02－03	懂得器械防损	L1～L2	L1
		13－03	双人核对	13－03－01	具有责任心	L1～L2	L1
				13－03－02	具有慎独精神	L1～L2	L1
		13－04	包装	13－04－01	明确包装规范	L1～L2	L1
				13－04－02	规范包装	L1～L2	L1
				13－04－03	初步标识	L1～L2	L1
		13－05	打印、贴标签	13－05－01	使用计算机、打印机	L1～L2	L1
				13－05－02	规范张贴	L1～L2	L1
		13－06	记录	13－06－01	及时记录	L1～L2	L1
				13－06－02	描述规范、清晰	L1～L2	L1
14	灭菌	14－01	评估仪器设备运行情况	14－01－01	熟悉仪器设备操作程序	L1～L2	L1
				14－01－02	检查技术员资质	L1～L2	L1
				14－01－03	具有良好的应变能力	L1～L2	L1
				14－01－04	具备逻辑分析能力	L1～L2	L1
				14－01－05	文字表达规范、恰当	L1～L2	L1
		14－02	核对检查装载	14－02－01	核对标签	L1～L2	L1
				14－02－02	检查包装	L1～L2	L1
				14－02－03	规范装载	L1～L2	L1
		14－03	入炉消毒	14－03－01	观察灭菌炉运行情况	L1～L2	L1
				14－03－02	熟知灭菌规范要求	L1～L2	L1
				14－03－03	风险评估与管理能力	L1～L2	L1

续上表

工作项目/职业素养		工作任务/职业素养		职业能力（技能、工具、方法、要求、知识）		学习水平 中职 Li	学习水平 高职 Lj
14	灭菌	14－04	观察参数	14－04－01	熟知参数标准	L1～L2	L1
				14－04－02	登记	L1～L2	L1
		14－05	烘干	14－05－01	掌握烘干技术	L1～L2	L1
		14－06	出炉冷却	14－06－01	调节室温	L1～L2	L1
				14－06－02	冷却物品	L1～L2	L1
		14－07	记录	14－07－01	记录设备运行情况	L1～L2	L1
				14－07－02	记录设备使用次数、时间	L1～L2	L1
				14－07－03	记录包装区质控	L1～L2	L1
15	无菌物品发放	15－01	核对检查	15－01－01	核对化学、生物监测	L1～L2	L1
				15－01－02	检查标签内容、外包装	L1～L2	L1
		15－02	发放重复性使用器械	15－02－01	认真核对	L1～L2	L1
				15－02－02	发放器械	L1～L2	L1
		15－03	分发、下送	15－03－01	应用打印机	L1～L2	L1
				15－03－02	核对签名	L1～L2	L1
				15－03－03	分发物品	L1～L2	L1
				15－03－04	完善追溯制度	L1～L2	L1
				15－03－05	稳拿轻放	L1～L2	L1
16	病区护士长基本素质能力	16－01	工作执行能力	16－01－01	具备上下级沟通的能力		L4～L5
				16－01－02	及时完成各项工作		L4～L5
		16－02	配合医疗操作能力	16－02－01	具备团队合作能力		L4～L5
				16－02－02	具备医护沟通能力		L4～L5
				16－02－03	确定团队工作的统一目标		L4～L5
				16－02－04	具备较强的执行力		L4～L5

续上表

工作项目/职业素养		工作任务/职业素养		职业能力（技能、工具、方法、要求、知识）		学习水平 中职 Li	学习水平 高职 Lj
16	病区护士长基本素质能力	16－03	基础护理操作能力	16－03－01	掌握基础护理知识		L4～L5
				16－03－02	掌握基础护理技能		L4～L5
				16－03－03	掌握基础护理理论		L4～L5
		16－04	政治素质	16－04－01	热爱护理工作		L4～L5
				16－04－02	具有正确的职业态度		L4～L5
				16－04－03	具有慎独精神		L4～L5
				16－04－04	具有奉献精神		L4～L5
				16－04－05	具有高度的责任心		L4～L5
17	病区护士长临床专业技能	17－01	急危重病人的急救能力	17－01－01	掌握心肺复苏技术		L4～L5
				17－01－02	使用除颤仪		L4～L5
				17－01－03	观察药物反应		L4～L5
				17－01－04	使用呼吸机		L4～L5
		17－02	病情观察判断能力	17－02－01	掌握专科知识		L4～L5
				17－02－02	评估病人的能力		L4～L5
				17－02－03	评判性思维的能力		L4～L5
				17－02－04	及时发现问题的能力		L4～L5
				17－02－05	准确处理病情的能力		L4～L5
		17－03	专科技术操作能力	17－03－01	掌握专科理论知识		L4～L5
				17－03－02	掌握专科技能		L4～L5
18	病区护士长护理管理能力	18－01	护理质量控制能力	18－01－01	掌握护理质量控制相关理论		L4～L5
				18－01－02	掌握护理质量管理的方法		L4～L5
				18－01－03	掌握护理质量评价的方法		L4～L5
				18－01－04	具有持续改进的能力		L4～L5
				18－01－05	处理护理投诉、护理过失的能力		L4～L5

续上表

工作项目/职业素养		工作任务/职业素养		职业能力（技能、工具、方法、要求、知识）		学习水平 中职 Li	学习水平 高职 Lj
18	病区护士长护理管理能力	18－02	应急能力	18－02－01	具备风险评估的能力		L4～L5
				18－02－02	处理病人投诉		L4～L5
				18－02－03	掌握恰当待人接物的技巧		L4～L5
				18－02－04	掌握快速、准确处理病情的能力		L4～L5
				18－02－05	能快速处理意外、突发事件		L4～L5
				18－02－06	熟悉突发事件预案程序		L4～L5
				18－02－07	能配合处理暴力事件		L4～L5
				18－02－08	能处理性骚扰		L4～L5
				18－02－09	具有法律知识和自我保护意识		L4～L5
				18－02－10	能快速启动预警机制		L4～L5
		18－03	计划能力	18－03－01	管理时间的能力		L4～L5
				18－03－02	分析判断的能力		L4～L5
				18－03－03	管理经济的能力		L4～L5
				18－03－04	制订计划的能力		L4～L5
		18－04	控制能力	18－04－01	指导和监督的能力		L4～L5
				18－04－02	确定关键点的能力		L4～L5
				18－04－03	发现问题的能力		L4～L5
				18－04－04	解决问题的能力		L4～L5
		18－05	组织能力	18－05－01	设计组织结构		L4～L5
				18－05－02	合理分工和协作的能力		L4～L5
		18－06	领导和社会技能	18－06－01	具备激励员工的能力		L4～L5
				18－06－02	具备奖罚的能力		L4～L5
				18－06－03	具备决策的能力		L4～L5
				18－06－04	创建高效工作团队的能力		L4～L5

续上表

工作项目/职业素养		工作任务/职业素养		职业能力（技能、工具、方法、要求、知识）		学习水平 中职 Li	学习水平 高职 Lj
18	病区护士长护理管理能力	18-07	沟通能力	18-07-01	掌握有效的沟通技巧		L4~L5
				18-07-02	能使用地方语言进行沟通交流		L4~L5
				18-07-03	能应用非语言沟通与患者交流		L4~L5
				18-07-04	能区分沟通中的禁忌语言		L4~L5
				18-07-05	创造合适的沟通环境		L4~L5
				18-07-06	能把握有效沟通的时机		L4~L5
				18-07-07	能规范自己的仪表及举止		L4~L5
19	病区护士长护理科研能力	19-01	文献检索能力	19-01-01	掌握计算机的应用		L4~L5
				19-01-02	掌握医学数据库检索的能力		L4~L5
				19-01-03	选择和评价医学信息资源		L4~L5
				19-01-04	分析信息		L4~L5
				19-01-05	掌握医学科技项目查新		L4~L5
		19-02	撰写论文能力	19-02-01	掌握撰写论文的相关理论知识		L4~L5
				19-02-02	积累资料		L4~L5
				19-02-03	撰写论文		L4~L5
				19-02-04	修改论文		L4~L5
		19-03	科研协作能力	19-03-01	具备团队合作的能力		L4~L5
				19-03-02	确定团队工作的统一目标		L4~L5
				19-03-03	具备良好的沟通能力		L4~L5
		19-04	科研设计能力	19-04-01	能设计调查问卷		L4~L5
				19-04-02	能使用医学统计学		L4~L5
				19-04-03	书写标书		L4~L5
		19-05	科研创新能力	19-05-01	具有创新意识		L4~L5
				19-05-02	具有评判性思维		L4~L5
				19-05-03	善于总结经验		L4~L5
		19-06	外语能力	19-06-01	阅读外国文献的能力		L4~L5
				19-06-02	能用英文写作		L4~L5

续上表

工作项目/职业素养		工作任务/职业素养		职业能力（技能、工具、方法、要求、知识）		学习水平	
						中职 Li	高职 Lj
20	病区护士长护理教育能力	20 - 01	开展新业务、新技术的能力	20 - 01 - 01	认定护理新业务、新技术的能力		L4 ~ L5
				20 - 01 - 02	申报新业务、新技术		L4 ~ L5
				20 - 01 - 03	制订实施方案		L4 ~ L5
				20 - 01 - 04	落实新业务、新技术		L4 ~ L5
				20 - 01 - 05	监督新业务、新技术的实施情况		L4 ~ L5
		20 - 02	现场示范能力	20 - 02 - 01	明确目标		L4 ~ L5
				20 - 02 - 02	演示规范		L4 ~ L5
				20 - 02 - 03	控制现场		L4 ~ L5
				20 - 02 - 04	及时评价反馈		L4 ~ L5
		20 - 03	对护理学生的带教指导能力	20 - 03 - 01	评估学生的能力		L4 ~ L5
				20 - 03 - 02	讲授知识的能力		L4 ~ L5
				20 - 03 - 03	演示规范		L4 ~ L5
				20 - 03 - 04	评价学生学习效果的能力		L4 ~ L5
		20 - 04	对低年资护士的指导能力	20 - 04 - 01	评估低年资护士的能力		L4 ~ L5
				20 - 04 - 02	组织业务查房		L4 ~ L5
				20 - 04 - 03	掌握不同的指导方法		L4 ~ L5
				20 - 04 - 04	及时评价与反馈		L4 ~ L5
		20 - 05	开展护理讲座能力	20 - 05 - 01	确定讲座目的		L4 ~ L5
				20 - 05 - 02	具备演讲的能力		L4 ~ L5
				20 - 05 - 03	使用计算机的能力		L4 ~ L5
				20 - 05 - 04	控制现场		L4 ~ L5
				20 - 05 - 05	及时反馈		L4 ~ L5
21	老年人护理问题评估	21 - 01	健康史采集	20 - 01 - 01	通过交谈获取病人主诉、现病史、既往史	L3 ~ L4	L1 ~ L2
				20 - 01 - 02	会使用首次入院护理评估单	L3 ~ L4	L1 ~ L2
				20 - 01 - 03	会应用相应护理评估工具（量表等）	L3 ~ L4	L1 ~ L2

续上表

工作项目/职业素养		工作任务/职业素养		职业能力（技能、工具、方法、要求、知识）		学习水平	
						中职 Li	高职 Lj
21	老年人护理问题评估	21－02	查体	20－02－01	应用查体技术及技巧	L3～L4	L1～L2
				20－02－02	判断查体结果	L3～L4	L1～L2
				20－02－03	正确使用查体工具	L3～L4	L1～L2
				20－02－04	知道相关脏器的体表位置	L1～L2	L1～L2
				20－02－05	明确生理/病理的特点	L3～L4	L1～L2
		21－03	获取辅助检查结果	20－03－01	明确常用检查项目	L1～L2	L1～L2
				20－03－02	知道检查项目的正常值	L1～L2	L1～L2
				20－03－03	获取辅助检查结果的途径	L3～L4	L1～L2
				20－03－04	结合患者病情正确判断检查结果	L3～L4	L1～L2
22	老年人常见病、慢性病管理	22－01	常见病、慢性病预防	22－01－01	知道三级预防基本知识	L1～L2	L1～L2
				22－01－02	明确老年常见病、慢性病（COPD①、糖尿病、高血压、脑卒中、慢性肾功能衰竭、肿瘤等）发病机制、流行病学资料、预防知识	L3～L4	L1～L2
				22－01－03	能正确进行健康指导	L3～L4	L1～L2
				22－01－04	评价病人接受能力	L3～L4	L1～L2
		22－02	常见病、慢性病治疗	22－02－01	知道老年人常见病、慢性病的特点	L1～L2	L1～L2
				22－02－02	明确治疗方案的目的、意义	L1～L2	L1～L2
				22－02－03	正确执行、实施治疗方案	L3～L4	L1～L2
				22－02－04	观察疗效	L3～L4	L1～L2
				22－02－05	准确、实时记录治疗过程和病情变化	L5～L6	L1～L2
		22－03	常见病、慢性病康复	22－03－01	知道常见病、慢性病康复的原则和方法	L1～L2	L1～L2
				22－03－02	知道患者康复方案及跟进康复进程	L3～L4	L1～L2
				22－03－03	正确实施康复护理技术（呼吸功能训练、良肢位的摆放、日常活动能力训练、膀胱功能训练、指力扩肛术等）	L3～L4	L1～L2

① COPD：chronic obstructive pulmonary disease，慢性阻塞性肺疾病。

续上表

工作项目/职业素养		工作任务/职业素养		职业能力（技能、工具、方法、要求、知识）		学习水平 中职 Li	学习水平 高职 Lj
22	老年人常见病、慢性病管理	22－03	常见病、慢性病康复	22－03－04	指导患者或照顾者掌握康复技巧	L5～L6	L1～L2
				22－03－05	正确评价康复护理效果	L3～L4	L1～L2
		22－04	常见病、慢性病保健	22－04－01	知道常见病、慢性病的保健知识	L1～L2	L1～L2
				22－04－02	评估患者的接受能力、依从性	L3～L4	L1～L2
				22－04－03	帮助建立健康行为	L3～L4	L1～L2
				22－04－04	评价保健效果（再入院率、并发症）	L3～L4	L1～L2
23	老年人症状护理	23－01	护理评估	23－01－01	知道老年人常见异常症状	L1～L2	L1～L2
				23－01－02	运用评估工具判断症状的严重程度	L5～L6	L3～L4
		23－02	护理问题的确定	23－02－01	归纳判断评估结果	L5～L6	L3～L4
				23－02－02	正确描述护理问题	L3～L4	L1～L2
				23－02－03	预测护理风险	L5～L6	L3～L4
		23－03	护理计划的制订与实施	23－03－01	根据护理问题，确定护理目标、制订计划	L3～L4	L1～L2
				23－03－02	实施个性化的护理措施	L3～L4	L1～L2
				23－03－03	确保措施落实到位	L3～L4	L1～L2
				23－03－04	及时修订护理措施	L3～L4	L1～L2
		23－04	护理效果的评价	23－04－01	明确相应评价工具（量表、器具等）	L3～L4	L1～L2
				23－04－02	运用辅助检查结果，评价护理效果	L3～L4	L1～L2
				23－04－03	评价病人/家属/照顾者的感受	L3～L4	L1～L2
				23－04－04	评价护理人员的感受	L3～L4	L1～L2
24	老年人安全护理	24－01	安全风险评估	24－01－01	结合患者状况，预测安全风险（误吸、跌倒、走失、自杀、自伤、烫伤、冻伤、坠床等）	L5～L6	L3～L4
				24－01－02	运用工具评估安全风险程度	L3～L4	L1～L2

续上表

工作项目/职业素养		工作任务/职业素养		职业能力（技能、工具、方法、要求、知识）		学习水平 中职 Li	学习水平 高职 Lj
24	老年人安全护理	24－02	安全问题确定	24－02－01	根据评估结果，判断安全问题	L3～L4	L1～L2
				24－02－02	分析产生安全问题的原因	L3～L4	L1～L2
				24－02－03	识别多个安全问题的轻重缓急	L3～L4	L1～L2
				24－02－04	预测安全问题的不良后果	L3～L4	L1～L2
		24－03	安全护理计划制订与实施	24－03－01	告知患者及家属安全风险、签订知情同意书	L1～L2	L1～L2
				24－03－02	知道安全事件的应急流程	L1～L2	L1～L2
				24－03－03	制订切实可行的护理计划	L3～L4	L1～L2
				24－03－04	正确运用辅助工具防范不良事件	L3～L4	L1～L2
				24－03－05	能对患者、家属、照顾者进行安全教育	L3～L4	L1～L2
		24－04	安全护理效果评价	24－04－01	运用工具评价安全护理效果	L3～L4	L1～L2
				24－04－02	评价病人/家属/照顾者的感受	L3～L4	L1～L2
				24－04－03	评价患者/家属/照顾者安全护理技巧的掌握情况	L3～L4	L1～L2
25	老年人用药护理	25－01	用药前评估	25－01－01	评估患者用药种类	L3～L4	L1～L2
				25－01－02	评估患者药物过敏史	L3～L4	L1～L2
				25－01－03	评估患者疾病史、目前病情	L3～L4	L1～L2
		25－02	医嘱的执行	25－02－01	判断医嘱的正确性	L3～L4	L1～L2
				25－02－02	做好“三查七对”	L3～L4	L1～L2
				25－02－03	明确各类药物的作用及副作用	L3～L4	L1～L2
				25－02－04	正确执行医嘱	L3～L4	L1～L2
				25－02－05	监督患者按时、按量用药	L3～L4	L1～L2
		25－03	用药后的观察	25－03－01	明确药物的药理作用及副作用	L1～L2	L1～L2
				25－03－02	观察用药后反应	L3～L4	L1～L2
				25－03－03	做好用药记录	L3～L4	L1～L2
				25－03－04	能应用正确方法处理用药后不良反应	L5～L6	L3～L4
		25－04	用药指导	25－04－01	能正确对药品进行分类与储存（院内、院外）	L3～L4	L1～L2
				25－04－02	指导正确用药（院内、院外）	L3～L4	L1～L2
				25－04－03	交代出院后用药注意事项	L3～L4	L1～L2

续上表

<table>
<tr><th colspan="2" rowspan="2">工作项目/
职业素养</th><th colspan="2" rowspan="2">工作任务/
职业素养</th><th colspan="2" rowspan="2">职业能力
（技能、工具、方法、要求、知识）</th><th colspan="2">学习水平</th></tr>
<tr><th>中职
Li</th><th>高职
Lj</th></tr>
<tr><td rowspan="8">26</td><td rowspan="8">老年人康复护理</td><td rowspan="3">26－01</td><td rowspan="3">老年人功能评定</td><td>26－01－01</td><td>明确功能评定的内容和范围</td><td>L3～L4</td><td>L1～L2</td></tr>
<tr><td>26－01－02</td><td>能应用功能评定的工具和方法</td><td>L5～L6</td><td>L3～L4</td></tr>
<tr><td>26－01－03</td><td>分析评定结果</td><td>L5～L6</td><td>L3～L4</td></tr>
<tr><td rowspan="3">26－02</td><td rowspan="3">康复护理技术</td><td>26－02－01</td><td>知道常用康复护理技术的种类</td><td>L1～L2</td><td>L1～L2</td></tr>
<tr><td>26－02－02</td><td>正确运用常用康复护理技术（转移技术、扶抱技术、翻身技术、体位摆放技术、日常生活功能锻炼10项技术、盆底肌训练技术、间歇导尿技术）</td><td>L5～L6</td><td>L3～L4</td></tr>
<tr><td>26－02－03</td><td>能结合患者情况，正确指导使用辅助用具</td><td>L3～L4</td><td>L1～L2</td></tr>
<tr><td rowspan="2">26－03</td><td rowspan="2">老年人康复能力评价</td><td>26－03－01</td><td>正确运用康复能力的评价工具</td><td>L3～L4</td><td>L1～L2</td></tr>
<tr><td>26－03－02</td><td>根据评价结果，判断疗效</td><td>L3～L4</td><td>L1～L2</td></tr>
<tr><td rowspan="10">27</td><td rowspan="10">老年人生活护理</td><td rowspan="3">27－01</td><td rowspan="3">日常生活自理能力评估</td><td>27－01－01</td><td>选用与使用评估器具的能力</td><td>L3～L4</td><td>L1～L2</td></tr>
<tr><td>27－01－02</td><td>正确使用评估工具（ADL①、IADL②）</td><td>L3～L4</td><td>L1～L2</td></tr>
<tr><td>27－01－03</td><td>判断评估结果</td><td>L3～L4</td><td>L1～L2</td></tr>
<tr><td rowspan="4">27－02</td><td rowspan="4">生活护理计划制订与实施</td><td>27－02－01</td><td>根据评估结果，判断患者需求</td><td>L3～L4</td><td>L1～L2</td></tr>
<tr><td>27－02－02</td><td>制订个性化护理计划</td><td>L3～L4</td><td>L1～L2</td></tr>
<tr><td>27－02－03</td><td>鼓励/指导患者及照顾者主动参与护理计划</td><td>L3～L4</td><td>L1～L2</td></tr>
<tr><td>27－02－04</td><td>实施护理计划</td><td>L3～L4</td><td>L1～L2</td></tr>
<tr><td rowspan="3">27－03</td><td rowspan="3">生活护理效果评价</td><td>27－03－01</td><td>根据评价结果，动态调整护理计划</td><td>L3～L4</td><td>L1～L2</td></tr>
<tr><td>27－03－02</td><td>评价患者/照顾者的参与程度</td><td>L3～L4</td><td>L1～L2</td></tr>
<tr><td>27－03－03</td><td>正确运用工具评价护理效果</td><td>L3～L4</td><td>L1～L2</td></tr>
</table>

① ADL：activities of daily living，日常生活能力量表。

② IADL：instrumental activities of daily living，工具性日常生活能力量表。

续上表

工作项目/职业素养		工作任务/职业素养		职业能力（技能、工具、方法、要求、知识）		学习水平 中职 Li	学习水平 高职 Lj
28	老年人精神心理护理	28-01	精神心理状况评估	28-01-01	具备常见精神心理问题流行病学知识	L3~L4	L1~L2
				28-01-02	知道常见精神心理问题的症状和临床表现	L3~L4	L1~L2
				28-01-03	正确运用评估工具（焦虑/抑郁自评量表、汉密尔顿焦虑/抑郁量表）	L3~L4	L1~L2
		28-02	精神心理护理计划制订与实施	28-02-01	根据评估结果识别精神心理问题	L3~L4	L1~L2
				28-02-02	判断精神心理分类及严重程度	L3~L4	L1~L2
				28-02-03	具备常用心理护理干预技术	L3~L4	L1~L2
				28-02-04	制订护理计划	L3~L4	L1~L2
				28-02-05	实施计划过程中，注重家属/照顾者参与	L3~L4	L1~L2
		28-03	精神心理护理效果评价	28-03-01	正确运用评价量表	L3~L4	L1~L2
				28-03-02	评价患者/照顾者感受	L3~L4	L1~L2
				28-03-03	评价患者心理干预依从性	L3~L4	L1~L2
29	延续性护理	29-01	护理问题确立	29-01-01	护理评估	L3~L4	L1~L2
				29-01-02	确定延续护理的服务对象	L3~L4	L1~L2
				29-01-03	与患者/家属/照顾者沟通，了解病情	L3~L4	L1~L2
				29-01-04	确定延续护理的问题和内容	L3~L4	L1~L2
		29-02	延续性护理实施	29-02-01	根据患者病情及家属需求，与主管医生、护士共同制订延续性护理计划	L5~L6	L3~L4
				29-02-02	建档，选择适当的延续护理的方式方法	L3~L4	L1~L2
				29-02-03	实施延续性护理计划，给予指导、咨询、教育，教会照顾者照顾技能	L3~L4	L1~L2
				29-02-04	监测照顾者照顾技能掌握情况	L3~L4	L1~L2
		29-03	延续性护理效果评价	29-03-01	评价患者生理功能有关指征、症状控制、并发症预防等	L3~L4	L1~L2
				29-03-02	评价患者的自我效能、ADL、生存质量等	L5~L6	L3~L4
				29-03-03	评价患者/家属/照顾者的满意度	L5~L6	L3~L4

续上表

工作项目/职业素养		工作任务/职业素养		职业能力（技能、工具、方法、要求、知识）		学习水平 中职 Li	学习水平 高职 Lj
30	养老服务	30－01	养老方式评估	30－01－01	评估患者的 BADL①、IADL 及心理状态	L5～L6	L3～L4
				30－01－02	评估患者的家庭及社会支持系统	L3～L4	L1～L2
				30－01－03	评估患者的生活方式及居住环境	L3～L4	L1～L2
				30－01－04	评估患者及家属的养老服务需求	L3～L4	L1～L2
		30－02	养老方式确定	30－02－01	结合需求，选择合适的养老服务形式	L3～L4	L1～L2
				30－02－02	评价养老服务	L3～L4	L1～L2
				30－02－03	评价患者情况，动态调整养老服务	L3～L4	L1～L2
		30－03	养老服务协调与转介	30－03－01	协调养老服务的组织实施	L3～L4	L1～L2
				30－03－02	根据老年人的需求，及时转介相应的医疗或养老服务机构	L3～L4	L1～L2
31	舒缓护理	31－01	舒缓护理对象确定	31－01－01	明确舒缓护理的相关知识和理念	L1～L2	L1～L2
				31－01－02	评估舒缓护理需求（家属、患者）	L3～L4	L1～L2
		31－02	症状护理	31－02－01	对患者身体功能及常见症状如胃肠道症状、呼吸系统症状及疼痛、失眠、疲乏等症状进行评估	L3～L4	L1～L2
				31－02－02	控制患者不适症状	L3～L4	L1～L2
				31－02－03	提供基础护理及舒适的环境	L3～L4	L1～L2
				31－02－04	评价护理干预后症状的改善情况	L3～L4	L1～L2
		31－03	心理护理	31－03－01	评估患者/家属的心理状况，如焦虑、抑郁、恐惧等	L3～L4	L1～L2
				31－03－02	加强与患者/家属的沟通，给予心理护理措施及支持	L3～L4	L1～L2
				31－03－03	适时适度地对患者及家属进行死亡教育	L3～L4	L1～L2
		30－04	临终护理	31－04－01	评估需求，满足患者及家属的需要	L3～L4	L1～L2
				31－04－02	指导家属/照顾者对患者的生活照顾	L3～L4	L1～L2
				31－04－03	料理实体	L3～L4	L1～L2
				31－04－04	辅导哀伤对象	L3～L4	L1～L2

① BADL：basic activity of daily living，基本生活功能力量表。

续上表

工作项目/职业素养		工作任务/职业素养		职业能力（技能、工具、方法、要求、知识）		学习水平 中职 Li	学习水平 高职 Lj
32	建立健康档案	32－01	建档对象（普通人群、重点人群）确定	32－01－01	知道健康评估的方法	L1～L2	L1～L2
				32－01－02	根据不同人群选择适宜的语言	L1～L2	L1～L2
				32－01－03	具备计算机应用能力	L3～L4	L1～L2
				32－01－04	具备良好的医学基础知识	L3～L4	L1～L2
				32－01－05	知道国家相关政策	L1～L2	L1～L2
				32－01－06	区分建档普通人群和重点人群	L1～L2	L1～L2
		32－02	建档对象访谈	32－02－01	知道个人信息资料、社会信息资料	L1～L2	L1～L2
				32－02－02	签署知情同意书	L3～L4	L1～L2
				32－02－03	使用交通工具的能力	L1～L2	L1～L2
				32－02－04	陈述建档的目的和意义	L1～L2	L1～L2
		32－03	健康档案建立	32－03－01	规范档案书写	L3～L4	L1～L2
				32－03－02	具备护理评估能力	L3～L4	L1～L2
				32－03－03	具备风险评估能力	L3～L4	L1～L2
				32－03－04	具备健康评价能力	L3～L4	L1～L2
				32－03－05	知道健康档案编码要求	L1～L2	L1～L2
				32－03－06	具备健康教育能力	L3～L4	L1～L2
		32－04	健康档案管理	32－04－01	具备应用计算机能力	L3～L4	L1～L2
				32－04－02	利用健康档案	L3～L4	L1～L2
				32－04－03	迁移健康档案	L3～L4	L1～L2
				32－04－04	保管与存放健康档案	L3～L4	L1～L2
33	社区健康教育	33－01	健康教育需求评估	33－01－01	评估居民健康需求	L3～L4	L1～L2
				33－01－02	能够利用问卷或访谈等方法	L3～L4	L1～L2
				33－01－03	找出居民健康问题	L3～L4	L1～L2
				33－01－04	找出辖区内居民健康相关行为、生活方式及影响因素	L3～L4	L1～L2

续上表

工作项目/职业素养		工作任务/职业素养		职业能力（技能、工具、方法、要求、知识）		学习水平 中职 Li	学习水平 高职 Lj
33	社区健康教育	33－02	健康教育计划制订	33－02－01	辨别主要健康问题	L3～L4	L1～L2
				33－02－02	明确健康教育内容	L1～L2	L1～L2
				33－02－03	能够选用合适的健康教育手段	L3～L4	L1～L2
				33－02－04	能制订健康计划书	L3～L4	L1～L2
		33－03	健康教育实施	33－03－01	能运用各种健康教育手段	L3～L4	L1～L2
				33－03－02	具备扎实的专业知识及相关医学知识、人文关怀知识	L3～L4	L1～L2
				33－03－03	具备健康教育资料制作和使用的能力	L3～L4	L1～L2
				33－03－04	能应用健康教育流程开展健康教育活动	L5～L6	L3～L4
		33－04	健康教育效果评价	33－04－01	具有总结能力	L3～L4	L1～L2
				33－04－02	明确健康教育评价的相关指标	L3～L4	L1～L2
				33－04－03	能够合理应用健康教育评价指标	L3～L4	L1～L2
				33－04－04	按照上级主管部门要求，做好记录、分析、上报	L3～L4	L1～L2
34	预防接种服务	34－01	疫苗管理	34－01－01	疫苗计划	L3～L4	L1～L2
				34－01－02	疫苗储存	L3～L4	L1～L2
				34－01－03	疫苗出入	L3～L4	L1～L2
		34－02	冷链管理	34－02－01	冷链系统基本要求	L3～L4	L1～L2
				34－02－02	冷链设备使用与维护	L3～L4	L1～L2
				34－02－03	冷链温度监测	L3～L4	L1～L2
				34－02－04	建立冰箱技术档案	L3～L4	L1～L2
		34－03	接种实施	34－03－01	接种的准备	L3～L4	L1～L2
				34－03－02	预约接种对象	L3～L4	L1～L2
				34－03－03	做好查对制度	L3～L4	L1～L2
				34－03－04	签署知情同意书	L1～L2	L1～L2
				34－03－05	评估儿童健康状况	L3～L4	L1～L2
				34－03－06	知道接种程序、部位、方法	L1～L2	L1～L2

续上表

工作项目/职业素养		工作任务/职业素养		职业能力（技能、工具、方法、要求、知识）		学习水平 中职 Li	学习水平 高职 Lj
34	预防接种服务	34－03	接种实施	34－03－07	具备计划免疫资格	L3～L4	L1～L2
				34－03－08	按接种规范做好相关记录	L3～L4	L1～L2
				34－03－09	做好医疗废物处理	L3～L4	L1～L2
				34－03－10	做好消毒隔离工作	L3～L4	L1～L2
				34－03－11	录入信息系统	L3～L4	L1～L2
				34－03－12	明确疫苗相关知识	L3～L4	L1～L2
				34－03－13	知道接种后的注意事项	L3～L4	L1～L2
		34－04	接种异常反应及监测处理预防	34－04－01	会观察异常反应表现，能按处理流程进行相应处理	L5～L6	L3～L4
				34－04－02	做好应急物资储备	L3～L4	L1～L2
35	0～6岁儿童健康管理	35－01	新生儿随访	35－01－01	具备新生儿相关知识	L1～L2	L1～L2
				35－01－02	明确新生儿随访流程	L3～L4	L1～L2
				35－01－03	能够准备新生儿随访的用物	L3～L4	L1～L2
				35－01－04	具备家庭、新生儿的评估能力	L3～L4	L1～L2
				35－01－05	具备健康指导的能力（母乳喂养、脐部护理、沐浴、抚触、伤害预防、新生儿黄疸、计划免疫等）	L3～L4	L1～L2
		35－02	儿童体格检查	35－02－01	知道儿童生长发育的特点	L1～L2	L1～L2
				35－02－02	知道儿童生长发育评估方法	L1～L2	L1～L2
				35－02－03	具备儿童体格检查操作技术	L5～L6	L3～L4
				35－02－04	了解儿童生理、心理特点	L3～L4	L1～L2
				35－02－05	能正确评价儿童生长发育情况	L3～L4	L1～L2
				35－02－06	进行合理的健康指导	L3～L4	L1～L2
		35－03	儿童计划免疫	35－03－01	按照计划免疫规范实施接种	L3～L4	L1～L2
		35－04	预防儿童意外伤害	35－04－01	评估居住环境及活动场所	L3～L4	L1～L2
				35－04－02	预防儿童意外伤害的健康指导	L3～L4	L1～L2

续上表

<table>
<tr><th colspan="2" rowspan="2">工作项目/
职业素养</th><th colspan="2" rowspan="2">工作任务/
职业素养</th><th colspan="2" rowspan="2">职业能力
（技能、工具、方法、要求、知识）</th><th colspan="2">学习水平</th></tr>
<tr><th>中职
Li</th><th>高职
Lj</th></tr>
<tr><td rowspan="14">36</td><td rowspan="14">妇女健康管理</td><td rowspan="2">36－01</td><td rowspan="2">围婚期保健</td><td>36－01－01</td><td>做好婚前咨询和指导</td><td>L3～L4</td><td>L1～L2</td></tr>
<tr><td>36－01－02</td><td>具备围婚期相关知识</td><td>L1～L2</td><td>L1～L2</td></tr>
<tr><td rowspan="3">36－02</td><td rowspan="3">孕期健康管理</td><td>36－02－01</td><td>孕产妇建册</td><td>L3～L4</td><td>L1～L2</td></tr>
<tr><td>36－02－02</td><td>协助进行孕期各项检查</td><td>L3～L4</td><td>L1～L2</td></tr>
<tr><td>36－02－03</td><td>进行健康指导</td><td>L3～L4</td><td>L1～L2</td></tr>
<tr><td rowspan="6">36－03</td><td rowspan="6">产后访视</td><td>36－03－01</td><td>具备产后相关知识</td><td>L1～L2</td><td>L1～L2</td></tr>
<tr><td>36－03－02</td><td>明确产后随访流程</td><td>L3～L4</td><td>L1～L2</td></tr>
<tr><td>36－03－03</td><td>能够准备产后随访的用物</td><td>L3～L4</td><td>L1～L2</td></tr>
<tr><td>36－03－04</td><td>具备组织、协调、沟通能力</td><td>L3～L4</td><td>L1～L2</td></tr>
<tr><td>36－03－05</td><td>具备家庭、产妇的评估能力</td><td>L3～L4</td><td>L1～L2</td></tr>
<tr><td>36－03－06</td><td>进行健康指导（饮食、心理、乳房、个人卫生、恶露、运动、用药、避孕、子宫复旧、伤口等）</td><td>L3～L4</td><td>L1～L2</td></tr>
<tr><td rowspan="2">36－04</td><td rowspan="2">产后42天检查</td><td>36－04－01</td><td>协助医生做好相关体格检查</td><td>L1～L2</td><td>L1～L2</td></tr>
<tr><td>36－04－02</td><td>进行相应健康指导</td><td>L3～L4</td><td>L1～L2</td></tr>
<tr><td colspan="6" style="display:none"></td></tr>
<tr><td rowspan="5">37</td><td rowspan="5">老年人健康管理</td><td>37－01</td><td>健康档案建立</td><td>37－01－01</td><td>按重点人群建档规范建立健康档案</td><td>L3～L4</td><td>L1～L2</td></tr>
<tr><td rowspan="4">37－02</td><td rowspan="4">老年人体检</td><td>37－02－01</td><td>知道老年人体检检查规范</td><td>L1～L2</td><td>L1～L2</td></tr>
<tr><td>37－02－02</td><td>根据评估结果进行分类处理</td><td>L3～L4</td><td>L1～L2</td></tr>
<tr><td>37－02－03</td><td>知道体检流程</td><td>L1～L2</td><td>L1～L2</td></tr>
<tr><td>37－02－04</td><td>具备体格检查操作技能</td><td>L5～L6</td><td>L3～L4</td></tr>
<tr><td rowspan="4">38</td><td rowspan="4">重性精神病患者管理</td><td rowspan="4">38－01</td><td rowspan="4">重性精神病患者筛查</td><td>38－01－01</td><td>了解重性精神病患者的筛查工作流程，协助相关部门做好筛查工作</td><td>L3～L4</td><td>L1～L2</td></tr>
<tr><td>38－01－02</td><td>根据筛查结果进行健康指导</td><td>L3～L4</td><td>L1～L2</td></tr>
<tr><td>38－01－03</td><td>具备精神病相关知识</td><td>L3～L4</td><td>L1～L2</td></tr>
<tr><td>38－01－04</td><td>确诊的重性精神病患者进行建档和体检</td><td>L3～L4</td><td>L1～L2</td></tr>
</table>

续上表

<table>
<tr><th rowspan="2" colspan="2">工作项目/
职业素养</th><th rowspan="2" colspan="2">工作任务/
职业素养</th><th rowspan="2" colspan="2">职业能力
（技能、工具、方法、要求、知识）</th><th colspan="2">学习水平</th></tr>
<tr><th>中职
Li</th><th>高职
Lj</th></tr>
<tr><td rowspan="5">38</td><td rowspan="5">重性精神病患者管理</td><td rowspan="5">38－02</td><td rowspan="5">重性精神病人规范管理</td><td>38－02－01</td><td>具备职业安全防范能力</td><td>L3～L4</td><td>L1～L2</td></tr>
<tr><td>38－02－02</td><td>能够协助相关人员做好面对面随访</td><td>L3～L4</td><td>L1～L2</td></tr>
<tr><td>38－02－03</td><td>指导重性精神病患者规范服药</td><td>L3～L4</td><td>L1～L2</td></tr>
<tr><td>38－02－04</td><td>进行相应健康指导</td><td>L3～L4</td><td>L1～L2</td></tr>
<tr><td>38－02－05</td><td>分类干预重性精神病人</td><td>L3～L4</td><td>L1～L2</td></tr>
<tr><td rowspan="5">39</td><td rowspan="5">中医康复</td><td rowspan="3">39－01</td><td rowspan="3">体质辨识</td><td>39－01－01</td><td>具备中医基础理论相关知识</td><td>L3～L4</td><td>L3～L4</td></tr>
<tr><td>39－01－02</td><td>协助医生做好体质辨识</td><td>L3～L4</td><td>L3～L4</td></tr>
<tr><td>39－01－03</td><td>根据体质辨识结果做好指导</td><td>L3～L4</td><td>L3～L4</td></tr>
<tr><td>39－02</td><td>重点人群中医健康管理</td><td>39－02－01</td><td>做好老年人、高血压病人、糖尿病病人、0～6岁儿童中医健康指导</td><td>L5～L6</td><td>L1～L2</td></tr>
<tr><td>39－03</td><td>中医护理适宜技术应用</td><td>39－03－01</td><td>具备中医护理适宜技术</td><td>L5～L6</td><td>L4～L5</td></tr>
<tr><td rowspan="10">40</td><td rowspan="10">传染病防控（艾滋病、结核病）</td><td rowspan="2">40－01</td><td rowspan="2">传染病风险管理</td><td>40－01－01</td><td>传染病风险疫情的排查，收集和提供风险信息</td><td>L3～L4</td><td>L1～L2</td></tr>
<tr><td>40－01－02</td><td>参与风险评估和应急预案的制订</td><td>L3～L4</td><td>L1～L2</td></tr>
<tr><td>40－02</td><td>传染病发现与登记</td><td>40－02－01</td><td>具备传染病相关知识</td><td>L1～L2</td><td>L1～L2</td></tr>
<tr><td rowspan="2">40－03</td><td rowspan="2">疫情报告</td><td>40－03－01</td><td>知道登记报告流程</td><td>L1～L2</td><td>L1～L2</td></tr>
<tr><td>40－03－02</td><td>知道报告时限、程序、方式</td><td>L1～L2</td><td>L1～L2</td></tr>
<tr><td rowspan="5">40－04</td><td rowspan="5">传染病疫情处理</td><td>40－04－01</td><td>按照不同的传染病进行消毒隔离</td><td>L3～L4</td><td>L1～L2</td></tr>
<tr><td>40－04－02</td><td>准备消毒物资</td><td>L3～L4</td><td>L1～L2</td></tr>
<tr><td>40－04－03</td><td>具备传染病防护技术</td><td>L3～L4</td><td>L1～L2</td></tr>
<tr><td>40－04－04</td><td>健康指导</td><td>L3～L4</td><td>L1～L2</td></tr>
<tr><td>40－04－05</td><td>明确疫情处理流程</td><td>L3～L4</td><td>L1～L2</td></tr>
</table>

续上表

<table>
<tr><th rowspan="3" colspan="2">工作项目/职业素养</th><th rowspan="3" colspan="2">工作任务/职业素养</th><th rowspan="3" colspan="2">职业能力（技能、工具、方法、要求、知识）</th><th colspan="2">学习水平</th></tr>
<tr><th>中职</th><th>高职</th></tr>
<tr><th>Li</th><th>Lj</th></tr>
<tr><td rowspan="11">40</td><td rowspan="11">传染病防控（艾滋病、结核病）</td><td rowspan="5">40－04</td><td rowspan="5">传染病疫情处理</td><td>40－04－06</td><td>对传染病密切接触者、健康危害暴露人员进行管理</td><td>L3～L4</td><td>L1～L2</td></tr>
<tr><td>40－04－07</td><td>协助开展应急接种、预防性服药</td><td>L3～L4</td><td>L1～L2</td></tr>
<tr><td>40－04－08</td><td>正确处理疫点疫区</td><td>L3～L4</td><td>L1～L2</td></tr>
<tr><td>40－04－09</td><td>按规定处置传染病的医疗废物</td><td>L3～L4</td><td>L1～L2</td></tr>
<tr><td>40－04－10</td><td>能进行流行病学调查</td><td>L3～L4</td><td>L1～L2</td></tr>
<tr><td rowspan="6">40－05</td><td rowspan="6">协助上级相关部门做好艾滋病、结核病病人管理</td><td>40－05－01</td><td>具备艾滋病、结核病流行病学相关知识</td><td>L3～L4</td><td>L1～L2</td></tr>
<tr><td>40－05－02</td><td>具备职业安全防范能力（标准预防）</td><td>L3～L4</td><td>L1～L2</td></tr>
<tr><td>40－05－03</td><td>保护病人隐私</td><td>L1～L2</td><td>L1～L2</td></tr>
<tr><td>40－05－04</td><td>随访艾滋病、结核病患者</td><td>L3～L4</td><td>L1～L2</td></tr>
<tr><td>40－05－05</td><td>做好结核病的消毒隔离管理</td><td>L3～L4</td><td>L1～L2</td></tr>
<tr><td>40－05－06</td><td>指导结核病患者合理用药</td><td>L3～L4</td><td>L1～L2</td></tr>
<tr><td rowspan="9">41</td><td rowspan="9">慢性病患者管理（高血压、糖尿病、肿瘤患者随访）</td><td rowspan="3">41－01</td><td rowspan="3">慢性病患者管理对象筛查</td><td>41－01－01</td><td>具备三级预防相关知识</td><td>L3～L4</td><td>L1～L2</td></tr>
<tr><td>41－01－02</td><td>具备高危人群的风险评估能力</td><td>L3～L4</td><td>L1～L2</td></tr>
<tr><td>41－01－03</td><td>具备高血压、糖尿病的筛查技术</td><td>L3～L4</td><td>L1～L2</td></tr>
<tr><td rowspan="6">41－02</td><td rowspan="6">慢性病患者管理</td><td>41－02－01</td><td>建立慢性病患者管理名册</td><td>L1～L2</td><td>L1～L2</td></tr>
<tr><td>41－02－02</td><td>建立慢性病患者健康档案</td><td>L3～L4</td><td>L1～L2</td></tr>
<tr><td>41－02－03</td><td>能对慢性病患者进行体检</td><td>L3～L4</td><td>L1～L2</td></tr>
<tr><td>41－02－04</td><td>能按照慢性病随访流程进行随访及指导</td><td>L3～L4</td><td>L1～L2</td></tr>
<tr><td>41－02－05</td><td>监测慢性病患者诊断指标</td><td>L3～L4</td><td>L1～L2</td></tr>
<tr><td>41－02－06</td><td>做好慢性病患者赋权管理</td><td>L3～L4</td><td>L1～L2</td></tr>
<tr><td rowspan="4">42</td><td rowspan="4">基本医疗（门诊、家庭病床、医院感染）</td><td>42－01</td><td>门诊护理</td><td>42－01－01</td><td>具备基础护理相关知识和技能</td><td>L3～L4</td><td>L1～L2</td></tr>
<tr><td rowspan="3">42－02</td><td rowspan="3">家庭病床护理</td><td>42－02－01</td><td>知道建床条件</td><td>L1～L2</td><td>L1～L2</td></tr>
<tr><td>42－02－02</td><td>评估家居环境及社会环境</td><td>L3～L4</td><td>L1～L2</td></tr>
<tr><td>42－02－03</td><td>利用护理程序护理病人</td><td>L3～L4</td><td>L1～L2</td></tr>
</table>

续上表

工作项目/职业素养		工作任务/职业素养		职业能力（技能、工具、方法、要求、知识）		学习水平 中职 Li	学习水平 高职 Lj
42	基本医疗（门诊、家庭病床、医院感染）	42－02	家庭病床护理	42－02－04	具备独立解决问题的能力	L3～L4	L1～L2
				42－02－05	具备突发事件应对能力、预见能力	L3～L4	L1～L2
				42－02－06	具备慎独精神	L3～L4	L1～L2
				42－02－07	签署知情同意书	L3～L4	L1～L2
				42－02－08	知道医保政策	L1～L2	L1～L2
				42－02－09	明确居家护理临床路径	L3～L4	L1～L2
				42－02－10	做好居家护理医疗安全	L3～L4	L1～L2
				42－02－11	教会患者寻求社区资源	L3～L4	L1～L2
				42－02－12	规范护理文书书写	L3～L4	L1～L2
43	处理突发公共卫生事件	43－01	风险评估	43－01－01	排查传染病风险疫情，收集和提供风险信息	L3～L4	L1～L2
				43－01－02	参与风险评估和应急预案的制订	L3～L4	L1～L2
		43－02	物资管理	43－02－01	按照公共卫生事件处理规范要求准备物资	L3～L4	L1～L2
				43－02－02	做好动态管理	L3～L4	L1～L2
				43－02－03	建立物资台账	L3～L4	L1～L2
		43－03	公共卫生事件的报告和处理	43－03－01	知道公共卫生事件处理预案、组织架构	L1～L2	L1～L2
				43－03－02	演练应急方案	L3～L4	L1～L2
				43－03－03	及时上报相关事件	L3～L4	L1～L2
44	职业素养（通用能力、核心技能、关键能力）	44－01	人与人之间沟通交流	44－01－01	快速地明白他人的意图	L2	L1
				44－01－02	准确、简明、清晰地表达自己的意见	L2	L1
				44－01－03	运用互联网邮件进行交流	L2	L1
				44－01－04	具备条理性、逻辑性	L2	L1
				44－01－05	与领导同事的沟通	L2	L1
				44－01－06	与病人及家属的沟通	L2	L1
				44－01－07	注重沟通的技巧和注意事项	L2	L1
				44－01－08	注意沟通的基本礼仪	L2	L1
				44－01－09	注意沟通的内容	L2	L1

续上表

工作项目/职业素养		工作任务/职业素养		职业能力（技能、工具、方法、要求、知识）		学习水平 中职 Li	学习水平 高职 Lj
44	职业素养（通用能力、核心技能、关键能力）	44－02	数字应用	44－02－01	准确计算药物剂量	L3	L1
				44－02－02	准确计算输液速度	L2	L1
				44－02－03	掌握消毒液的配置及浓度检测	L2	L1
				44－02－04	进行统计分析		L3
		44－03	创新能力	44－03－01	善于思考问题、发现问题、解决问题	L4	L3
				44－03－02	具有创新意识、探索精神	L4	L3
				44－03－03	掌握现代化工具的应用	L4	L3
				44－03－04	掌握检索文献、管理文献、撰写论文的方法	L6	L3～L4
				44－03－05	能进行问卷调查，设计访谈问卷	L6	L3～L4
				44－03－06	能应用交叉学科知识，指导临床工作	L6	L3～L4
				44－03－07	具有评判性思维	L6	L3～L4
		44－04	自主学习	44－04－01	按照医院的要求加强学习	L1	L1
				44－04－02	善于利用培训的机会	L2	L1
				44－04－03	根据工作需求主动学习	L3	L1～L2
				44－04－04	利用互联网自主学习	L3	L1～L2
				44－04－05	善于向同事学习，取长补短	L3	L1～L2
				44－04－06	学习基本的科研方法		L3
				44－04－07	学习论文结构	L5	L3
				44－04－08	学会科研论文的书写	L5	L3
				44－04－09	根据工作中遇到的问题及时学习	L3	L1～L2
		44－05	团队合作	44－05－01	建立团队认同的共同目标	L3	L1～L2
				44－05－02	善于沟通交流	L2	L1～L2
				44－05－03	能够知识共享	L2	L1～L2
				44－05－04	明确内部分工	L3	L1～L2
				44－05－05	积极参加各种文体活动	L2	L1～L2
				44－05－06	要有团队凝聚力	L2	L1～L2

续上表

工作项目/职业素养		工作任务/职业素养		职业能力（技能、工具、方法、要求、知识）		学习水平 中职 Li	学习水平 高职 Lj
44	职业素养（通用能力、核心技能、关键能力）	44－06	解决问题	44－06－01	有责任心	L2	L1～L2
				44－06－02	善于总结归纳	L4	L2
				44－06－03	善于找寻产生问题的根源	L4	L2～L3
				44－06－04	及时申报自己不能处理的问题	L2	L1～L2
				44－06－05	要有创新精神	L5	L1～L2
		44－07	信息处理	44－07－01	能使用办公软件、E-mail	L2	L1
				44－07－02	能够使用医院管理系统	L2	L1
				44－07－03	能及时共享信息	L2	L1～L2
				44－07－04	掌握分析信息的方法	L3	L1～L2
				44－07－05	能及时反馈信息	L2	L1～L2
				44－07－06	掌握筛选、处理信息的方法	L2～L3	L1～L2
		44－08	责任安全意识	44－08－01	提高工作效率	L1～L2	L1
				44－08－02	对自己工作负责，不拖拉	L1～L2	L1
				44－08－03	勇于承担，不推卸责任	L1～L2	L1
				44－08－04	工作有计划，细分目标	L2～L3	L1～L2
		44－09	外语应用	44－09－01	懂得医学专业术语，能看进口医疗仪器设备的使用手册	L4	L4
				44－09－02	明白专业术语的英语缩写含义	L3	L2

注："学习水平"中的中职L*i*的*i*对应"表4－1　现代学徒制护理专业毕业生职业生涯发展路径"中的中职发展阶段，若是第Ⅱ发展阶段，则用L2表示；若是第Ⅲ发展阶段，则用L3表示，依此类推。同理，高职L*j*的*j*对应"表4－1　现代学徒制护理专业毕业生职业生涯发展路径"中的高职发展阶段，若是第Ⅱ发展阶段，则用L2表示；若是第Ⅲ发展阶段，则用L3表示，依此类推。

五、附录

（一）参与职业能力分析的行业企业专家名单（如表4－4所示）

表4－4　参与职业能力分析的行业企业专家名单

序号	姓名	单位名称	职务/职称
1	刘雪琴	广东省护理教育中心	教育中心主任/主任护师
2	邹晓芳	广州医科大学附属第三医院	内科护士长/主任护师
3	王　琳	暨南大学附属第一医院	护士长/主管护师
4	吴杏荛	中山大学附属肿瘤医院	医院老年专科组长/主管护师
5	欧丽萍	广州市番禺区东环街社区卫生服务中心	护士长/副主任护师
6	陈燕梅	广州市荔湾区华林街社区卫生服务中心	护士长/主管护师
7	邝丽娟	广州市白云区石井街社区卫生服务中心	主任/副主任护师
8	骆婉姬	广州市白云区同德街社区卫生服务中心	社区护士/主管护师
9	谭秋娴	英德市人民医院城南社区卫生服务中心	副主任/主管护师
10	伍静美	广州市萝岗区永和街社区卫生服务中心	护士长/主管护师
11	蔡艳芳	清远市人民医院	主任/主任护师

（二）参与职业能力分析的院校教师名单（如表4－5所示）

表4－5　参与职业能力分析的院校教师名单

序号	姓名	单位名称	职务/职称
1	陈晓霞	肇庆医学高等专科学校	主任/副教授
2	郝燕萍	广州医科大学	主任/教授
3	蔡　舒	广东药科大学	主任助理/副教授
4	徐　晨	深圳职业技术学院	院长/教授
5	岑慧红	广州卫生职业技术学院	院长/教授
6	潘长玲	惠州卫生职业技术学院	主任/副教授
7	杜　娟	肇庆医学高等专科学校	教研主任/副教授
8	杨翠红	广东省连州卫生学校	科长/高级讲师

续上表

序号	姓名	单位名称	职务/职称
9	陈魁元	广东黄埔卫生职业技术学校	科长/高级讲师
10	冼昶华	清远职业技术学院	院长/副教授
11	冯小军	清远职业技术学院	所长/副教授
12	颜丽芳	清远职业技术学院	总支书记/讲师
13	金松洋	清远职业技术学院	专业主任/讲师
14	吴　琼	清远职业技术学院	专业主任/副教授
15	王　容	清远职业技术学院	专业主任/副教授
16	徐玲丽	清远职业技术学院	教研主任/讲师
17	潘映霞	清远职业技术学院	专业教师/副教授
18	李小红	清远职业技术学院	专业教师/讲师
19	张小琴	清远职业技术学院	专业教师/讲师

第五章
现代学徒制机电一体化技术专业职业能力分析报告

一、职业能力分析的目的和意义

机电一体化技术专业对应的行业为装备制造业，涵盖机电装备的研发、生产、销售及使用维护。中国是全球的装备制造大国，广东省是全国最大的装备制造基地，装备制造业是广东的支柱产业之一。目前现代装备制造业生产的内涵正在发生变化，对技能型人才的知识结构、能力要求不断提高，使得社会对高技能人才的需求日益凸显。据调查，目前我国机械行业机电一体化从业人员约有 170 万人，其中广东省约 17.3 万人，加上其他行业对此类人才的需求，全广东省机电一体化技能人才的需求超过 20 万人，而目前广东职业院校每年的机电一体化技术专业毕业生只有 7 000 人左右，需求缺口巨大。

《教育部关于全面提高高等职业教育教学质量的若干意见》（教高〔2006〕16 号）指出，高职课程建设与改革是提高教学质量的核心，也是教学改革的重点和难点。高职教育必须以培养学生职业能力为目标，而职业能力分析是实现这一目标的出发点。因此，高职院校应与行业企业合作开发专业教学标准及课程标准，根据职业岗位（群）的能力要求，参照相关的职业资格标准，建立突出职业能力培养的专业教学标准和课程标准。将职业能力培养与课程设置结合，以职业能力分析为基础的专业教学标准和课程标准是关键因素。

在现代学徒制机电一体化技术专业教学标准和课程标准研制的过程中，项目组在广东省教育研究院专家的指导下，前期开展了行业企业、学校、毕业生和在校生的调研工作，撰写了《现代学徒制机电一体化技术专业建设调研报告》，获得了包括岗位类型在内的重要材料，并得到机电一体化技术专业毕业生（包括现代学徒制）的职业生涯发展路径。为明确各岗位主要的工作项目、工作项目对应的工作任务及其应具备的相应职业能力，通过与企业一线专家的面对面探讨，形成了机电一体化技术专业岗位职业能力分析表，为下一步进行现代学徒制机电一体化技术专业课程转换及教学标准的制定提供了科学依据。

二、职业能力分析的组织与实施

项目组在广东省教育研究院专家的指导下，于 2016 年 6 月 15 日举行了一场现代学徒制机电一体化技术专业职业能力分析会，获得了职业能力分析表初稿，后期对职业能力分析表进行了整理完善，并根据企业专家的反馈意见进行了修改。

（一）职业能力分析的基本方法

本次职业能力分析主要采用“头脑风暴法”，即主持人以明确的方式向所有参与者阐明问题，说明会议的规则，尽力创造融洽轻松的会议氛围，并以适当的方式对问题进行引导，最后由专家们自由提出尽可能多的方案。该方法对主持人及专家的要求都比较高，主持人需能够把握重点的讨论内容及问题的导向，专家则要具备准确表达相关岗位的工作任务及相应职业能力的能力。职业能力分析会邀请了来自生产管理第一线的制造行业技术专家，并保证每个分析的岗位都有3位以上的专家参与。

（二）职业能力分析会的组织

1. 职业能力分析会的前期准备

（1）主持人。

职业能力分析会设主持人1名，主持人只主持会议，引导专家按照问题的导向提出自己的见解，对专家提出的意见方案不做评论。分析会设记录员1人，要求认真将专家对每一个问题的表述完整地记录下来。项目组邀请广东省教育研究院课程研究专家邓文辉博士担任主持、机电专业教师刘折担任记录员，充分保障了职业能力分析会的成功召开。

（2）行业企业专家。

根据职业能力分析会的要求及考虑到岗位的具体情况，分析会聘请了15位来自生产管理一线的企业专家（名单详见表5－4）。参与分析会的企业包括与本专业合作开展现代学徒制的企业及来自东莞等其他地方的企业，专家包括一线的生产及技术骨干、线段长、车间主任等，覆盖了机电一体化技术专业所面向的主要目标岗位，包括设备操作工、设备维修工、设备安装调试工等，并且保证了分析每个岗位的专家有3人以上。

（3）会务筹备。

项目组根据专家的意见修改了《现代学徒制机电一体化技术专业建设调研报告》后，进入筹备职业能力分析会阶段。项目组首先确定拟邀请的企业及专家名单，然后向专家发送邀请函并说明分析会有关的研讨内容及方法，让专家能够在思想上有充分的准备。然后项目组对会议场地、记录员、会场设备、会议资料的准备及发放、会议过程的摄像及现场服务等进行了周密的安排，保障了分析会的顺利召开。

2. 分析会的召开

经过筹备，2016年6月15日在清远职业技术学院召开了现代学徒制机电一体化技术专业职业能力分析会，邀请了15位企业专家采用头脑风暴法进行研讨。主持人向各位专家说明了分析的内容与要求，并确认了机电一体化技术专业毕业生职业生涯发展路径。

分析会按照所设定的职业能力分析方法进行，首先确定岗位的工作项目，其次根据工作项目确定相应的工作任务，一般一个工作项目可以分解成多个工作任务，再次确定每项工作任务的主要职业能力要求，每项工作任务也可以分解为多种职业能力，最后形成了原始的职业能力分析表。分析会结束后，项目组对会议资料进行了认真的梳理、分析、整理、补充，得到了系统而详细的机电一体化技术专业职业能力分析表。

图 5－1　机电一体化专业现代学徒制职业能力分析会专家合影

（三）职业能力分析表的制订

根据职业能力分析会上专家的发言整理出原始的职业能力分析表，分析表包括设备操作工、设备维修工、设备安装调试工等机电一体化技术专业核心岗位群，并将该表发给专家修订及进行评定，最后签字确认。为了使机电一体化技术专业职业能力分析表更具科学性及普适性，会后一段时间，项目组对一些岗位的职业能力进行了补充，并和相关制造企业的专家对职业能力分析表进行研讨，做进一步的完善和修订，得出最终的机电一体化技术专业职业能力分析表。

三、职业能力分析的结论与成效

（一）职业能力分析的结论

本次职业能力分析会重点分析了设备操作工、设备维修工、设备安装调试工等机电一体化技术专业核心岗位群的职业能力，经过后续的反复修订及专家的确认形成了最终的机电一体化技术专业职业能力分析表。职业能力分析表包含了 33 个工作项目、108 项工作任务、357 项职业能力，以及 10 项职业素养、30 项职业素养点。10 项职业素养分别为沟通交流、数字应用、革新创新、自主学习、团队合作、解决问题、信息处理、责任意识、外语应用及其他等。职业能力分析表中各项能力点明显得到细化。职业能力共分为7个发展阶段，其中现代学徒制机电一体化技术专业面向的目标岗位发展阶段为Ⅲ、Ⅳ阶段。

（二）职业能力分析的成效

1. 进一步明确了现代学徒制机电一体化技术专业毕业生职业生涯发展路径

通过对企业单位的调研访谈、中高职毕业生的问卷调查、近3～5年毕业生就业情况及现代学徒制毕业生的调研分析等，项目组发现，不同的企业有不同的发展路径，但基本上都可以概括为：一般操作工→技术工→管理岗位。

清远市美亚宝铝业有限公司的其中一条发展路径为：

操作工→维修工→维修主任→设备部长→生产经理→技术总监→总经理。

新玛基（清远）实业有限公司的其中一条发展路径为：

机电操作工→制造工程师→车间主任或生产经理→经理助理→总经理。

通过分析，机电一体化技术专业毕业生职业生涯发展路径可分为7个发展阶段。中职毕业生的初次就业岗位主要是学徒工和一般操作工，学徒工大部分在半年左右可转正为一般操作工。普通高职毕业生的初始就业岗位主要是一般操作工和中级技术工，也有部分从事技术岗位，如CAD绘图员、CAD/CAM① 制图员，在工作1～3年后可升为高级技术工或助理工程师，有些迁移到生产组长或工段线长的岗位上。机电一体化技术专业毕业生职业生涯发展路径如表5－1所示，机电一体化技术专业岗位群及职业能力分布汇总如表5－2所示。

表5－1　机电一体化技术专业毕业生职业生涯发展路径

发展阶段	就业岗位			学历层次	发展年限/年（参考时间）	
	生产岗位	技术岗位	管理岗位		中职	高职
Ⅶ	—	总工程师	公司总经理	—	≥13	≥11
Ⅵ	高级技师（设备操作、设备维修、设备装调）	高级工程师（设计员）	总监	本科	10～13	9～11
Ⅴ	技师（设备操作、设备维修、设备装调）	工程师（设计员）	车间主任、生产经理	高职/本科	7～10	6～8
Ⅳ	高级技术工（设备操作、设备维修、设备装调）	助理工程师（绘图员）	生产组长、工段线长	高职	5～7	3～5
Ⅲ	中级技术工（设备操作、设备维修、设备装调）	见习技术员（绘图员）	—	高职	3～5	1～3

① CAM：computer aided manufacturing，计算机辅助制造。

续上表

发展阶段	就业岗位			学历层次	发展年限/年（参考时间）	
	生产岗位	技术岗位	管理岗位		中职	高职
Ⅱ	一般操作工	—	—	中/高职	1~2	—
Ⅰ	学徒工	—	—	中职	0.5~1	

注：表中有底纹的岗位群为高职现代学徒制机电一体化技术专业的目标岗位。

表5-2　机电一体化技术专业岗位群及职业能力分布汇总表

发展阶段	制造岗位		技术岗位		管理岗位		学历层次
	名称	项目/任务数	名称	项目/任务数	名称	项目/任务数	
Ⅶ			总工程师		公司总经理		
Ⅵ	高级技师（设备操作、设备维修、设备装调）		高级工程师（设计员）		总监		本科
Ⅴ	技师（设备操作、设备维修、设备装调）		工程师（设计员）		车间主任、生产经理	11个工作项目，35个工作任务	高职/本科
Ⅳ	高级技术工（设备操作、设备维修、设备装调）	18个工作项目，57个工作任务	助理工程师（绘图员）	4个工作项目，15个工作任务	生产组长、工段线长		高职
Ⅲ	中级技术工（设备操作、设备维修、设备装调）		见习技术员（绘图员）				高职
Ⅱ	一般操作工						中职/高职
Ⅰ	学徒工						中职

机电一体化技术专业的目标岗位分别为：设备操作工、设备维修工、设备安装调试工、绘图员、工段线长和车间主任。项目组对以上岗位的工作项目、工作任务及其相应职业能力进行分析。

2. 为确立现代学徒制机电一体化技术专业人才培养目标提供了宝贵的素材

职业能力分析会明确了现代学徒制机电一体化技术专业学员岗位职业能力提升的要求，学员现有的岗位职业能力，以及通过培养，岗位职业能力要提高到什么水平、达到什么标准。以海螺水泥为例，如球磨机操作岗位能力：培养前，只会操作，不会维护维修，更不会把握球磨机运转工作规律。培养后达到职业能力水平：不仅会操作，还要把握球磨机工作运转的状况和规律，懂得检测与维修的技术要求，及时处置设备的非正常状况，提出维护维修的要求或者自己担当起维护维修的工作任务。制订好学员岗位职业能力提升与达到的岗位职业能力要求与标准，有的放矢，按部就班地培养，就能够实现培养目标。

3. 为下一步现代学徒制机电一体化技术专业课程转换及标准的制定提供科学依据

前期的专业调研形成了详细的专业调研报告，为本次职业能力分析会提供了良好的基础。根据标准制定的安排，接下来的工作为开展课程转换，因此，职业能力分析会所形成的职业能力分析表为下一步的课程转换提供了科学的依据，并为制定现代学徒制机电一体化专业教学标准和课程标准打下良好的基础。

四、职业能力分析表

现代学徒制机电一体化技术专业职业能力分析表，如表 5－3 所示。

表 5－3 现代学徒制机电一体化技术专业职业能力分析表

工作项目/职业素养		工作任务/职业素养分类		职业能力（技能、工具、方法、要求、知识）		学习水平 中职 Li	学习水平 高职 Lj
01	作业前检查	01－01	点检	01－01－01	阅读设备操作规程	L2	L2
				01－01－02	检查设备开关按钮	L2	L2
				01－01－03	检查设备电源	L2	L2
				01－01－04	检查设备油表	L2	L2
				01－01－05	检查设备冷却液	L2	L2
				01－01－06	判断开机后设备运转是否正常	L2	L2
				01－01－07	辨别设备的声音	L2	L2
				01－01－08	辨别设备的味道	L2	L2
				01－01－09	判断设备的各项参数是否正常	L2	L2
				01－01－10	判断设备加工原点位置	L2	L2
				01－01－11	按照操作规程实施日常维护	L2	L2

续上表

<table>
<tr><th colspan="2" rowspan="2">工作项目/职业素养</th><th colspan="2" rowspan="2">工作任务/职业素养分类</th><th colspan="2" rowspan="2">职业能力
（技能、工具、方法、要求、知识）</th><th colspan="2">学习水平</th></tr>
<tr><th>中职
Li</th><th>高职
Lj</th></tr>
<tr><td rowspan="4">02</td><td rowspan="4">作业前检查</td><td rowspan="4">01－02</td><td rowspan="4">安全与环境检查</td><td>01－02－01</td><td>判断机器安全夹具、防呆设施是否正常</td><td></td><td>L3</td></tr>
<tr><td>01－02－02</td><td>评估设备电源、指示灯、设备操作平台是否符合安全要求</td><td></td><td>L3</td></tr>
<tr><td>01－02－03</td><td>评估设备周边环境是否符合安全要求</td><td>L2</td><td>L2</td></tr>
<tr><td>01－02－04</td><td>自我判断自身状态是否适应操作要求</td><td>L2</td><td>L2</td></tr>
<tr><td rowspan="17">02</td><td rowspan="17">加工前准备</td><td rowspan="9">02－01</td><td rowspan="9">查看作业指导书（或操作步骤）</td><td>02－01－01</td><td>能够操作普通加工设备，如普通车床、铣床等</td><td>L2</td><td>L2</td></tr>
<tr><td>02－01－02</td><td>能够操作数控加工设备，如数控车床、数控铣床等</td><td>L2</td><td>L2</td></tr>
<tr><td>02－01－03</td><td>掌握常用工具的特性，如精度等级、使用范围、应用场合</td><td>L2</td><td>L2</td></tr>
<tr><td>02－01－04</td><td>熟练使用各种仪表、游标卡尺、千分尺、分度尺、六角匙等</td><td>L2</td><td>L2</td></tr>
<tr><td>02－01－05</td><td>掌握钳工装配的方法</td><td>L2</td><td>L2</td></tr>
<tr><td>02－01－06</td><td>掌握打磨抛光的加工方法</td><td>L2</td><td>L2</td></tr>
<tr><td>02－01－07</td><td>识读产品图纸的技术要求</td><td>L2</td><td>L2</td></tr>
<tr><td>02－01－08</td><td>掌握加工零件的精度要求</td><td>L2</td><td>L2</td></tr>
<tr><td>02－01－09</td><td>使用常用夹具</td><td>L2</td><td>L2</td></tr>
<tr><td rowspan="5">02－02</td><td rowspan="5">查看加工工艺文件（或生产通知单、施工单）</td><td>02－02－01</td><td>正确理解工艺卡对该道工序的要求</td><td></td><td>L3</td></tr>
<tr><td>02－02－02</td><td>理解常用的加工工艺特性</td><td></td><td>L3</td></tr>
<tr><td>02－02－03</td><td>选用合适的加工方法</td><td></td><td>L3</td></tr>
<tr><td>02－02－04</td><td>选用合适的加工设备（车、铣、钻、磨等）</td><td></td><td>L3</td></tr>
<tr><td>02－02－05</td><td>具备电气的安全常识</td><td></td><td>L3</td></tr>
<tr><td rowspan="3">02－03</td><td rowspan="3">领料（或备料）</td><td>02－03－01</td><td>识读领料单内容，如牌号、编号、数量、外观质量等</td><td>L2</td><td>L2</td></tr>
<tr><td>02－03－02</td><td>核对材料的数量、外观质量等</td><td>L2</td><td>L2</td></tr>
<tr><td>02－03－03</td><td>判断上一道工序的产品是否合格</td><td>L2</td><td>L2</td></tr>
</table>

续上表

工作项目/职业素养		工作任务/职业素养分类		职业能力（技能、工具、方法、要求、知识）		学习水平 中职 Li	学习水平 高职 Lj
02	加工前准备	02－04	选用加工刀具（或工具）	02－04－01	掌握各种工具的规格和使用特性		L3
				02－04－02	根据加工要求选用刀具材质、类型		L3
				02－04－03	识别工具能否正常使用		L3
				02－04－04	掌握工具的安全使用范围		L3
				02－04－05	熟悉各种刀具的装夹方式		L3
				02－04－06	按照操作规程正确装夹刀具		L3
		02－05	工艺准备	02－05－01	分析零件先后加工工序		L3
				02－05－02	能够进行装夹、校正找基准、对刀、试刀等操作	L3	L3
				02－05－03	使用专用的夹具	L3	L3
				02－05－04	设定工艺参数	L3	L3
		02－06	工件装夹	02－06－01	使用加工用的工装夹具	L3	L3
				02－06－02	分析加工工件的合理性	L3	L3
				02－06－03	正确装夹工件	L3	L3
03	加工过程	★03－01	操作加工设备	03－01－01	读懂图纸（机械图、电路图等）	L3	L3
				03－01－02	发现并报告处理在加工过程中出现的参数异常情况	L3	L3
				03－01－03	按照操作规程熟练操作加工设备	L3	L3
				03－01－04	判断加工状态的异常	L3	L3
		03－02	过程品质控制	03－02－01	判断量具是否正常		L4
				03－02－02	正确使用量具		L4
				03－02－03	测量零件加工精度		L4
				03－02－04	掌握生产工艺要求、品质要求		L4
				03－02－05	能够应用公差配合的知识		L4

续上表

工作项目/职业素养		工作任务/职业素养分类		职业能力（技能、工具、方法、要求、知识）		学习水平	
						中职 Li	高职 Lj
04	加工后处理	04－01	刀具修磨	04－01－01	分析刀具的角度关系		L3
				04－01－02	判断刀具的材料特性		L3
				04－01－03	操作刀具修磨设备及工具		L3
		04－02	清洁加工场地	04－02－01	熟悉企业 6S① 现场管理（整理、整顿、清洁、清扫、素养、安全）		L3
				04－02－02	处理加工后的废品，合理利用资源		L3
		04－03	设备养护	04－03－01	熟悉加工设备的结构、功能及基本操作		L3
				04－03－02	执行设备的操作规程		L3
				04－03－03	完成设备周期性检查、日常保养		L3
				04－03－04	分析各种报警信息内容及解决办法		L3
		04－04	班次交接	04－04－01	确认设备使用状况		L3
				04－04－02	检查工具及工件数量		L3
				04－04－03	进行质量交接		L3
		04－05	填写生产记录文件	04－05－01	描述正常的生产过程		L4
				04－05－02	描述异常的情况		L4
				04－05－03	描述异常的情况处理过程		L4
		04－06	工序交接（或换班）	04－06－01	熟悉生产流程		L4
				04－06－02	熟悉产品的品质要求		L4
05	设备维护保养	05－01	定期点检	05－01－01	熟悉设备的工作原理		L3
				05－01－02	检查常见故障点		L3
				05－01－03	掌握设备参数的正常状况		L3
				05－01－04	掌握设备温度的正常状况		L3
				05－01－05	掌握设备电流的正常状况		L3

① 6S 即整理（Seiri）、整顿（Seiton）、清扫（Seiso）、清洁（Seiketsu）、素养（Shitsuke）、安全（Security）。

续上表

工作项目/职业素养		工作任务/职业素养分类		职业能力（技能、工具、方法、要求、知识）		学习水平 中职 Li	学习水平 高职 Lj
05	设备维护保养	★ 05－02	定期维护保养	05－02－01	按照设备保养周期进行保养		L4
				05－02－02	按计划正常设备检修		L4
				05－02－03	抢修临时故障设备		L4
				05－02－04	完成设备润滑和较复杂的设备维护工作		L4
				05－02－05	修复可利用的设备旧件		L4
				05－02－06	维护保养及保管好所用的工具、量具、维修设备		L4
				05－02－07	确保设备“四无”“六不漏”		L4
				05－02－08	掌握设备保养的要领		L4
06	维修前准备	06－01	了解工作范围	06－01－01	认真倾听、细心掌握工作范围		L3
				06－01－02	掌握设备故障前的生产情况		L3
				06－01－03	确定设备所在的现场位置		L3
				06－01－04	领取设备维修任务和备件制作任务		L4
				06－01－05	掌握维护设备和相应维修技术文件		L4
		06－02	技术准备	06－02－01	熟悉设备的操作、性能、技术参数、结构等		L4
				06－02－02	评估维修项目的工作重点及难点故障原因		L4
				06－02－03	确定需要的准备工具、量具		L4
				06－02－04	看懂设备的电气图纸		L4
				06－02－05	看懂设备的机械图纸		L4
				06－02－06	看懂设备的各项技术要求		L4
				06－02－07	目视检查或对设备的部件、系统等进行原位检查		L4
				06－02－08	初拟施工思路		L4
		06－03	安全准备	06－03－01	掌握常见的安全防护措施		L4
				06－03－02	熟知相关设备的危害源		L4
				06－03－03	熟悉相关设备的规范操作		L4

续上表

工作项目/职业素养		工作任务/职业素养分类		职业能力（技能、工具、方法、要求、知识）		学习水平 中职 Li	学习水平 高职 Lj
06	维修前准备	06－03	安全准备	06－03－04	使用劳保用品（安全工器具）		L4
				06－03－05	评估维修现场的人身安全		L4
		06－04	材料准备	06－04－01	能够提前准备易损件，本次故障维修所需备品、配件		L4
				06－04－02	准备和检查必备工具、量具		L4
				06－04－03	识别材料的重量、参数、规格		L4
		06－05	工具准备	06－05－01	掌握专用工具、通用工具的使用方法（五金工具箱）		L4
				06－05－02	判别量具是否精确、适用		L4
				06－05－03	判别手锤、大锤手柄是否装牢		L4
				06－05－04	判别活动扳手、套筒扳手是否打滑		L4
				06－05－05	识别维修所用的工具		L4
				06－05－06	确认砂纸、棉纱、油、焊条等材料是否齐备		L4
				06－05－07	维护保养日常常用工具		L4
07	故障分析	07－01	复检设备是否故障	07－01－01	确认设备故障情况		L4
				07－01－02	判定故障位置		L4
				07－01－03	掌握相关设备的原理、电路		L4
				07－01－04	熟悉相关设备的操作规程		L4
				07－01－05	能够检查产品的技术参数		L4
				07－01－06	掌握电工、液压、气动、机件装配的知识		L4
		07－02	故障现象分析	07－02－01	熟悉相关设备的故障现象或故障代码		L4
				07－02－02	能够进行现场的常规性检查、易损件检查		L4
		07－03	制订维修方案	07－03－01	制订维修计划及应急措施		L4
				07－03－02	初步评估维修计划是否可行		L4
				07－03－03	优化维修方案		L4

续上表

<table>
<tr><th colspan="2" rowspan="2">工作项目/
职业素养</th><th colspan="2" rowspan="2">工作任务/
职业素养分类</th><th colspan="2" rowspan="2">职业能力
（技能、工具、方法、要求、知识）</th><th colspan="2">学习水平</th></tr>
<tr><th>中职
Li</th><th>高职
Lj</th></tr>
<tr><td rowspan="22">08</td><td rowspan="22">排除故障</td><td rowspan="3">08－01</td><td rowspan="3">选用工具、材料、配件</td><td>08－01－01</td><td>能够针对故障选用合适的维修工具</td><td></td><td>L4</td></tr>
<tr><td>08－01－02</td><td>选用合适的材料</td><td></td><td>L4</td></tr>
<tr><td>08－01－03</td><td>选用合适的配件</td><td></td><td>L4</td></tr>
<tr><td rowspan="2">08－02</td><td rowspan="2">布置维修现场</td><td>08－02－01</td><td>设置明显的安全标识</td><td></td><td>L4</td></tr>
<tr><td>08－02－02</td><td>佩戴安全防护带、安全帽等劳保用品</td><td></td><td>L4</td></tr>
<tr><td rowspan="9">★
08－03</td><td rowspan="9">实施维修</td><td>08－03－01</td><td>熟悉设备的维修规程</td><td></td><td>L4</td></tr>
<tr><td>08－03－02</td><td>熟悉各零部件的规格及使用方法</td><td></td><td>L4</td></tr>
<tr><td>08－03－03</td><td>具备钳工的基础</td><td></td><td>L4</td></tr>
<tr><td>08－03－04</td><td>保护人身和设备安全</td><td></td><td>L4</td></tr>
<tr><td>08－03－05</td><td>掌握设备拆装和更换流程</td><td></td><td>L4</td></tr>
<tr><td>08－03－06</td><td>记录拆卸的先后顺序、方向和位置</td><td></td><td>L4</td></tr>
<tr><td>08－03－07</td><td>掌握设备的安装顺序，能调整间隙和中心线等校准工作</td><td></td><td>L4</td></tr>
<tr><td>08－03－08</td><td>判定拆卸下来的部件是否有修理价值</td><td></td><td>L4</td></tr>
<tr><td>08－03－09</td><td>处理失效的零部件和螺丝等，如锈蚀严重的零件</td><td></td><td>L4</td></tr>
<tr><td rowspan="6">08－04</td><td rowspan="6">维修验证（试车）</td><td>08－04－01</td><td>熟悉设备的完好标准</td><td></td><td>L4</td></tr>
<tr><td>08－04－02</td><td>填写送电操作票</td><td></td><td>L4</td></tr>
<tr><td>08－04－03</td><td>记录试车时的电流、声响、温度等参数</td><td></td><td>L4</td></tr>
<tr><td>08－04－04</td><td>能进行试运行（空载、负荷）设备，并判断故障是否排除</td><td></td><td>L4</td></tr>
<tr><td>08－04－05</td><td>检查产品是否达到性能要求</td><td></td><td>L4</td></tr>
<tr><td>08－04－06</td><td>能够对设备进行操作，检查设备是否正常运行</td><td></td><td>L4</td></tr>
<tr><td rowspan="3">09</td><td rowspan="3">维修收尾</td><td rowspan="3">09－01</td><td rowspan="3">填写记录文件</td><td>09－01－01</td><td>描述故障原因及排除方法</td><td></td><td>L4</td></tr>
<tr><td>09－01－02</td><td>填写维修及更换零部件的记录</td><td></td><td>L4</td></tr>
<tr><td>09－01－03</td><td>整理记录文件并归档</td><td></td><td>L4</td></tr>
</table>

续上表

工作项目/职业素养		工作任务/职业素养分类		职业能力（技能、工具、方法、要求、知识）		学习水平 中职 Li	学习水平 高职 Lj
09	维修收尾	09－02	清洁现场	09－02－01	掌握企业6S现场管理（整理、整顿、清洁、清扫、素养、安全）		L4
		09－03	设备移交	09－03－01	能够对操作者提供技术交流		L4
				09－03－02	能讲解设备的操作注意事项		L4
10	可利用部件的修复	10－01	修复部件	10－01－01	能读懂配件的零件图纸		L4
				10－01－02	评定更换下来的配件价值		L4
				10－01－03	掌握可利用配件的修复方法		L4
11	维修总结	11－01	总结故障原因	11－01－01	能够准确分析故障的原因（人为原因、自然原因、操作时间过长等）		L4
				11－01－02	具备基本的写作能力		L4
				11－01－03	提出相应的预防措施		L4
		11－02	跟踪设备使用情况	11－02－01	能够与设备使用者进行设备使用情况的交流		L4
				11－02－02	掌握维修后设备的运转情况		L4
12	机械装配和安装	12－01	掌握设备工作原理	12－01－01	读懂机械装配图		L4
				12－01－02	掌握机械工作原理		L4
				12－01－03	掌握设备安装工艺		L4
				12－01－04	了解设备用途及生产流程		L4
		12－02	使用施工工具	12－02－01	使用手持电动工具，如手电钻、打磨机、切割机等		L4
				12－02－02	使用手持扳手：开口扳手、活动扳手、内六角扳手、角尺等		L4
		12－03	整理装配组件	12－03－01	阅读零件图		L4
				12－03－02	能够根据零件图核对机械组件清单		L4
				12－03－03	掌握装配材料特性		L4
		12－04	准备装配环境	12－04－01	准备水电气等条件		L4
				12－04－02	准备好装配场地、基础等		L4

续上表

<table>
<tr><th rowspan="2" colspan="2">工作项目/职业素养</th><th rowspan="2" colspan="2">工作任务/职业素养分类</th><th rowspan="2" colspan="2">职业能力（技能、工具、方法、要求、知识）</th><th colspan="2">学习水平</th></tr>
<tr><th>中职 Li</th><th>高职 Lj</th></tr>
<tr><td rowspan="9">12</td><td rowspan="9">机械装配和安装</td><td rowspan="5">★ 12－05</td><td rowspan="5">零部件装配</td><td>12－05－01</td><td>执行安全操作规程</td><td></td><td>L4</td></tr>
<tr><td>12－05－02</td><td>使用常用工具</td><td></td><td>L4</td></tr>
<tr><td>12－05－03</td><td>装配零部件</td><td></td><td>L4</td></tr>
<tr><td>12－05－04</td><td>读懂部件的装配图、机械传动系统图（如带传动、齿轮传动）</td><td></td><td>L4</td></tr>
<tr><td>12－05－05</td><td>使用相关量具校验机械精度</td><td></td><td>L4</td></tr>
<tr><td rowspan="4">★ 12－06</td><td rowspan="4">整机装配</td><td>12－06－01</td><td>执行安全操作规程</td><td></td><td>L4</td></tr>
<tr><td>12－06－02</td><td>读懂机电设备装配图</td><td></td><td>L4</td></tr>
<tr><td>12－06－03</td><td>确定设备的重心、着力点</td><td></td><td>L4</td></tr>
<tr><td>12－06－04</td><td>使用相关量具校验机械精度</td><td></td><td>L4</td></tr>
<tr><td rowspan="7">13</td><td rowspan="7">安装电气系统</td><td rowspan="7">★ 13－01</td><td rowspan="7">电气系统安装</td><td>13－01－01</td><td>执行电气安全操作规程</td><td>L4</td><td></td></tr>
<tr><td>13－01－02</td><td>读懂电气原理图</td><td>L4</td><td></td></tr>
<tr><td>13－01－03</td><td>读懂电气装配图</td><td>L4</td><td></td></tr>
<tr><td>13－01－04</td><td>读懂电气接线图</td><td>L4</td><td></td></tr>
<tr><td>13－01－05</td><td>识别元器件（如按钮、接触器、电柜、控制按钮箱、各种限位开关、压力开关、安全报警装置等）</td><td>L4</td><td></td></tr>
<tr><td>13－01－06</td><td>识别电气材料（如导线等）</td><td>L4</td><td></td></tr>
<tr><td>13－01－07</td><td>使用电工工具及仪表（如电工刀、万用表、试电笔、钳形电流表、摇表等）</td><td>L4</td><td></td></tr>
<tr><td rowspan="4">14</td><td rowspan="4">安装液压系统</td><td rowspan="4">★ 14－01</td><td rowspan="4">液压系统安装</td><td>14－01－01</td><td>执行液压操作安全规程</td><td></td><td>L4</td></tr>
<tr><td>14－01－02</td><td>读懂液压系统装配图</td><td></td><td>L4</td></tr>
<tr><td>14－01－03</td><td>掌握液压驱动元件、执行元件、控制元件和辅助元件的工作特性</td><td></td><td>L4</td></tr>
<tr><td>14－01－04</td><td>能够正确安装液压管道、液压阀、液压泵等</td><td></td><td>L4</td></tr>
</table>

续上表

工作项目/职业素养		工作任务/职业素养分类		职业能力（技能、工具、方法、要求、知识）		学习水平 中职 Li	学习水平 高职 Lj
15	安装气动系统	★ 15－01	气动系统安装	15－01－01	执行气动操作安全规程		L4
				15－01－02	掌握气动回路的工作原理图		L4
				15－01－03	识别气动驱动元件、执行元件、控制元件和辅助元件		L4
				15－01－04	能够正确安装气管、气阀、气缸等气动元件		L4
16	设备总装	16－01	机电设备各系统间连接	16－01－01	执行操作安全规程		L4
				16－01－02	读懂设备资料		L4
				16－01－03	掌握设备安装中机械、电气相关的安装技术标准		L4
				16－01－04	安装并集成机械、电气、液压等系统		L4
		16－02	设备校正紧固	16－02－01	正确使用校正工具		L4
				16－02－02	校正设备安装精度（水平度、垂直度、同轴度等）		L4
				16－02－03	紧固设备		L4
		16－03	设备润滑	16－03－01	使用润滑工具（黄油枪、机油枪等）		L4
				16－03－02	辨别润滑油的特性、分类（高温油、液压油、齿轮油等）		L4
				16－03－03	能按润滑图表润滑设备		L4
17	设备检查	17－01	安全设施检查	17－01－01	执行机电设备安全操作规程		L4
				17－01－02	检查安全设施（如安全栅栏、网罩、警示标志）		L4
				17－01－03	判别机电设备中安全器件的完好性		L4
		17－02	电气系统检查	17－02－01	执行电气安全操作规程		L4
				17－02－02	会使用现代常用检测仪器（如电气特性检测仪）		L4
				17－02－03	检查电气系统安装的完整性、可靠性（如接插件、屏蔽线）		L4
				17－02－04	检查接地系统的可靠性		L4
				17－02－05	检查电气绝缘性		L4

续上表

工作项目/职业素养		工作任务/职业素养分类		职业能力（技能、工具、方法、要求、知识）		学习水平 中职 Li	学习水平 高职 Lj
17	设备检查	17－03	机械系统检查	17－03－01	使用常用工具进行检测（如游标卡尺、百分表、千分表、水平仪、角尺、直尺等）		L4
				17－03－02	测量位置公差		L4
				17－03－03	检查机械紧固的可靠性		L4
				17－03－04	检查传动系统的传动状况		L4
				17－03－05	检查机械润滑系统		L4
		17－04	气动系统检查	17－04－01	执行气动操作安全规程		L4
				17－04－02	检查管路连接的正确性和可靠性		L4
				17－04－03	检查气动元件（驱动元件、控制元件、执行元件、辅助元件）的完好性		L4
		17－05	液压系统检查	17－05－01	执行液压操作安全规程		L4
				17－05－02	检查管路连接的正确性和可靠性		L4
				17－05－03	检查液压元件（驱动元件、控制元件、执行元件、辅助元件）的完好性		L4
				17－05－04	检查液压元件的初始状态		L4
18	设备调试	18－01	电气系统预调试	18－01－01	使用仪器仪表进行调试（钳形电流表、电流表、电压表等）		L4
				18－01－02	设定常用电气设备控制系统元器件的基本参数（过电流保护值、时间）		L4
		18－02	PLC调试	18－02－01	输入 PLC① 程序		L4
				18－02－02	判断 PLC 运行结果		L4
		18－03	空载调试	18－03－01	修正简单 PLC 程序，校正设备动作		L4
				18－03－02	进行设备的试运转（盘车、点动、单机、联动）		L4
				18－03－03	检测空载下的机电设备		L4
				18－03－04	调整传感器、行程开关		L4

① PLC：programmable logic controller，可编程逻辑控制器。

续上表

工作项目/职业素养		工作任务/职业素养分类		职业能力（技能、工具、方法、要求、知识）		学习水平	
						中职 Li	高职 Lj
18	设备调试	★ 18－04	负载调试	18－04－01	进行简单 PLC 程序修正，校正设备动作		L4
				18－04－02	进行设备的试运转（盘车、点动、单机、联动）		L4
				18－04－03	检测负载下的机电设备运行状态		L4
				18－04－04	修正并固化控制参数（过电流保护值、时间等）		L4
19	抄画产品图	19－01	绘图软件安装	19－01－01	能安装 CAD 软件	L2	L2
				19－01－02	熟练操作 CAD 软件	L2	L2
		19－02	理会产品结构	19－02－01	识读中等复杂程度产品图		L4
				19－02－02	分析产品结构特征		L4
				19－02－03	识别图示材料、公差、表面粗糙度及其他技术要求		L4
		★ 19－03	绘制产品图	19－03－01	应用 CAD 软件绘制产品图		L4
				19－03－02	能完成平面绘图软件常用功能的调取、设置、修改		L4
		19－04	完善产品结构	19－04－01	分析产品结构工艺性		L4
				19－04－02	对产品结构提出修改意见		L4
				19－04－03	完善产品结构方案并完成产品图绘制		L4
20	产品测绘	20－01	理会产品结构	20－01－01	分析产品结构特征		L4
				20－01－02	判断产品材料、表面粗糙度及其他技术要求		L4
				20－01－03	确定产品关键工作型面及尺寸		L4
				20－01－04	分析产品与其他零部件的公差配合关系		L4
		20－02	测量产品尺寸	20－02－01	拟定产品测量方法与技术路线		L4
				20－02－02	使用二次元、三次元等零件反求设备及工具		L4
				20－02－03	测量产品关键部位尺寸		L4
				20－02－04	处理产品测量数据		L4

续上表

<table>
<tr><th colspan="2" rowspan="2">工作项目/
职业素养</th><th colspan="2" rowspan="2">工作任务/
职业素养分类</th><th colspan="2" rowspan="2">职业能力
（技能、工具、方法、要求、知识）</th><th colspan="2">学习水平</th></tr>
<tr><th>中职
Li</th><th>高职
Lj</th></tr>
<tr><td rowspan="9">20</td><td rowspan="9">产品测绘</td><td rowspan="3">20－03</td><td rowspan="3">完善产品结构</td><td>20－03－01</td><td>分析产品结构工艺性</td><td></td><td>L4</td></tr>
<tr><td>20－03－02</td><td>对产品结构提出修改意见</td><td></td><td>L4</td></tr>
<tr><td>20－03－03</td><td>完善产品结构方案</td><td></td><td>L4</td></tr>
<tr><td rowspan="6">20－04</td><td rowspan="6">绘制产品图</td><td>20－04－01</td><td>应用 CAD 软件绘制产品图</td><td></td><td>L4</td></tr>
<tr><td>20－04－02</td><td>能完成平面绘图软件常用功能的调取、设置、修改</td><td></td><td>L4</td></tr>
<tr><td>20－04－03</td><td>能使用平面绘图软件绘制中等复杂程度的机械图样</td><td></td><td>L4</td></tr>
<tr><td>20－04－04</td><td>布置产品基本视图</td><td></td><td>L4</td></tr>
<tr><td>20－04－05</td><td>标准产品尺寸、配合公差及其他技术要求</td><td></td><td>L4</td></tr>
<tr><td>20－04－06</td><td>绘制图框、标题栏等内容</td><td></td><td>L4</td></tr>
<tr><td rowspan="9">21</td><td rowspan="9">产品三维建模并出图</td><td rowspan="3">21－01</td><td rowspan="3">理会产品结构</td><td>21－01－01</td><td>识读中等复杂程度产品图</td><td></td><td>L4</td></tr>
<tr><td>21－01－02</td><td>分析产品结构特征</td><td></td><td>L4</td></tr>
<tr><td>21－01－03</td><td>识别图示材料、公差、表面粗糙度及其他技术要求</td><td></td><td>L4</td></tr>
<tr><td rowspan="3">★
21－02</td><td rowspan="3">绘制产品的三维结构模型</td><td>21－02－01</td><td>能安装 CAD/CAM 软件</td><td></td><td>L4</td></tr>
<tr><td>21－02－02</td><td>能完成常用三维软件、绘图软件常用功能的调取、设置、修改</td><td></td><td>L4</td></tr>
<tr><td>21－02－03</td><td>能使用常用三维软件绘制中等复杂程度产品的结构模型</td><td></td><td>L4</td></tr>
<tr><td rowspan="3">21－03</td><td rowspan="3">输出工程图纸</td><td>21－03－01</td><td>确定并输出产品的基本视图</td><td></td><td>L4</td></tr>
<tr><td>21－03－02</td><td>确定产品的剖切位置，输出产品的剖视图</td><td></td><td>L4</td></tr>
<tr><td>21－03－03</td><td>标注产品尺寸、配合公差及其他技术要求</td><td></td><td>L4</td></tr>
<tr><td rowspan="3">22</td><td rowspan="3">图纸管理</td><td rowspan="3">22－01</td><td rowspan="3">打印图纸</td><td>22－01－01</td><td>能进行图样的打印设置</td><td></td><td>L4</td></tr>
<tr><td>22－01－02</td><td>会使用现有多种打印设备</td><td></td><td>L4</td></tr>
<tr><td>22－01－03</td><td>按照要求打印机械图纸</td><td></td><td>L4</td></tr>
</table>

续上表

工作项目/职业素养		工作任务/职业素养分类		职业能力（技能、工具、方法、要求、知识）		学习水平 中职 Li	学习水平 高职 Lj
22	图纸管理	22－02	审核图纸	22－02－01	审核机械图纸的图样表达		L4
				22－02－02	审核机械图纸的尺寸标注		L4
				22－02－03	审核机械图纸的标题栏、明细表及技术要求等		L4
		22－03	图纸移交	22－03－01	按照要求装订机械图纸		L4
				22－03－02	将装订好的图纸移交给生产管理等部门		L4
		22－04	图纸归档	22－04－01	收集机械设备制造过程中的所有图纸		L4
				22－04－02	建立机械文件档案		L4
23	车间日常事务管理	23－01	人员管理	23－01－01	了解员工精神面貌、动向		L4
				23－01－02	能够进行日常查岗，监督员工的工作进度		L4
				23－01－03	掌握必要的管理技巧		L4
		23－02	承上启下开展工作	23－02－01	定期学习公司的文件与规章制度		L4
				23－02－02	能够传达好公司下放的工作任务与期望		L4
				23－02－03	能够向上级及时反馈下级员工的建议和需求		L4
				23－02－04	能够向上级反映车间可能存在的问题		L4
				23－02－05	能够组织下级员工进行学习		L4
		23－03	合理分配工作给下级员工	23－03－01	根据交货期合理排产		L5
				23－03－02	合理分配工作给下级员工		L5
		23－04	协调相关部门开展工作	23－04－01	协调品质部门做好产品品质检测与分析工作		L5
				23－04－02	协调采购部门做好原材料采购工作		L5
				23－04－03	协调销售部门做好客户改样工作		L5
				23－04－04	协调好上级临时安排的工作		L5

续上表

工作项目/职业素养		工作任务/职业素养分类		职业能力（技能、工具、方法、要求、知识）		学习水平 中职 Li	学习水平 高职 Lj
23	车间日常事务管理	23－05	制作报表	23－05－01	填写日清报表并汇报工作		L5
				23－05－02	提出产品报废处理报表解决方案		L5
				23－05－03	填写工时记录报表		L5
				23－05－04	填写7S① 评比报表		L5
24	车间生产质量控制	★ 24－01	实时管理	24－01－01	针对产品加工前、加工中、加工后质量进行监控		L5
				24－01－02	查找并解决产品质量加工问题		L5
				24－01－03	监督下级员工进行产品质量自检		L5
		24－02	协助品质部门解决产品质量问题	24－02－01	使用千分尺等工具		L5
				24－02－02	具有机械制图的基础		L5
				24－02－03	具有一定的产品质量控制经验		L5
25	车间生产成品控制	25－01	电费成本控制	25－01－01	关闭不必要的电器设备		L5
				25－01－02	监督员工下班后关闭在岗的电源		L5
		25－02	供气成本控制	25－02－01	定期检查管道，防止漏气		L5
		25－03	刀具成本控制	25－03－01	严格控制刀具管理制度		L5
				25－03－02	会选用刀具，会刃磨刀具		L5
				25－03－03	掌握刀具材质、型号等基本知识		L5
		25－04	工件、夹具成品控制	25－04－01	监督控制工件报废造成的浪费		L5
				25－04－02	会选用合理的夹具		L5

① 7S即整理（seiri）、整顿（seiton）、清扫（seiso）、清洁（seiketsu）、素养（shitsuke）、安全（safety）、节约（save）。

续上表

工作项目/职业素养		工作任务/职业素养分类		职业能力（技能、工具、方法、要求、知识）		学习水平 中职 Li	学习水平 高职 Lj
26	车间技术交流与提升	26－01	技术加工工时	26－01－01	对比实际加工工时与理论加工工时		L5
		26－02	对下级员工进行技能培训	26－02－01	对新进员工进行岗前培训		L5
		26－03	确认加工程序、刀具和夹具的合理性	26－03－01	确认加工程序、刀具和夹具的合理性		L5
		26－04	整理总结优良的加工方法、检验方法	26－04－01	整理总结优良的加工方法、检验方法		L5
27	车间组织生产管理	27－01	组织安排生产人员	27－01－01	具有语言沟通能力		L5
				27－01－02	有良好的素质，能够服众		L5
				27－01－03	有组织策划能力		L5
				27－01－04	有权威性		L5
		27－02	制订总体生产方案	27－02－01	制订生产实施方案		L5
				27－02－02	理解上级的方案		L5
				27－02－03	有序合理安排工作		L5
		27－03	合理制订具体加工方案	27－03－01	制订机械加工方案		L5
				27－03－02	熟悉各种加工的特点		L5

续上表

工作项目/职业素养		工作任务/职业素养分类		职业能力（技能、工具、方法、要求、知识）		学习水平 中职 Li	学习水平 高职 Lj
28	车间生产计划制订	28－01	制订人员计划	28－01－01	掌握加工设备、工艺编程等技能		L5
				28－01－02	安排各个小组周、月计划		L5
				28－01－03	对现场机台、操作工定点分区安排		L5
		28－02	制订周、月计划	28－02－01	制订详细的小组周、月计划		L5
				28－02－02	具备工件加工把控能力		L5
29	车间生产计划实施	29－01	做好人员分工工作	29－01－01	善于与员工沟通并激励员工		L5
				29－01－02	结合员工兴趣，做到按兴趣分工		L5
		29－02	加工零件分工	29－02－01	根据大小尺寸分工		L5
				29－02－02	根据难易程度分工		L5
				29－02－03	根据日程进度分工		L5
		29－03	机器设备分工	29－03－01	根据机台精度分工		L5
				29－03－02	根据机台技术分工		L5
30	车间生产质量管理	30－01	CAM 加工管理	30－01－01	具备软件应用能力		L5
				30－01－02	具备工艺制定能力		L5
				30－01－03	具备 CAM 评估能力		L5
				30－01－04	具备质量管控能力		L5
		30－02	加工设备操作管理	30－02－01	了解加工设备操作规程		L5
				30－02－02	能够对操作工进行合理分工		L5
		30－03	刀具管理	30－03－01	掌握刀具类型、材质等基本知识		L5
				30－03－02	做好刀具成本控制管理工作		L5
				30－03－03	做好刀具使用管理工作		L5
		30－04	机台管理	30－04－01	掌握加工设备性能等基本知识		L5
				30－04－02	做好机台成本控制管理工作		L5
				30－04－03	做好机台使用管理工作		L5

续上表

工作项目/职业素养		工作任务/职业素养分类		职业能力（技能、工具、方法、要求、知识）		学习水平 中职 Li	学习水平 高职 Lj
31	车间生产协同管理	31-01	协调人员之间的工作	31-01-01	协调人员之间的工作		L5
		31-02	协调不同部门之间的工作	31-02-01	协调不同部门之间的工作		L5
		31-03	协调小组之间的工作	31-03-01	协调小组之间的工作		L5
32	车间生产信息反馈	32-01	贯彻上级安排	32-01-01	贯彻上级安排		L5
		32-02	及时反馈下级的建议与需求	32-02-01	及时反馈下级的建议与需求		L5
33	企业文化建设	33-01	完成技术培训工作	33-01-01	完成技术培训工作		L5
		33-02	完成生活辅助工作	33-02-01	完成生活辅助工作		L5
		33-03	完成文化建设工作	33-03-01	完成文化建设工作		L5
34	职业素养（通用能力、核心、技能、关键能力）	34-01	沟通交流	34-01-01	清晰表达、描述	L2	L2
				34-01-02	使用文明语言、商务礼仪	L2	L2
				34-01-03	能够耐心与设备使用者进行沟通，了解故障现象		L3
		34-02	数字应用	34-02-01	会条形码扫描	L2	L2
				34-02-02	掌握数字检测设备的使用		L3
				34-02-03	使用 IT① 常用功能		L3

① IT：Information Technology，信息技术。

续上表

工作项目/职业素养		工作任务/职业素养分类		职业能力（技能、工具、方法、要求、知识）		学习水平 中职 Li	学习水平 高职 Lj
34	职业素养（通用能力、核心、技能、关键能力）	34-03	革新创新	34-03-01	能够对设备的不合理处提出建议	L2	L2
				34-03-02	能够对加工工艺或设备提出改善建议		L3
		34-04	自主学习	34-04-01	能提高自身能力	L2	L2
				34-04-02	具备较强的学习能力	L2	L2
				34-04-03	能提升学历	L2	L2
		34-05	团队合作	34-05-01	具有较强的团队合作能力	L2	L2
				34-05-02	具有较强的协助能力	L2	L2
		34-06	解决问题	34-06-01	能够对异常现象进行快速处理		L3
				34-06-02	能够应对故障做出合理的方案		L3
				34-06-03	具备快速应变的能力		L3
				34-06-04	具备逻辑能力		L3
		34-07	信息处理	34-07-01	能够按照企业管理流程及时处理问题		L3
				34-07-02	对客户反馈信息能够快速处理		L3
				34-07-03	具备排除错误信息的能力	L2	L2
		34-08	责任意识	34-08-01	具备高度的责任心	L2	L2
				34-08-02	具备高度的责任意识	L2	L2
		34-09	外语应用	34-09-01	具备基本的专业英语能力		L3
				34-09-02	能够看懂操作界面的专业英语		L3
		34-10	其他	34-10-01	具备人身安全的防范意识	L2	L2
				34-10-02	具备节能环保意识	L2	L2
				34-10-03	具备职业健康知识	L2	L2
				34-10-04	具备成本意识		L3
				34-10-05	严格按照工艺文件要求操作的意识	L2	L2
				34-10-06	具备质量意识		L3

注：(1)“学习水平”的中职 Li 的 i 对应“表 5-1　机电一体化技术专业毕业职业生涯发展路径”中的中职发展阶段。若是第Ⅱ发展阶段，则用 L2 表示；若是第Ⅲ发展阶段，则用 L3 表示，依此类推。同理，高职 Lj 的 j 对应“表 5-1　机电一体化技术专业毕业职业生涯发展路径”中的高职发

展阶段。若是第Ⅲ发展阶段，则用L3表示；若是第Ⅳ发展阶段，则用L4表示，依此类推。

（2）现代学徒制的学员均要具备表里高职层次的职业能力。

（3）标注“★”的为现代学徒制岗位典型工作任务。

（4）经过调研分析，机电一体化技术专业毕业生的目标岗位部分工作项目、工作任务及职业能力与模具设计与制造专业、数控技术专业存在重叠的内容，故编号19～33的工作项目内容参考了该两个专业工作项目里的内容。

五、附录

（一）参与职业能力分析的行业企业专家名单（如表5－4所示）

表5－4　参与职业能力分析的行业企业专家名单

序号	姓名	单位名称	职务
1	徐超波	新玛基（清远）实业有限公司	AUTO部设备调校领班
2	王能军	新玛基（清远）实业有限公司	机电部电子领班
3	覃永权	新玛基（清远）实业有限公司	机电部设备保养组长
4	何海岗	广东豪美铝业股份有限公司	主管
5	柴　浚	广东豪美铝业股份有限公司	经理
6	卓荣忠	广东豪美铝业股份有限公司	经理
7	陈　军	东莞均益精密五金制品有限公司	人力资源总监
8	陈　虎	东莞均益精密五金制品有限公司	生产经理
9	韦强强	广东清新水泥有限公司	水泥分厂电气主管
10	于振超	广东清新水泥有限公司	水泥分厂机械主管
11	李晓强	广东盈泉高新材料有限公司	副总工程师
12	梁康宁	广东盈泉高新材料有限公司	车间主任
13	刘玉龙	广东盈泉高新材料有限公司	机修班长
14	张文祖	金鑫（清远）纸业有限公司	工程部经理
15	宋光明	东莞市极圣机电有限公司	总经理

（二）参与职业能力分析的院校教师名单（如表 5－5 所示）

表 5－5　参与职业能力分析的院校教师名单

序号	姓名	单位名称	职务/职称
1	郭汉桥	清远职业技术学院	机电教研室主任/讲师
2	石品德	清远职业技术学院	机电学院院长/教授
3	陈广胜	清远职业技术学院	专业教师/讲师
4	褚丽丽	清远职业技术学院	专业教师/讲师
5	李生明	清远职业技术学院	机电学院副院长/副教授
6	方少强	清远职业技术学院	实训主任/高级工程师
7	余晓新	清远职业技术学院	专业教师/讲师
8	陈　望	清远职业技术学院	工程师
9	刘　折	清远职业技术学院	助教
10	魏　岚	清远职业技术学院	助教
11	孙姿姣	清远职业技术学院	助教

第六章
现代学徒制计算机应用技术专业职业能力分析报告

一、职业能力分析的目的和意义

岗位工作任务和职业能力分析是构建职业教育专业标准和课程标准开发的逻辑起点，经过对计算机应用技术相关企业、中高职院校的调研，掌握了信息技术（information technology，IT）行业特别是网络技术行业的发展动向、行业人才需求状况，了解了计算机应用技术专业中高职院校在人才培养定位和课程衔接等方面存在的问题，厘清了学校课程与职业标准之间的差距。通过对调研信息进行汇总、分析、总结，初步形成职业岗位（群）能力要求及职业生涯发展（晋升）路径。

为进一步明确计算机应用技术专业岗位的每一项工作项目所需要的具体工作任务，以及每个岗位的职业能力，确保工作项目和具体工作任务描述的条目化、系统化和精确化，在广东省教育研究院的统一指导下，项目组召开了计算机应用技术专业职业能力分析行业专家研讨会。

根据行业企业专家对工作岗位、工作能力的描述，并进一步整理、分析，形成计算机应用技术专业岗位职业能力分析表，进而形成计算机应用技术专业岗位群及职业能力分布汇总表，明确每一岗位的岗位任务和岗位能力，从中确定出具体工作任务所需的理论知识和操作技能，为科学编制《广东省现代学徒制计算机应用技术专业教学标准和课程标准》提供可靠依据。

二、职业能力分析的组织与实施

（一）职业能力分析的基本方法

职业能力分析主要采用文献分析法、案例分析法、头脑风暴法等方法。

（1）文献分析法。项目组先后查阅、分析了相关论文 137 篇、著作 11 本，行业规范和职业标准 37 则。

（2）案例分析法。通过调研，和企业合作，共同分析典型行业和典型岗位，初步形成职业岗位（群）能力要求及职业生涯发展（晋升）路径。

（3）头脑风暴法。在计算机应用技术专业职业能力分析行业专家研讨会上，通过头脑风暴法，行业专家对于工作任务和职业能力畅所欲言，围绕计算机应用技术专业主要业务岗位自由发表个人见解。项目组尽量创造一个使所有专家都能独立思考、积极参加的研讨氛围，在讨论过程中，形成了每一岗位对应的工作任务和职业能力。

（二）职业能力分析会的组织

1．职业能力分析会的前期准备

（1）确定职业能力分析的岗位。

根据工业和信息化部制定的信息技术服务标准（Information Technology Service Standards，ITSS）和2012年颁布的《中华人民共和国国家标准：信息技术服务　分类与代码》（GB/T 29264—2012），以及行业企业调研实际状况，将计算机应用技术专业岗位群分为以下三类：系统集成、运行维护服务和软件开发应用。

系统集成（System Integration，SI）是一种新兴的服务方式。系统集成的本质就是最优化的综合统筹设计，一个大型的综合计算机网络系统。系统集成包括计算机软件、硬件、操作系统技术、数据库技术、网络通信技术等的集成，以及不同厂家产品选型、搭配的集成。系统集成所要达到的目标为整体性能最优，即所有部件和成分合在一起后不但能工作，而且全系统是低成本的、高效率的、性能匀称的、可扩充和可维护的系统。系统集成可分为设备系统集成和应用系统集成。

运行维护服务是指服务提供者基于服务级别协议（Service Level Agreement，SLA）向服务使用者提供各类IT运行维护服务。目前运行维护服务分为两大类：其一是企事业单位自身的运行维护服务，其二是专业的第三方外包运行维护服务。

软件开发应用主要是面向不固定工作场所的应用场景的信息化解决方案，实现提供支持通知、设备及跨平台互动等服务。

计算机应用技术专业毕业生职业生涯发展路径，如表5－1所示。

表5－1　计算机应用技术专业毕业生职业生涯发展路径

<table>
<tr><th rowspan="2">发展阶段</th><th colspan="3">系统集成应用</th><th colspan="2">运行维护服务</th><th colspan="2">软件开发应用</th><th rowspan="2">学历层次</th><th colspan="3">发展年限/年（参考时间）</th></tr>
<tr><th>技术</th><th>管理</th><th>销售</th><th>技术</th><th>管理</th><th>技术</th><th>管理</th><th>中职</th><th>高职</th><th>本科</th></tr>
<tr><td>Ⅵ</td><td>技术总监</td><td>项目总监</td><td>销售总监</td><td>高级网络工程师</td><td>CIO（首席信息官）</td><td>技术总工</td><td>项目总监</td><td>—</td><td>12</td><td>9</td><td>7</td></tr>
<tr><td rowspan="2">Ⅴ</td><td rowspan="2">高级系统工程师</td><td rowspan="2">高级项目经理</td><td>售前顾问</td><td rowspan="2">高级网络工程师</td><td rowspan="2">信息部门经理</td><td rowspan="2">高级工程师</td><td rowspan="2">项目经理</td><td rowspan="2">本科</td><td rowspan="2">9</td><td rowspan="2">7</td><td rowspan="2">5</td></tr>
<tr><td>高级产品经理</td></tr>
<tr><td rowspan="2">Ⅳ</td><td>系统工程师</td><td rowspan="2">项目经理</td><td>销售经理</td><td>网络工程师</td><td rowspan="2">主管</td><td rowspan="2">软件开发工程师</td><td rowspan="2">主管</td><td rowspan="2">高职/本科</td><td rowspan="2">7</td><td rowspan="2">5</td><td rowspan="2">3</td></tr>
<tr><td>售前工程师</td><td>产品经理</td><td>系统工程师</td></tr>
<tr><td rowspan="2">Ⅲ</td><td colspan="2" rowspan="2">系统工程师（售后工程师）</td><td rowspan="2">销售代表（产品代表）</td><td colspan="2">运维工程师（系统工程师）</td><td colspan="2" rowspan="2">软件开发工程师</td><td rowspan="2">高职</td><td rowspan="2">3</td><td rowspan="2">2</td><td rowspan="2">1</td></tr>
<tr><td colspan="2">网络工程师、软件工程师</td></tr>
</table>

续上表

发展阶段	系统集成应用			运行维护服务		软件开发应用		学历层次	发展年限/年（参考时间）		
	技术	管理	销售	技术	管理	技术	管理		中职	高职	本科
Ⅱ	工程助理		销售助理	运维助理		高级程序员		中职/高职	2	1	—
Ⅰ	工程施工员		销售助理	设备装调员		程序员		中职	1	—	—

计算机应用技术专业三类岗位群的具体岗位和职业生涯发展路径分别，如表 6－2、表 6－3 和表 6－4 所示。

表 6－2　系统集成应用类岗位及职业生涯发展路径

发展阶段	就业岗位			学历层次	发展年限/年（参考时间）		
	技术	管理	销售		中职	高职	本科
Ⅵ	技术总监	项目总监	销售总监	—	12	9	7
Ⅴ	高级系统工程师	高级项目经理	售前顾问 高级产品经理	本科	9	7	5
Ⅳ	系统工程师 售前工程师	项目经理	销售经理 产品经理	高职/本科	7	5	3
Ⅲ	系统工程师（售后工程师）		销售代表（产品代表）	高职	3	2	1
Ⅱ	工程助理		销售助理	中职/高职	2	1	—
Ⅰ	工程施工员		销售助理	中职	1	—	—

表 6－3　运行维护服务类岗位及职业生涯发展路径

发展阶段	运行维护服务		学历层次	发展年限/年（参考时间）		
	技术	管理		中职	高职	本科
Ⅵ	高级网络工程师	首席信息官	—	12	9	7
Ⅴ	高级网络工程师	信息部门经理	本科	9	7	5
Ⅳ	网络工程师 系统工程师 网络安全工程师	主管	高职/本科	7	5	3
Ⅲ	运行维护工程师（系统工程师、网络工程师、软件工程师）		高职	3	2	1

续上表

发展阶段	运行维护服务		学历层次	发展年限/年（参考时间）		
	技术	管理		中职	高职	本科
Ⅱ	运行维护助理	中职/高职	2	1	—	
Ⅰ	设备装调员	中职	1	—	—	

表6－4　软件开发应用类岗位及职业生涯发展路径

发展阶段	软件开发应用		学历层次	发展年限/年（参考时间）		
	技术	管理		中职	高职	本科
Ⅵ	技术总工	项目总监	—	12	9	7
Ⅴ	高级工程师	项目经理	本科	9	7	5
Ⅳ	软件开发工程师	主管	本科/高职	7	5	3
Ⅲ	软件开发工程师		高职/本科	3	2	1
Ⅱ	高级程序员		中职/高职	2	1	—
Ⅰ	程序员		中职	1	—	—

职业能力分析的岗位就是依据以上职业生涯路径中与中高职毕业生相关的就业岗位确定的（包含Ⅰ、Ⅱ、Ⅲ、Ⅳ4个发展阶段）。

（2）组织职业能力分析会。

计算机应用技术专业是广东省重点建设专业，2011年11月，曾在高职教育专家和课程开发专家赵志群教授的指导下进行过一次专业职业能力分析会，分析出计算机应用技术专业面向的四大任务领域、51项典型工作任务和187项职业能力，进行了基于工作过程的项目课程改革和专业改造。IT行业日新月异，调研发现，计算机应用技术专业的就业岗位主要在系统集成、运行维护服务和软件开发应用三大领域，为提高职业能力分析质量，项目组决定针对不同岗位再召开两场职业能力分析会。

通过参加广东省教育研究院对项目组全体成员的培训与指导会议，项目成员了解了职业能力分析会召开的基本流程，加上项目组成员在前期工作中所打下的基础和项目组自身对此次职业能力分析会重要性的理解，较好地掌握了职业能力分析会各项准备工作的内容和流程。

完成前期的准备后，项目组开始着手筹备举办广东省计算机应用技术专业职业能力分析行业专家研讨会，确定第一场分析会由广州铁路职业技术学院主办，第二场分析会由广州铁路职业技术学院和国家数字家庭产业示范基地联合主办。两场分析会的分析岗位侧重点不同。

所聘请行业专家的代表性是职业能力分析会成功与否的关键。聘请行业专家的依据是计算机应用技术专业中高职毕业生的就业岗位分为三大类，分别是系统集成、运行维护服务和软件开发应用，每个类别的就业岗位分为初级就业岗位和中级就业岗位，这些就业岗位分别适合中职毕业生和高职毕业生。因此，为了分析这些岗位的职业能力，对每个岗位有针对性地选择有代表性的公司和典型岗位的工程师。

在向专家发送邀请函的同时，以电话、邮件等多种形式向专家陈述了分析会的内容、要求及应做的准备工作，并将职业能力分析会的白板资料、职业能力分析会人员职责、职业能力分析会人员标准、职业能力分析表格、职业能力表述用语等材料发给专家，让专家提前准备和熟悉。

2. 第一场职业能力分析会

（1）分析岗位：设备安装调试员、系统集成应用工程师、助理运行维护工程师、运行维护工程师、软件开发程序员、软件开发工程师。

（2）地点：广州铁路职业技术学院。

（3）时间：2016 年 5 月 20 日。

（4）职业能力分析的基本方法：头脑风暴法。

（5）职业能力分析会的组织。

为了更好地扎实开展专业标准和课程标准研制工作，广州铁路职业技术学院召开计算机应用技术专业的行业专家研讨会，会议目的是分析描述计算机应用技术专业在设备安装调试员、系统集成应用工程师、助理运行维护工程师、运行维护工程师、软件开发程序员、软件开发工程师等主要工作岗位的职业能力，为构建基于现代学徒制框架下科学合理的专业课程体系提供重要依据。

①会议主持人：王金兰。

②邀请行业专家：赵志群、陈玉琪、秦方共 3 位；邀请企业专家：缪华乔、何剑峰、董剑、张章、孟国发等 7 位。

③会议记录员：曹伶丽、钟少波、欧杵乡。主要负责会议记录、现场打印处理资料。

④会议筹备：广州铁路职业技术学院信息工程系负责。主要负责会务，准备会议场地、座签、信封、摄像机、打印机、纸和笔、手提电脑、横幅、照相机等。

⑤后勤工作：由广州铁路职业技术学院负责，主要负责当天与会行业专家、嘉宾的接送、午餐。

⑥教务工作：由广州铁路职业技术学院教务处欧阳丽、向成军、吴玲负责。主要负责邀请专家的统筹安排、接待与会专家、学校的会议通知、邀请上级领导。

3. 第二场职业能力分析会

（1）分析内容：现代学徒制计算机应用技术专业职业发展关键能力。

（2）地点：广州铁路职业技术学院、国家数字家庭产业示范基地。

（3）时间：2016 年 5 月 21 日—2016 年 6 月 13 日。

（4）职业能力分析的基本方法：头脑风暴法、问卷调查法。

（5）职业能力分析会的组织。

①制定问卷调查表：项目组召开研讨会，根据第一场职业能力分析会得到基本数据，确定现代学徒制计算机应用技术专业职业发展关键能力调查问卷。

②联系并确定问卷受访人员：陈玉琪、秦方、缪华乔、何剑峰、董剑、张章、孟国发、李政伟等8位行业企业专家。

③问卷材料发放与回收：林锦章、何剑峰。主要是对受访者进行电话沟通后，通过邮件发放和回收问卷，并及时做好交流沟通工作。

分析会结束后，项目组成员对会议资料进行认真细致的分析、整理，将文字材料、录音录像资料进行汇编加工，形成系统而详细的职业能力分析材料。

4. 会后资料整理

资料整理分为4个步骤，第一步是将职业能力分析会上的意见用行业专家的语言原汁原味地记录下来，然后运用规范的职业能力术语和表达对专家意见进行修正，形成初步的计算机应用技术专业职业能力分析表。第二步是参考借鉴已有研究成果和相关文献，对职业能力分析会上行业专家遗漏的问题进行补充、完善，形成计算机应用技术专业职业能力分析表和分析报告（讨论稿）。第三步是将整理出来的讨论稿发给与会的行业专家再次征询意见，并让其修改完善；项目组成员走访部分企业，与企业人员调研、讨论职业能力分析报告并征询其修改意见；同时，委托广东省物联网协会组织相关人员对职业能力分析报告进行审议、修改。第四步是由项目组开会讨论、分析各类专家、人员的意见，修改完善讨论稿，并增设少量行业企业专家忽视的理论知识内容，形成最终的职业能力分析表和分析报告。

（三）职业能力分析表的制定

职业能力分析会所采用的职业能力分析表是由广东省教育研究院职业教育研究室统一推荐的模板，该表由工作项目、工作任务、职业能力三大部分构成，并对每个工作项目进行等级评价，对每一项职业能力也进行重要程度的标识。其形成过程是首先由行业企业专家确定每个岗位的工作项目，然后在每个工作项目下细分工作任务，每个任务再对应若干项职业能力，由此，形成系统的职业能力分析表。

三、职业能力分析的结论与成效

（一）职业能力分析的结论

为更好地涵盖计算机应用技术专业的岗位，根据《中华人民共和国国家标准：信息技术服务　分类与代码》（GB/T 29264—2012）和调研中企业的实际状况，项目组分析整合出三类岗位的职业能力分析表，分别为系统集成应用、运行维护服务和软件开发应用的职业能力分析表。

系统集成应用类岗位分析、整理出45个工作任务和162项职业能力；运行维护服务类岗位分析、整理出34个工作任务和98项职业能力；软件开发应用类岗位分析、整理出23个工作任务和61项职业能力。

最终将不同类别，不同级别的工作项目、工作任务和职业能力进行归类，整理出计算机应用技术专业共6个核心工作岗位，34个工作项目（重点是系统集成应用工程师学徒工作项目），102个工作任务，324项职业能力。职业素养共9类46项。

（二）职业能力分析的成效

（1）分析了计算机应用技术专业系统集成、运行维护服务和软件开发应用三类岗位中的设备安装调试、系统集成应用工程师、助理运行维护工程师、运行维护工程师、软件开发程序员、软件开发工程师6个核心岗位。

（2）分析内容包括工作项目、工作任务、职业能力和职业素养，厘清了各职业能力的重要程度，形成了计算机应用技术专业职业能力表。

（3）专业教师虽然没有参加职业能力分析的讨论，但全程旁听了行业企业专家的头脑风暴，更加明确了不同企业的岗位设置和能力要求情况。

（4）项目组基本掌握了职业能力的分析内容、分析流程和分析方法，为今后的职业能力分析活动打下了良好基础。

（三）目前存在的问题

（1）职业能力分析重点分析了职业能力要求，并初步形成了职业能力要求框架，但从职业能力分析的反馈来看，支撑这些职业能力的知识要求相对分散，而且企业专家对职业教育相关理论熟悉程度不一，所提出的职业能力要点侧重在技术与技能方面的描述，因此，本次对职业能力的分析还不透彻。同时，项目组成员在进行梳理归纳和提炼过程中对实践性技能形成所需要的基础理论知识程度存在把握不准、不全的情况，这个将在后续工作中进一步梳理，并将问题向行业专家进行重点咨询与研讨。计算机应用技术专业是一个对知识和技术技能都要求较高的专业，在构建一个以职业能力为逻辑主线的课程体系和现代学徒制培养模式的过程中，如何给学生一个相对完整的知识体系，让学生适应快速的IT行业发展变化，以使学生获得一个良好的职业发展是迫切需要解决的问题。

（2）无论是调研还是职业能力分析会，都反映了职业素养对业界的重要性，计算机应用技术专业到底如何培养职业素养，以及如何对职业素养进行评价考核，是计算机应用技术专业制定专业教学标准和课程标准要解决的问题。

（3）IT行业日新月异，岗位层出不穷，行业企业的人才需求也在不断地变化中，调研所得出的结论只能反映当前情况，职业能力分析会受参会专家人数、代表领域等因素的影响，其结论可能具有一定局限性，因此，本次职业能力分析会所得出的职业能力分析表和相关结论有待进一步的完善修订。

四、职业能力分析表

现代学徒制计算机应用技术专业职业能力分析表，如表6－5所示。

表6－5 现代学徒制计算机应用技术专业职业能力分析表

<table>
<tr><th colspan="2" rowspan="2">工作项目/职业素养</th><th colspan="2" rowspan="2">工作任务/职业素养分类</th><th colspan="2" rowspan="2">职业能力
（技能、工具、方法、要求、知识）</th><th colspan="2">学习水平</th></tr>
<tr><th>中职
Li</th><th>高职
Lj</th></tr>
<tr><td rowspan="17">01</td><td rowspan="17">设备安装与调试</td><td rowspan="4">01－01</td><td rowspan="4">网络通信系统设备安装与调试</td><td>01－01－01</td><td>了解网络通信协议</td><td>L1</td><td>L2</td></tr>
<tr><td>01－01－02</td><td>熟悉路由器、交换机的工作原理</td><td></td><td>L2</td></tr>
<tr><td>01－01－03</td><td>熟悉各类网络线材的性能与工作原理</td><td></td><td>L2</td></tr>
<tr><td>01－01－04</td><td>会网络通信系统设备安装与调试</td><td>L1</td><td>L2</td></tr>
<tr><td rowspan="3">01－02</td><td rowspan="3">信息化系统安装与调试</td><td>01－02－01</td><td>熟悉服务器的基本知识和技术</td><td>L2</td><td>L2</td></tr>
<tr><td>01－02－02</td><td>了解数据库与中间件，会使用简单的SQL语句</td><td></td><td>L2</td></tr>
<tr><td>01－02－03</td><td>会信息化系统安装与调试</td><td></td><td>L2</td></tr>
<tr><td rowspan="10">01－03</td><td rowspan="10">弱电智能化系统设备安装与调试</td><td>01－03－01</td><td>熟悉综合布线系统、各子系统的功能及组成部件</td><td>L1</td><td>L2</td></tr>
<tr><td>01－03－02</td><td>熟悉可视对讲系统的原理，熟悉产品功能、性能参数</td><td></td><td>L2</td></tr>
<tr><td>01－03－03</td><td>熟悉视频监控系统的原理，熟悉产品功能、性能参数</td><td></td><td>L2</td></tr>
<tr><td>01－03－04</td><td>熟悉公共广播及背景音乐系统安装</td><td>L1</td><td>L2</td></tr>
<tr><td>01－03－05</td><td>熟悉多媒体信息发布系统的工作原理、产品功能、性能参数</td><td></td><td>L2</td></tr>
<tr><td>01－03－06</td><td>熟悉停车场出入管理系统安装</td><td>L1</td><td>L2</td></tr>
<tr><td>01－03－07</td><td>熟悉周界报警、室内入侵报警、电子巡更等安防系统安装</td><td></td><td>L2</td></tr>
<tr><td>01－03－08</td><td>熟悉一卡通系统</td><td></td><td>L2</td></tr>
<tr><td>01－03－09</td><td>熟悉智能家居系统及其子系统组成</td><td>L1</td><td>L2</td></tr>
<tr><td>01－03－10</td><td>能熟练完成IBMS集成管理系统安装与调试</td><td></td><td>L2</td></tr>
</table>

续上表

工作项目/职业素养		工作任务/职业素养分类		职业能力（技能、工具、方法、要求、知识）		学习水平 中职 Li	学习水平 高职 Lj
02	**设备系统维护**	02－01	故障处理	02－01－01	详细了解单系统及整体拓扑结构	L1	L2
				02－01－02	了解设备的配置及性能	L1	L2
				02－01－03	了解故障，分析判断故障原因，处理故障		L2
		02－02	系统设备具体优化	02－02－01	具备单系统设备基础知识	L1	L2
				02－02－02	熟练掌握各系统的设备连接	L1	L2
				02－02－03	熟练掌握各系统的工作环境及使用状态		L2
				02－02－04	熟悉各单系统设备参数及性能		L2
		02－03	调试配置设备	02－03－01	熟悉系统集成应用产品性能	L1	L2
				02－03－02	会调试配置系统集成应用产品		L2
				02－03－03	会验证及功能测试方法	L1	L2
		02－04	安装更换测试设备	02－04－01	工具及材料的准备	L1	L2
				02－04－02	安装环境的准备		L2
				02－04－03	熟练使用测试工具（Sniffer）		L2
				02－04－04	编码标识设备		L2
				02－04－05	按公司流程回收报废设备	L1	L2
		02－05	巡检基础设备	02－05－01	明确巡检的范围、内容，制订或修订巡检表格	L2	L2
				02－05－02	制订巡检计划（自定或根据客户要求确定巡检计划）		L2
				02－05－03	按巡检表格巡查，并编写巡检报告		L2
				02－05－04	发现问题，处理问题（或上报问题）		L2
03	网络系统管理	03－01	配置管理	03－01－01	配置备份和恢复	L2	L3
				03－01－02	软件版本管理		L2
		03－02	用户（账号）管理	03－02－01	制定用户与账号、权限的对应表	L2	L2
				03－02－02	账号及权限的增减		L2
				03－02－03	密码的策略与管理		L3

续上表

工作项目/职业素养		工作任务/职业素养分类		职业能力（技能、工具、方法、要求、知识）		学习水平	
						中职 Li	高职 Lj
03	网络系统管理	03－03	安全管理	03－03－01	根据业务需求建立或调整安全策略		L3
				03－03－02	安全事件的监控与处理（安全病毒、入侵）		L3
				03－03－03	系统安全漏洞的发现与加固		L2
				03－03－04	风险分析与评估		L2
04	中控设备维护与管理	04－01	排除故障（硬件、软件）	04－01－01	了解设备的配置及性能	L2	L2
				04－01－02	了解故障，分析判断故障原因，处理故障		L2
				04－01－03	会使用排除故障的排查工具或方法		L2
		04－02	设备安装调试	04－02－01	熟悉子系统产品的配置及性能		L2
				04－02－02	验证效果		L2
				04－02－03	调试配置		L2
		04－03	巡检设备	04－03－01	明确巡检的范围、内容，制订或修订巡检表格		L2
				04－03－02	制订巡检计划（自定或根据客户要求确定巡检计划）		L2
				04－03－03	按巡检表格巡查，并编写巡检报告		L2
				04－03－04	发现问题，处理问题（或上报问题）		L2
05	现场施工	05－01	综合布线	05－01－01	能读懂布线图、系统图	L1	L2
				05－01－02	熟悉各种线材、辅料（网线、弱电线、桥架等）	L1	L2
				05－01－03	熟悉各种线材的物理特性（抗拉、耐弯曲、物理长度等）		L2
				05－01－04	熟练使用施工工具（手电钻、冲击钻、手磨机、打线器等）	L1	L2
		05－02	设备安装	05－02－01	能读懂系统图、拓扑图、布线图		L2
				05－02－02	会使用各种调试工具、软件等		L2
				05－02－03	熟悉380 V以下强电的电气性能		L2
				05－02－04	懂得强电电箱操作及操作规范	L1	L2
				05－02－05	懂得设备的小范围调试	L1	L2

续上表

工作项目/职业素养		工作任务/职业素养分类		职业能力（技能、工具、方法、要求、知识）		学习水平 中职 Li	学习水平 高职 Lj
05	现场施工	05－03	现场管理	05－03－01	准备项目所需的材料、设备、工具	L1	L2
				05－03－02	懂得安排工作任务		L2
				05－03－03	懂得团队合作	L1	L2
				05－03－04	懂得与甲方进行有效沟通		L2
				05－03－05	懂得与第三方单位进行有效沟通		L2
				05－03－06	懂得协调施工过程中的交叉作业		L2
				05－03－07	懂得协调团队中的人际关系		L2
				05－03－08	项目进度把控		L2
				05－03－09	协助系统调试	L1	L2
06	施工过程文档	06－01	施工计划	06－01－01	理解项目实施时间安排	L1	L2
				06－01－02	了解项目实施管理过程	L1	L2
		06－02	系统安装手册	06－02－01	熟悉各个系统的产品安装要求	L1	L2
				06－02－02	分类管理各个系统的文件	L1	L2
		06－03	项目图纸资料	06－03－01	熟悉各种图纸资料的使用工具	L1	L2
				06－03－02	分类管理各个系统的文件		L2
07	竣工资料整理	07－01	图纸修改	07－01－01	熟悉 CAD 设计工具	L1	L2
				07－01－02	熟悉 Visio 设计工具	L1	L2
		07－02	验收文档	07－02－01	熟悉验收流程		L2
				07－02－02	熟悉 Office 办公软件	L1	L2
		07－03	培训资料	07－03－01	编写验收培训资料		L2
				07－03－02	熟练讲解各个系统的使用方法及注意事项		L2
				07－03－03	熟悉 Office 办公软件	L1	L2

续上表

工作项目/职业素养		工作任务/职业素养分类		职业能力（技能、工具、方法、要求、知识）		学习水平 中职 Li	学习水平 高职 Lj
08	系统集成系统方案设计	08-01	网络通信系统方案设计	08-01-01	熟悉TCP/IP、VLAN、LAN、WAN协议、路由协议、NAT等		L2
				08-01-02	熟悉有线、无线通信方案和各种品牌的产品性能与功能		L3
				08-01-03	熟悉网线、光纤的性能与工作原理		L2
				08-01-04	了解防火墙、VPN、加密与认证、反病毒等作用		L3
		08-02	信息化系统方案设计	08-02-01	熟悉服务器的基本知识	L1	L2
				08-02-02	熟悉数据库与中间件		L3
				08-02-03	熟悉信息存储与备份	L1	L2
		08-03	弱电智能化系统方案设计	08-03-01	熟悉综合布线系统设计		L2
				08-03-02	熟悉可视对讲系统设计		L2
				08-03-03	熟悉视频监控系统设计		L2
				08-03-04	熟悉公共广播及背景音乐系统设计		L2
				08-03-05	熟悉多媒体信息发布系统设计		L2
				08-03-06	熟悉停车场出入管理系统设计		L2
				08-03-07	熟悉周界报警、入侵报警、电子巡更等子系统的设计		L2
				08-03-08	熟悉一卡通系统设计		L2
				08-03-09	熟悉智能家居系统设计		L2
				08-03-10	熟悉楼宇自动化系统设计		L2
				08-03-11	熟悉系统的集成原理、技术方案，子系统集成接口方式		L3
		08-04	设计工具	08-04-01	熟练使用CAD制图工具	L1	L2
				08-04-02	熟练使用Visio画图工具	L1	L2
				08-04-03	熟练使用Office办公工具	L1	L2
09	项目投标	09-01	项目投标文件制作	09-01-01	熟悉投标流程与要求		L2
				09-01-02	熟悉投标技术方案、商务方案编写		L2
				09-01-03	熟悉标书打印与装订	L1	L2
				09-01-04	熟练使用Office办公工具	L1	L2

续上表

工作项目/职业素养		工作任务/职业素养分类		职业能力（技能、工具、方法、要求、知识）		学习水平 中职 Li	学习水平 高职 Lj
10	**方案制作**	10－01	需求分析	10－01－01	懂弱电知识	L1	L2
				10－01－02	懂智能化系统知识	L1	L2
				10－01－03	熟悉应用类知识（软件、服务器、数据库、中间件）		L2
				10－01－04	综合业务系统知识（OA 系统）		L2
				10－01－05	现场与客户沟通	L1	L2
				10－01－06	了解主流产品信息，熟悉各行业解决方案		L2
				10－01－07	填写客户需求分析表	L1	L2
		10－02	设计规划方案	10－02－01	确定方案的逻辑构架		L3
				10－02－02	描述客户的现状与需求		L2
				10－02－03	设计拓扑规划图		L2
				10－02－04	技术选型、产品选型		L2
				10－02－05	编制预算及标价		L2
		10－03	撰写方案	10－03－01	根据模板编制方案	L2	L2
				10－03－02	能够熟练使用 Office 办公工具，熟悉文档编排	L1	L2
				10－03－03	能够熟练使用动漫设计方案		L2
11	**方案论证**	11－01	制作 PowerPoint	11－01－01	熟练使用 PowerPoint 和拓扑	L2	L2
				11－01－02	了解系统集成中各产品的性能及具体应用		L2
				11－01－03	能把用户需求准确转换为方案		L2
		11－02	演讲	11－02－01	熟悉系统集成技术服务方案	L1	L2
				11－02－02	自信及具有语言表达能力	L1	L2
				11－02－03	富有激情与感染力	L1	L2
		11－03	答疑	11－03－01	具备较专业的产品知识	L1	L2
				11－03－02	具备方案呈现能力	L1	L2
				11－03－03	具备处理疑难问题能力		L2

续上表

<table>
<tr><th colspan="2" rowspan="2">工作项目/
职业素养</th><th colspan="2" rowspan="2">工作任务/
职业素养分类</th><th colspan="2" rowspan="2">职业能力
（技能、工具、方法、要求、知识）</th><th colspan="2">学习水平</th></tr>
<tr><th>中职
Li</th><th>高职
Lj</th></tr>
<tr><td rowspan="7">12</td><td rowspan="7">招投标</td><td rowspan="4">12－01</td><td rowspan="4">分析招标书</td><td>12－01－01</td><td>熟悉招投标流程，招投标法律法规</td><td>L1</td><td>L3</td></tr>
<tr><td>12－01－02</td><td>熟悉招标文件中实质性参数和要求</td><td></td><td>L3</td></tr>
<tr><td>12－01－03</td><td>分析评分细则</td><td></td><td>L3</td></tr>
<tr><td>12－01－04</td><td>产品询价</td><td>L1</td><td>L2</td></tr>
<tr><td>12－02</td><td>制定投标策略</td><td>12－02－01</td><td>确定投标产品</td><td></td><td>L2</td></tr>
<tr><td rowspan="2">12－03</td><td rowspan="2">撰写投标书</td><td>12－03－01</td><td>编制标书大纲</td><td></td><td>L3</td></tr>
<tr><td>12－03－02</td><td>内容编写，投标资料整理，投标文件检查</td><td></td><td>L2</td></tr>
<tr><td rowspan="6">13</td><td rowspan="6">项目实施</td><td rowspan="2">13－01</td><td rowspan="2">数据收集分析</td><td>13－01－01</td><td>确定变更识别招标与实际需求的差异</td><td></td><td>L3</td></tr>
<tr><td>13－01－02</td><td>与施工单位图纸会审，需熟悉布线标准</td><td></td><td>L3</td></tr>
<tr><td>13－02</td><td>深化设计、绘图</td><td>13－02－01</td><td>熟练使用绘图工具（CAD、草图大师）</td><td></td><td>L2</td></tr>
<tr><td>13－03</td><td>单系统调试</td><td>13－03－01</td><td>熟悉使用调试软件将每个单系统调试好</td><td></td><td>L2</td></tr>
<tr><td rowspan="2">13－04</td><td rowspan="2">设备联调</td><td>13－04－01</td><td>单系统进行联动调试</td><td>L1</td><td>L2</td></tr>
<tr><td>13－04－02</td><td>熟悉布线技能</td><td></td><td>L2</td></tr>
<tr><td rowspan="2">14</td><td rowspan="2">协助项目验收</td><td rowspan="2">14－1</td><td rowspan="2">文档整理</td><td>14－01－01</td><td>竣工文档、图纸整理</td><td>L1</td><td>L2</td></tr>
<tr><td>14－01－02</td><td>验收文档整理</td><td>L1</td><td>L2</td></tr>
<tr><td rowspan="4">15</td><td rowspan="4">产品培训</td><td rowspan="4">15－1</td><td rowspan="4">制定培训大纲</td><td>15－01－01</td><td>系统架构的培训</td><td></td><td>L3</td></tr>
<tr><td>15－01－02</td><td>设备操作的培训</td><td></td><td>L2</td></tr>
<tr><td>15－01－03</td><td>简单故障的维护培训</td><td></td><td>L2</td></tr>
<tr><td>15－01－04</td><td>设备基本的保养培训</td><td>L1</td><td>L2</td></tr>
<tr><td rowspan="5">16</td><td rowspan="5">资产和配置管理</td><td rowspan="5">16－01</td><td rowspan="5">资产管理</td><td>16－01－01</td><td>制作资产管理卡片</td><td>L1</td><td>L2</td></tr>
<tr><td>16－01－02</td><td>账实管理（盘点）</td><td>L1</td><td>L2</td></tr>
<tr><td>16－01－03</td><td>制定 IT 资产清单（库存管理）</td><td>L1</td><td>L2</td></tr>
<tr><td>16－01－04</td><td>备品备件管理</td><td>L1</td><td>L2</td></tr>
<tr><td>16－01－05</td><td>报废管理</td><td>L1</td><td>L2</td></tr>
</table>

续上表

<table>
<tr><th colspan="2" rowspan="3">工作项目/
职业素养</th><th colspan="2" rowspan="3">工作任务/
职业素养分类</th><th colspan="2" rowspan="3">职业能力
（技能、工具、方法、要求、知识）</th><th colspan="2">学习水平</th></tr>
<tr><th>中职</th><th>高职</th></tr>
<tr><th>Li</th><th>Lj</th></tr>
<tr><td rowspan="3">16</td><td rowspan="3">资产和配置管理</td><td rowspan="3">16－02</td><td rowspan="3">配置管理</td><td>16－02－01</td><td>备份配置</td><td>L1</td><td>L2</td></tr>
<tr><td>16－02－02</td><td>恢复配置</td><td>L1</td><td>L2</td></tr>
<tr><td>16－02－03</td><td>软件版本管理</td><td>L1</td><td>L2</td></tr>
<tr><td rowspan="18">17</td><td rowspan="18">计算机设备的安装、调试与维护</td><td rowspan="3">17－01</td><td rowspan="3">认识各类计算机常见设备</td><td>17－01－01</td><td>懂各类计算机及其常见外设设备</td><td>L1</td><td>L2</td></tr>
<tr><td>17－01－02</td><td>会使用各类计算机及其常见外设设备</td><td>L1</td><td>L2</td></tr>
<tr><td>17－01－03</td><td>能独立拟定计算机及其外设设备的配置需求</td><td></td><td>L2</td></tr>
<tr><td rowspan="4">17－02</td><td rowspan="4">PC 组装与调试</td><td>17－02－01</td><td>懂 PC 内部结构与各类型配件配置</td><td></td><td>L2</td></tr>
<tr><td>17－02－02</td><td>懂 PC 安装方法与技巧</td><td>L1</td><td>L2</td></tr>
<tr><td>17－02－03</td><td>会根据客户需求独立配置与安装 PC</td><td></td><td>L2</td></tr>
<tr><td>17－02－04</td><td>能熟练完成 PC 组装与调试</td><td>L1</td><td>L2</td></tr>
<tr><td rowspan="3">17－03</td><td rowspan="3">计算机操作系统与常用软件安装与配置</td><td>17－03－01</td><td>懂计算机操作系统及其常用软件</td><td>L1</td><td>L2</td></tr>
<tr><td>17－03－02</td><td>会根据用户需求进行安装与配置</td><td></td><td>L2</td></tr>
<tr><td>17－03－03</td><td>能熟练完成 PC 操作系统及其常用软件的安装与调试</td><td></td><td>L2</td></tr>
<tr><td rowspan="3">17－04</td><td rowspan="3">PC 常见故障处理</td><td>17－04－01</td><td>懂 PC 常见故障问题及其处理方法和技巧</td><td>L1</td><td>L2</td></tr>
<tr><td>17－04－02</td><td>会根据用户诉求解决 PC 故障并及时汇报公司</td><td>L1</td><td>L2</td></tr>
<tr><td>17－04－03</td><td>能熟练并快速解决 PC 故障</td><td></td><td>L2</td></tr>
<tr><td rowspan="3">17－05</td><td rowspan="3">PC 维护</td><td>17－05－01</td><td>懂 PC 常用维护方法和技巧</td><td>L1</td><td>L2</td></tr>
<tr><td>17－05－02</td><td>会根据用户需求和公司要求进行 PC 维护工作</td><td></td><td>L2</td></tr>
<tr><td>17－05－03</td><td>能独立完成指定 PC 的维护和调查工作</td><td></td><td>L2</td></tr>
<tr><td rowspan="2">18</td><td rowspan="2">室内综合布线施工</td><td rowspan="2">18－01</td><td rowspan="2">认识各类综合布线工具与设备</td><td>18－01－01</td><td>懂各类综合布线设备及工具的使用</td><td></td><td>L2</td></tr>
<tr><td>18－01－02</td><td>会根据项目需求选择合适的设备与工具</td><td></td><td>L2</td></tr>
</table>

续上表

工作项目/职业素养		工作任务/职业素养分类		职业能力（技能、工具、方法、要求、知识）		学习水平 中职 Li	学习水平 高职 Lj
18	室内综合布线施工	18－02	制作各类接线	18－02－01	懂各类常见接线设备的使用和接线制作		L2
				18－02－02	会根据项目与客户需求制作各类接线		L2
				18－02－03	能熟练、独立完成各类接线制作	L1	L2
		18－03	布线安装与调试	18－03－01	懂室内综合布线安装与调试技术、方法与技巧		L2
				18－03－02	会按照项目要求进行综合布线安装与调试		L2
				18－03－03	能熟练完成布线安装与调试		L2
		18－04	常用布线设备使用	18－04－01	懂常用布线特种设备使用	L1	L2
				18－04－02	会根据项目需求选用常见布线特种设备		L2
				18－04－03	能熟练使用特种设备完成布线任务	L1	L2
		18－05	布线施工与维护	18－05－01	懂布线施工的技术规范和规定		L2
				18－05－02	会根据施工要求完成布线和维护任务	L1	L2
				18－05－03	能独立完成布线施工和维护任务		L2
19	局域网组装、调试与维护	19－01	认识各类局域网设备	19－01－01	懂各类局域网常用设备	L1	L2
				19－01－02	会根据客户需求和项目要求选择设备		L2
				19－01－03	能够根据局域网项目需求配置设备		L2
		19－02	局域网组建与调试	19－02－01	懂局域网技术、组建及调试方法与技巧		L2
				19－02－02	会根据项目要求组建和调试局域网		L2
				19－02－03	能独立完成局域网的组建与调试		L2
		19－03	服务器系统安装与配置	19－03－01	懂服务器安装与配置技术		L2
				19－03－02	会服务器安装、系统安装与网络配置		L2
				19－03－03	能熟练完成服务器系统的网络配置		L2
		19－04	局域网施工与维护	19－04－01	懂局域网施工规范与技术	L1	L2
				19－04－02	会根据项目任务要求完成施工	L1	L2
				19－04－03	能独立熟练完成局域网施工与维护		L2

续上表

<table>
<tr><th rowspan="2" colspan="2">工作项目/职业素养</th><th rowspan="2" colspan="2">工作任务/职业素养分类</th><th rowspan="2" colspan="2">职业能力（技能、工具、方法、要求、知识）</th><th colspan="2">学习水平</th></tr>
<tr><th>中职 Li</th><th>高职 Lj</th></tr>
<tr><td rowspan="8">20</td><td rowspan="8">软件安装、调试与维护</td><td rowspan="3">20－01</td><td rowspan="3">Web系统安装与部署</td><td>20－01－01</td><td>懂Web系统技术与安装部署方法</td><td></td><td>L2</td></tr>
<tr><td>20－01－02</td><td>会根据项目要求完成Web系统部署</td><td></td><td>L2</td></tr>
<tr><td>20－01－03</td><td>能独立完成Web系统安装与调试</td><td></td><td>L2</td></tr>
<tr><td rowspan="3">20－02</td><td rowspan="3">Android应用软件安装</td><td>20－02－01</td><td>懂Android系统及其应用软件安装方法与技巧</td><td></td><td>L2</td></tr>
<tr><td>20－02－02</td><td>能根据客户要求完成Android应用软件安装，并指导客户使用</td><td></td><td>L2</td></tr>
<tr><td>20－02－03</td><td>能独立完成Android应用软件配置</td><td></td><td>L2</td></tr>
<tr><td rowspan="2">20－3</td><td rowspan="2">面向对象程序设计</td><td>20－03－01</td><td>懂面向对象程序设计技术和编程方法</td><td>L1</td><td>L2</td></tr>
<tr><td>20－03－02</td><td>会根据项目要求编写和修改应用软件程序</td><td></td><td>L2</td></tr>
<tr><td rowspan="15">21</td><td rowspan="15">常用办公软件和设备的使用</td><td rowspan="3">21－01</td><td rowspan="3">Windows操作系统使用</td><td>21－01－01</td><td>懂Windows操作系统</td><td>L1</td><td>L2</td></tr>
<tr><td>21－01－02</td><td>会使用Windows操作系统</td><td>L1</td><td>L2</td></tr>
<tr><td>21－01－03</td><td>能熟练安装与配置Windows系统</td><td>L1</td><td>L2</td></tr>
<tr><td rowspan="3">21－02</td><td rowspan="3">Word软件使用</td><td>21－02－01</td><td>懂Word文字处理软件使用方法与技巧</td><td></td><td>L2</td></tr>
<tr><td>21－02－02</td><td>会使用Word软件</td><td>L1</td><td>L2</td></tr>
<tr><td>21－02－03</td><td>能熟练使用Word软件制作技术文档</td><td>L1</td><td>L2</td></tr>
<tr><td rowspan="3">21－03</td><td rowspan="3">Excel软件使用</td><td>21－03－01</td><td>懂Excel软件使用方法与技巧</td><td>L1</td><td>L2</td></tr>
<tr><td>21－03－02</td><td>会使用Excel软件</td><td>L1</td><td>L2</td></tr>
<tr><td>21－03－03</td><td>能熟练使用Excel软件制作项目报价表</td><td>L1</td><td>L2</td></tr>
<tr><td rowspan="3">21－04</td><td rowspan="3">PowerPoint软件使用</td><td>21－04－01</td><td>懂PowerPoint软件使用方法与技巧</td><td>L1</td><td>L2</td></tr>
<tr><td>21－04－02</td><td>会使用PowerPoint软件</td><td>L1</td><td>L2</td></tr>
<tr><td>21－04－03</td><td>能熟练使用PowerPoint软件制作汇报演示文档</td><td></td><td>L2</td></tr>
<tr><td rowspan="3">21－05</td><td rowspan="3">网络及常用办公设备操作</td><td>21－05－01</td><td>懂网络操作技术与常用办公设备使用方法</td><td></td><td>L2</td></tr>
<tr><td>21－05－02</td><td>会使用网络和常用办公设备</td><td>L1</td><td>L2</td></tr>
<tr><td>21－05－03</td><td>能熟练使用网络查找信息和使用办公设备</td><td></td><td>L2</td></tr>
</table>

续上表

工作项目/职业素养		工作任务/职业素养分类		职业能力（技能、工具、方法、要求、知识）		学习水平 中职 Li	学习水平 高职 Lj
22	网络运行维护服务	22－01	网络运行维护服务设计	22－01－01	懂网络系统运行维护服务设计规范		L3
				22－01－02	会根据客户需求设计网络系统的运营服务内容		L3
				22－01－03	能独立完成网络系统运营服务的设计		L3
		22－02	网络系统运营服务	22－02－01	懂网络系统运营服务的实施规范		L2
				22－02－02	会按服务要求完成运行维护任务		L2
				22－02－03	能独立完成系统运营服务的实施		L2
		22－03	网络运行维护培训服务	22－03－01	懂网络服务的运行维护技术规范	L1	L2
				22－03－02	会按项目要求完成维护和培训任务		L2
23	服务器运行维护服务	23－01	服务器运行维护服务设计	23－01－01	懂服务器运行维护服务的设计规范		L2
				23－01－02	会根据项目要求设计服务器的运营服务内容		L2
				23－01－03	能独立完成服务器运营服务的制定		L2
		23－02	服务器运营服务	23－02－01	懂服务器运营服务的实施规范	L1	L2
				23－02－02	会按项目要求完成服务器运行维护服务		L2
				23－02－03	能独立完成服务器运营服务		L2
		23－03	服务器维护与培训	23－03－01	懂服务器运行维护技术规范	L1	L2
				23－03－02	会按要求完成项目维护和培训任务		L2
24	网络运行维护方案设计	24－01	项目需求分析	24－01－01	懂网络运行维护项目需求分析技术、方法		L3
				24－01－02	会根据客户要求进行网络运行维护项目的需求分析		L3
				24－01－03	能够独立完成需求分析文档制作		L2
		24－02	项目方案设计	24－02－01	懂项目设计技术规范和方法		L2
				24－02－02	会根据项目需求完成方案的概要设计		L2
				24－02－03	能够熟练完成项目的详细方案制订		L2

续上表

工作项目/职业素养		工作任务/职业素养分类		职业能力（技能、工具、方法、要求、知识）		学习水平 中职 Li	学习水平 高职 Lj
24	网络运行维护方案设计	24－03	项目文档制定	24－03－01	懂网络运行维护项目文档制定的技术规格和规范		L2
				24－03－02	会根据运行维护要求制定运营文档		L2
				24－03－03	能熟练完成系统运行维护项目文档的设计与制定		L2
25	软件运营维护	25－01	软件运营	25－01－01	懂软件运营技术和国家软件规范要求	L1	L2
				25－01－02	会根据项目要求完成软件运营任务		L2
				25－01－03	能独立完成项目系统的运营		L2
		25－02	软件维护	25－02－01	懂软件维护方法与技术规范	L1	L2
				25－02－02	根据客户需求和系统运行维护要求编写软件维护程序		L2
				25－02－03	能熟练完成客户系统的软件维护		L2
		25－03	软件更新	25－03－01	会根据客户需求更新系统软件程序		L2
				25－03－02	能熟练完成客户系统的软件功能更新		L2
26	界面设计与代码编写	26－01	移动端应用软件界面设计与实现	26－01－01	懂 Android 或 IOS 应用软件界面设计技术和方法		L2
				26－01－02	会根据项目需求实现 Android 软件的界面设计		L2
				26－01－03	能独立完成 Android 界面设计与编码		L2
		26－02	移动端 Web 页面设计与实现	26－02－01	懂 HTML5、CSS3、jQuery、Mobile Web 等技术		L2
				26－02－02	会使用 HTML5 + CSS3 + JS 完成 Web APP 界面的设计与编码		L2
				26－02－03	能熟练使用 HTML5 + CSS3 + JS 完成前端 Web 开发与编码		L2
		26－03	界面 PS 设计与界面设计文档编写	26－03－01	懂界面设计 PS 技术		L2
				26－03－02	会按项目要求完成界面设计说明书的编写		L2

续上表

<table>
<tr><th colspan="2" rowspan="2">工作项目/职业素养</th><th colspan="2" rowspan="2">工作任务/职业素养分类</th><th colspan="2" rowspan="2">职业能力（技能、工具、方法、要求、知识）</th><th colspan="2">学习水平</th></tr>
<tr><th>中职 Li</th><th>高职 Lj</th></tr>
<tr><td rowspan="8">27</td><td rowspan="8">移动客户端软件程序编写与测试维护</td><td rowspan="3">27－01</td><td rowspan="3">移动客户端功能程序设计与实现</td><td>27－01－01</td><td>懂Java或C＋＋，熟悉面向对象开发方法</td><td></td><td>L2</td></tr>
<tr><td>27－01－02</td><td>会根据项目要求完成功能程序设计与调试</td><td></td><td>L3</td></tr>
<tr><td>27－01－03</td><td>能独立完成软件功能编码</td><td></td><td>L3</td></tr>
<tr><td rowspan="3">27－02</td><td rowspan="3">移动客户端程序测试</td><td>27－02－01</td><td>懂程序测试技术</td><td></td><td>L3</td></tr>
<tr><td>27－02－02</td><td>会按项目要求完成功能程序的单元和系统测试</td><td></td><td>L3</td></tr>
<tr><td>27－02－03</td><td>能熟练完成功能程序的测试和提交测试报告</td><td></td><td>L3</td></tr>
<tr><td rowspan="2">27－03</td><td rowspan="2">移动客户端程序维护</td><td>27－03－01</td><td>懂移动软件维护技术规范与方法</td><td></td><td>L2</td></tr>
<tr><td>27－03－02</td><td>会按要求完成移动软件的维护任务</td><td></td><td>L2</td></tr>
<tr><td rowspan="9">28</td><td rowspan="9">服务器端软件程序编写</td><td rowspan="3">28－01</td><td rowspan="3">服务器端软件功能程序设计与编写</td><td>28－01－01</td><td>懂移动开发服务器端软件开发技术和方法</td><td></td><td>L3</td></tr>
<tr><td>28－01－02</td><td>会根据项目要求进行软件功能程序设计</td><td></td><td>L3</td></tr>
<tr><td>28－01－03</td><td>能够独立完成软件程序编写</td><td></td><td>L3</td></tr>
<tr><td rowspan="3">28－02</td><td rowspan="3">服务器端程序测试</td><td>28－02－01</td><td>懂服务器端软件开发技术规范和方法</td><td></td><td>L3</td></tr>
<tr><td>28－02－02</td><td>会根据项目要求完成功能程序测试</td><td></td><td>L3</td></tr>
<tr><td>28－02－03</td><td>能够熟练完成程序单元和系统测试并提交测试报告</td><td></td><td>L3</td></tr>
<tr><td rowspan="3">28－03</td><td rowspan="3">服务器端软件维护</td><td>28－03－01</td><td>懂服务器软件维护技术</td><td></td><td>L2</td></tr>
<tr><td>28－03－02</td><td>会根据项目要求完成软件维护任务</td><td></td><td>L2</td></tr>
<tr><td>28－03－03</td><td>能独立完成服务器软件的更新和维护工作</td><td></td><td>L2</td></tr>
<tr><td rowspan="3">29</td><td rowspan="3">数据库数据处理与维护</td><td rowspan="3">29－01</td><td rowspan="3">数据库设计与实现</td><td>29－01－01</td><td>懂数据库技术</td><td></td><td>L3</td></tr>
<tr><td>29－01－02</td><td>会根据软件要求完成数据库的设计与创建</td><td></td><td>L3</td></tr>
<tr><td>29－01－03</td><td>能独立完成数据库软件的安装与设置</td><td></td><td>L3</td></tr>
</table>

续上表

工作项目/职业素养		工作任务/职业素养分类		职业能力（技能、工具、方法、要求、知识）		学习水平 中职 Li	学习水平 高职 Lj
29	数据库数据处理与维护	29－02	数据表及数据维护	29－02－01	懂数据表及数据维护的方法与技术规范		L3
				29－02－02	会根据软件要求创建数据表和关联设置		L3
				29－02－03	能熟练完成软件系统的数据表设计与数据录入		L3
		29－03	数据库服务器维护	29－03－01	懂数据库服务器维护技术		L3
				29－03－02	能熟练完成软件系统的数据库维护		L3
30	软件技术文档编写	30－01	技术文档编写	30－01－01	懂移动软件文档编写技术和规范要求		L2
				30－01－02	会根据项目要求完成软件技术文档编写		L2
				30－01－03	能熟练完成技术文档的内容和归档		L2
		30－02	技术文档维护	30－02－01	懂技术文档维护技术		L2
				30－02－02	能熟练完成移动软件系统的文档更新和维护		L2
31	GUI交互的设计与开发	31－01	GUI设计	31－01－01	懂移动开发 GUI 设计规范		L2
				31－01－02	会移动软件系统整体界面设计		L2
				31－01－03	能独立完成整个软件系统的 GUI 设计		L3
		31－02	GUI交互开发	31－02－01	懂 GUI 交互开发技术		L2
				31－02－02	会按项目要求完成 GUI 交互开发		L2
				31－02－03	能熟练完成 GUI 交互界面设计与实现		L2
32	APP开发	32－01	APP 项目的架构设计、方案的制订	32－01－01	懂 APP 项目开发架构的设计规范		L3
				32－01－02	会根据项目要求设计 APP 软件架构		L3
				32－01－03	能熟练制订 APP 软件架构和设计方案		L3
		32－02	APP软件系统开发	32－02－01	懂 APP 软件开发技术和规范		L2
				32－02－02	会按项目要求完成 APP 软件系统开发		L2
				32－02－03	能独立承担 APP 的编程和开发任务		L2
		32－03	APP 更新维护	32－03－01	懂 APP 软件维护方法和技术		L2
				32－03－02	会按要求完成 APP 软件更新与维护		L2

续上表

<table>
<tr><th colspan="2" rowspan="2">工作项目/职业素养</th><th colspan="2" rowspan="2">工作任务/职业素养分类</th><th colspan="2" rowspan="2">职业能力（技能、工具、方法、要求、知识）</th><th colspan="2">学习水平</th></tr>
<tr><th>中职 Li</th><th>高职 Lj</th></tr>
<tr><td rowspan="5">33</td><td rowspan="5">核心模块设计与开发</td><td rowspan="3">33-01</td><td rowspan="3">核心模块设计</td><td>33-01-01</td><td>懂核心模块的设计技术和方法</td><td></td><td>L3</td></tr>
<tr><td>33-01-02</td><td>会根据项目要求完成核心模块设计</td><td></td><td>L3</td></tr>
<tr><td>33-01-03</td><td>能够独立完成核心模块的功能设计与实现</td><td></td><td>L3</td></tr>
<tr><td rowspan="2">33-02</td><td rowspan="2">核心模块开发</td><td>33-02-01</td><td>懂移动模块核心开发技术与方法</td><td></td><td>L3</td></tr>
<tr><td>33-02-02</td><td>能够熟练完成核心模块的开发</td><td></td><td>L3</td></tr>
<tr><td rowspan="4">34</td><td rowspan="4">软件项目文档编写</td><td rowspan="2">34-01</td><td rowspan="2">项目文档编写</td><td>34-01-01</td><td>懂移动开发项目文档规范要求</td><td></td><td>L2</td></tr>
<tr><td>34-01-02</td><td>会根据项目要求完成项目文档的编写</td><td></td><td>L2</td></tr>
<tr><td rowspan="2">34-02</td><td rowspan="2">项目文档维护</td><td>34-02-01</td><td>会根据项目需求更新项目文档</td><td></td><td>L2</td></tr>
<tr><td>34-02-02</td><td>能独立完成项目文档的更新和维护</td><td></td><td>L2</td></tr>
<tr><td rowspan="14">35</td><td rowspan="14">职业素养（通用能力、核心技能、关键能力）</td><td rowspan="10">35-01</td><td rowspan="10">交流表达</td><td>35-01-01</td><td>具备良好的沟通技巧与能力</td><td>L1</td><td>L2</td></tr>
<tr><td>35-01-02</td><td>具备与本部门及其他部门沟通的能力</td><td>L1</td><td>L2</td></tr>
<tr><td>35-01-03</td><td>具备与客户、供应商、服务商、监理部门沟通的能力</td><td>L1</td><td>L2</td></tr>
<tr><td>35-01-04</td><td>具备电话接听技巧及商务礼仪</td><td>L1</td><td>L2</td></tr>
<tr><td>35-01-05</td><td>具备良好的倾听技巧</td><td>L1</td><td>L2</td></tr>
<tr><td>35-01-06</td><td>具备委婉拒绝技巧</td><td>L1</td><td>L2</td></tr>
<tr><td>35-01-07</td><td>具备一定的客户拜访技巧</td><td>L1</td><td>L2</td></tr>
<tr><td>35-01-08</td><td>具备良好的处世技巧</td><td>L1</td><td>L2</td></tr>
<tr><td>35-01-09</td><td>具备一定的演讲能力</td><td>L1</td><td>L2</td></tr>
<tr><td>35-01-10</td><td>具备良好的方案、计划、总结、汇报等材料的撰写能力</td><td>L1</td><td>L2</td></tr>
<tr><td rowspan="4">35-02</td><td rowspan="4">数字运算</td><td>35-02-01</td><td>具备良好的数理逻辑推断能力</td><td>L1</td><td>L2</td></tr>
<tr><td>35-02-02</td><td>具备材料预算、成本核算、工程结算能力</td><td>L1</td><td>L2</td></tr>
<tr><td>35-02-03</td><td>数据统计分析（占比、成功率、解决率等）</td><td>L1</td><td>L2</td></tr>
<tr><td>35-02-04</td><td>数制间的转换</td><td>L1</td><td>L2</td></tr>
</table>

续上表

工作项目/职业素养		工作任务/职业素养分类		职业能力（技能、工具、方法、要求、知识）		学习水平 中职 Li	学习水平 高职 Lj
35	职业素养（通用能力、核心技能、关键能力）	35－03	革新创新	35－03－01	关注行业新的发展动态	L1	L2
				35－03－02	能运用新技术提高效率	L1	L2
				35－03－03	改变原有工作方式提高效率	L1	L2
		35－04	自主学习	35－04－01	学习新技术、新标准、新知识	L1	L2
				35－04－02	学习行业知识	L1	L2
				35－04－03	具备通过网络、书籍、会议等途径自主学习能力	L1	L2
		35－05	团队合作	35－05－01	具备分工合作能力	L1	L2
				35－05－02	能与同事、用户、服务商、供应商合作	L1	L2
				35－05－03	遵从团队要求，共同完成目标	L1	L2
		35－06	解决问题	35－06－01	能主动发现问题	L1	L2
				35－06－02	能识别问题的影响程度	L1	L2
				35－06－03	能将处理的问题及时上报	L1	L2
				35－06－04	具备应急及分歧处理技巧	L1	L2
				35－06－05	具备较好的理解能力	L1	L2
				35－06－06	能通过查询相关产品文档来解决问题	L1	L2
				35－06－07	能协调各方资源来解决问题	L1	L2
				35－06－08	能积累归纳常见问题并形成经验	L1	L2
		35－07	信息处理	35－07－01	能通过网络、文献、书籍、会议等方式收集信息	L1	L2
				35－07－02	具备从海量数据中归纳总结有用信息的能力	L1	L2
				35－07－03	具备信息推理与分析的能力	L1	L2
		35－08	外语应用	35－08－01	具备阅读英文计算机专业资料能力	L1	L2
				35－08－02	能查阅英文版的产品技术文档	L1	L2
				35－08－03	能使用英文版的软件	L1	L2
				35－08－04	能使用英文版的配置命令界面	L1	L2

续上表

<table>
<tr><th colspan="2" rowspan="2">工作项目/
职业素养</th><th colspan="2" rowspan="2">工作任务/
职业素养分类</th><th colspan="2" rowspan="2">职业能力
（技能、工具、方法、要求、知识）</th><th colspan="2">学习水平</th></tr>
<tr><th>中职
Li</th><th>高职
Lj</th></tr>
<tr><td rowspan="8">35</td><td rowspan="8">职业素养（通用能力、核心技能、关键能力）</td><td rowspan="8">35－09</td><td rowspan="8">IT 行业职业素养</td><td>35－09－01</td><td>保护知识产权，使用正版软件</td><td>L1</td><td>L2</td></tr>
<tr><td>35－09－02</td><td>遵循保密原则，保守商业机密</td><td>L1</td><td>L2</td></tr>
<tr><td>35－09－03</td><td>遵循保密原则，保护信息安全</td><td>L1</td><td>L2</td></tr>
<tr><td>35－09－04</td><td>不看非自己权限的信息，拒传敏感信息</td><td>L1</td><td>L2</td></tr>
<tr><td>35－09－05</td><td>具有良好的情绪控制能力</td><td>L1</td><td>L2</td></tr>
<tr><td>35－09－06</td><td>具有良好的承受工作压力能力</td><td>L1</td><td>L2</td></tr>
<tr><td>35－09－07</td><td>具有良好的劳动精神</td><td>L1</td><td>L2</td></tr>
<tr><td>35－09－08</td><td>诚信、负责、守法、敬业</td><td>L1</td><td>L2</td></tr>
</table>

注：①“学习水平”中的中职Li的i对应“表5－1　计算机应用技术专业毕业生职业生涯发展路径”的中职发展阶段。若是第Ⅰ发展阶段，则用L1表示；若是第Ⅱ发展阶段，则用L2表示，依此类推。同理，高职Lj的j对应“表5－1　计算机应用技术专业毕业生职业生涯发展路径”的高职发展阶段。若是第Ⅱ发展阶段，则用L2表示；若是第Ⅲ发展阶段，则用L3表示，依此类推。

②工作项目中进行加粗处理的为现代学徒制工作项目（共14项）。

五、附录

（一）参与职业能力分析的行业企业专家名单（如表6－6所示）

表6－6　参与职业能力分析的行业企业专家名单

序号	姓名	单位名称	职务/职称
1	陈玉琪	国家数字家庭应用示范产业基地	工程师
2	缪华乔	广州合立正通信息科技有限公司	CEO/高级工程师
3	高　源	国家数字家庭应用示范产业基地	工程师
4	李政伟	广州市德厚信息科技有限公司	高级工程师
5	何剑峰	广东泽诚教育科技有限公司	总经理
6	秦　方	广州市粤峰通讯科技有限公司	CEO/高级工程师
7	周　菲	广东北斗星盛教育科技有限公司	技术主管
8	董　剑	广州致润信息技术有限公司	技术主管

续上表

序号	姓名	单位名称	职务/职称
9	张　章	广东粤安信息技术有限公司	软件开发工程师
10	孟国发	广州市乾景电子科技有限公司	总工程师
11	陈晓彤	广州合科信息科技有限公司	人力资源部经理
12	杨志玮	工业和信息化部电信研究院广州智慧城市研究院/广州泰尔智信科技有限公司	高级工程师
13	黄启文	广州杰赛科技股份有限公司	客户经理
14	林　振	深圳市地铁集团有限公司	高级工程师
15	冯　锐	广州蓝海彤翔网络科技有限公司	总经理
16	李模钦	广州腾科网络技术有限公司	售前工程师
17	来国旭	华为技术有限公司	部门经理
18	邬子溟	公诚管理咨询有限公司	人力资源部经理
19	刘建华	中兴通讯股份有限公司	通信工程师
20	何冀辉	广州市乾景电子科技有限公司	系统集成工程师
21	谢立华	广州朗汽电子科技有限公司	系统工程师
22	王功亮	广州赛意信息科技股份有限公司	软件工程师
23	李　锋	广州东方标准信息科技有限公司	技术总监
24	唐　超	北大青鸟集团广州菁英授权培训中心	网络工程师
25	茹建斌	广汽汇理汽车金融有限公司	系统架构师

（二）参与职业能力分析的院校教师名单（如表6－7所示）

表6－7　参与职业能力分析的院校教师名单

序号	姓名	单位名称	职务/职称
1	林锦章	广州铁路职业技术学院	副教授
2	王金兰	广州铁路职业技术学院	信息工程系主任
3	刘国成	广州铁路职业技术学院	骨干教师
4	张　华	广州铁路职业技术学院	骨干教师
5	张士刚	广州铁路职业技术学院	应用教研室主任
6	曹伶丽	广州铁路职业技术学院	讲师

续上表

序号	姓名	单位名称	职务/职称
7	钟少波	广州铁路职业技术学院	助理实验师
8	王巧莲	广州铁路职业技术学院	副教授
9	龚　健	广州铁路职业技术学院	教务处副处长
10	刘瑰洁	广州铁路职业技术学院	讲师
11	欧杵乡	广州铁路职业技术学院	助级
12	易　丹	广州铁路职业技术学院	讲师
13	陈黎靖	广州市电子信息学校	校长
14	何永辉	广州市电子信息学校	副校长
15	陈可文	广州市电子信息学校	教学处主任
16	黄江峰	广州市电子信息学校	高级讲师
17	唐意诚	广州市白云行知职业技术学校	电子信息部部长
18	谭咏梅	惠州工业科技学校	教务科长
19	秦旭明	惠州工业科技学校	计算机系主任
20	程　刚	广州市番禺区职业技术学校	高级讲师
21	毕艳萍	广东省科技职业技术学校	高级讲师
22	陈德祥	广东省科技职业技术学校	高级讲师

第七章
现代学徒制汽车检测与维修技术专业职业能力分析报告

一、职业能力分析的目的和意义

为促进职业教育培养的人才更好地适应社会需求，广东机电职业技术学院拟开展现代学徒制汽车检测与维修技术专业教学标准研制，通过开展社会调研及岗位分析，确定汽车检测与维修技术专业毕业生的职业生涯发展路径，确定汽车检测与维修技术专业的职业能力标准，明确现代学徒制汽车检测与维修技术专业人才培养的目标与定位，制定现代学徒制汽车检测与维修技术专业人才培养标准，构建汽车检测与维修技术专业课程体系，提高专业人才培养的针对性和适用性。

开展职业能力分析是构建汽车检测与维修技术专业课程体系的一个重要环节，是确定职业能力标准、获取专业技能点和知识点的前提条件。在学校制定的现有课程体系及教学标准中，职业能力分析都是以学校为主开展，从而使最终的课程体系和教学标准并不能凸显企业需求，不能全面反映出企业对各个岗位人员的能力要求。本项目在开展的过程中，邀请企业专家参与职业能力分析，使企业专家成为职业能力分析的主角，通过举办职业能力分析会研究行业企业各个岗位的工作项目及工作任务，通过分析、归纳、整合、提炼行业专家对工作任务的意见，获取本专业学生就业岗位的具体能力要求、知识要求和素养要求，为开发与之相匹配的课程体系奠定坚实基础。同时，企业专家直接参与职业能力分析，最终获得的汽车检测与维修技术专业就业岗位的职业能力能够充分反映企业对员工能力的需求，更好地展示现代学徒制教学中双主体的特点。

广东机电职业技术学院的汽车专业至今已有50年的职业教育历史。2001年学校升格为高职院校实现转型；2002年开展“汽车检测与维修技术专业”教学改革；2004年开展“校企零距离对接的汽车专业高职教育人才培养新模式探索与实践”项目的研究，对高职教育人才培养模式诸方面进行了理论与实证研究，逐步实施校企合作、工学结合的人才培养方案；2007年开始实施“社会企业下的人才培养”；2010年开展“基于校企合作平台的汽车专业高技能人才创新培养”项目的研究与实践工作；2011年学校牵头成立了“广东机电职业教育集团”，构建校企合作大平台，同年探索现代学徒制人才培养模式；2012年，汽车检测与维修技术专业与捷豹路虎汽车有限公司、康明斯公司等知名企业合作，建立企业华南区唯一的品牌培训中心，把校企合作发展到新的高度，实现了现代学徒制的深入探索。汽车检测与维修技术专业申报国家级和省级教学成果奖、省级示范院校建设、省示范专业建设的成果也为本项目的开展奠定了基础。

二、职业能力分析的组织与实施

2016 年 6 月，广东机电职业技术学院召开了汽车检测与维修技术专业职业能力分析会，通过职业能力分析会获得了企业需求的职业能力，并与企业专家多次研讨职业能力，完善内容与资料。具体组织实施过程如下。

（一）职业能力分析的基本方法

项目组采取了头脑风暴法、文献法、咨询访谈法、问卷调查法等方法，对相关岗位的职业能力进行分析。

1．头脑风暴法

头脑风暴法是一种集体讨论行为，采用会议的方式，通过主持人提问，利用集体的思考，引导每个参加会议的人围绕某一中心议题畅谈所想，使参会的企业专家能够正确表述相关岗位的工作任务和能力要求。这种方式对主持人的水平和能力，以及行业技术专家的要求都较高。为保障分析结果的全面和完善，每个岗位都必须有两位以上的专家参与。专业教师通过参加会议，以及职业能力分析分组讨论参与到分析过程中。

2．文献法

文献法主要用于研究国内外职业能力分析方式，研究我国职业标准规定的岗位技能需求和评价方法，以指导职业能力分析，并对现场职业岗位工作任务等描述语言加以修正。

3．咨询访谈法

咨询访谈法主要是在召开职业能力分析会并完成会后资料整理工作后，以汽车检测与维修技术专业学生所就业的规模较大的企业中的技术专家作为咨询访谈对象，对利用头脑风暴法和文献法获得的职业能力分析结果进行修改和确认。

4．问卷调查法

为了进一步验证职业能力分析的结果，项目组针对典型企业的职业能力进行问卷调查，让企业不同岗位人员对职业能力分析中各个岗位的能力需求进行评判，确认是否与企业工作任务和能力需求相符，从而更好地印证职业能力分析的成果。

（二）职业能力分析会的组织

1．职业能力分析会的前期准备

通过参加广东省教育研究院对项目组成员的培训与指导工作，项目组理解了职业能力分析会的重要性，并掌握了职业能力分析会召开的基本流程、工作内容、注意事项和重点难点。主要筹备内容如下。

（1）明确职业分析岗位。

按照汽车检测与维修技术专业毕业生职业生涯发展路径，项目组确定了汽车检测与维修技术专业的就业岗位，明确了主要分析岗位为机电维修、钣金喷漆美容和维修服务三大岗位群不同层次的职业能力分析。

（2）确定职业能力分析专家。

根据所分析的三大岗位群，按照不同层次和不同级别确定参与职业能力分析会的行业企业专家。专家分布还要满足不同品牌的要求（每个岗位尽量满足欧、美、日三大车系都有专家参与），这样能够体现不同车系对职业能力要求的区别，能够保证最后的职业能力分析结果具有普适性特点。本项目邀请的企业专家名单详见表7－4。

（3）会务筹备。

会前项目组向行业技术专家发送邀请函，介绍职业能力分析会的有关技术和要求。会前进行场地落实、会场布置、座位安排，明确记录员、电脑、打印机、投影屏、纸和笔、分析表等专人服务和技术支持等工作任务，保障了分析会的顺利举办。

2. 职业能力分析会的召开

2016年6月7日职业能力分析会顺利召开，会上主持人首先介绍了现代学徒制汽车检测与维修技术专业教学标准开发的背景情况，说明了会议的目的和流程，向各位专家提出了分析任务与要求。会议在轻松活跃的气氛中，按照会议的既定流程进行。行业企业专家积极参与，踊跃发言。最终通过会议确定了机电维修、钣金喷漆美容和维修服务三大岗位群的工作项目、工作任务及具体的职业能力要求，准确地反映出行业企业专家对岗位的认识与分析。

3. 资料整理

在分析会现场，项目组安排专业教师作为记录员，负责与会专家现场发言的记录工作。分析会结束后，项目组成员李百华、夏志强、唐拥林、袁永超、王广海、涂祥等对会议资料进行了认真细致的分析整理，将文字材料进行了汇总编辑，形成了详尽系统的职业能力分析会会议材料，用于职业能力分析表的制定。

（三）职业能力分析表的制定

项目组利用广东省教育研究院统一推荐的职业能力分析表作为模板，制定出汽车检测与维修技术专业职业能力分析表。在职业能力分析表的制定中，采用了工作项目→工作任务→职业能力的制表方式，在职业能力要求方面包括专业能力、发展能力和职业素养（关键能力或通用能力）三个方面，专业能力进一步划分为技能、工具、方法、要求、知识等方面。同时按照统一的要求，对各工作项目的职业能力等级进行企业评定，显示出该职业能力的层次级别。

项目组成员通过分析研究英国汽车维修职业教育资料、中国香港汽车类职业能力标准、国家职业资格标准要求，结合广东机电职业技术学院汽车学院在汽车检测与维修技术专业人才培养探索中的各种成果，在总结出保时捷4S① 店岗位职责能力要求、捷豹路虎4S店岗位职责能力要求、日产4S店岗位职责能力要求后，整理出职业能力分析表初稿。项目组成员再进一步与行业企业专家对职业能力分析表初稿进行咨询研讨，对汽车检测与维修技术专业职业能力分析表的各个项目进行逐一完善与确定。之后，针对修改和确认后的职业能力分析表在相关企业人员中间进行问卷调查，确认不同企业同种岗

① 4S即整车销售（sale）、零配件（sparepart）、售后服务（service）、信息反馈（survey）。

位的工作项目、工作任务和职业能力是否已涵盖在最终的职业能力分析表中，以达到具有普适性的目的。

三、职业能力分析的结论与成效

（一）职业能力分析表的内容

本项目在前期人才需求调研的基础上，于 2016 年 5 月至 6 月期间开展汽车检测与维修技术专业职业能力分析工作。通过文献对比、头脑风暴分析、咨询访谈、问卷反馈等方法，先后经历了职业能力分析会制定初表→会后整理资料→企业专家咨询修改→企业调查确认改进→最终定稿等 5 个步骤，梳理出汽车检测与维修技术专业人才培养的主要工作项目，并分解不同工作项目所包含的工作任务，进一步分析出每个工作任务所需要的职业能力，构建出工作项目、工作任务和职业能力，逐步推进的职业能力分析表。

通过制定职业能力分析表，项目组得到涵盖汽车后市场的机电维修、钣金喷漆美容和维修服务三大工作领域，7 个岗位的 48 个工作项目、219 项工作任务，共计 1 268 条职业能力，同时还分析确定了各个工作岗位所共同需要的职业素养（关键能力或通用能力）12 项 58 条。汽车检测与维修技术专业职业能力共分为 6 个级别，高职院校人才培养面向其中的第Ⅱ发展阶段（班长级）至Ⅲ发展阶段（组长级）职业能力的要求（见表 7－3），体现出现代学徒制培养的高端培养目标。

（二）岗位群及职业能力分布汇总表

1．职业生涯发展路径及就业岗位群

根据前期的调研结果，针对汽车检测与维修技术专业的主要就业岗位及其后期的岗位迁移状况，确定了本专业毕业生的职业生涯发展路径（如表 7－1 所示）。本专业高职阶段主要面向机电维修、钣金喷漆美容和维修服务三大工作领域。

表 7－1　现代学徒制汽车检测与维修技术专业毕业生职业生涯发展路径

<table>
<tr><th rowspan="2">发展阶段</th><th colspan="3">就业岗位</th><th rowspan="2">学历层次</th><th colspan="3">发展年限/年（参考时间）</th></tr>
<tr><th>机电维修</th><th>钣金喷漆美容</th><th>维修服务</th><th>中职</th><th>高职</th><th>本科</th></tr>
<tr><td>Ⅵ</td><td colspan="3">总经理（4S 店店总）</td><td>本科/高职</td><td rowspan="3">8 以上</td><td>12 以上</td><td>8～12</td></tr>
<tr><td>Ⅴ</td><td colspan="3">售后经理（售后总监）</td><td>本科/高职</td><td>8～12</td><td>3～8</td></tr>
<tr><td>Ⅳ</td><td colspan="2">技术经理（车间主任、技术总监）</td><td>服务经理（前台主任）</td><td>本科/高职</td><td>5～8</td><td>1～3</td></tr>
<tr><td>Ⅲ</td><td>机电组长</td><td>车身钣喷组长</td><td>服务主管</td><td>高职/中职</td><td>3～7</td><td>2～5</td><td>0～1</td></tr>
</table>

续上表

<table>
<tr><th rowspan="2">发展阶段</th><th colspan="4">就业岗位</th><th rowspan="2">学历层次</th><th colspan="3">发展年限/年（参考时间）</th></tr>
<tr><th>机电维修</th><th colspan="2">钣金喷漆美容</th><th>维修服务</th><th>中职</th><th>高职</th><th>本科</th></tr>
<tr><td rowspan="2">Ⅱ</td><td>机电班长</td><td>钣金班长</td><td>喷漆美容班长</td><td>服务顾问</td><td rowspan="2">高职/中职</td><td rowspan="2">1～3</td><td rowspan="2">0.5～2</td><td rowspan="2">—</td></tr>
<tr><td>机电工</td><td>钣金工</td><td>喷漆美容工</td><td rowspan="2">服务顾问助理</td></tr>
<tr><td>Ⅰ</td><td>学徒</td><td>学徒</td><td>学徒</td><td>中职</td><td>0～1</td><td>0～0.5</td><td>—</td></tr>
</table>

注：①不同汽车品牌的企业在岗位设置及岗位名称上略有差别，本表通过分析综合欧、美、日三大系汽车主要品牌企业的岗位状况而得。

②学历层次及发展时限为综合描述，具体个例会有一定差异。

2. 就业岗位职业能力分布汇总表

针对汽车后市场的机电维修、钣金喷漆美容和维修服务三大工作领域，各个就业岗位职业能力分布汇总表，如表7－2所示。

表7－2 汽车检测与维修技术专业就业岗位职业能力分布汇总表

<table>
<tr><th rowspan="2">职业能力需求</th><th colspan="3">就业岗位群</th></tr>
<tr><th>机电维修</th><th>钣金喷漆美容</th><th>维修服务</th></tr>
<tr><td>专业能力</td><td>01 6S管理
02 PDI[①]
03 快速保养
04 发动机拆装与故障诊断维修
05 底盘拆装与故障诊断维修
06 电器更换与维修
07 新能源汽车诊断与维修
08 总成大修</td><td>01 6S管理
20 汽车外部美容
21 汽车内饰美容
22 汽车车窗贴膜
23 精品改装
24 喷漆作业
25 镜面釉处理
26 车身部件检修更换
27 矫正车身（车架）
28 整体式车身的校正
29 车身钢板检查维修
30 维修非结构车身面板
31 焊接
32 更换钢板
33 更换玻璃</td><td>01 6S管理
34 预约
35 维修接待
36 问诊
37 推销
38 打印工单
39 实时监控
40 终检
41 交车说明
42 礼貌送客户
43 信息反馈
44 调查一般工作意外
45 管理顾客服务
46 处理顾客投诉</td></tr>
</table>

① PDI：pre delivery inspection，出厂前检查。

续上表

职业能力需求	就业岗位群		
	机电维修	钣金喷漆美容	维修服务
发展能力	09 班组管理 10 质量检验 11 制订月度计划 12 日常管理 13 培训与考核 14 工作报表 15 现场管理 16 运营管理 17 市场管理 18 服务管理 19 团队管理	09 班组管理 10 质量检验 11 制订月度计划 12 日常管理 13 培训与考核 14 工作报表 15 现场管理 16 运营管理 17 市场管理 18 服务管理 19 团队管理	09 班组管理 10 质量检验 11 制订月度计划 12 日常管理 13 培训与考核 14 工作报表 15 现场管理 16 运营管理 17 市场管理 18 服务管理 19 团队管理 47 制订顾客服务计划 48 制订市场调查调研计划
关键能力	49 职业素养	49 职业素养	49 职业素养

注：表格中的数字代表“表7－3　现代学徒制汽车检测与维修技术专业职业能力分析表”的工作项目代码。

（三）职业能力分析对标准研制的作用

职业能力分析是构建现代学徒制汽车检测与维修技术专业教学标准的一个重要环节，为构建现代学徒制汽车检测与维修技术专业课程体系提供依据，是确定职业能力标准、获取职业能力单元和知识点的主要手段和先决条件。项目组通过职业能力分析会的召开取得了以下成果。

1．校企深入交流，实现充分相互了解

职业能力分析会实现了企业专家与学校专业教师的面对面交流。专业教师能充分了解企业的人才需求，同时加深了对行业企业岗位设置及职业发展路径的清晰认识。企业专家能够深入了解学校的教学过程，为学校的教学组织和教学开展提出意见及建议，为学校的教学指明培养方向。

2．职业能力以企业为主体，教学与需求对接

在职业能力分析中，企业成为主角，企业专家确定职业能力的内容及要求，充分展示出以企业需求为导向、满足企业用人要求的目标。通过职业能力分析会，从需求开始界定培养目标，解决了在高职教育中一直存在的教学与需求脱节的问题。通过企业专家了解到的能力需求真实且具体，充分体现了“企业主体、企业主导”的研究思路。

3．为构建现代学徒制专业课程体系提供依据

通过此次职业能力分析会所获得的职业能力分析表，细化了汽车后服务行业工作过

程的能力需求点，为下一步开展的课程转换、构建专业课程体系提供依据，也为研制现代学徒制汽车检测与维修技术专业课程标准和专业教学标准奠定了坚实的基础。

四、职业能力分析表

现代学徒制汽车检测与维修技术专业职业能力分析表，如表 7－3 所示。

表 7－3　现代学徒制汽车检测与维修技术专业职业能力分析表

工作项目/职业素养		工作任务/职业素养分类		职业能力（技能、工具、方法、要求、知识）		学习水平 中职 Li	学习水平 高职 Lj
01	6S管理	01－01	整理	01－01－01	明白汽车维修工具和设备的用途	L1	L1
				01－01－02	明白汽车维修工具和设备的试用说明指示	L1	L1
				01－01－03	明白汽车维修特殊工具和设备的工作原理	L1	L1
				01－01－04	按要求摆放工具	L1	L1
				01－01－05	按要求摆放配件	L1	L1
				01－01－06	按要求摆放拆装件	L1	L1
				01－01－07	监督摆放工具	L1	L1
				01－01－08	监督摆放配件	L2	L2
				01－01－09	监督摆放拆装件	L2	L2
		01－02	整顿	01－02－01	每天整理工具、配件、拆装件，清理旧件	L2	L2
				01－02－02	按规范每天检查工具、配件、拆装件，清理旧件	L2	L2
				01－02－03	保管或展示汽车维修特殊工具和设备的定期检验/校正文件	L2	L2
				01－02－04	按照汽车故障诊断仪器名称、作用分类	L2	L2
				01－02－05	各种汽车维修工场不同区域的屋宇装备（如照明、通风、排水装置、空调等），以及废物处理方法等	L2	L2
				01－02－06	落实岗位有关环保作业，判断环保作业是否符合程序或优于法规要求	L2	L2
				01－02－07	应用防污设备及相关保养	L2	L2
				01－02－08	掌握汽车维修工场基本屋宇装备的运作，如发生运作不正常，实时向上级汇报	L2	L2

续上表

<table>
<tr><th rowspan="3" colspan="2">工作项目/
职业素养</th><th rowspan="3" colspan="2">工作任务/
职业素养分类</th><th rowspan="3" colspan="2">职业能力
（技能、工具、方法、要求、知识）</th><th colspan="2">学习水平</th></tr>
<tr><th>中职</th><th>高职</th></tr>
<tr><th>Li</th><th>Lj</th></tr>
<tr><td rowspan="15">01</td><td rowspan="15">6S
管理</td><td rowspan="11">01－02</td><td rowspan="11">整顿</td><td>01－02－09</td><td>明白岗位的工序所涉及的环保调理，避免触犯环保法规，及时反映问题</td><td>L2</td><td>L2</td></tr>
<tr><td>01－02－10</td><td>按指导及既定的程序方法及环保要求，安全地进行汽车维修工场的保养工序</td><td>L2</td><td>L2</td></tr>
<tr><td>01－02－11</td><td>处理化学品（了解化学品的种类及特性，存放、提取、处理各种常见的化学品）</td><td>L2</td><td>L2</td></tr>
<tr><td>01－02－12</td><td>明白油漆的种类及特性</td><td>L2</td><td>L2</td></tr>
<tr><td>01－02－13</td><td>确定储存场地是否利于储存油漆</td><td>L2</td><td>L2</td></tr>
<tr><td>01－02－14</td><td>正确储存各种常见的油漆（通用标志及其危险性、分类）</td><td>L2</td><td>L2</td></tr>
<tr><td>01－02－15</td><td>记录、保存和更新汽车维修工具和设备的保养、维修记录</td><td>L2</td><td>L2</td></tr>
<tr><td>01－02－16</td><td>安排检验/校正需定期检验的工具和设备，例如：废气分析仪、扭力扳手、车辆升降设备等的定期检验和校正</td><td>L2</td><td>L2</td></tr>
<tr><td>01－02－17</td><td>定期为汽车检测专用仪器和设备执行保养工作，包括：检查和清理、校正和测定、添加物料和更换耗材</td><td>L2</td><td>L2</td></tr>
<tr><td>01－02－18</td><td>保养检测专用仪器和设备，例如柴油机烟度计、底盘测功仪、发动机测功仪、发动机分析仪、手提检测仪、制动测试仪、四轮定位仪、车轮动平衡仪、大灯定位仪、制冷剂回收及加注仪、液化气探测设备、其他汽车检测专用仪器和设备、介子机、焊机等的定期保养、检测</td><td>L2</td><td>L2</td></tr>
<tr><td>01－02－19</td><td>安排维修汽车维修工具和设备</td><td>L2</td><td>L2</td></tr>
<tr><td rowspan="2">01－03</td><td rowspan="2">清洁</td><td>01－03－01</td><td>清洁工具、工具箱、举升机、工作服、工作台、零件盛物</td><td>L1</td><td>L1</td></tr>
<tr><td>01－03－02</td><td>监督清洁工具、工具箱、举升机、工作服、工作台、零件盛物</td><td>L2</td><td>L2</td></tr>
<tr><td rowspan="2">01－04</td><td rowspan="2">清扫</td><td>01－04－01</td><td>清扫地面、“三不落地”（工具、零件、油水）</td><td>L1</td><td>L1</td></tr>
<tr><td>01－04－02</td><td>监督清扫地面、“三不落地”（工具、零件、油水）</td><td>L2</td><td>L2</td></tr>
</table>

续上表

工作项目/职业素养		工作任务/职业素养分类		职业能力（技能、工具、方法、要求、知识）		学习水平 中职 Li	学习水平 高职 Lj
01	6S管理	01－05	安全	01－05－01	注意生产安全，掌握企业安全生产的规章制度，并按照规定进行生产操作	L1	L1
				01－05－02	注意人身安全（废气排放、车辆行驶）	L1	L1
				01－05－03	注意车辆安全（避免刮花），按照维修企业维修流程进行车辆转移	L1	L1
				01－05－04	注意设备使用安全，了解设备安全使用操作规范，并按照规定正确操作	L1	L1
				01－05－05	注意消防安全、用电安全、行车安全（车辆）	L1	L1
		01－06	素养	01－06－01	遵守公司的规章制度	L1	L1
				01－06－02	洁身自爱	L1	L1
				01－06－03	按标准着装	L1	L1
02	PDI	02－01	发动机舱（冷机时）	02－01－01	懂得汽车的结构和部件功能及检查方法，会进行PDI检查	L1	
				02－01－02	检查发动机盖锁扣和铰链	L1	
				02－01－03	检查蓄电池接线柱有无松动、被腐蚀	L1	
				02－01－04	检查蓄电池电压的检测	L1	
				02－01－05	检查冷却液（min-max）	L1	
				02－01－06	检查清洗液（min-max）	L1	
				02－01－07	检查发动机机油（low-high）	L1	
				02－01－08	检查制动液（min-max）	L1	
				02－01－09	检查液压离合器液（如有配置）（min-max）	L1	
				02－01－10	检查助力转向液位（如有配置）	L1	
				02－01－11	检查转向皮带的松紧状况（助力转向、发电机、压缩机）	L1	
				02－01－12	检查发动机舱主线束的固定装配	L1	

续上表

工作项目/职业素养		工作任务/职业素养分类		职业能力（技能、工具、方法、要求、知识）		学习水平 中职 Li	学习水平 高职 Lj
02	PDI	02－02	起动发动机并预热	02－02－01	蓄电池和起动机的工作及各警告灯显示情况	L1	
				02－02－02	检查怠速状况（有无异响）	L1	
				02－02－03	检查各种灯光（包括仪表、警告灯）的开关和喇叭	L1	
				02－02－04	检查风挡雨刮及清洗开关	L1	
				02－02－05	检查后雨刮及清洗开关（如有配置）	L1	
				02－02－06	暖风和空调功能的确认	L1	
				02－02－07	检查后窗除雾器与指示灯	L1	
				02－02－08	音响功能的确认	L1	
				02－02－09	时钟的设定	L1	
				02－02－10	语音电子导航系统（NAVI）① 功能的确定（如有配置）	L1	
				02－02－11	倒车影像的功能确认（如有配置）	L1	
				02－02－12	检查烟灰缸、点烟器	L1	
				02－02－13	检查电动后视镜的功能	L1	
				02－02－14	检查电动装置的动作（座椅、车窗、天窗）	L1	
				02－02－15	检查左前安全带、头枕的操作	L1	
				02－02－16	检查左前门开关、锁止功能、胶条及内饰有无脏迹、损伤	L1	
		02－03	汽车底部的检查	02－03－01	检查发动机、变速箱、转向系统、冷却系统、制动器与燃油管路是否有泄漏或破损	L1	
				02－03－02	检查排气管、消声器是否生锈、有污渍	L1	
				02－03－03	检查减震器是否漏油	L1	
				02－03－04	检查传动轴、防尘套是否漏油和或裂开	L1	
				02－03－05	悬架的固定与螺栓	L1	

① NAVI：navigation 的缩写，意为导航。

续上表

工作项目/职业素养		工作任务/职业素养分类		职业能力（技能、工具、方法、要求、知识）		学习水平 中职 Li	学习水平 高职 Lj
02	PDI	02－04	车身外观的检查	02－04－01	检查车身号、发动机号、铭牌是否和合格证相符	L1	
				02－04－02	检查车身、油漆有无损伤	L1	
				02－04－03	检查遥控装置的功能	L1	
				02－04－04	检查车窗玻璃有无划伤或破裂	L1	
				02－04－05	检查左前遮阳板	L1	
				02－04－06	检查车内后视镜	L1	
				02－04－07	检查阅读灯	L1	
				02－04－08	检查室内灯	L1	
				02－04－09	检查左前安全带操作状态	L1	
				02－04－10	检查左前车门的开关，锁止功能	L1	
				02－04－11	检查左前车窗控制功能开关	L1	
				02－04－12	检查左后安全带操作状态	L1	
				02－04－13	检查左后车门的开关、锁止功能	L1	
				02－04－14	检查后部扶手	L1	
				02－04－15	检查后部扶手控制面板功能（如有配置）	L1	
				02－04－16	检查左侧门胶条及内饰有无脏迹、损伤	L1	
				02－04－17	检查行李箱盖（后门）及油箱盖的开启、锁定功能	L1	
				02－04－18	检查行李箱照明灯	L1	
				02－04－19	检查随车物品是否齐全	L1	
				02－04－20	检查备胎气压（根据车辆要求参数检查）	L1	
				02－04－21	检查右后安全带操作状态	L1	
				02－04－22	检查右后车门的开关、锁止功能	L1	
				02－04－23	检查右后内饰有无脏迹、损伤	L1	
				02－04－24	检查右前安全带、头枕操作状态	L1	

续上表

工作项目/职业素养		工作任务/职业素养分类		职业能力（技能、工具、方法、要求、知识）		学习水平 中职 Li	学习水平 高职 Lj
02	PDI	02－04	车身外观的检查	02－04－25	检查右前车门的开关、锁止功能	L1	
				02－04－26	检查座椅的状态（滑动、靠背调整）	L1	
				02－04－27	检查手套箱状态	L1	
				02－04－28	检查右前遮阳板	L1	
				02－04－29	检查右侧胶条及内饰有无脏迹、损伤	L1	
				02－04－30	检查轮胎气压（根据车辆要求参数检查）	L1	
				02－04－31	检查车轮螺栓的坚固情况（98～118 N·m）	L1	
		02－05	行驶试验	02－05－01	检查从内部、悬架及制动器发出的噪声	L1	
				02－05－02	检查制动器及手刹	L1	
				02－05－03	检查方向盘自动回正	L1	
				02－05－04	检查离合器踏板的自由行程及效果确认	L1	
				02－05－05	检查档位变换（升挡、降挡）	L1	
				02－05－06	检查变速箱油（low-high）	L1	
		02－06	最终准备	02－06－01	清洗车辆内外部	L1	
				02－06－02	检查车内包括行李箱是否有水漏入	L1	
		02－07	展示车、长期库存车	02－07－01	检查展示车、库存车车身表面划伤、磨伤	L1	
				02－07－02	检查展示车、库存车虫害、铁粉	L1	
				02－07－03	检查展示车、库存车凹陷	L1	
				02－07－04	检查展示车、库存车各橡胶件类的风化、老化	L1	
				02－07－05	检查展示车、库存车色泽模糊、烧蚀	L1	
03	快速保养	03－01	室内检查	03－01－01	将车辆移动到规定位置，拉起手刹	L1	
				03－01－02	灯光、方向指示灯的检查	L1	
				03－01－03	清洗液装置的检查	L1	

续上表

<table>
<tr><th rowspan="2">工作项目/
职业素养</th><th rowspan="2">工作任务/
职业素养分类</th><th rowspan="2">职业能力
（技能、工具、方法、要求、知识）</th><th colspan="2">学习水平</th></tr>
<tr><th>中职
Li</th><th>高职
Lj</th></tr>
</table>

<table>
<tr><td rowspan="25">03</td><td rowspan="25">快速保养</td><td rowspan="17">03－01</td><td rowspan="17">室内检查</td><td>03－01－04</td><td>雨刮的检查</td><td>L1</td><td></td></tr>
<tr><td>03－01－05</td><td>变速箱换挡杆及指示灯的检查</td><td>L1</td><td></td></tr>
<tr><td>03－01－06</td><td>除霜器、空调的检查</td><td>L1</td><td></td></tr>
<tr><td>03－01－07</td><td>仪表、表类的检查（点火开关 ON→启动）</td><td>L1</td><td></td></tr>
<tr><td>03－01－08</td><td>门后视镜的检查</td><td>L1</td><td></td></tr>
<tr><td>03－01－09</td><td>电动窗的检查（窗户全开）</td><td>L1</td><td></td></tr>
<tr><td>03－01－10</td><td>中控门锁的检查</td><td>L1</td><td></td></tr>
<tr><td>03－01－11</td><td>天窗的检查</td><td>L1</td><td></td></tr>
<tr><td>03－01－12</td><td>室内灯的检查</td><td>L1</td><td></td></tr>
<tr><td>03－01－13</td><td>方向盘的检查</td><td>L1</td><td></td></tr>
<tr><td>03－01－14</td><td>报警器的检查</td><td>L1</td><td></td></tr>
<tr><td>03－01－15</td><td>制动器踏板的检查</td><td>L1</td><td></td></tr>
<tr><td>03－01－16</td><td>真空泵的检查（发动机启动→停止）</td><td>L1</td><td></td></tr>
<tr><td>03－01－17</td><td>加油踏板的检查</td><td>L1</td><td></td></tr>
<tr><td>03－01－18</td><td>驻车制动器的检查</td><td>L1</td><td></td></tr>
<tr><td>03－01－19</td><td>左前座椅安全带的检查</td><td>L1</td><td></td></tr>
<tr><td>03－01－20</td><td>右前座椅安全带的检查</td><td>L1</td><td></td></tr>
<tr><td rowspan="8">03－02</td><td rowspan="8">外围的检查</td><td>03－02－01</td><td>打开机舱盖锁、打开行李箱锁、打开加油孔盖锁</td><td>L1</td><td></td></tr>
<tr><td>03－02－02</td><td>放置左前举升机臂</td><td>L1</td><td></td></tr>
<tr><td>03－02－03</td><td>左前门的检查</td><td>L1</td><td></td></tr>
<tr><td>03－02－04</td><td>左门后视镜的检查</td><td>L1</td><td></td></tr>
<tr><td>03－02－05</td><td>左前挡风玻璃的检查</td><td>L1</td><td></td></tr>
<tr><td>03－02－06</td><td>左前雨刮片的检查</td><td>L1</td><td></td></tr>
<tr><td>03－02－07</td><td>左灯透镜的检查（前大灯、方向指示器）</td><td>L1</td><td></td></tr>
<tr><td>03－02－08</td><td>机舱盖的检查（关闭机舱盖）</td><td>L1</td><td></td></tr>
</table>

续上表

工作项目/职业素养		工作任务/职业素养分类		职业能力（技能、工具、方法、要求、知识）		学习水平 中职 Li	学习水平 高职 Lj
03	快速保养	03－02	外围的检查	03－02－09	右灯透镜的检查（前大灯、方向指示器）	L1	
				03－02－10	右前挡风玻璃的检查	L1	
				03－02－11	右前雨刮片的检查	L1	
				03－02－12	放置右前举升机臂	L1	
				03－02－13	右门后视镜的检查	L1	
				03－02－14	右前门的检查	L1	
				03－02－15	放置右后举升机臂	L1	
				03－02－16	右后门的检查	L1	
				03－02－17	右后座椅安全带的检查	L1	
				03－02－18	加油孔盖的检查	L1	
				03－02－19	右后挡风玻璃的检查	L1	
				03－02－20	右后灯透镜的检查	L1	
				03－02－21	行李箱的检查	L1	
				03－02－22	左后透镜的检查	L1	
				03－02－23	左后挡风玻璃的检查	L1	
				03－02－24	放置左后举升机臂	L1	
				03－02－25	左后门的检查	L1	
				03－02－26	左后座椅安全带的检查	L1	
		03－03	发动机机舱的检查（1）	03－03－01	打开机舱盖锁	L1	
				03－03－02	安装翼子板护板	L1	
				03－03－03	发动机缸盖周围的检查	L1	
				03－03－04	蓄电池端子的检查	L1	
				03－03－05	蓄电池的检查	L1	
				03－03－06	减震器塔的检查	L1	
				03－03－07	主泵和制动器配管的检查	L1	
				03－03－08	电气配线的检查	L1	

续上表

工作项目/职业素养		工作任务/职业素养分类		职业能力（技能、工具、方法、要求、知识）		学习水平 中职 Li	学习水平 高职 Lj
03	快速保养	03－03	发动机机舱的检查（1）	03－03－09	清洗液的检查	L1	
				03－03－10	皮带的检查	L1	
				03－03－11	散热器、水泵的检查	L1	
				03－03－12	水箱的检查	L1	
				03－03－13	冷却水的检查	L1	
				03－03－14	散热器盖的检查	L1	
				03－03－15	空气过滤器的检查	L1	
				03－03－16	拆下发动机机油盖	L1	
				03－03－17	升起升降机	L1	
				03－03－18	解除转向锁、解除驻车制动器	L1	
				03－03－19	将升降机上升到中段（70～100 cm）	L1	
		03－04	车轮周围的检查（1）（前端）	03－04－01	检查前轮轮胎气压	L1	
				03－04－02	转向、轮轴承、制动器的检查	L1	
				03－04－03	轮胎外侧和碟刹外侧的检查	L1	
				03－04－04	轮胎的检查	L1	
				03－04－05	制动器软管的检查	L1	
				03－04－06	拆卸轮胎	L1	
				03－04－07	碟刹内侧和轮胎内侧的检查	L1	
				03－04－08	线圈弹簧的检查	L1	
				03－04－09	减震器的检查	L1	
				03－04－10	转向节固定螺栓的检查	L1	
				03－04－11	制动器软管和硬管的检查	L1	
				03－04－12	碟刹卡钳的检查	L1	
				03－04－13	刹车片的清理检查	L1	
				03－04－14	刹车盘的清理检查	L1	
				03－04－15	安装轮胎	L1	

续上表

<table>
<tr><th colspan="2" rowspan="2">工作项目/
职业素养</th><th colspan="2" rowspan="2">工作任务/
职业素养分类</th><th colspan="2" rowspan="2">职业能力
（技能、工具、方法、要求、知识）</th><th colspan="2">学习水平</th></tr>
<tr><th>中职
Li</th><th>高职
Lj</th></tr>
<tr><td rowspan="26">03</td><td rowspan="26">快速保养</td><td rowspan="18">03－05</td><td rowspan="18">车轮周围的检查（1）（后端）</td><td>03－05－01</td><td>检查后轮轮胎气压</td><td>L1</td><td></td></tr>
<tr><td>03－05－02</td><td>轮轴承、制动器的检查</td><td>L1</td><td></td></tr>
<tr><td>03－05－03</td><td>轮胎表面和碟刹表面的检查</td><td>L1</td><td></td></tr>
<tr><td>03－05－04</td><td>轮胎的检查</td><td>L1</td><td></td></tr>
<tr><td>03－05－05</td><td>拆卸轮胎</td><td>L1</td><td></td></tr>
<tr><td>03－05－06</td><td>刹车内侧和轮胎内侧的检查</td><td>L1</td><td></td></tr>
<tr><td>03－05－07</td><td>线圈弹簧的检查</td><td>L1</td><td></td></tr>
<tr><td>03－05－08</td><td>减震器的检查</td><td>L1</td><td></td></tr>
<tr><td>03－05－09</td><td>制动器软管和硬管的检查</td><td>L1</td><td></td></tr>
<tr><td>03－05－10</td><td>拆卸制动鼓（鼓式）</td><td>L1</td><td></td></tr>
<tr><td>03－05－11</td><td>制动鼓的清理检查（鼓式）</td><td>L1</td><td></td></tr>
<tr><td>03－05－12</td><td>制动蹄的清理检查（鼓式）</td><td>L1</td><td></td></tr>
<tr><td>03－05－13</td><td>车轮驱动汽缸的检查（鼓式）</td><td>L1</td><td></td></tr>
<tr><td>03－05－14</td><td>安装制动鼓（鼓式）</td><td>L1</td><td></td></tr>
<tr><td>03－05－15</td><td>碟刹卡钳的检查（碟式）</td><td>L1</td><td></td></tr>
<tr><td>03－05－16</td><td>刹车片的清理检查（碟式）</td><td>L1</td><td></td></tr>
<tr><td>03－05－17</td><td>刹车盘的清理检查（碟式）</td><td>L1</td><td></td></tr>
<tr><td>03－05－18</td><td>安装轮胎（碟式）</td><td>L1</td><td></td></tr>
<tr><td rowspan="8">03－06</td><td rowspan="8">车身底部的检查</td><td>03－06－01</td><td>推进废油收集机</td><td>L1</td><td></td></tr>
<tr><td>03－06－02</td><td>排放发动机机油（拆卸油底壳螺栓）</td><td>L1</td><td></td></tr>
<tr><td>03－06－03</td><td>拆卸机油过滤器</td><td>L1</td><td></td></tr>
<tr><td>03－06－04</td><td>散热器的检查</td><td>L1</td><td></td></tr>
<tr><td>03－06－05</td><td>发动机、变速箱的检查</td><td>L1</td><td></td></tr>
<tr><td>03－06－06</td><td>皮带的检查</td><td>L1</td><td></td></tr>
<tr><td>03－06－07</td><td>侧杆、转臂、球头的检查</td><td>L1</td><td></td></tr>
<tr><td>03－06－08</td><td>驱动轴的检查</td><td>L1</td><td></td></tr>
</table>

续上表

工作项目/职业素养		工作任务/职业素养分类		职业能力（技能、工具、方法、要求、知识）		学习水平 中职 Li	学习水平 高职 Lj
03	快速保养	03－06	车身底部的检查	03－06－09	前悬架的检查	L1	
				03－06－10	横拉杆的检查	L1	
				03－06－11	机油过滤器的更换（安装面的清扫，以及在要更换的过滤器 O 形圈上涂抹新的油）	L1	
				03－06－12	更换油底壳螺栓的铜垫圈	L1	
				03－06－13	安装油底壳螺栓，推出废油收集机	L1	
				03－06－14	集中配管的检查	L1	
				03－06－15	驻车制动电缆的检查	L1	
				03－06－16	后悬架的检查	L1	
				03－06－17	消声器、排气歧管、隔热板的检查	L1	
				03－06－18	将升降机下降到下段	L1	
				03－06－19	拉起驻车手刹	L1	
				03－06－20	打开行李箱盖	L1	
		03－07	车轮周围的检查（2）	03－07－01	左前轮胎加力矩	L1	
				03－07－02	左前升降机转臂返回	L1	
				03－07－03	左后轮胎加力矩	L1	
				03－07－04	左后升降机转臂返回	L1	
				03－07－05	左前、后门铰链涂润滑脂	L1	
				03－07－06	备用轮胎检查	L1	
				03－07－07	行李箱盖锁涂润滑脂	L1	
				03－07－08	右后轮胎加力矩	L1	
				03－07－09	右后升降机转臂返回	L1	
				03－07－10	右前、后门铰链涂润滑脂	L1	
				03－07－11	右前轮胎加力矩	L1	
				03－07－12	右前升降机转臂返回	L1	

续上表

工作项目/职业素养		工作任务/职业素养分类		职业能力（技能、工具、方法、要求、知识）		学习水平 中职 Li	学习水平 高职 Lj
03	快速保养	03－08	发动机机舱的检查（2）	03－08－01	注入发动机机油（关闭机油盖）	L1	
				03－08－02	启动发动机	L1	
				03－08－03	自动变速器机油（A/T 油）的检查	L1	
				03－08－04	燃油装置的检查	L1	
				03－08－05	冷却装置的检查	L1	
				03－08－06	停止发动机	L1	
				03－08－07	发动机机油油量的检查	L1	
				03－08－08	发动机机舱内的最终确认	L1	
				03－08－09	发动机机舱内的清扫	L1	
				03－08－10	发动机机舱盖锁涂润滑脂	L1	
				03－08－11	拆下翼子板护板	L1	
				03－08－12	关闭机舱盖	L1	
04	发动机拆装与故障诊断维修	04－01	维修前准备	04－01－01	根据维修手册进行发动机维修	L1	
				04－01－02	维修过程中避免随意断电	L1	
				04－01－03	点火开关打开状态下，不能随意测量电器类部件	L1	
				04－01－04	使用高阻抗的万用表	L1	
				04－01－05	要熟悉厂家发布的服务快讯	L1	
				04－01－06	选择使用正确工具	L1	
				04－01－07	能够看懂机械装配图	L1	
				04－01－08	能够看懂各类机械结构原理图	L1	
				04－01－09	了解金属特性	L1	
				04－01－10	掌握机械公差配合关系	L1	
				04－01－11	熟悉专业英语术语	L1	

续上表

工作项目/职业素养		工作任务/职业素养分类		职业能力（技能、工具、方法、要求、知识）		学习水平 中职 Li	学习水平 高职 Lj
04	发动机拆装与故障诊断维修	04 - 02	发动机部件更换	04 - 02 - 01	了解发动机基本特性，懂得发动机部件的更换方法和注意事项，相关专用工具	L1	
				04 - 02 - 02	熟悉发动机机械基础知识、基本理论	L1	
				04 - 02 - 03	根据维修手册进行发动机拆装	L1	
				04 - 02 - 04	更换发动机曲柄连杆机构部件	L1	
				04 - 02 - 05	更换发动机配气机构部件	L1	
				04 - 02 - 06	更换发动机点火系统部件	L1	
				04 - 02 - 07	更换发动机燃料系统部件	L1	
				04 - 02 - 08	更换发动机冷却系统部件	L1	
				04 - 02 - 09	更换发动机润滑系统部件	L1	
				04 - 02 - 10	更换发动机启动系统部件	L1	
				04 - 02 - 11	更换发动机附件（发动机、起动机等）	L1	
				04 - 02 - 12	更换发动机电控系统部件（传感器、ECU①、执行器）	L1	
		04 - 03	发动机曲柄连杆机构检修	04 - 03 - 01	使用量具检测曲轴、飞轮	L2	L2
				04 - 03 - 02	使用量具检测气缸体、缸盖及缸套	L2	L2
				04 - 03 - 03	使用量具检测活塞、活塞环及活塞销	L2	L2
				04 - 03 - 04	使用量具检测连杆	L2	L2
		04 - 04	发动机配气机构检修	04 - 04 - 01	使用量具检查凸轮轴	L2	L2
				04 - 04 - 02	使用量具及专用工具检测、调整气门间隙	L2	L2
				04 - 04 - 03	使用专用工具检测正时皮带（正时链条、正时齿轮）	L2	L2
				04 - 04 - 04	使用量具及专用工具检测气门组件	L2	L2
				04 - 04 - 05	使用专用工具拆装可变正时机构	L2	L2

① ECU：electronic control unit，电子控制单元，又称“行车电脑”“车载电脑”。

续上表

<table>
<tr><th rowspan="3" colspan="2">工作项目/
职业素养</th><th rowspan="3" colspan="2">工作任务/
职业素养分类</th><th rowspan="3" colspan="2">职业能力
（技能、工具、方法、要求、知识）</th><th colspan="2">学习水平</th></tr>
<tr><th>中职</th><th>高职</th></tr>
<tr><th>Li</th><th>Lj</th></tr>
<tr><td rowspan="19">04</td><td rowspan="19">发动机拆装与故障诊断维修</td><td rowspan="11">04－05</td><td rowspan="11">发动机燃油供给系统故障检查</td><td>04－05－01</td><td>理解汽车各类燃料系统（汽油、柴油和液化气等系统）的结构及工作原理</td><td>L2</td><td>L2</td></tr>
<tr><td>04－05－02</td><td>准确测试燃料系统，包括应用仪器设备执行测试</td><td>L2</td><td>L2</td></tr>
<tr><td>04－05－03</td><td>使用燃料系统诊断和测试仪器设备，根据车型维修手册确认汽车各类燃料系统的故障点</td><td>L2</td><td>L2</td></tr>
<tr><td>04－05－04</td><td>使用专用工具修复故障</td><td>L2</td><td>L2</td></tr>
<tr><td>04－05－05</td><td>使用燃油压力表检测燃油压力</td><td>L2</td><td>L2</td></tr>
<tr><td>04－05－06</td><td>使用万用表检测燃油泵及燃油泵继电器</td><td>L2</td><td>L2</td></tr>
<tr><td>04－05－07</td><td>使用万用表检测空气流量计</td><td>L2</td><td>L2</td></tr>
<tr><td>04－05－08</td><td>使用万用表检测节气门位置传感器</td><td>L2</td><td>L2</td></tr>
<tr><td>04－05－09</td><td>使用量具及专用设备检查喷油器</td><td>L2</td><td>L2</td></tr>
<tr><td>04－05－10</td><td>使用量具及专用设备检测柴油发动机喷油器</td><td>L2</td><td>L2</td></tr>
<tr><td>04－05－11</td><td>修复后测试，确认修复故障，确认填写报告</td><td>L2</td><td>L2</td></tr>
<tr><td rowspan="8">04－06</td><td rowspan="8">发动机进、排气系统故障检查</td><td>04－06－01</td><td>检查汽车进、排气系统较复杂的故障（堵塞、三元催化异常、氧传感器异常）</td><td>L2</td><td>L2</td></tr>
<tr><td>04－06－02</td><td>应用专用仪器设备辅助进行测试，确定故障点</td><td>L2</td><td>L2</td></tr>
<tr><td>04－06－03</td><td>按程序修复排除故障</td><td>L2</td><td>L2</td></tr>
<tr><td>04－06－04</td><td>使用万用表检测废气再循环阀（EGR① 阀）</td><td>L2</td><td>L2</td></tr>
<tr><td>04－06－05</td><td>使用万用表检测曲轴箱通风阀（PCV② 阀）</td><td>L2</td><td>L2</td></tr>
<tr><td>04－06－06</td><td>使用仪器检测三元催化器</td><td>L2</td><td>L2</td></tr>
<tr><td>04－06－07</td><td>检查废气涡轮增压器</td><td>L2</td><td>L2</td></tr>
<tr><td>04－06－08</td><td>检查机械增压器</td><td>L2</td><td>L2</td></tr>
</table>

① EGR：exhaust gas recirculation，废气再循环系统。

② PCV：positive crankcase ventilation，曲轴箱强制通风系统。

续上表

工作项目/职业素养		工作任务/职业素养分类		职业能力（技能、工具、方法、要求、知识）		学习水平 中职 Li	学习水平 高职 Lj
04	发动机拆装与故障诊断维修	04-07	发动机进、排气系统故障检修	04-07-01	点火系统诊断、修复方案（根据维修手册操作）	L2	L2
				04-07-02	点火波形读取与判断	L2	L2
				04-07-03	应用专用仪器设备辅助进行测试，确定故障点	L2	L2
				04-07-04	应用万用表和诊断仪检测点火系统电路	L2	L2
				04-07-05	使用诊断仪和万用表检测点火模块	L2	L2
				04-07-06	使用量具检测火花塞	L2	L2
		04-08	发动机冷却系统故障检修	04-08-01	明白汽车各类冷却系统及更换步骤	L2	L2
				04-08-02	使用冷却系统诊断和测试仪器设备	L2	L2
				04-08-03	查找、排除汽车冷却系统的故障（根据维修手册操作）	L2	L2
				04-08-04	选择更换冷却液	L2	L2
				04-08-05	使用量具检测机油泵	L2	L2
				04-08-06	使用量具检测机油压力、机油压力调节阀	L2	L2
		04-09	发动机润滑系统故障检修	04-09-01	判断不同润滑油性能	L2	L2
				04-09-02	使用润滑系统诊断和测试仪器设备	L2	L2
				04-09-03	使用专用工具检测节温器	L2	L2
				04-09-04	使用万用表检测继电器、电子风扇、温控开关	L2	L2
				04-09-05	使用量具检测水泵	L2	L2
				04-09-06	查找、排除汽车润滑系统的故障（根据维修手册操作）	L2	L2
		04-10	汽车蓄电池、充电系统及发动机起动系统检测	04-10-01	选用适当工具及仪器，准确检测及量度汽车充电/供电及起动系统，并根据不同数据，分析及评估系统的故障问题	L2	L2
				04-10-02	根据不同问题及故障，进行检修，包括：拆卸、更换、重装及调校有关系统组件及辅件	L2	L2
				04-10-03	处理及回收蓄电池	L2	L2

续上表

工作项目/职业素养		工作任务/职业素养分类		职业能力（技能、工具、方法、要求、知识）		学习水平 中职 Li	学习水平 高职 Lj
04	发动机拆装与故障诊断维修	04－10	汽车蓄电池、充电系统及发动机起动系统检测	04－10－04	检修程序完成后，准确量度有关系统的效能，并做出适当评估及跟进	L2	L2
				04－10－05	根据检查及量度所得的数据，排除系统故障，并评估电池、充电、供电及起动系统效能是否符合制造商维修手册的要求，做出适当的处理	L2	L2
		04－11	发动机曲柄连杆机构及配气机构故障诊断	04－11－01	掌握曲柄连杆机构及配气机构原理及故障诊断方法	L3	L3
				04－11－02	会运用专用工具和设备，诊断发动机异响故障（由曲柄连杆机构引起）	L3	L3
				04－11－03	会运用专用工具和设备，诊断发动机起动困难故障（由曲柄连杆机构引起）	L3	L3
				04－11－04	会运用专用工具和设备，诊断发动机怠速不稳故障（由曲柄连杆机构引起）	L3	L3
				04－11－05	会运用专用工具和设备，诊断发动机机油消耗量过大，排放超标故障（由曲柄连杆机构引起）	L3	L3
				04－11－06	会运用专用工具和设备，诊断发动机无法起动故障（由曲柄连杆机构引起）	L3	L3
				04－11－07	会运用专用工具和设备，诊断发动机动力不足故障（由曲柄连杆机构引起）	L3	L3
		04－12	发动机燃油、点火系统故障诊断	04－12－01	懂得燃油、点火系统原理及故障诊断方法	L3	L3
				04－12－02	能运用专用工具和设备，诊断燃油压力不足故障	L3	L3
				04－12－03	能运用专用工具和设备，诊断发动机怠速不稳故障（由燃油、点火系统引起）	L3	L3
				04－12－04	能运用专用工具和设备，诊断发动机加速不良故障（由燃油、点火系统引起）	L3	L3
				04－12－05	能运用专用工具和设备，诊断发动机怠速过高故障（由燃油、点火系统引起）	L3	L3
				04－12－06	能运用专用工具和设备，诊断发动机无法起动故障（由燃油、点火系统引起）	L3	L3
				04－12－07	能运用专用工具和设备，诊断发动机熄火故障（由燃油、点火系统引起）	L3	L3

续上表

工作项目/职业素养		工作任务/职业素养分类		职业能力（技能、工具、方法、要求、知识）		学习水平 中职 Li	学习水平 高职 Lj
04	发动机拆装与故障诊断维修	04－13	发动机进、排气系统故障诊断	04－13－01	掌握进、排气系统原理及故障诊断方法	L3	L3
				04－13－02	能运用专用工具和设备，诊断发动机动力不足故障（由进、排气系统引起）	L3	L3
				04－13－03	能运用专用工具和设备，诊断发动机排放超标故障（由进、排气系统引起）	L3	L3
				04－13－04	能运用专用工具和设备，诊断发动机加速不良故障（由进、排气系统引起）	L3	L3
				04－13－05	能运用专用工具和设备，诊断发动机怠速不稳故障（由进、排气系统引起）	L3	L3
				04－13－06	能运用专用工具和设备，诊断发动机增压系统故障	L3	L3
		04－14	发动机冷却、润滑系统故障诊断	04－14－01	掌握冷却、润滑系统原理及故障诊断方法	L3	L3
				04－14－02	能运用专用工具和设备，诊断发动机水温过高故障	L3	L3
				04－14－03	能运用专用工具和设备，诊断发动机冷却液消耗异常故障	L3	L3
				04－14－04	能运用专用工具和设备，诊断发动机机油压力过低或过高故障	L3	L3
				04－14－05	能运用专用工具和设备，诊断机油指示灯异常故障	L3	L3
		04－15	发动机电控系统检修	04－15－01	识读电路图（根据车型维修手册操作）	L3	L3
				04－15－02	识读传感器及线路连接（根据车型维修手册操作）	L3	L3
				04－15－03	按品牌维修流程维修（根据车型维修手册操作）	L3	L3
				04－15－04	区分发动机系统波形、数据流	L3	L3
				04－15－05	确认发动机系统故障点	L3	L3
				04－15－06	使用品牌专用诊断仪确认发动机故障，诊断仪器检修电控系统故障	L3	L3
		04－16	分析发动机系统故障	04－16－01	诊断分析发动机可变配气正时系统综合故障		L4
				04－16－02	诊断分析发动机辅助控制系统综合故障		

续上表

<table>
<tr><th colspan="2" rowspan="2">工作项目/
职业素养</th><th colspan="2" rowspan="2">工作任务/
职业素养分类</th><th colspan="2" rowspan="2">职业能力
（技能、工具、方法、要求、知识）</th><th colspan="2">学习水平</th></tr>
<tr><th>中职
Li</th><th>高职
Lj</th></tr>
<tr><td rowspan="7">04</td><td rowspan="7">发动机拆装与故障诊断维修</td><td rowspan="5">04－16</td><td rowspan="5">分析发动机系统故障</td><td>04－16－03</td><td>诊断分析缸内直喷发动机综合故障</td><td></td><td>L4</td></tr>
<tr><td>04－16－04</td><td>诊断分析发动机 ECU 故障</td><td></td><td>L4</td></tr>
<tr><td>04－16－05</td><td>诊断分析电控柴油机燃油喷射系统综合故障</td><td></td><td>L4</td></tr>
<tr><td>04－16－06</td><td>诊断分析发动机电控系统综合故障</td><td></td><td>L4</td></tr>
<tr><td>04－16－07</td><td>诊断分析发动机机械系统综合故障</td><td></td><td>L4</td></tr>
<tr><td rowspan="2">04－17</td><td rowspan="2">发动机系统疑难故障诊断</td><td>04－17－01</td><td>诊断分析发动机疑难故障</td><td></td><td>L4</td></tr>
<tr><td>04－17－02</td><td>远程诊断分析发动机疑难故障</td><td></td><td>L4</td></tr>
<tr><td rowspan="14">05</td><td rowspan="14">底盘拆装与故障诊断维修</td><td rowspan="7">05－01</td><td rowspan="7">底盘故障部件更换</td><td>05－01－01</td><td>熟悉底盘部件基本结构、原理、特性，懂得底盘部件的更换方法、步骤和注意事项</td><td>L1</td><td></td></tr>
<tr><td>05－01－02</td><td>正确拆装并归类</td><td>L1</td><td></td></tr>
<tr><td>05－01－03</td><td>正确更换行驶系统部件</td><td>L1</td><td></td></tr>
<tr><td>05－01－04</td><td>正确更换传动系统部件</td><td>L1</td><td></td></tr>
<tr><td>05－01－05</td><td>正确更换转向系统部件</td><td>L1</td><td></td></tr>
<tr><td>05－01－06</td><td>正确更换制动系统部件</td><td>L1</td><td></td></tr>
<tr><td>05－01－07</td><td>正确更换底盘电控系统部件</td><td>L1</td><td></td></tr>
<tr><td rowspan="7">05－02</td><td rowspan="7">汽车制动系统检修</td><td>05－02－01</td><td>熟悉汽车各类制动系统（例如真空助力、电子控制防抱死等系统）的结构及工作原理</td><td>L2</td><td>L2</td></tr>
<tr><td>05－02－02</td><td>使用制动系统测试、检修设备</td><td>L2</td><td>L2</td></tr>
<tr><td>05－02－03</td><td>测试、判断制动系统性能</td><td>L2</td><td>L2</td></tr>
<tr><td>05－02－04</td><td>按步骤检修、排除制动故障（根据维修手册操作）</td><td>L2</td><td>L2</td></tr>
<tr><td>05－02－05</td><td>使用工具、量具检修制动总泵</td><td>L2</td><td>L2</td></tr>
<tr><td>05－02－06</td><td>使用工具、量具检修制动分泵</td><td>L2</td><td>L2</td></tr>
<tr><td>05－02－07</td><td>使用诊断仪和万用表检测制动防抱死系统制动压力调节器</td><td>L2</td><td>L2</td></tr>
</table>

续上表

工作项目/职业素养		工作任务/职业素养分类		职业能力（技能、工具、方法、要求、知识）		学习水平 中职 Li	学习水平 高职 Lj
05	底盘拆装与故障诊断维修	05－02	汽车制动系统检修	05－02－08	使用工具、量具检修制动盘（鼓）、制动摩擦片	L2	L2
				05－02－09	使用工具、量具检修驻车制动器	L2	L2
		05－03	汽车转向系统检修	05－03－01	熟悉汽车转向系统（电、液动力转向）的结构和工作原理	L2	L2
				05－03－02	使用转向系统测试、检修设备	L2	L2
				05－03－03	按步骤测试、检修转向系统（根据维修手册操作）	L2	L2
				05－03－04	使用工具、量具检修转向器	L2	L2
				05－03－05	使用工具、量具检修转向器助力泵	L2	L2
				05－03－06	使用工具、量具检修转向系统传动件	L2	L2
				05－03－07	使用工具拆装方向盘及附件	L2	L2
		05－04	汽车行驶系统检修	05－04－01	熟悉汽车悬挂系统（主动、被动）的结构及工作原理	L2	L2
				05－04－02	使用悬挂系统测试、检修设备	L2	L2
				05－04－03	按步骤测试、检修悬挂系统（根据维修手册操作）	L2	L2
				05－04－04	使用专用工具更换轮毂轴承	L2	L2
				05－04－05	使用四轮定位仪进行车轮定位	L2	L2
				05－04－06	使用工具、量具检修被动悬架	L2	L2
				05－04－07	使用动平衡机进行车轮动平衡	L2	L2
				05－04－08	使用拆胎机进行车胎更换	L2	L2
		05－05	汽车传动系统检修	05－05－01	熟悉汽车传动系统（电、液传动）的结构及工作原理	L2	L2
				05－05－02	使用传动系统测试、检修设备	L2	L2
				05－05－03	检修、安装离合器（间隙、摩擦片是否变形、厚度）	L2	L2
				05－05－04	拆装手动变速器（根据维修手册操作）	L2	L2
				05－05－05	检修、调整自动变速器（迟滞、失速实验等）（根据维修手册操作）	L2	L2

续上表

工作项目/职业素养		工作任务/职业素养分类		职业能力（技能、工具、方法、要求、知识）		学习水平 中职 Li	学习水平 高职 Lj
05	底盘拆装与故障诊断维修	05－05	汽车传动系统检修	05－05－06	使用工具、量具检修离合器	L2	L2
				05－05－07	使用工具、量具检修手动变速器	L2	L2
				05－05－08	使用工具、量具检修自动变速器	L2	L2
				05－05－09	使用工具、量具检修驱动桥	L2	L2
				05－05－10	使用工具、量具检修万向传动装置	L2	L2
		05－06	诊断传动系统故障	05－06－01	懂得传动系统原理及故障诊断方法	L3	L3
				05－06－02	能运用专用工具和设备诊断离合器	L3	L3
				05－06－03	能运用专用工具和设备诊断手动变速器	L3	L3
				05－06－04	能运用专用工具和设备诊断自动变速器	L3	L3
				05－06－05	能运用专用工具和设备诊断万向传动装置	L3	L3
				05－06－06	能运用专用工具和设备诊断驱动桥	L3	L3
		05－07	诊断行驶系统故障	05－07－01	懂得行驶系统原理及故障诊断方法	L3	L3
				05－07－02	能运用专用工具和设备诊断车轮故障	L3	L3
				05－07－03	能运用专用工具和设备诊断悬架故障	L3	L3
				05－07－04	能运用专用工具和设备诊断行驶异响故障	L3	L3
				05－07－05	能运用专用工具和设备诊断行驶跑偏故障	L3	L3
		05－08	诊断转向系统故障	05－08－01	懂得转向系统原理及故障诊断方法	L3	L3
				05－08－02	能运用专用工具和设备诊断机械转向系统故障	L3	L3
				05－08－03	能运用专用工具和设备诊断液压助力转向系统故障	L3	L3
				05－08－04	能运用专用工具和设备诊断电动助力转向系统故障	L3	L3
		05－09	诊断制动系统故障	05－09－01	懂得制动系统原理及故障诊断方法	L3	L3
				05－09－02	能运用专用工具和设备诊断常规制动系统故障	L3	L3

续上表

工作项目/职业素养		工作任务/职业素养分类		职业能力（技能、工具、方法、要求、知识）		学习水平	
						中职 Li	高职 Lj
05	底盘拆装与故障诊断维修	05－09	诊断制动系统故障	05－09－03	能运用专用工具和设备诊断制动防抱死系统故障	L3	L3
				05－09－04	能运用专用工具和设备诊断制动防抱死辅助系统（BAS①/EBD②/ESP③）故障	L3	L3
		05－10	底盘电控系统检修	05－10－01	读取并区分底盘波形及数据流	L3	L3
				05－10－02	使用万用表检测底盘电控系统传感器执行器	L3	L3
				05－10－03	确认底盘系统故障点	L3	L3
				05－10－04	使用诊断仪器检修底盘电控系统故障	L3	L3
		05－11	分析底盘系统故障	05－11－01	诊断分析自动变速器综合故障		L4
				05－11－02	诊断分析电控悬架系统综合故障		L4
				05－11－03	诊断分析电控驱动防滑/牵引力控制系统（ASR④/TRC⑤）综合故障		L4
				05－11－04	诊断分析车身电子稳定系统（ESP/VSC⑥/VSA⑦/DSC⑧）故障		L4
				05－11－05	诊断分析电子防滑差速系统（EDS⑨/EDL⑩）故障		L4
				05－11－06	诊断分析底盘机械系统综合故障		L4
				05－11－07	诊断分析电涡流缓速器或液力缓速器综合故障		L4
		05－12	诊断分析底盘系统疑难故障	05－12－01	能够诊断分析底盘系统疑难故障		L4
				05－12－02	能够远程诊断分析底盘系统疑难故障		L4

① BAS：brake assist system，刹车辅助系统。
② EBD：electronic brakeforce distribution，电子制动分配系统。
③ ESP：electronic stability program，车身电子稳定系统。
④ ASR：acceleration slip regulation，驱动（轮）防滑系统。
⑤ TRC：traction control system，牵引力控制系统。
⑥ VSC：vehicle stability control，车身稳定控制系统。
⑦ VSA：vehicle stability assist，车辆稳定辅助系统。
⑧ DSC：dynamic stability control，动态稳定控制系统。
⑨ EDS：electronic differential system，又称为 EDL，电子差速锁。
⑩ EDL：electronic differential locking traction control，电子差速锁。

续上表

<table>
<tr><td rowspan="2" colspan="2">工作项目/
职业素养</td><td rowspan="2" colspan="2">工作任务/
职业素养分类</td><td rowspan="2" colspan="2">职业能力
（技能、工具、方法、要求、知识）</td><td colspan="2">学习水平</td></tr>
<tr><td>中职
Li</td><td>高职
Lj</td></tr>
<tr><td rowspan="22">06</td><td rowspan="22">电器更换与维修</td><td rowspan="13">06－01</td><td rowspan="13">电器元件更换</td><td>06－01－01</td><td>熟悉电器原件的组成、安装位置、工作基本原理</td><td>L1</td><td></td></tr>
<tr><td>06－01－02</td><td>判断基本电器电路是否短路、断路</td><td>L1</td><td></td></tr>
<tr><td>06－01－03</td><td>点火开关在打开状态下不能随意测量电器类部件</td><td>L1</td><td></td></tr>
<tr><td>06－01－04</td><td>使用高阻抗的万用表</td><td>L1</td><td></td></tr>
<tr><td>06－01－05</td><td>更换灯光、照明系统部件</td><td>L1</td><td></td></tr>
<tr><td>06－01－06</td><td>更换安全气囊、安全带等部件</td><td>L1</td><td></td></tr>
<tr><td>06－01－07</td><td>更换空调系统部件</td><td>L1</td><td></td></tr>
<tr><td>06－01－08</td><td>更换电源系统部件</td><td>L1</td><td></td></tr>
<tr><td>06－01－09</td><td>更换启动系统电气部件</td><td>L1</td><td></td></tr>
<tr><td>06－01－10</td><td>拆装信号及仪表系统（保险丝和继电器等）</td><td>L1</td><td></td></tr>
<tr><td>06－01－11</td><td>拆装汽车娱乐系统</td><td>L1</td><td></td></tr>
<tr><td>06－01－12</td><td>拆装倒车雷达、倒车影像等系统</td><td>L1</td><td></td></tr>
<tr><td>06－01－13</td><td>拆装其他辅助电器系统（雨刮、门窗电机、喷水壶电机、电动后视镜、点烟器、喇叭等）</td><td>L1</td><td></td></tr>
<tr><td rowspan="7">06－02</td><td rowspan="7">充电及起动系统检修</td><td>06－02－01</td><td>熟悉充电及起动系统结构和工作原理</td><td>L2</td><td>L2</td></tr>
<tr><td>06－02－02</td><td>使用工具、量具检测发电机</td><td>L2</td><td>L2</td></tr>
<tr><td>06－02－03</td><td>使用工具、量具检测起动机</td><td>L2</td><td>L2</td></tr>
<tr><td>06－02－04</td><td>使用工具、量具检测充电线路</td><td>L2</td><td>L2</td></tr>
<tr><td>06－02－05</td><td>使用工具、量具检测起动线路及继电器</td><td>L2</td><td>L2</td></tr>
<tr><td>06－02－06</td><td>使用万用表检修起动安全开关</td><td>L2</td><td>L2</td></tr>
<tr><td>06－02－07</td><td>使用万用表检修点火开关</td><td>L2</td><td>L2</td></tr>
<tr><td rowspan="2">06－03</td><td rowspan="2">照明、信号及仪表系统检修</td><td>06－03－01</td><td>熟悉汽车照明、信号及仪表系统结构和工作原理</td><td>L2</td><td>L2</td></tr>
<tr><td>06－03－02</td><td>使用万用表检修照明线路及元件</td><td>L2</td><td>L2</td></tr>
</table>

续上表

<table>
<tr><th rowspan="2" colspan="2">工作项目/
职业素养</th><th rowspan="2" colspan="2">工作任务/
职业素养分类</th><th rowspan="2" colspan="2">职业能力
（技能、工具、方法、要求、知识）</th><th colspan="2">学习水平</th></tr>
<tr><th>中职
Li</th><th>高职
Lj</th></tr>
<tr><td rowspan="25">06</td><td rowspan="25">电器更换与维修</td><td rowspan="3">06－03</td><td rowspan="3">照明、信号及仪表系统检修</td><td>06－03－03</td><td>使用万用表检测信号线路及元件</td><td>L2</td><td>L2</td></tr>
<tr><td>06－03－04</td><td>使用万用表和诊断仪检测仪表</td><td>L2</td><td>L2</td></tr>
<tr><td>06－03－05</td><td>使用万用表检测仪表线路及元件</td><td>L2</td><td>L2</td></tr>
<tr><td rowspan="6">06－04</td><td rowspan="6">空调系统检修</td><td>06－04－01</td><td>熟悉汽车空调系统的结构及工作原理</td><td>L2</td><td>L2</td></tr>
<tr><td>06－04－02</td><td>使用工具、设备检修空调压缩机</td><td>L2</td><td>L2</td></tr>
<tr><td>06－04－03</td><td>使用空调压力表或冷媒回收加注机检修空调系统</td><td>L2</td><td>L2</td></tr>
<tr><td>06－04－04</td><td>使用万用表检修空调鼓风机线路及元件</td><td>L2</td><td>L2</td></tr>
<tr><td>06－04－05</td><td>使用工具拆装膨胀阀</td><td>L2</td><td>L2</td></tr>
<tr><td>06－04－06</td><td>使用工具检修蒸发器</td><td>L2</td><td>L2</td></tr>
<tr><td rowspan="9">06－05</td><td rowspan="9">辅助电器系统检修</td><td>06－05－01</td><td>熟悉汽车辅助电器系统结构及工作原理</td><td>L2</td><td>L2</td></tr>
<tr><td>06－05－02</td><td>使用万用表检修电动车窗电机</td><td>L2</td><td>L2</td></tr>
<tr><td>06－05－03</td><td>使用万用表检修门锁电机及开关</td><td>L2</td><td>L2</td></tr>
<tr><td>06－05－04</td><td>使用万用表检修电动后视镜开关</td><td>L2</td><td>L2</td></tr>
<tr><td>06－05－05</td><td>使用万用表检修雨刮电机及开关</td><td>L2</td><td>L2</td></tr>
<tr><td>06－05－06</td><td>使用工具拆装音响及元件</td><td>L2</td><td>L2</td></tr>
<tr><td>06－05－07</td><td>使用工具拆装电动天窗及元件</td><td>L2</td><td>L2</td></tr>
<tr><td>06－05－08</td><td>使用工具拆装电动座椅及元件</td><td>L2</td><td>L2</td></tr>
<tr><td>06－05－09</td><td>使用万用表检测发动机电控系统传感器及执行器</td><td>L2</td><td>L2</td></tr>
<tr><td rowspan="5">06－06</td><td rowspan="5">诊断充电及起动系统故障</td><td>06－06－01</td><td>懂得充电及起动系统原理和故障诊断方法</td><td>L3</td><td>L3</td></tr>
<tr><td>06－06－02</td><td>能运用专用工具和设备诊断发电机故障</td><td>L3</td><td>L3</td></tr>
<tr><td>06－06－03</td><td>能运用专用工具和设备诊断充电线路故障</td><td>L3</td><td>L3</td></tr>
<tr><td>06－06－04</td><td>能运用专用工具和设备诊断起动机故障</td><td>L3</td><td>L3</td></tr>
<tr><td>06－06－05</td><td>能运用专用工具和设备诊断起动线路及元件故障</td><td>L3</td><td>L3</td></tr>
</table>

续上表

工作项目/职业素养		工作任务/职业素养分类		职业能力（技能、工具、方法、要求、知识）		学习水平 中职 Li	学习水平 高职 Lj
06	电器更换与维修	06－07	诊断照明、信号及仪表系统故障	06－07－01	懂得照明、信号及仪表系统原理和故障诊断方法	L3	L3
				06－07－02	能运用专用工具和设备诊断照明系统元件故障	L3	L3
				06－07－03	能运用专用工具和设备诊断照明系统线路故障	L3	L3
				06－07－04	能运用专用工具和设备诊断信号系统元件故障	L3	L3
				06－07－05	能运用专用工具和设备诊断信号系统线路故障	L3	L3
				06－07－06	能运用专用工具和设备诊断仪表系统元件故障	L3	L3
				06－07－07	能运用专用工具和设备诊断仪表系统线路故障	L3	L3
		06－08	诊断辅助电器系统故障	06－08－01	懂得辅助电器系统原理及故障诊断方法	L3	L3
				06－08－02	能运用专用工具和设备诊断诊断音响系统故障	L3	L3
				06－08－03	能运用专用工具和设备诊断电动座椅系统故障	L3	L3
				06－08－04	能运用专用工具和设备诊断电动天窗系统故障	L3	L3
				06－08－05	能运用专用工具和设备诊断巡航系统故障	L3	L3
				06－08－06	能运用专用工具和设备诊断电动后视镜系统故障	L3	L3
				06－08－07	能运用专用工具和设备诊断中控门锁系统故障	L3	L3
				06－08－08	能运用专用工具和设备诊断雨刮系统故障	L3	L3
				06－08－09	能运用专用工具和设备诊断电动车窗系统故障	L3	L3
				06－08－10	能运用专用工具和设备诊断防盗系统故障	L3	L3
				06－08－11	能运用专用工具和设备诊断安全气囊系统故障	L3	L3

续上表

工作项目/职业素养		工作任务/职业素养分类		职业能力（技能、工具、方法、要求、知识）		学习水平	
						中职 L*i*	高职 L*j*
06	电器更换与维修	06-09	诊断空调系统故障	06-09-01	懂得空调系统原理及故障诊断方法	L3	L3
				06-09-02	能运用专用工具和设备诊断空调制冷循环系统故障	L3	L3
				06-09-03	能运用专用工具和设备诊断自动空调控制和线路故障	L3	L3
				06-09-04	能运用专用工具和设备诊断自动空调电控元件故障	L3	L3
				06-09-05	能运用专用工具和设备诊断手动空调控制和线路故障	L3	L3
		06-10	分析电器系统故障	06-10-01	诊断分析信息显示系统综合故障		L4
				06-10-02	诊断分析防盗系统综合故障		L4
				06-10-03	诊断分析音响和视讯系统综合故障		L4
				06-10-04	诊断分析自动空调系统综合故障		L4
				06-10-05	诊断分析车载网络控制系统综合故障		L4
				06-10-06	诊断分析舒适系统综合故障		L4
				06-10-07	诊断分析全车线路综合故障		L4
				06-10-08	诊断分析车辆安全辅助系统综合故障		L4
		06-11	诊断分析电器系统疑难故障	06-11-01	诊断分析电器系统疑难故障		L4
				06-11-02	远程诊断分析电器系统疑难故障		L4
07	新能源汽车诊断与维修	07-01	清洁新能源汽车动力系统更换	07-01-01	懂得新能源汽车的基本原理和组合部分		L2
				07-01-02	拆装更换动力电池各连接线		L2
				07-01-03	更换 LPG①/CNG② 等的气瓶等		L2
				07-01-04	检查驱动电机冷却系统及冷却液液面		L2
				07-01-05	能运用专用工具及设备更换动力电池		L2
				07-01-06	能运用专用工具及设备更换插接件		L2

① LPG：liquified petroleum gas，液化石油气。

② CNG：compressed natural gas，压缩天然气。

续上表

<table>
<tr><th rowspan="2" colspan="2">工作项目/职业素养</th><th rowspan="2" colspan="2">工作任务/职业素养分类</th><th rowspan="2" colspan="2">职业能力（技能、工具、方法、要求、知识）</th><th colspan="2">学习水平</th></tr>
<tr><th>中职 Li</th><th>高职 Lj</th></tr>
<tr><td rowspan="24">07</td><td rowspan="24">新能源汽车诊断与维修</td><td rowspan="4">07－01</td><td rowspan="4">清洁新能源汽车动力系统更换</td><td>07－01－07</td><td>能运用专用工具及设备更换动力电池箱散热器</td><td></td><td>L2</td></tr>
<tr><td>07－01－08</td><td>能运用专用工具及设备更换气瓶各功能阀体</td><td></td><td>L2</td></tr>
<tr><td>07－01－09</td><td>能运用专用工具及设备更换燃料计量阀、混合器、调压阀</td><td></td><td>L2</td></tr>
<tr><td>07－01－10</td><td>能运用专用工具及设备调整气瓶压力</td><td></td><td>L2</td></tr>
<tr><td rowspan="6">07－02</td><td rowspan="6">新能源汽车动力系统检测</td><td>07－02－01</td><td>熟悉新能源汽车动力系统的结构及工作原理</td><td></td><td>L3</td></tr>
<tr><td>07－02－02</td><td>能运用专用工具及设备检测动力电池</td><td></td><td>L3</td></tr>
<tr><td>07－02－03</td><td>能运用专用工具及设备检测插接件</td><td></td><td>L3</td></tr>
<tr><td>07－02－04</td><td>能运用专用工具及设备检测动力电池箱散热风扇</td><td></td><td>L3</td></tr>
<tr><td>07－02－05</td><td>能运用专用工具及设备检测气瓶各功能阀体</td><td></td><td>L3</td></tr>
<tr><td>07－02－06</td><td>能运用专用工具及设备检测燃料计量阀、混合器、调压器</td><td></td><td>L3</td></tr>
<tr><td rowspan="7">07－03</td><td rowspan="7">新能源汽车动力系统维修</td><td>07－03－01</td><td>懂得新能源汽车动力系统原理及故障诊断方法</td><td></td><td>L3</td></tr>
<tr><td>07－03－02</td><td>能运用专用工具及设备诊断新能源汽车动力电池故障</td><td></td><td>L3</td></tr>
<tr><td>07－03－03</td><td>能运用专用工具及设备诊断纯电动车电池电压突降故障</td><td></td><td>L3</td></tr>
<tr><td>07－03－04</td><td>能运用专用工具及设备诊断混合动力车车辆行驶过程中动力切换冲击故障</td><td></td><td>L3</td></tr>
<tr><td>07－03－05</td><td>排除新能源汽车动力电池故障</td><td></td><td>L3</td></tr>
<tr><td>07－03－06</td><td>能运用专用工具及设备排除纯电动车电池电压突降故障</td><td></td><td>L3</td></tr>
<tr><td>07－03－07</td><td>能运用专用工具及设备排除混合动力车车辆行驶过程中动力切换冲击故障</td><td></td><td>L3</td></tr>
<tr><td rowspan="3">07－04</td><td rowspan="3">分析新能源汽车动力系统故障</td><td>07－04－01</td><td>诊断分析高压控制器综合故障</td><td></td><td>L4</td></tr>
<tr><td>07－04－02</td><td>诊断分析新能源汽车续航能力明显下降综合故障</td><td></td><td>L4</td></tr>
<tr><td>07－04－03</td><td>诊断分析新能源汽车的综合故障</td><td></td><td>L4</td></tr>
</table>

续上表

工作项目/职业素养		工作任务/职业素养分类		职业能力（技能、工具、方法、要求、知识）		学习水平 中职 Li	学习水平 高职 Lj
07	新能源汽车诊断与维修	07－04	分析新能源汽车动力系统故障	07－04－04	诊断分析新能源汽车异响综合故障		L4
				07－04－05	诊断分析新能源汽车无高压综合故障		L4
		07－05	诊断分析新能源汽车动力系统疑难故障	07－05－01	诊断分析高压控制器疑难故障		L4
				07－05－02	诊断分析新能源汽车续航能力明显下降疑难故障		L4
				07－05－03	诊断分析新能源汽车的其他疑难故障		L4
				07－05－04	诊断分析新能源汽车异响疑难故障		L4
08	总成大修	08－01	发动机大修	08－01－01	懂得发动机大修原理及故障诊断方法，能够带领组员进行发动机大修	L2	L2
				08－01－02	能运用专用工具和设备拆分发动机	L2	L2
				08－01－03	分解、清洁发动机部件	L2	L2
				08－01－04	测量、检测各零件技术状态	L2	L2
				08－01－05	确定更换的零件及数量	L2	L2
				08－01－06	组装发动机	L2	L2
				08－01－07	装车检验	L2	L2
		08－02	底盘大修	08－02－01	懂得底盘总成大修原理及故障诊断方法，能够带领组员进行底盘大修	L2	L2
				08－02－02	检查颤动系统、行驶系统技术状况	L2	L2
				08－02－03	根据客户反映情况（例如底盘异响），检查并判断是否大修	L2	L2
				08－02－04	能使用底盘维修通用机专用工具（例如拆装变速器专用工具等）	L2	L2
				08－02－05	检查制动系统、转向系统技术状况	L2	L2
				08－02－06	若漏油则更换相关部件	L2	L2
				08－02－07	若球头严重磨损则更换球头	L2	L2
				08－02－08	更换底盘胶套	L2	L2
				08－02－09	检测底盘部件各零件磨损状态	L2	L2

续上表

工作项目/职业素养		工作任务/职业素养分类		职业能力（技能、工具、方法、要求、知识）		学习水平 中职 Li	学习水平 高职 Lj
08	总成大修	08－02	底盘大修	08－02－10	检测底盘部件零件变形程度	L2	L2
				08－02－11	更换底盘相应部件	L2	L2
				08－02－12	装车后测试底盘部件状态	L2	L2
09	班组管理	09－01	分配工作	09－01－01	按工作难易程度将任务分派给不同技能员工（小工、中工、大工）	L3	L3
				09－01－02	根据客户提出的时间要求进行分工	L3	L3
				09－01－03	在施工单上填写开工时间	L3	L3
				09－01－04	若不能按时完成，应与前台或车间管理人员进行及时沟通	L3	L3
		09－02	技术内训	09－02－01	熟悉车型功能、性能	L3	L3
				09－02－02	现场指导	L3	L3
				09－02－03	常识指导	L3	L3
				09－02－04	指导解决维修方法，并传授维修经验、技巧	L3	L3
				09－02－05	强调实用专用工具的重要性，应按照流程拆装，不能蛮拆	L3	L3
		09－03	现场管理	09－03－01	检查6S管理执行情况	L3	L3
				09－03－02	监督班组成员是否按照工艺流程操作	L3	L3
				09－03－03	根据班组的产量，合理安排组员作息时间	L3	L3
10	质量检验	10－01	自检	10－01－01	每一道工序后自我检查	L3	L3
				10－01－02	项目完成后自我检查	L3	L3
				10－01－03	确保每一道工序无遗漏，签名确认	L3	L3
		10－02	互检	10－02－01	组员间对施工项目检查	L3	L3
				10－02－02	组长对施工项目确认完成	L3	L3
				10－02－03	签字确认	L3	L3
		10－03	质检	10－03－01	检查施工项目是否完成	L3	L3
				10－03－02	检查施工项目是否正确	L3	L3
				10－03－03	签名确认项目完成	L3	L3

续上表

工作项目/职业素养		工作任务/职业素养分类		职业能力（技能、工具、方法、要求、知识）		学习水平 中职 Li	学习水平 高职 Lj
10	质量检验	10-04	总检	10-04-01	复核质检检验项目	L3	L3
				10-04-02	按要求路试检验相关施工项目	L3	L3
				10-04-03	确认施工项目正确完成	L3	L3
				10-04-04	签名确认	L3	L3
11	制订月度计划	11-01	生产计划	11-01-01	任务分解到班组（产值、台次）		L4
				11-01-02	制订耗材辅料计划（使用量、使用情况）		L4
		11-02	人员计划	11-02-01	制订休息表、值班表		L4
				11-02-02	根据生产需要上报人员计划		L4
		11-03	培训计划	11-03-01	要求分析（确定培训方向）		L4
				11-03-02	制订培训课件		L4
				11-03-03	确定培训具体安排（时间、地点、人员）		L4
12	日常管理	12-01	工作前准备	12-01-01	分析前一天遗留工作中的问题		L4
				12-01-02	了解当天预约及人员出勤情况		L4
				12-01-03	早会（结合以上两点进行内容说明）		L4
		12-02	流程管理	12-02-01	执行流程		L4
				12-02-02	检查流程执行情况		L4
				12-02-03	通过对反馈信息分析，优化流程管理		L4
		12-03	团队协作	12-03-01	协调同级部门间的沟通		L4
				12-03-02	部门内部的协调		L4
		12-04	质量管理	12-04-01	抽检		L4
				12-04-02	质检		L4
				12-04-03	终检反馈		L4
13	培训与考核	13-01	培训	13-01-01	指导低级别技术人员完成汽车的维修作业，排除复杂故障		L4
				13-01-02	依据培训方案，对低级别技术人员进行技术培训		L4
				13-01-03	能撰写技术总结、技术论文		L4

续上表

工作项目/职业素养		工作任务/职业素养分类		职业能力（技能、工具、方法、要求、知识）		学习水平	
						中职 Li	高职 Lj
13	培训与考核	13－01	培训	13－01－04	新技术、公告、通函公布		L4
				13－01－05	外派学习		L4
		13－02	考核	13－02－01	普通晋升考核		L4
				13－02－02	工时、薪资分配（结合培训考核）		L4
				13－02－03	培训考核		L4
				13－02－04	技能分析		L4
14	工作报表	14－01	质量分析	14－01－01	收集反馈信息（质检、前台、客服）		L4
				14－01－02	制作报表，上报报表		L4
				14－01－03	分析原因、统计、归类		L4
				14－01－04	工作周转率		L4
		14－02	维修报表	14－02－01	人均产值		L4
				14－02－02	车单价		L4
		14－03	考核报表	14－03－01	人员表现（6S、服从、执行力）		L4
				14－03－02	考试成绩		L4
				14－03－03	个人、班组返修率		L4
15	现场管理	15－01	6S管理	15－01－01	检查6S执行情况		L5
				15－01－02	反馈6S检查情况，提出整改方案		L5
				15－01－03	做出整改处罚		L5
		15－02	走动管理	15－02－01	纠正不规范操作		L5
				15－02－02	检查维修进度		L5
				15－02－03	处理突发事件		L5
				15－02－04	车辆调试、协助派工		L5
		15－03	技术攻关	15－03－01	组建技术小组		L5
				15－03－02	组织小组成员攻关难题		L5
				15－03－03	总结经验并现场分析，后期案例分析		L5

续上表

工作项目/职业素养		工作任务/职业素养分类		职业能力（技能、工具、方法、要求、知识）		学习水平 中职 Li	学习水平 高职 Lj
16	运营管理	16－01	制订计划	16－01－01	市场调研包括人力成本、区域市场消费能力、竞品（同品牌、替代品），途径：同行交流、区域会议、抽样统计、大数原则		L5
				16－01－02	历史数据分析（同城、同品牌、本店）		L5
				16－01－03	政策解析（厂家、政府、集团）		L5
				16－01－04	编制计划（模板、收入、成本、人力资源）		L5
				16－01－05	Excel 技能		L5
				16－01－06	比较分析（环比、同比、任务达成）		L5
		16－02	实施计划	16－02－01	目标分解（按年、月、日、个人、岗位分解）		L5
				16－02－02	经营目标（毛利率等）、商务目标（厂家商务政策）、管理目标（人员流失率、客户流失率、工位周转率等 20 多项指标，按时完成工作，提高工作效率）		L5
				16－02－03	资源配置（人力、设备、外界环境、历史数据推断、返修率、配件满足率）		L5
				16－02－04	过程控制（PDCA① 计划模式），督导完成目标		L5
				16－02－05	业绩分析与总结（对比计划指标，对比分析，譬如分析限购对销售的影响）（同比、环比达成率）		L5
		16－03	成本控制	16－03－01	成本目标制定与下达（变动成本，即耗材、人力）		L5
				16－03－02	确定耗材的历史数据		L5
				16－03－03	确定不同维修工艺的人力成本		L5
				16－03－04	确定外采配件成本		L5
				16－03－05	熟悉、改善工艺流程及结构		L5
				16－03－06	明确固定成本，控制基本工资		L5

① PDCA：plan（计划）、do（执行）、check（检查）和 action（处理）的第一个字母。

续上表

<table>
<tr><th colspan="2" rowspan="2">工作项目/职业素养</th><th colspan="2" rowspan="2">工作任务/职业素养分类</th><th colspan="2" rowspan="2">职业能力（技能、工具、方法、要求、知识）</th><th colspan="2">学习水平</th></tr>
<tr><th>中职 Li</th><th>高职 Lj</th></tr>
<tr><td rowspan="11">16</td><td rowspan="11">运营管理</td><td rowspan="11">16 - 04</td><td rowspan="11">沟通谈判</td><td>16 - 04 - 01</td><td>对内沟通（与上级、平级、下级沟通）</td><td></td><td>L5</td></tr>
<tr><td>16 - 04 - 02</td><td>对外沟通（与客户、厂家、政府、合作伙伴沟通）</td><td></td><td>L5</td></tr>
<tr><td>16 - 04 - 03</td><td>掌握电话、邮件、会议、QQ 及微信等新媒体的沟通技巧</td><td></td><td>L5</td></tr>
<tr><td>16 - 04 - 04</td><td>对客户要掌握谈判技巧；对厂家要掌握商务政策，进而博弈</td><td></td><td>L5</td></tr>
<tr><td>16 - 04 - 05</td><td>确定投诉级别，不同级别按不同流程处理</td><td></td><td>L5</td></tr>
<tr><td>16 - 04 - 06</td><td>处理纠纷［团队协助、密切配合（双簧），懂政策法规、财务、谈判技巧］</td><td></td><td>L5</td></tr>
<tr><td>16 - 04 - 07</td><td>熟知沟通对象的性质（沟通对象类型、社会关系）</td><td></td><td>L5</td></tr>
<tr><td>16 - 04 - 08</td><td>能撰写公文（书信、证明、流程文件、电子邮件、申请报告等）</td><td></td><td>L5</td></tr>
<tr><td>16 - 04 - 09</td><td>能与保险公司沟通</td><td></td><td>L5</td></tr>
<tr><td>16 - 04 - 10</td><td>能与供应商沟通</td><td></td><td>L5</td></tr>
<tr><td>16 - 04 - 11</td><td>知道基本公关礼仪知识</td><td></td><td>L5</td></tr>
<tr><td rowspan="7">17</td><td rowspan="7">市场管理</td><td rowspan="7">17 - 01</td><td rowspan="7">制定营销方案</td><td>17 - 01 - 01</td><td>了解、调查市场［客户访谈（电话、面谈）、媒介反馈、数据比对分析］</td><td></td><td>L5</td></tr>
<tr><td>17 - 01 - 02</td><td>确定客户群（针对自身特性筛选客户）</td><td></td><td>L5</td></tr>
<tr><td>17 - 01 - 03</td><td>营销效果分析、预测、判断</td><td></td><td>L5</td></tr>
<tr><td>17 - 01 - 04</td><td>营销方案预算（资源——人、财、物）</td><td></td><td>L5</td></tr>
<tr><td>17 - 01 - 05</td><td>制定营销方案的运作流程（制作流程图——闭环）</td><td></td><td>L5</td></tr>
<tr><td>17 - 01 - 06</td><td>风险管控［漏洞（程序）、偶然性与必然性关联（行业经验）、掌握风险管控的规则］</td><td></td><td>L5</td></tr>
<tr><td>17 - 01 - 07</td><td>撰写营销方案［营销主题、时间、对象、地点、活动细则、操作流程，广告宣传（电视、网络、微信等媒介），内部促销］</td><td></td><td>L5</td></tr>
</table>

续上表

工作项目/职业素养		工作任务/职业素养分类		职业能力（技能、工具、方法、要求、知识）		学习水平 中职 Li	学习水平 高职 Lj
17	市场管理	17－02	执行营销方案	17－02－01	召开动员会，公布及解读方案（问题、歧义）		L5
				17－02－02	责任目标分解（责任到人到岗）		L5
				17－02－03	培训前台（活动方案的话术、技巧、演练、突发事情处理）		L5
				17－02－04	开展车间培训（流程、技术）		L5
				17－02－05	开展客服人员培训（电话接听话术、技巧、回访、活动监督）		L5
				17－02－06	配件准备（库存确定、关联物品准备）		L5
				17－02－07	物料准备（礼品、宣传物品、车间单据）		L5
				17－02－08	过程监控及方案修正（PDCA 模式）		L5
		17－03	总结分析营销方案	17－03－01	编制业绩报表［回厂台次、产值、活动比例、活动成本、活动效果（销量额增长、台次增长）等］		L5
				17－03－02	撰写分析报告［得失分析、责任单位评比、服务效果评估（得失）、改进意见］		L5
		17－04	危机公关	17－04－01	处理召回		L5
				17－04－02	处理媒体投诉		L5
				17－04－03	处理“12315”、行业、维管处等政府层面投诉		L5
				17－04－04	处理群体客户投诉		L5
				17－04－05	处理诉讼		L5
				17－04－06	大客户公关（长期保持联系）		L5
				17－04－07	企事业单位招投标		L5
				17－04－08	媒体公关		L5
				17－04－09	掌握公关的知识和技巧		L5

续上表

工作项目/职业素养		工作任务/职业素养分类		职业能力（技能、工具、方法、要求、知识）		学习水平 中职 Li	学习水平 高职 Lj
18	服务管理	18－01	现场管理	18－01－01	监督服务礼仪（企业培训）		L5
				18－01－02	监督服务话术、技巧		L5
				18－01－03	监督6S管理标准		L5
				18－01－04	走动管理（常态化巡视、经验洞察）		L5
				18－01－05	阅读及审核车间报表		L5
		18－02	投诉管理	18－02－01	制定客诉处理流程（客诉类型、处理流程、权限及授权）		L5
				18－02－02	落实流程执行力度		L5
				18－02－03	处理投诉（谈话技巧、谈判技巧、礼仪）		L5
				18－02－04	填写投诉处理报告（规定格式）		L5
				18－02－05	追责（客户、品牌、厂家、公司、个人、供应商）		L5
				18－02－06	提出改善措施，预防纠正，形成新的处理流程		L5
		18－03	流程管理	18－03－01	制定、优化流程（厂家、行业、集团规定流程）		L5
				18－03－02	依据流程开展培训		L5
				18－03－03	抽查流程实施过程（录音、录像）		L5
				18－03－04	模拟——分析——总结——改善（继续流程，循环性）		L5
				18－03－05	安排暗访、明访、电话回访（客服工具），继续PDCA模式		L5
				18－03－06	流程违规惩罚及纠偏		L5
19	团队管理	19－01	组建、优化团队	19－01－01	结合企业经营规划，提出用人要求		L5
				19－01－02	团队结构调整（招人、辞人、留人、育人）		L5
				19－01－03	双向需求评估		L5
				19－01－04	职业愿景规划		L5
				19－01－05	熟悉劳动法、合同法		L5
				19－01－06	掌握马斯洛需求层次论、木桶理论等团队管理理论		L5

续上表

工作项目/职业素养		工作任务/职业素养分类		职业能力（技能、工具、方法、要求、知识）		学习水平	
						中职 Li	高职 Lj
19	团队管理	19－02	建立、完善制度	19－02－01	制定售后部门的基本制度（车间生产管理制度，结算制度，质检制度，质量检查制度，配件、专用工具使用管理制度，6S制度，突发事件处理制度，安全生产管理制度，设备操作规程，环境保护制度等）		L5
				19－02－02	了解政府、行业的相关政策		L5
				19－02－03	PDCA理论的运用		L5
		19－03	监督制度的执行情况	19－03－01	走动管理		L5
				19－03－02	报表管理		L5
				19－03－03	协调沟通部门之间的矛盾		L5
				19－03－04	绩效管理		L5
		19－04	绩效管理	19－04－01	制定、量化KPI① 指标及薪资方案		L5
				19－04－02	解读KPI及薪资方案		L5
				19－04－03	监督、核实、分析KPI指标的完成情况（进行逻辑比对）		L5
				19－04－04	核算及比对公司同岗位绩效		L5
		19－05	培训	19－05－01	分析培训需求（厂家品牌：技术转训；集团：结算，安全；公司：内训等制度）		L5
				19－05－02	制订培训计划（主题、对象、时间、地点、授课方式、授课人、方式方法、资料）		L5
				19－05－03	组织培训资源（供应商、厂家、咨询公司）		L5
				19－05－04	监督培训执行（签到表、照片、访谈、考核）		L5
				19－05－05	总结评估培训效果（审核培训总结）		L5

① KPI：key performance indicator，关键绩效指标法。

续上表

工作项目/职业素养		工作任务/职业素养分类		职业能力（技能、工具、方法、要求、知识）		学习水平 中职 Li	学习水平 高职 Lj
19	团队管理	19－06	员工满意度	19－06－01	家庭访谈、特殊员工关注、团队活动（文体活动、聚餐）、个别谈话		L5
				19－06－02	员工满意度调研		L5
				19－06－03	设计员工职业晋升通道		L5
				19－06－04	定期的晋升考核		L5
				19－06－05	评优、表彰、表扬优秀员工		L5
				19－06－06	设置服务年限奖（工龄工资）		L5
				19－06－07	团队文化建设（共同愿景、目标、价值观）		L5
				19－06－08	情绪掌控（观察、安抚）		L5
20	汽车外部美容	20－01	工具及设备的选用	20－01－01	正确、有效使用常见的车身清洁工具	L1	
				20－01－02	正确选择车身清洗剂	L1	
				20－01－03	正确选择车身美容常见的除锈、刮涂、打磨、喷涂、防涂遮蔽等专用工具	L1	
		20－02	车身清洗	20－02－01	使用高压水枪进行全车外部冲洗大块泥沙	L1	
				20－02－02	使用专用清洗剂对全车外部进行清洗、去油污、除静电	L1	
				20－02－03	正确选择专用清洗剂和专用工具对漆面焦油、沥青、鸟类粪便等杂物进行处理	L1	
				20－02－04	玻璃清洁、防雾处理、加装防冻清洁剂	L1	
		20－03	车身漆面开蜡和打蜡	20－03－01	分清常用物料（一般车蜡、清洁剂）	L1	
				20－03－02	使用适当的个人防护装备	L1	
				20－03－03	确定有关危险品、污染物及化学废物的工作程序	L1	
				20－03－04	知道一般打蜡器材	L1	
				20－03－05	正确使用打蜡剂和打蜡水除去新车保护蜡	L1	
				20－03－06	正确选择车身蜡及对车辆表面进行打蜡处理	L1	
				20－03－07	能使用一般打蜡器材	L1	

续上表

工作项目/职业素养		工作任务/职业素养分类		职业能力（技能、工具、方法、要求、知识）		学习水平 中职 Li	学习水平 高职 Lj
20	汽车外部美容	20－04	研磨抛光	20－04－01	正确辨别车身漆面划痕及漆面状况	L1	
				20－04－02	根据漆面情况，选择合适的抛光盘和抛光剂	L1	
				20－04－03	正确操控抛光机对漆面进行抛光处理	L1	
		20－05	车身漆面护理	20－05－01	使用中性洗车液清洗全车漆面	L1	
				20－05－02	抛光研磨，除掉漆面上的氧化层	L1	
				20－05－03	封釉机安装使用	L1	
				20－05－04	车釉涂抹及封釉处理	L1	
				20－05－05	无尘打磨处理	L1	
21	汽车内饰美容	21－01	车内顶棚、座椅的清洁护理	21－01－01	使用丝绒清洗剂对车内顶棚进行手工清洁护理	L1	
				21－01－02	使用蒸汽清洗机对车内顶棚进行机械清洁处理	L1	
				21－01－03	正确使用丝绒洗涤剂配合蒸汽清洗剂对绒毛座椅进行清洁护理	L1	
				21－01－04	使用皮革清洗剂清洗皮革座椅表面污垢	L1	
				21－01－05	使用皮革保护剂对皮革座椅进行上光处理	L1	
		21－02	汽车内饰清洁护理	21－02－01	针对不同材质的方向盘，选择相应的清洁剂、护理剂进行清洁护理	L1	
				21－02－02	使用吸尘吸水器对仪表板区进行除尘清洁	L1	
				21－02－03	使用全能泡沫清洗剂对仪表板区进行清洗护理	L1	
				21－02－04	使用吸尘吸水器、泡沫清洗剂等对置物箱进行清洁护理	L1	
				21－02－05	使用吸尘吸水器、泡沫清洗剂等对排档区进行清洁护理	L1	
				21－02－06	空调通风口的清洁护理	L1	
				21－02－07	车内地毯除尘处理	L1	
				21－02－08	使用高温蒸汽机、丝绒清洗剂对车内地毯进行清洁护理	L1	

续上表

工作项目/职业素养		工作任务/职业素养分类		职业能力（技能、工具、方法、要求、知识）		学习水平 中职 Li	学习水平 高职 Lj
21	汽车内饰美容	21－03	车内空气净化	21－03－01	车内高温蒸汽消毒	L1	
				21－03－02	车内空气除臭净化	L1	
				21－03－03	空调异味除臭净化	L1	
				21－03－04	车内光触媒除臭、消毒、杀菌抗菌净化处理	L1	
22	汽车车窗贴膜	22－01	车窗膜的正确选择	22－01－01	能区分车窗膜的种类及基本结构	L1	
				22－01－02	能掌握各品牌车窗性能指标	L1	
				22－01－03	正确选择和鉴别车窗膜	L1	
		22－02	车窗贴膜施工	22－02－01	执行车窗贴膜施工场地的除尘、降温和保湿工作	L1	
				22－02－02	正确选用、使用车窗贴膜施工工具	L1	
				22－02－03	贴膜前的车玻璃情况检查	L1	
				22－02－04	贴膜前的车内贴膜处防护处理	L1	
				22－02－05	贴膜前的玻璃清洗	L1	
				22－02－06	车窗膜模型取模	L1	
				22－02－07	车模热成型处理，能以最佳方法裁剪汽车防爆膜	L1	
				22－02－08	车窗膜的粘贴，能以最佳工艺装贴汽车防爆膜	L1	
				22－02－09	贴膜后的润饰处理	L1	
23	精品改装	23－01	灯具改装	23－01－01	掌握装饰灯的种类及结构	L1	
				23－01－02	根据车型、品牌及顾客要求，正确选用相应的装饰灯	L1	
				23－01－03	正确安装装饰灯	L1	
				23－01－04	确认氙气大灯安装工艺	L1	
				23－01－05	进行氙气大灯的安装	L1	
				23－01－06	对安装好的汽车氙气大灯进行质量检测	L1	

续上表

工作项目/职业素养		工作任务/职业素养分类		职业能力（技能、工具、方法、要求、知识）		学习水平 中职 Li	学习水平 高职 Lj
23	精品改装	23－02	座椅改装	23－02－01	了解汽车座椅应用标准	L1	
				23－02－02	掌握汽车座椅种类及其区分标准	L1	
				23－02－03	座椅的选装标准及要求	L1	
				23－02－04	正确选择和加装儿童安全座椅	L1	
		23－03	汽车防盗器改装	23－03－01	掌握汽车防盗器的功能、种类、性能等要求	L1	
				23－03－02	正确选用汽车防盗器	L1	
				23－03－03	确认汽车防盗器位置	L1	
				23－03－04	确认汽车防盗器线路走向	L1	
				23－03－05	按标准操作程序进行汽车防盗器安装	L1	
				23－03－06	对安装好的汽车防盗器进行质量检验	L1	
		23－04	加装GPS①倒车雷达	23－04－01	掌握倒车雷达的结构、功能、种类等要求	L1	
				23－04－02	正确选购倒车雷达	L1	
				23－04－03	确认倒车雷达（影像）安装位置	L1	
				23－04－04	确认倒车雷达（影像）线路走向	L1	
				23－04－05	确认倒车雷达（影像）的安装（使用粘贴式或开孔式安装倒车雷达）	L1	
				23－04－06	对安装好的倒车雷达（影像）进行质量检验	L1	
				23－04－07	确认汽车 GPS 安装位置	L1	
				23－04－08	确认汽车 GPS 线路走向	L1	
				23－04－09	进行汽车 GPS 安装	L1	
				23－04－10	对安装好的 GPS 进行质量检验	L1	
		23－05	加装导流板和扰流板	23－05－01	了解导流板和扰流板的作用及加装后对车辆的影响	L1	
				23－05－02	按标准、规范流程安装导流板	L1	
				23－05－03	按标准、规范流程安装扰流板	L1	

① GPS：global positioning system，全球定位系统。

续上表

工作项目/职业素养		工作任务/职业素养分类		职业能力（技能、工具、方法、要求、知识）		学习水平 中职 Li	学习水平 高职 Lj
23	精品改装	23－06	加装底盘保护	23－06－01	了解底盘封塑（底盘装甲）的作用	L1	
				23－06－02	底盘封塑（底盘装甲）施工工具的准备	L1	
				23－06－03	底盘封塑（底盘装甲）前的底盘清洗	L1	
				23－06－04	底盘封塑（底盘装甲）前的底盘风干及遮蔽防护	L1	
				23－06－05	按不同型号材料的要求，用专用稀释剂进行开料调配	L1	
				23－06－06	使用专用喷涂工具，使用标准气压，对施工部位进行喷涂	L1	
				23－06－07	底盘封塑（底盘装甲）后检查、清除遮蔽	L1	
				23－06－08	加装底盘护板（塑料护板或钢性护板）	L1	
		23－07	安装汽车挡泥板	23－07－01	辨别汽车挡泥板质量优劣	L1	
				23－07－02	确认挡泥板安装位置	L1	
				23－07－03	辨别前后左右挡泥板	L1	
				23－07－04	进行汽车挡泥板安装	L1	
				23－07－05	对安装好的挡泥板进行质量检验	L1	
		23－08	安装轮眉	23－08－01	确认轮眉安装位置	L1	
				23－08－02	辨认前后左右轮眉	L1	
				23－08－03	进行汽车轮眉安装	L1	
				23－08－04	对安装好的汽车轮眉进行质量检验	L1	
		23－09	安装雨眉	23－09－01	确认雨眉安装位置	L1	
				23－09－02	辨认前后左右雨眉	L1	
				23－09－03	进行汽车雨眉安装	L1	
				23－09－04	对安装好的汽车雨眉进行质量检验	L1	
		23－10	安装汽车视听音响系统	23－10－01	确认汽车视听音响系统安装位置	L1	
				23－10－02	确认汽车视听音响系统线路走向	L1	
		23－11	加装车身防护	23－11－01	加装汽车前后保险杠	L1	
				23－11－02	加装车辆挡泥板	L1	

续上表

工作项目/职业素养		工作任务/职业素养分类		职业能力（技能、工具、方法、要求、知识）		学习水平 中职 Li	学习水平 高职 Lj
24	喷漆作业	24－01	安全生产（劳保用品）	24－01－01	做好个人防护，正确处理相关危险品、污染物及化学废物	L2	L2
				24－01－02	正常使用劳保用品（防护眼镜、防尘口罩、橡胶手套、防毒口罩、棉手套、工作鞋）	L2	L2
		24－02	起漆水及清洁剂的认识	24－02－01	了解起漆水及清洁剂对皮肤和车身物料的影响	L2	L2
				24－02－02	了解起漆水及清洁剂的化学用品安全说明书内容，包括防护措施	L2	L2
		24－03	喷涂设备使用及维护	24－03－01	知道汽车喷涂工场设备的用途及工作原理	L2	L2
				24－03－02	按照设备使用手册使用喷涂工场设备	L2	L2
				24－03－03	在完成喷涂工序后，清洁有关工具/设施，清理化学废物等	L2	L2
				24－03－04	按照设备的使用手册，执行或安排喷涂工场设备的保养计划	L2	L2
				24－03－05	对出现故障的喷涂工场设备进行初步诊断和发出停用通告，并及时进行安排维修	L2	L2
		24－04	去除旧漆膜及金属表面处理	24－04－01	审查工作场地情况，进行去除旧漆膜及金属表面处理，包括选择在设有空气污染控制设备的工场内进行相应工序操作	L2	L2
				24－04－02	选择及使用适当工具及仪器，按照工作指示、汽车制造商的手册指引及守则，完成工序操作	L2	L2
				24－04－03	去除旧漆漆面，不影响其他部位	L2	L2
				24－04－04	使用抛光设备打磨金属表面	L2	L2
		24－05	确定维修项目	24－05－01	清楚维修工单	L2	L2
				24－05－02	检查钣金维修板件是否合格	L2	L2
		24－06	清洁车身	24－06－01	挑选、使用指定清洁剂及护理用品	L2	L2
				24－06－02	徒手或使用指定清洁及护理器材对车身进行护理或修补	L2	L2

续上表

工作项目/职业素养		工作任务/职业素养分类		职业能力（技能、工具、方法、要求、知识）		学习水平 中职 Li	学习水平 高职 Lj
24	喷漆作业	24－07	环氧底漆	24－07－01	喷涂前的吹尘及脱脂处理	L2	L2
				24－07－02	旧漆膜去除（是否有残留）	L2	L2
				24－07－03	羽状边处理（各层宽度 10 mm 左右）	L2	L2
				24－07－04	喷涂环氧底漆	L2	L2
				24－07－05	按涂料商规定进行干燥处理	L2	L2
		24－08	认识填灰用料及研磨器材	24－08－01	了解填灰用料的成分及特性	L2	L2
				24－08－02	了解研磨器材的功用及操作守则	L2	L2
				24－08－03	了解清洁剂及化学用品安全说明书内容，包括防护措施	L2	L2
				24－08－04	了解干磨及湿磨的特性及优缺点	L2	L2
		24－09	填涂原子灰（进行填灰及研磨工序）	24－09－01	确认各工序符合环保法规要求	L2	L2
				24－09－02	正确处理有关危险品、污染物及化学废物	L2	L2
				24－09－03	按规范进行作业，降低环境污染、减少材料使用	L2	L2
				24－09－04	使用2K 双组份原子灰（吹干剂比例为 0.3%～0.5%）	L2	L2
				24－09－05	原子灰的干磨处理（磨刀、干磨机）	L2	L2
				24－09－06	根据工序要求选用砂纸（60#、80#、120#、240#等型号）	L2	L2
				24－09－07	冲压线、表面整形确认	L2	L2
				24－09－08	缺陷处理（空气孔确认，裸露铁板补喷环氧）	L2	L2
				24－09－09	作业区域的防尘措施	L2	L2
				24－09－10	完成工序后，进行检查，确保达到进行喷漆工序的要求	L2	L2
		24－10	中涂底漆	24－10－01	使用2K 双组份的底漆涂料	L2	L2
				24－10－02	喷涂前吹尘及脱脂处理	L2	L2
				24－10－03	喷涂范围的确认（喷涂膜厚度是否覆盖砂纸痕，1.7 mm 枪头的喷枪）	L2	L2
				24－10－04	按涂料商的规定进行干燥处理	L2	L2
				24－10－05	采用反贴法进行底漆遮蔽	L2	L2

续上表

工作项目/职业素养		工作任务/职业素养分类		职业能力（技能、工具、方法、要求、知识）		学习水平	
						中职 Li	高职 Lj
24	喷漆作业	24－11	中涂打磨	24－11－01	按工序要求选用砂纸（320#、360#、400#、500#等型号）	L2	L2
				24－11－02	线条平面的处理	L2	L2
				24－11－03	缺陷处理（砂纸痕、沙眼）	L2	L2
		24－12	新件喷漆	24－12－01	塑料件喷塑料底漆后再喷中涂	L2	L2
				24－12－02	使用专用底漆喷枪（1.7 mm 枪头的喷枪）	L2	L2
				24－12－03	按供应商比例添加软化剂	L2	L2
		24－13	调色处理	24－13－01	识别和遵循有关选择、检查和许可的工具和设备存储的程序	L2	L2
				24－13－02	识别和采取厂家许可的程序区调配车辆颜色	L2	L2
				24－13－03	根据调色数据进行母色选择、调加	L2	L2
				24－13－04	使用色板进行颜色对比	L2	L2
				24－13－05	自然光或调色光（调色灯箱）下对比	L2	L2
				24－13－06	按涂料商要求正确加入硬化剂	L2	L2
		24－14	面涂	24－14－01	喷涂前的吹尘和脱脂处理	L2	L2
				24－14－02	明确喷涂时的温度、供排气	L2	L2
				24－14－03	明确喷涂时的气压（使用1.3 mm 枪头的喷枪）	L2	L2
				24－14－04	明确喷涂时的漆膜重叠（厂家指定）	L2	L2
				24－14－05	鱼眼、桔皮、起云、尘点等的确认	L2	L2
		24－15	修复车辆油漆缺陷	24－15－01	确认判断和修正局部油漆表面，修复缺陷相关的车间程序	L2	L2
				24－15－02	确认和选择厂家许可的设备和材料来修复局部油漆缺陷	L2	L2
				24－15－03	确认和遵循厂家许可的设备修复局部油漆表面缺陷	L2	L2
				24－15－04	确认和遵循车间质量控制程序	L2	L2

续上表

工作项目/职业素养		工作任务/职业素养分类		职业能力（技能、工具、方法、要求、知识）		学习水平 中职 Li	学习水平 高职 Lj
24	喷漆作业	24－16	干燥	24－16－01	清漆的流平时间（根据不同涂料商提供资料确定）	L2	L2
				24－16－02	漆膜的温度设定（根据不同涂料商提供资料确定）	L2	L2
				24－16－03	喷漆房及红外线烤灯的干燥时间设定	L2	L2
		24－17	抛光处理	24－17－01	正确使用合适的抛光珠	L2	L2
				24－17－02	正确使用合适的抛光剂	L2	L2
				24－17－03	正确使用抛光机（转速为 1 200 ~ 1 500 r/min）	L2	L2
				24－17－04	漆面质量确认（残铳、留砂纸痕、抛光痕）	L2	L2
				24－17－05	周边部件、旧漆膜、纹路抛光处理	L2	L2
25	镜面釉处理	25－01	清洁涂釉	25－01－01	掌握镜面釉处理的基础知识	L2	L2
				25－01－02	清除干净抛光残留物	L2	L2
				25－01－03	摇匀镜面釉，用软布或海绵将其涂在漆面上	L2	L2
		25－02	抛光处理	25－02－01	正确使用合适的抛光轮、抛光剂	L2	L2
				25－02－02	正确使用抛光机（转速为 1 000 r/min）	L2	L2
26	车身部件检修更换	26－01	检测更换车身部件	26－01－01	熟悉车身部件的组成和功能，清楚车身结构	L2	L2
				26－01－02	更换座椅等部件	L2	L2
				26－01－03	更换车内、外饰板等部件	L2	L2
				26－01－04	更换车门、车窗等车身部件	L2	L2
27	矫正车身（车架）	27－01	量度车身和底盘	27－01－01	进行车身量度前的准备工作，包括准备车辆及工具/仪器	L2	L2
				27－01－02	按工具/仪器制造商指引，进行车身量度工序并记录有关数据	L2	L2
				27－01－03	对比测量数据与规格，确定车辆变形的状况	L2	L2
		27－02	矫正车身（车架）	27－02－01	确认和遵循有关准备、测试、使用和许可的工具设备调整的程序	L2	L2
				27－02－02	遵循程序矫正车身变形	L2	L2
				27－02－03	确认和采取厂家和车间许可的质量检查	L2	L2

续上表

工作项目/职业素养		工作任务/职业素养分类		职业能力（技能、工具、方法、要求、知识）		学习水平 中职 Li	学习水平 高职 Lj
28	整体式车身的校正	28－01	校正前准备	28－01－01	工具的准备	L2	L2
				28－01－02	人、车身的安全防护	L2	L2
				28－01－03	车身固定	L2	L2
		28－02	校正的方法	28－02－01	观察事故车的状况	L2	L2
				28－02－02	掌握受损情况	L2	L2
				28－02－03	创建维修作业的图像	L2	L2
				28－02－04	校正	L2	L2
		28－03	校正后的测量	28－03－01	用仪器测量、数据对比	L2	L2
				28－03－02	零部件对比（附件安装位置是否正确）	L2	L2
29	车身钢板检查维修	29－01	钢板的维修概述	29－01－01	掌握钢板的特性	L2	L2
				29－01－02	熟悉钢板维修步骤	L2	L2
		29－02	钢板损伤评估	29－02－01	目视：观察钢板表面以评估受损范围	L2	L2
				29－02－02	触摸：触摸钢板表面以评估有无凹陷和凸起	L2	L2
				29－02－03	按压：按压钢板表面以评估张力	L2	L2
				29－02－04	对比：对比受损表面和未受损表面以确定差异	L2	L2
		29－03	检查及修补车身金属板	29－03－01	按情况需求拆装车身板或其他简单组件，以便维修受损的金属板	L2	L2
				29－03－02	采用适当方法和程序修理金属板，并确保在合适的工作环境下进行	L2	L2
				29－03－03	采取适当的工作防护措施	L2	L2
				29－03－04	选择合适的金属板做车身修补	L2	L2
				29－03－05	正确地使用工具进行研磨	L2	L2
				29－03－06	采取适当的工序，保持车辆防水、隔热、隔音、减震、防锈的功能	L2	L2
				29－03－07	在工序完成后，按照制造商规格，进行车身板外观尺寸及相关组件的基本检查	L2	L2

续上表

工作项目/职业素养		工作任务/职业素养分类		职业能力（技能、工具、方法、要求、知识）		学习水平 中职 Li	学习水平 高职 Lj
29	车身钢板检查维修	29－04	修复车身凹面	29－04－01	正确确定凹面范围	L2	L2
				29－04－02	打磨去除漆面	L2	L2
				29－04－03	选择正确工具拉拔凹面	L2	L2
				29－04－04	缩火	L2	L2
				29－04－05	打磨符合喷漆要求	L2	L2
		29－05	掌握手锤和手顶铁维修方法	29－05－01	如何使用手锤	L2	L2
				29－05－02	如何使用手顶铁	L2	L2
				29－05－03	如何选择手锤和手顶铁	L2	L2
				29－05－04	手锤和手顶铁保养	L2	L2
				29－05－05	实敲和虚敲的原理和作用	L2	L2
		29－06	垫圈焊机（介子机）维修方法	29－06－01	清楚垫圈焊机的操作原理	L2	L2
				29－06－02	熟悉垫圈焊机组建	L2	L2
				29－06－03	清楚拉拔方法	L2	L2
		29－07	缩火维修方法	29－07－01	知道什么是缩火	L2	L2
				29－07－02	清楚缩火维修的原理	L2	L2
				29－07－03	清楚缩火条件	L2	L2
				29－07－04	清楚选择缩火方法	L2	L2
		29－08	检查维修表面状况	29－08－01	线条和平面达到施涂原子灰的要求	L2	L2
		29－09	防锈处理	29－09－01	施涂防锈剂，确保在所有焊接过的部位都能施涂到位	L2	L2
		29－10	检查及修补车身玻璃纤维板	29－10－01	正确地选用相关的工具和物料	L2	L2
				29－10－02	辨识各种常见的玻璃纤维板表面缺陷（如剥落、裂缝、气孔等）	L2	L2
				29－10－03	采用适当的玻璃纤维修补方法和程序	L2	L2
				29－10－04	修补工作的检查	L2	L2
				29－10－05	使用正确工具进行研磨	L2	L2
				29－10－06	按照制造商规格，进行车身玻璃纤维板外观尺寸及玻璃纤维表面的检查	L2	L2

续上表

工作项目/职业素养		工作任务/职业素养分类		职业能力（技能、工具、方法、要求、知识）		学习水平 中职 Li	学习水平 高职 Lj
30	维修非结构车身面板	30－01	拆除并更换车辆非结构式车身面板	30－01－01	确认认可的程序和移除非结构式车辆车身面板所做的准备	L2	L2
				30－01－02	确认认可的程序和移除非结构式车辆车身面板工作	L2	L2
				30－01－03	确认认可的程序和移除非结构式车辆车身面板工作使用点和焊接程序	L2	L2
				30－01－04	确认和使用厂家认可的黏性焊接材料连接非结构式车身面板	L2	L2
				30－01－05	根据厂家和车间的规章条例进行质量检查	L2	L2
		30－02	维修车辆非结构式车身面板	30－02－01	识别和选择修复车辆非结构式车身面板时需要使用的一系列手动工具和设备	L2	L2
				30－02－02	按照厂家许可的方法和程序确认修复非结构式车身面板	L2	L2
				30－02－03	识别和遵循厂家技术资料和车间程序中相关的许可修复步骤进行非结构式车身面板的修复	L2	L2
				30－02－04	识别和遵循厂家技术和车间质量控制程序	L2	L2
31	焊接	31－01	焊接概述	31－01－01	掌握什么是焊接	L2	L2
				31－01－02	焊接类型（压接焊、熔接焊、纤焊）	L2	L2
				31－01－03	车身总成的接合方法	L2	L2
		31－02	使用一般焊接设备	31－02－01	审查工作场地情况，确保在已经核实的工作环境下进行焊接工作，并使用适当的保护措施	L2	L2
				31－02－02	正确选择焊接设备和焊条等物料	L2	L2
				31－02－03	操作焊接设备及采用正确的焊接方法和程序，预防各种焊缝表面缺陷	L2	L2
				31－02－04	应用适当的工具进行研磨	L2	L2
				31－02－05	在工序完成后，检查焊缝	L2	L2
				31－02－06	遵行国家对氧乙炔焊接、气体金属电弧焊接（MIG①）及电阻点焊接的法例要求、相关工作和安全指引	L2	L2
				31－02－07	预防有害气体和烟雾中毒	L2	L2

① MIG：matal inert-gas welding，熔化极惰性气体保护焊。

续上表

<table>
<tr><th rowspan="2" colspan="2">工作项目/职业素养</th><th rowspan="2" colspan="2">工作任务/职业素养分类</th><th rowspan="2" colspan="2">职业能力
（技能、工具、方法、要求、知识）</th><th colspan="2">学习水平</th></tr>
<tr><th>中职
Li</th><th>高职
Lj</th></tr>
<tr><td rowspan="12">31</td><td rowspan="12">焊接</td><td rowspan="4">31－03</td><td rowspan="4">点焊</td><td>31－03－01</td><td>焊接的准备</td><td>L2</td><td>L2</td></tr>
<tr><td>31－03－02</td><td>要清楚点焊的原理、特性</td><td>L2</td><td>L2</td></tr>
<tr><td>31－03－03</td><td>掌握影响点焊的因素</td><td>L2</td><td>L2</td></tr>
<tr><td>31－03－04</td><td>点焊前对钣金的清洁除油和防锈剂的处理</td><td>L2</td><td>L2</td></tr>
<tr><td rowspan="6">31－04</td><td rowspan="6">气体保护焊</td><td>31－04－01</td><td>掌握什么是气体保护金属电弧焊接</td><td>L2</td><td>L2</td></tr>
<tr><td>31－04－02</td><td>气体保护金属电弧焊接原理</td><td>L2</td><td>L2</td></tr>
<tr><td>31－04－03</td><td>气体保护金属电弧焊接特性</td><td>L2</td><td>L2</td></tr>
<tr><td>31－04－04</td><td>保护气体类型</td><td>L2</td><td>L2</td></tr>
<tr><td>31－04－05</td><td>焊接原理</td><td>L2</td><td>L2</td></tr>
<tr><td>31－04－06</td><td>焊接方法</td><td>L2</td><td>L2</td></tr>
<tr><td rowspan="2">31－05</td><td rowspan="2">车身焊接</td><td>31－05－01</td><td>检查焊缝并修正焊缝缺陷</td><td>L2</td><td>L2</td></tr>
<tr><td>31－05－02</td><td>打磨焊缝</td><td>L2</td><td>L2</td></tr>
<tr><td rowspan="14">32</td><td rowspan="14">更换钢板</td><td rowspan="5">32－01</td><td rowspan="5">钢板接合的类型</td><td>32－01－01</td><td>使用螺栓、螺母接合</td><td>L1</td><td></td></tr>
<tr><td>32－01－02</td><td>通过焊接接合</td><td>L1</td><td></td></tr>
<tr><td>32－01－03</td><td>使用钢板黏合接合</td><td>L1</td><td></td></tr>
<tr><td>32－01－04</td><td>通过卷边接合</td><td>L1</td><td></td></tr>
<tr><td>32－01－05</td><td>使用铆钉接合</td><td>L1</td><td></td></tr>
<tr><td rowspan="9">32－02</td><td rowspan="9">拆装板件</td><td>32－02－01</td><td>更换前所需物品、工具、设备的准备</td><td>L1</td><td></td></tr>
<tr><td>32－02－02</td><td>评估受损部位</td><td>L1</td><td></td></tr>
<tr><td>32－02－03</td><td>车身保护</td><td>L1</td><td></td></tr>
<tr><td>32－02－04</td><td>拆卸装配件</td><td>L1</td><td></td></tr>
<tr><td>32－02－05</td><td>拆卸受损钢板</td><td>L1</td><td></td></tr>
<tr><td>32－02－06</td><td>维修车辆接合部位</td><td>L1</td><td></td></tr>
<tr><td>32－02－07</td><td>定位新钢板</td><td>L1</td><td></td></tr>
<tr><td>32－02－08</td><td>隔热、防水、防腐蚀处理</td><td>L1</td><td></td></tr>
<tr><td>32－02－09</td><td>调整相对位置</td><td>L1</td><td></td></tr>
</table>

续上表

<table>
<tr><th colspan="2" rowspan="2">工作项目/
职业素养</th><th colspan="2" rowspan="2">工作任务/
职业素养分类</th><th colspan="2" rowspan="2">职业能力
（技能、工具、方法、要求、知识）</th><th colspan="2">学习水平</th></tr>
<tr><th>中职
Li</th><th>高职
Lj</th></tr>
<tr><td rowspan="8">33</td><td rowspan="8">更换玻璃</td><td rowspan="2">33－01</td><td rowspan="2">拆卸玻璃</td><td>33－01－01</td><td>附件拆卸</td><td>L1</td><td></td></tr>
<tr><td>33－01－02</td><td>车身安全防护</td><td>L1</td><td></td></tr>
<tr><td rowspan="6">33－02</td><td rowspan="6">安装玻璃</td><td>33－02－01</td><td>清洁处理</td><td>L1</td><td></td></tr>
<tr><td>33－02－02</td><td>施涂玻璃胶技巧</td><td>L1</td><td></td></tr>
<tr><td>33－02－03</td><td>安装玻璃技巧</td><td>L1</td><td></td></tr>
<tr><td>33－02－04</td><td>安装后的固定</td><td>L1</td><td></td></tr>
<tr><td>33－02－05</td><td>车身清洁</td><td>L1</td><td></td></tr>
<tr><td>33－02－06</td><td>安装检查（安装情况、漏风漏水）</td><td>L1</td><td></td></tr>
<tr><td rowspan="6">34</td><td rowspan="6">预约</td><td rowspan="3">34－01</td><td rowspan="3">预约宣传</td><td>34－01－01</td><td>让客户知道预约服务的各种好处</td><td></td><td>L3</td></tr>
<tr><td>34－01－02</td><td>在对客户回访跟踪时，宣传预约业务，让更多的客户了解预约的好处</td><td></td><td>L3</td></tr>
<tr><td>34－01－03</td><td>安排接待人员经常向未经预约直接入厂的客户宣传预约的好处，增加预约维修量</td><td></td><td>L3</td></tr>
<tr><td rowspan="3">34－02</td><td rowspan="3">电话预约</td><td>34－02－01</td><td>熟悉公司及厂家服务政策</td><td></td><td>L3</td></tr>
<tr><td>34－02－02</td><td>谈判技巧</td><td></td><td>L3</td></tr>
<tr><td>34－02－03</td><td>管理预约（错开高峰期、避免空等）</td><td></td><td>L3</td></tr>
<tr><td rowspan="10">35</td><td rowspan="10">维修接待</td><td rowspan="7">35－01</td><td rowspan="7">接待顾客的基本知识</td><td>35－01－01</td><td>了解接待顾客的基本知识</td><td></td><td>L3</td></tr>
<tr><td>35－01－02</td><td>有关个人仪容打扮的机构要求标准</td><td></td><td>L3</td></tr>
<tr><td>35－01－03</td><td>招呼顾客的机构程序和标准</td><td></td><td>L3</td></tr>
<tr><td>35－01－04</td><td>口头沟通和人际交往技巧</td><td></td><td>L3</td></tr>
<tr><td>35－01－05</td><td>了解顾客对汽车产品的喜好和需求</td><td></td><td>L3</td></tr>
<tr><td>35－01－06</td><td>了解不同类型顾客的特征</td><td></td><td>L3</td></tr>
<tr><td>35－01－07</td><td>了解顾客对环保产品的诉求</td><td></td><td>L3</td></tr>
<tr><td rowspan="3">35－02</td><td rowspan="3">接待顾客</td><td>35－02－01</td><td>确定个人仪容打扮符合机构的既定程序要求</td><td></td><td>L3</td></tr>
<tr><td>35－02－02</td><td>按机构的既定程序接待顾客</td><td></td><td>L3</td></tr>
<tr><td>35－02－03</td><td>有礼而专业地响应顾客有关汽车产品的询问</td><td></td><td>L3</td></tr>
</table>

续上表

工作项目/职业素养		工作任务/职业素养分类		职业能力（技能、工具、方法、要求、知识）		学习水平 中职 Li	学习水平 高职 Lj
35	维修接待	35－02	接待顾客	35－02－04	维系与顾客的关系，能按机构既定的程序收集顾客的联络资料		L3
				35－02－05	向上级汇报		L3
				35－02－06	跟进有关信息部门，掌握最新的准确数据，包括产品知识		L3
				35－02－07	运用良好的顾客沟通技巧		L3
				35－02－08	以正确的顾客服务态度及充足的产品知识接待顾客，例如：以友善态度提供服务，给顾客留下良好印象		L3
				35－02－09	在接待顾客时，保持及配合机构的形象		L3
		35－03	维修建议及咨询服务	35－03－01	按车厂对品牌/产品服务及机构本身的指引，在不同环境/情况下接待顾客并了解顾客所需，提出建议、估价及提供服务		L3
				35－03－02	专业地记录顾客的要求及所需，并提供适当的产品/服务建议		L3
				35－03－03	指出有关产品/服务的特点、使用范围及收费		L3
				35－03－04	了解有关部门的产品、零件及服务供应及进度，掌握准确数据并与顾客保持联络，做出适当评估及报价		L3
				35－03－05	跟进有关部门的供应及进度，协调各方工作安排		L3
				35－03－06	跟进有关服务的质量，确保有关服务能符合顾客需求，并与顾客沟通，建立良好关系		L3
				35－03－07	能解答顾客进一步的有关查询		L3
		35－04	预约	35－04－01	限时接听（固定电话响6声以内或智能手机响铃25秒以内）		L3
				35－04－02	说出公司名及职位		L3
				35－04－03	收集客户信息（姓名、电话、车型、车牌、当前里程等，并使用专用表格或自制表格进行记录）		L3

续上表

工作项目/职业素养		工作任务/职业素养分类		职业能力（技能、工具、方法、要求、知识）		学习水平 中职 Li	学习水平 高职 Lj
35	维修接待	35－04	预约	35－04－04	初步确认维修项目，初步报价		L3
				35－04－05	总结及重新陈述		L3
				35－04－06	提醒客户携带资料（保养手册等）		L3
				35－04－07	重复询问客户有无其他需要		L3
				35－04－08	提前一天通过电话或短信提醒客户，到店前半小时提醒		L3
				35－04－09	使用专门预约系统		L3
				35－04－10	具备专业知识、标准术语		L3
		35－05	接待与环车检查	35－05－01	接车前准备（三件套：预检单、辅助常用工具、举升机）		L3
				35－05－02	迅速出迎、应到（10 秒钟内迎宾、3 分钟内接待）		L3
				35－05－03	互动预检（邀请客户参加检查，倾听并记录）		L3
				35－05－04	提示带走贵重物品		L3
				35－05－05	能够耐心听取顾客诉求		L3
				35－05－06	具备良好的服务意识、态度		L3
				35－05－07	借助厂家提供的问诊表、环车单等工具		L3
				35－05－08	记录顾客原话		L3
				35－05－09	熟悉保险条款及理赔所需资料		L3
				35－05－10	顾客确认签名，确认信息（联系方式等）		L3
		35－06	确认维修项目及费用	35－06－01	目录式报价（各类似系统）		L3
				35－06－02	确认维修项目及价格、交车时间，由顾客签字确认		L3
				35－06－03	询问顾客是否留店（若留店则介绍客户部工作人员接待）		L3
		35－07	分派工作及控工	35－07－01	服务顾问跟进当天进场车量和车间生产能力，调整派工		L3
				35－07－02	转述故障描述		L3
				35－07－03	跟进维修进度，确认车辆维修情况		L3

续上表

工作项目/职业素养		工作任务/职业素养分类		职业能力（技能、工具、方法、要求、知识）		学习水平 中职 Li	学习水平 高职 Lj
35	维修接待	35－08	终检	35－08－01	确认维修项目是否完成		L3
				35－08－02	检查车身整洁程度		L3
		35－09	交车及解释账单、客户付款	35－09－01	通知客户提车，罗列账单，并解释费用，确认发票信息		L3
				35－09－02	填写保养手册		L3
		35－10	送别客户	35－10－01	展示旧件		L3
				35－10－02	车辆功能复位		L3
				35－10－03	下次保养提醒及建议		L3
		35－11	修后关怀（跟进）	35－11－01	致电客户（3天内回访）		L3
				35－11－02	询问顾客维修情况及使用情况		L3
				35－11－03	再次提醒客户下次保养时间		L3
				35－11－04	期待客户下次光临（建立联系与信任关系）		L3
36	问诊	36－01	分析客户描述	36－01－01	根据各款保修内容做出初步诊断		L3
				36－01－02	填写问诊表		L3
				36－01－03	了解顾客消费需求，销售合适的产品		L3
				36－01－04	确认客户所提供项目，并请顾客签字确认		L3
		36－02	故障初步诊断	36－02－01	根据顾客描述进行实车检查及判断		L3
				36－02－02	准确无误地反映到工单		L3
				36－02－03	如有需要请技师协助		L3
37	推销	37－01	介绍产品功能及优势	37－01－01	了解客户需求及消费习惯，适当推销		L3
				37－01－02	推销相关的养护品		L3
				37－01－03	介绍相关产品优势及费用		L3
		37－02	根据故障或有关情况推销产品	37－02－01	了解故障原因及产品性能，关注产品价值		L3

续上表

工作项目/职业素养		工作任务/职业素养分类		职业能力（技能、工具、方法、要求、知识）		学习水平 中职 Li	学习水平 高职 Lj
38	打印工单	38-01	帮助客户选择产品	38-01-01	相关法规、单位要求与工作步骤		L3
				38-01-02	销售技巧		L3
				38-01-03	产品和售后服务		L3
				38-01-04	支付方法		L3
		38-02	确认顾客对其车辆需求	38-02-01	描述在车辆修理过程中符合法律和行业的要求和必要的程序		L3
				38-02-02	保证与客户的有效沟通并考虑到客户的需要		L3
				38-02-03	描述车辆休息区域提供的一系列典型的产品和服务		L3
				38-02-04	描述车辆信息系统、服务和修理要求		L3
				38-02-05	确认工单中的服务项目，预算工料合计约需要多少费用		L3
				38-02-06	预算工单中的服务项目大概所需的时间		L3
				38-02-07	确认是否要保留更换下来的配件，放后备厢还是其他地方		L3
		38-03	制定打印工单	38-03-01	录入系统		L3
				38-03-02	打印工单		L3
				38-03-03	将客户车辆的车钥匙拴上钥匙卡，记明车牌号、工单号、接待人员名字、车型、车辆颜色、车辆停放位置		L3
				38-03-04	如果客户有钥匙链，还要在工单明显处注明		L3
39	实时监控	39-01	完工时间	39-01-01	服务顾问应该根据工单表明的完工时间及时向车间控制室询问工作进度		L3
				39-01-02	如不能按时交车，必须主动提前向客户说明原委并道歉		L3
		39-02	估价单	39-02-01	检测隐性故障发生的原因，即为什么这个配件会有问题，以及此故障出现的实际损害程度		L3

续上表

工作项目/职业素养		工作任务/职业素养分类		职业能力（技能、工具、方法、要求、知识）		学习水平 中职 Li	学习水平 高职 Lj
39	实时监控	39-02	估价单	39-02-02	评估此隐性故障在现在或者将来可能会对客户本人或者客户车辆有什么样的损害		L3
				39-02-03	维修此故障需要花费多长时间及费用		L3
				39-02-04	如果估价单有很多隐性的故障，就需要接待人员来替客户甄别哪些故障是现在必须修理的		L3
				39-02-05	暂时不用修理的故障需向客户说清楚，由客户定夺		L3
		39-03	处理一般工作意外	39-03-01	在意外发生时，搜集相关信息，了解意外的严重性即实时的潜在风险，根据机构拟定的守则做出适当的决定，例如实时内部处理、送院求医、报警处理、紧急疏散等		L3
				39-03-02	根据机构指引，处理现场事项，如尽快向上级呈报、填写记录等		L3
40	终检	40-01	检查车辆	40-01-01	检查车辆里程数		L3
				40-01-02	保证客户车辆在维修期间完好无损		L3
				40-01-03	检查车辆外观		L3
		40-02	查车单	40-02-01	检查工单的服务项目是否都完成		L3
				40-02-02	检查客户要求的事项是否都完成		L3
41	交车说明	41-01	交车说明单	41-01-01	说明此次所有服务项目及客户在将来开车过程中应该注意的事项		L3
				41-01-02	注明客户的车辆在运行达到多少千米后或者多长时间后，应该做哪些服务项目，这些服务项目需要多少时间及费用		L3
		41-02	进行支付操作	41-02-01	相关法规、单位要求与工作步骤		L3
				41-02-02	定价		L3
				41-02-03	进行支付并处理支付中的问题		L3
				41-02-04	客户关注		L3
				41-02-05	根据机构制定的各种货款处理方法，处理交付程序，例如现金/电子货币、信用卡、支票、记账、订金等		L3

续上表

工作项目/职业素养		工作任务/职业素养分类		职业能力（技能、工具、方法、要求、知识）		学习水平 中职 Li	学习水平 高职 Lj
41	交车说明	41－02	进行支付操作	41－02－06	处理货款交付单据及有关记录文件		L3
				41－02－07	处理每天现金结余及有关票据		L3
				41－02－08	执行机构既定的紧急应变程序，例如货币或有关文件的有效性、现金不足、数额差异等		L3
		41－03	办理交车手续	41－03－01	签订维修合同		L3
				41－03－02	接收客户随车证件（特别是二保、年审车）并审验其证件有效性、完整性、完好性		L3
				41－03－03	清点随车物品		L3
42	礼貌送客户	42－01	清理车辆	42－01－01	开具放行条		L3
				42－01－02	要当着客户的面撤掉三件套		L3
		42－02	送离客户	42－02－01	引领客户车辆至公司大门口		L3
				42－02－02	送别客户		L3
43	信息反馈	43－01	管理顾客关系	43－01－01	按车厂和机构本身指引及政策与顾客建立稳定并维持长久的关系		L3
				43－01－02	日常顾客交往管理，例如拜访、邮件及其他电子通信方法沟通等		L3
				43－01－03	沟通交往记录管理，例如会谈、电话、电子邮件及书信等		L3
				43－01－04	记录顾客重要数据		L3
				43－01－05	跟进顾客关系报告，例如回复查询、报价及确认、实现承诺等		L3
				43－01－06	处理顾客投诉、顾客评估及分类		L3
				43－01－07	处理一般顾客信息系统管理，例如顾客资料存盘、数据库、数据撷取等		L3
				43－01－08	数据更新、关系分析、编印报告、备份		L3
				43－01－09	与机构其他部门（例如维修部或销售部）紧密联络，尽量善用顾客数据		L3

续上表

工作项目/职业素养		工作任务/职业素养分类		职业能力（技能、工具、方法、要求、知识）		学习水平 中职 Li	学习水平 高职 Lj
43	信息反馈	43－02	推广维修销售及顾问服务	43－02－01	按机构守则指引，在不同情况/环境下接待顾客，了解顾客所需，提供维修及服务建议，并掌握顾客心理，推广产品/服务给顾客		L3
				43－02－02	掌握机构及市场中其他竞争对手的产品/服务供应、特点、流程及收费，并掌握详细资料以便向顾客销售及推广		L3
				43－02－03	掌握不同顾客对产品/服务的心理及服务要求，按不同顾客类型所需，提出不同建议及分析，做出相应的销售及推广策略		L3
				43－02－04	掌握各部门的产品服务供应及进度，协调各部门的工作安排，掌握准确资料并与顾客保持联络，做到适当汇报及跟进		L3
				43－02－05	当机构未能提供所需产品/服务时，寻找、联络及安排其他产品/服务提供者提供产品/服务，协调各方安排及进度，并计算所需收费、成本及利润		L3
				43－02－06	跟进有关产品/服务的质量，确保有关产品/服务能符合顾客所需及要求，并与顾客保持沟通及建立良好关系		L3
44	调查一般工作意外	44－01	意外的认识	44－01－01	认识意外的定义及成因学说，例如骨牌理论等		L3
				44－01－02	了解汽车行业内一般常见的意外类别与成因，例如撞伤、击伤、割伤、扭伤、灼伤、皮肤或眼睛触及化学品、触电、爆炸、气体泄漏、人体下坠等		L3
				44－01－03	认识调查意外的程序：将意外分类，收集资料，向有关部门呈报及撰写报告等		L3

续上表

工作项目/职业素养		工作任务/职业素养分类		职业能力（技能、工具、方法、要求、知识）		学习水平 中职 Li	学习水平 高职 Lj
44	调查一般工作意外	44－02	调查意外	44－02－01	遵照调查意外的机构指引，执行其程序		L3
				44－02－02	按意外做分类		L3
				44－02－03	客观地追溯肇事的人物、机械、对象、环境、时间、地点、过程等，如有需要可做访问、拍照、问卷调查等		L3
				44－02－04	分析意外成因，参考以往记录，如有需要，提出改善建议，以减少同类意外再次发生的机会		L3
				44－02－05	执行相关的行政程序，如撰写意外调查报告		L3
45	管理顾客服务	45－01	顾客服务管理知识	45－01－01	明白顾客服务管理理论，掌握顾客关系管理技巧（例如顾客期望、顾客增值服务、顾客服务文化、顾客认知、顾客满意度、顾客关系的建立、顾客关系的道德概念等）		L3
				45－01－02	了解一般的顾客信息及数据系统管理		L3
				45－01－03	明白汽车业界有关顾客服务人员需遵守的规则，例如纪律及服务守则、服务道德概念等		L3
				45－01－04	按照所属车厂品牌及机构的纪律要求和服务手册要求顾客服务人员，执行一般顾客服务管理，与顾客建立稳定并维持长久的关系		L3
		45－02	管理顾客服务	45－02－01	督导及训练员工		L3
				45－02－02	订立顾客服务指标		L3
				45－02－03	分析及处理投诉个案		L3
				45－02－04	售前、售中和售后的顾客服务管理		L3
				45－02－05	服务质量记录管理，记录顾客重要数据		L3
				45－02－06	处理一般顾客档案及信息管理		L3

续上表

<table>
<tr><th colspan="2" rowspan="2">工作项目/职业素养</th><th colspan="2" rowspan="2">工作任务/职业素养分类</th><th colspan="2" rowspan="2">职业能力（技能、工具、方法、要求、知识）</th><th colspan="2">学习水平</th></tr>
<tr><th>中职 Li</th><th>高职 Lj</th></tr>
<tr><td rowspan="7">45</td><td rowspan="7">管理顾客服务</td><td rowspan="7">45－02</td><td rowspan="7">管理顾客服务</td><td>45－02－07</td><td>处理一般电子顾客服务管理，处理一般顾客信息系统管理，例如顾客资料存盘、数据库、数据撷取、数据更新、关系分析、编印报告、备份等</td><td></td><td>L3</td></tr>
<tr><td>45－02－08</td><td>定期根据公司评估准则及回馈机制改善顾客服务素质</td><td></td><td>L3</td></tr>
<tr><td>45－02－09</td><td>日常顾客交往管理，例如拜访、邮件及其他电子通信方式沟通等</td><td></td><td>L3</td></tr>
<tr><td>45－02－10</td><td>沟通交往记录管理，例如会谈、电话、电子邮件及书信等</td><td></td><td>L3</td></tr>
<tr><td>45－02－11</td><td>跟进顾客关系报告，例如回复查询、报价及确认、实现承诺等</td><td></td><td>L3</td></tr>
<tr><td>45－02－12</td><td>与机构其他部门（例如维修部或销售部）紧密联络，尽量善用顾客数据</td><td></td><td>L3</td></tr>
<tr><td>45－02－13</td><td>定期整理报告并向所属车厂品牌及机构本身有关部门汇报，沟通及要求做增值改进</td><td></td><td>L3</td></tr>
<tr><td rowspan="9">46</td><td rowspan="9">处理顾客投诉</td><td rowspan="5">46－01</td><td rowspan="5">明白机构所订立处理顾客投诉的程序</td><td>46－01－01</td><td>明白机构处理顾客投诉汽车产品或服务质量的指引及守则</td><td></td><td>L3</td></tr>
<tr><td>46－01－02</td><td>了解投诉的性质及起因</td><td></td><td>L3</td></tr>
<tr><td>46－01－03</td><td>了解机构内获授权调解顾客投诉的人员及其权限</td><td></td><td>L3</td></tr>
<tr><td>46－01－04</td><td>了解机构有关转交投诉个案给适当人员进行调解的程序</td><td></td><td>L3</td></tr>
<tr><td>46－01－05</td><td>了解机构有关调解投诉的步骤及行动记录在案的程序</td><td></td><td>L3</td></tr>
<tr><td rowspan="4">46－02</td><td rowspan="4">处理顾客对汽车产品质量的投诉</td><td>46－02－01</td><td>根据机构内部指引，对顾客有关汽车产品质量的投诉，做出适当的调查及分析</td><td></td><td>L3</td></tr>
<tr><td>46－02－02</td><td>了解顾客的投诉，掌握有效的沟通技巧，缓和顾客情绪</td><td></td><td>L3</td></tr>
<tr><td>46－02－03</td><td>分析有关顾客对汽车产品或服务的质量投诉个案</td><td></td><td>L3</td></tr>
<tr><td>46－02－04</td><td>将投诉分类，交由有关部门/人员跟进</td><td></td><td>L3</td></tr>
</table>

续上表

工作项目/职业素养		工作任务/职业素养分类		职业能力（技能、工具、方法、要求、知识）		学习水平 中职 Li	学习水平 高职 Lj
46	处理顾客投诉	46－02	处理顾客对汽车产品质量的投诉	46－02－05	分析顾客有关质量投诉的原因，并联合有关部门沟通解决投诉的问题，更新有关数据记录		L3
				46－02－06	有效地处理及回复顾客有关汽车产品及服务质量的投诉		L3
				46－02－07	检讨顾客对有关汽车产品及服务质量的投诉		L3
				46－02－08	从调查问卷数据分析顾客对处理投诉的满意程度		L3
				46－02－09	检讨投诉处理的方法及成效		L3
				46－02－10	定期举行机构内部回忆检讨服务水平，避免同类投诉出现及改善顾客服务素质		L3
		46－03	澄清	46－03－01	保持积极态度		L3
				46－03－02	了解顾客投诉原因及内容		L3
				46－03－03	倾听顾客表述并澄清相关问题		L3
		46－04	归纳	46－04－01	简明陈述客户投诉的要点		L3
				46－04－02	清楚沟通障碍		L3
				46－04－03	协商解决办法		L3
				46－04－04	找出顾客投诉的真正原因		L3
		46－05	同感	46－05－01	站在客户角度考虑问题		L3
				46－05－02	从公司利益出发，解决相关问题		L3
47	制订顾客服务计划	47－01	汽车行业的顾客服务要求	47－01－01	明白汽车行业高质素的顾客服务准则及要求		L4
				47－01－02	明白车厂对品牌及产品的顾客服务指引		L4
				47－01－03	明白机构整体策略目标、机构本身资源、各部门的长处及短处		L4
				47－01－04	明白市场及顾客的期望		L4
				47－01－05	明白强化汽车业顾客服务的政策方向及未来服务趋势		L4
				47－01－06	了解汽车行业及市场环境的变化		L4

续上表

工作项目/职业素养		工作任务/职业素养分类		职业能力（技能、工具、方法、要求、知识）		学习水平 中职 Li	学习水平 高职 Lj
47	制订顾客服务计划	47－02	制订顾客服务计划	47－02－01	制订汽车业顾客服务计划		L4
				47－02－02	参考汽车厂方在此方面的要求及指引，了解加入本机构及本地市场的特别情况		L4
				47－02－03	设计服务作业系统		L4
				47－02－04	设计系统蓝图及架构组织		L4
				47－02－05	关键服务人员计划		L4
				47－02－06	本身机构资源支持		L4
				47－02－07	机构日常运作		L4
				47－02－08	顾客服务守则及工作纪律		L4
				47－02－09	顾客服务职责		L4
				47－02－10	标准服务设计流程、运作、步骤		L4
				47－02－11	服务设施规范管理，例如设施配置、安装、保养及操作训练等		L4
				47－02－12	服务环境管理		L4
				47－02－13	顾客服务定位、确认目标顾客		L4
				47－02－14	顾客服务的改进机制		L4
				47－02－15	顾客服务评估机制，表扬表现优秀的员工		L4
				47－02－16	制订机构电子顾客服务计划		L4
				47－02－17	建立机构网页数据库		L4
				47－02－18	处理电子查询程序		L4
				47－02－19	电子顾客服务		L4
				47－02－20	掌握市场变化，了解顾客的需求，定期检讨及调整顾客服务计划		L4
				47－02－21	评估运作效益，与有关接触顾客部门沟通		L4
				47－02－22	向上级及车厂呈交报告		L4

续上表

工作项目/职业素养		工作任务/职业素养分类		职业能力（技能、工具、方法、要求、知识）		学习水平 中职 Li	学习水平 高职 Lj
48	制订市场调查计划	48－01	汽车产品市场调查技巧	48－01－01	明白汽车产品市场调查目的		L4
				48－01－02	引入及推广新产品		L4
				48－01－03	探讨品牌或产品市场状况		L4
				48－01－04	销售及市场推广		L4
				48－01－05	明白汽车产品市场调查方法		L4
				48－01－06	了解汽车产品市场信息系统		L4
		48－02	制订市场调查计划	48－02－01	根据机构对市场调查的需要，制订有效的市场调查计划		L4
				48－02－02	拟订市场调查目标		L4
				48－02－03	选择市场调查方式		L4
				48－02－04	拟订市场调查计划执行程序		L4
				48－02－05	评估市场调查计划的绩效		L4
				48－02－06	制订市场调查管理计划		L4
				48－02－07	制订市场调查监控计划		L4
				48－02－08	制订使用信息科技及互联网收集并分析汽车产品市场调查数据的计划		L4
				48－02－09	利用调查资料整理报告及分析		L4
				48－02－10	向机构及/或车厂发布有关资料及给出建议		L4
49	职业素养（通用能力、核心技能、关键能力）	49－01	沟通交流	49－01－01	明白上级意图	L3	L3
				49－01－02	认真听取客户诉求	L3	L3
				49－01－03	能及时准确将客户要求传递到相关部门	L3	L3
				49－01－04	具有良好的沟通能力，善于发现问题，表达清晰	L3	L3
				49－01－05	掌握沟通技巧	L3	L3
				49－01－06	遇到问题及时反馈	L3	L3
				49－01－07	能够与同事沟通，增强信任感	L3	L3

续上表

工作项目/职业素养		工作任务/职业素养分类		职业能力（技能、工具、方法、要求、知识）		学习水平 中职 Li	学习水平 高职 Lj
49	职业素养（通用能力、核心技能、关键能力）	49－02	数字应用	49－02－01	熟悉常用公式（单位换算、加减乘除）	L3	L3
				49－02－02	会使用Excel进行数据统计（汇总、函数、透析表）	L3	L3
		49－03	革新创新	49－03－01	优化流程	L3	L3
				49－03－02	积极发表改进意见，解决问题思路清晰，有革新意识	L3	L3
				49－03－03	改善工具、方法	L3	L3
		49－04	自主学习	49－04－01	学习品牌新技术、新知识（新车型）	L3	L3
				49－04－02	学习技术通知、产品通知	L3	L3
				49－04－03	学习管理知识	L3	L3
				49－04－04	学习厂家的学习系统	L3	L3
				49－04－05	学习品牌新知识、新技术	L3	L3
				49－04－06	收集和整合维修案例	L3	L3
				49－04－07	达到一级计算机水平	L3	L3
		49－05	团队合作	49－05－01	有凝聚力	L3	L3
				49－05－02	能够服从安排	L3	L3
				49－05－03	有集体荣誉感	L3	L3
				49－05－04	能够完成团队任务	L3	L3
				49－05－05	实现工种与工种间衔接	L3	L3
		49－06	解决问题	49－06－01	及时反馈问题	L3	L3
				49－06－02	具有谈判能力（投诉）	L3	L3
				49－06－03	形成解决问题的思路	L3	L3
		49－07	信息处理	49－07－01	保密客户信息	L3	L3
				49－07－02	及时更新客户资料	L3	L3
				49－07－03	能使用经销商系统	L3	L3
				49－07－04	会使用常用办公软件	L3	L3
				49－07－05	及时传递信息	L3	L3
				49－07－06	会阅读电子目录	L3	L3

续上表

工作项目/职业素养		工作任务/职业素养分类		职业能力（技能、工具、方法、要求、知识）		学习水平 中职 Li	学习水平 高职 Lj
49	职业素养（通用能力、核心技能、关键能力）	49－08	责任（安全）意识	49－08－01	具有安全防护意识	L3	L3
				49－08－02	注意驾驶安全	L3	L3
				49－08－03	能够使用防护工具	L3	L3
				49－08－04	注意消防安全	L3	L3
				49－08－05	知道“三废”处理	L3	L3
				49－08－06	知道危险品处理方法	L3	L3
				49－08－07	轻取轻放物品	L3	L3
				49－08－08	正确使用维修设备	L3	L3
		49－09	外语应用	49－09－01	读懂英文专业术语及缩写	L3	L3
				49－09－02	撰写英文诊断流程、报告（特殊品牌、厂家）	L3	L3
		49－10	组织能力	49－10－01	能合理分工	L3	L3
				49－10－02	调动员工的积极性	L3	L3
				49－10－03	组织娱乐活动、团队建设	L3	L3
				49－10－04	开展公司间联谊	L3	L3
		49－11	吃苦耐劳精神	49－11－01	有牺牲精神（时间、精力）	L3	L3
				49－11－02	能够接受加班	L3	L3
				49－11－03	任劳任怨、不怕辛苦	L3	L3
				49－11－04	耐得住寂寞	L3	L3
		49－12	其他	49－12－01	具有职业道德、责任心	L3	L3
				49－12－02	认真、不出错	L3	L3
				49－12－03	注意仪容仪表	L3	L3
				49－12－04	服务态度好	L3	L3
				49－12－05	主动、积极、自主	L3	L3
				49－12－06	思路清晰	L3	L3
				49－12－07	爱岗敬业	L3	L3

注：“学习水平”的中职 L*i* 的 *i* 对应“表 7－1　现代学徒制汽车检测与维修技术专业毕业生职业

生涯发展路径”中的中职发展阶段。若是第Ⅰ发展阶段，则用L1表示；若是第Ⅱ发展阶段，则用L2表示，依此类推。同理，高职Lj的j对应“表7－1　现代学徒制汽车检测与维修技术专业毕业生职业生涯发展路径”中的高职发展阶段。若是第Ⅱ发展阶段，则用L2表示；若是第Ⅲ发展阶段，则用L3表示，依此类推。

五、附录

（一）参与职业能力分析的行业企业专家名单（如表7－4所示）

表7－4　参与职业能力分析的行业企业专家名单

序号	姓　名	单位名称	职务
1	谢学新	广州东风南方广辰汽车销售服务有限公司	服务经理
2	叶健杰	广东物通驭达汽车有限公司	展厅经理
3	孔　骥	沃尔沃汽车销售上海有限公司	零部件供应总监
4	黄练锋	广州长悦雷克萨斯汽车销售服务有限公司	技术总监
5	何建新	广州长润汽车销售有限公司	售后部副部长
6	陈会频	广州长悦雷克萨斯汽车销售服务有限公司	服务经理
7	陈　森	广州沙河丰田汽车销售服务有限公司	技术主管
8	冯　翔	广州沙河丰田汽车销售服务有限公司	培训班经理
9	蔡　杰	广州长凯汽车销售服务有限公司	服务部经理
10	梁达彬	广州广汽商贸长佳汽车销售有限公司	售后部副经理
11	齐文华	广州本田汽车第一销售有限公司	服务经理
12	梁道广	佛山市南海区桂城禅隆汽车贸易有限公司	服务经理
13	冯　亮	广州长宁汽车销售服务有限公司	车间主任
14	杨志奇	广州本田汽车第一销售有限公司	维修客户经理
15	王明康	广州华铭汽车维修有限公司	维修服务接待员
16	王嘉伟	广州长悦雷克萨斯汽车销售服务有限公司	钣金前台服务
17	龙金华	中山中裕福达汽车有限公司	机电维修工
18	黄好锦	广州长凯汽车销售服务有限公司	机电维修工

（二）参与职业能力分析的院校教师名单（如表7-5所示）

表7-5　参与职业能力分析的院校教师名单

序号	姓　名	单位名称	职务/职称
1	李百华	广东机电职业技术学院	专业主任/副教授
2	陈黎明	广东机电职业技术学院	院长/高级工程师
3	方文杰	广东机电职业技术学院	副院长/工程师
4	余剑东	广东机电职业技术学院	副院长/讲师
5	郝　伟	广东机电职业技术学院	专业主任/讲师
6	宋宝林	广东机电职业技术学院	专业教师/教授
7	夏志强	广东机电职业技术学院	专业教师/高级工程师
8	唐拥林	广东机电职业技术学院	专业教师（捷豹培训师）/讲师
9	王广海	广东机电职业技术学院	专业教师（捷豹培训师）/讲师
10	袁永超	广东机电职业技术学院	专业教师/讲师
11	涂　祥	广东机电职业技术学院	专业教师/讲师

第八章
现代学徒制汽车车身维修技术专业职业能力分析报告

一、职业能力分析的目的和意义

现代学徒制在西方发达国家职业教育中发挥了巨大作用，为产业升级、经济发展提供了大批优秀的技术人才。近年来，现代学徒制在我国成为职业教育领域研究的热点。2014 年教育部设立了职业教育现代学徒制试点，在其推动和指导下，我国一些地方和学校对现代学徒制进行了不同形式的探索与实践，形成了一些经验和做法。由于现代学徒制毕竟是新生事物，基于现代学徒制的职业能力分析和学生岗位能力要求方面的研究都处于基础阶段，没有形成统一的专业教学标准。

广东科学技术职业学院的汽车车身维修技术专业是国家示范重点建设专业。该专业的教学企业获得了省级高职示范实训基地和珠海市公共实验室称号。近年来，该专业与企业合作紧密，共同开展以学校本位教育与工作本位培训紧密结合为典型特征的现代学徒制学历教育。在项目研究过程中，项目组在广东省教育研究院指导下，开展了行业企业、相关高职院校、毕业生、在校生、现代学徒制学生方面的调研，撰写了《现代学徒制汽车车身维修技术专业教学标准研制调研报告》，获得了岗位的第一手资料，得到了现代学徒制汽车车身维修技术专业毕业生职业生涯发展路径和就业目标岗位群。为了进一步明确各岗位的主要工作项目和工作任务，确定职业能力标准、获得技能点和知识点，必须开展现代学徒制汽车车身维修技术专业职业能力分析会。

项目组于 2016 年 5 月 29 日开展了职业能力分析会，共邀请了 12 位相关岗位的行业企业一线专家，通过与一线专家的面对面探讨，形成了现代学徒制汽车车身维修技术专业岗位职业能力分析表。由于本次职业能力分析充分发挥了行业企业专家的作用，按照企业一线专家要求明确岗位工作任务、职业能力及具体工作任务所需的知识、能力和素养，解决了我国高职教育目前普遍面临的职业能力与岗位要求不匹配的问题，为下一步基于现代学徒制人才培养模式的汽车车身维修技术专业教学标准和课程标准的研制提供了依据。

二、职业能力分析的组织与实施

（一）职业能力分析的基本方法

项目组主要采用头脑风暴法、文献法、访谈法、统计分析法等方法，对相关岗位的职业能力进行分析。

1. 头脑风暴法

头脑风暴法是一种创造能力的集体训练法。它把一个组的全体成员都组织在一起，极易操作执行，具有很强的实用价值，可以使每一个人的思维都能得到最大限度地开拓，能有效开阔思路，激发灵感，所以容易体现集思广益、团队合作的智慧。

现代学徒制汽车车身维修技术专业职业能力分析中的工作任务非常适合采用这种方法进行分析。具体操作过程是：邀请一位熟悉本行业的专家作为主持人，依据精心设计的分析技术对来自行业企业的专家进行引导，使他们能正确表述出相关岗位的工作任务和能力要求。

2. 文献法

项目组查阅了大量文献，收集了国内外关于现代学徒制的研究资料和汽车相关岗位的职业能力分析方法与要求，用于对现场职业岗位工作任务以及描述语言加以修正。

3. 访谈法

访谈法主要是在召开职业能力分析会后对资料进行整理时采用。项目组以相关行业企业的技术专家为访谈对象，对通过头脑风暴法所得到的职业能力分析结果进行评估和完善。

4. 统计分析法

在职业能力分析会的基础上，项目组采用统计分析法对分析得出的工作任务和职业能力进行统计分析，为现代学徒制汽车车身维修技术专业课程标准的研制提供参考和依据。

（二）职业能力分析会的组织

1. 前期准备

通过参加广东省教育研究院对项目组主要成员的培训和指导会议，项目组成员掌握了职业能力分析的基本流程和工作内容，并在职业能力分析会召开前两周开始制定和落实会议相关的流程和事项。

首先，项目组根据前期调研结果分析，确定了汽车车身维修技术专业毕业生职业生涯发展路径。本专业毕业生主要的就业领域和岗位有钣金、喷漆、机电维修、保险理赔和销售。适合现代学徒制毕业生的就业岗位有钣金、喷漆、机电维修、保险理赔。针对每一个岗位需要 2 ~ 3 位有代表性的行业企业专家。项目组提前以邀请函形式邀请了 12 位汽车服务类企业职务在技术主管以上的行业企业专家参加职业能力分析会，并告知专家们应做的准备工作。

其次，项目组明确会议的主持人、组织者、邀请的相关领导名单，详细制定会议相关的流程和内容。主持人应当熟练掌握任务分析技术，善于利用头脑风暴法引导行业企业专家按照任务引领型课程开发要求进行工作项目、工作任务的分析，并善于归纳、提炼专家的意见。基于此种考虑，职业能力分析会由孙宝文老师和许海华老师共同担任主持人，这保证了分析会的成功。

最后，根据会议的日常安排，我们将项目组成员的具体工作理顺，责任到位，并在会前 1 ~ 2 天，安排人手负责会场布置及会场相关资料的准备，包括会议资料、横幅、电脑、投影、易拉宝、分析表等。

2. *召开职业能力分析会*

2016 年 5 月 29 日，汽车车身维修技术专业召开了基于现代学徒制人才培养模式的职业能力分析会，邀请了 12 位行业企业一线专家参加。会议由孙宝文老师和许海华老师共同主持，首先进行了分析会的会前说明，介绍了会议的背景、目的、任务和流程，然后对相关专家进行了介绍，采用头脑风暴法，验证确定了 5 大工作领域对应的工作项目、工作任务和职业能力，并针对现代学徒制的特点，确认了现代学徒制汽车车身维修技术专业毕业生在职业生涯发展路径中的位置，归纳出能力要求。会上专家讨论激烈，现场气氛活跃，如图 8－1、图 8－2 所示。

图 8－1　职业能力分析会专家合影

图 8－2　职业能力分析会现场

3. 资料整理工作

分析会结束后，项目组成员对会议资料进行了认真细致的整理、分析，将文字材料、录音录像材料进行了汇编加工，形成了系统而详细的职业能力分析会会议材料，用于下一步职业能力分析表的制定。

（三）职业能力分析表的制定

项目组将广东省教育研究院统一制定推荐的职业能力分析表作为模板，该表主要分为工作项目、工作任务、职业能力三大部分，每个工作项目下分若干个工作任务，每个工作任务下又有相对应的职业能力。工作任务的排序是基于实际工作流程，职业能力的排序是基于能力的递进关系。此外，职业能力分析表除了专业能力，还包含了所有岗位均需具备的职业素养，而且，对每个工作项目还进行了等级评价。

现代学徒制汽车车身维修技术专业职业能力分析表的制定大体可分为以下 3 个步骤。

第一，将行业企业专家的语言记录下来，然后项目组运用规范的职业能力术语和表达对专家意见进行修正，形成初步的分岗位的现代学徒制汽车车身维修技术专业职业能力分析表。

第二，结合调研的已有成果和国内外相关资料、国家职业资格标准要求，对职业能力分析表进行进一步修正和整理。

第三，将整理好的讨论稿发给与会的行业企业专家，再次征询其意见，根据专家提出的修改完善建议，修改完善讨论稿，形成最终的职业能力分析表。

三、职业能力分析的结论与成效

（一）职业能力分析的结论

1. 现代学徒制汽车车身维修技术专业职业能力分析表基本内容

通过职业能力分析会，项目组梳理出现代学徒制汽车车身维修技术专业“工作项目—工作任务—职业能力”的职业能力体系，制定了职业能力分析表，得到了涵盖汽车后市场的钣金、喷漆、机电维修、保险理赔、销售 5 大工作领域 18 个岗位的 39 个工作项目，188 项工作任务共计 1 105 条职业能力。

2. 职业岗位群及职业能力分布汇总表

根据第一阶段的调研结果可得到现代学徒制汽车车身维修技术专业毕业生职业生涯发展路径如表 8－1 所示，本专业现代学徒制毕业生主要面向 4 大工作岗位群，对应的职业能力分布汇总表如表 8－2 所示。

表8-1　现代学徒制汽车车身维修技术专业毕业生职业生涯发展路径

<table>
<tr><th rowspan="2">发展阶段</th><th colspan="5">就业岗位</th><th rowspan="2">学历层次</th><th colspan="2">发展年限/年（参考时间）</th></tr>
<tr><th>钣金</th><th>喷漆</th><th>机电</th><th>保险理赔</th><th>销售</th><th>高职</th><th>现代学徒制</th></tr>
<tr><td>Ⅵ</td><td colspan="5">总经理、行业专家</td><td>本科</td><td>—</td><td>—</td></tr>
<tr><td>Ⅴ</td><td colspan="4">售后经理</td><td>销售经理</td><td>高职/本科</td><td>9~10</td><td>7~8</td></tr>
<tr><td>Ⅳ</td><td colspan="3">车间主管</td><td rowspan="2">保险主管</td><td rowspan="2">销售主管</td><td>高职</td><td>6~8</td><td>3~6</td></tr>
<tr><td>Ⅲ</td><td>钣金班长*</td><td>喷漆班长*</td><td>机电班长</td><td>高职</td><td>3~5</td><td>0~3</td></tr>
<tr><td>Ⅱ</td><td>钣金工</td><td>喷漆工</td><td>机电工*</td><td>保险专员*</td><td>销售员</td><td>中职/高职</td><td>1~3</td><td>0~1</td></tr>
<tr><td>Ⅰ</td><td>学徒</td><td>学徒</td><td>学徒</td><td>学徒（或助理）</td><td>学徒（或助理）</td><td>中职</td><td>—</td><td>—</td></tr>
</table>

注：（1）不同企业因品牌、规模的不同，针对汽车车身维修技术专业岗位和岗位发展路径会有一定程度的差异，本职业生涯发展路径在前期调研访谈的基础上，综合了本田、丰田、福特、奥迪、沃尔沃、大众、日产、通用等品牌，较为全面地呈现了汽车车身维修技术专业毕业生的职业生涯发展路径。

（2）带“*”的为汽车车身维修技术专业现代学徒制目标岗位。

表8-2　现代学徒制汽车车身维修技术专业岗位群及职业能力分布汇总表

<table>
<tr><th rowspan="2">发展阶段</th><th colspan="5">就业岗位（工作项目数，工作任务数）</th><th rowspan="2">学历层次</th><th colspan="2">发展年限/年（参考时间）</th></tr>
<tr><th>钣金</th><th>喷漆</th><th>机电维修</th><th>保险理赔</th><th>销售</th><th>高职</th><th>现代学徒制</th></tr>
<tr><td>Ⅵ</td><td colspan="5">总经理、行业专家</td><td>本科</td><td>—</td><td>—</td></tr>
<tr><td>Ⅴ</td><td colspan="4">售后经理（7，13）</td><td>销售经理（1，1）</td><td>高职/本科</td><td>9~10</td><td>7~8</td></tr>
<tr><td>Ⅳ</td><td colspan="3">车间主管（16，19）</td><td rowspan="2">保险主管（8，25）</td><td rowspan="2">销售主管（6，10）</td><td>高职</td><td>6~8</td><td>3~6</td></tr>
<tr><td>Ⅲ</td><td>钣金班长*（10，24）</td><td>喷漆班长*（9，18）</td><td>机电班长（5，30）</td><td>高职</td><td>3~5</td><td>1~2</td></tr>
<tr><td>Ⅱ</td><td>钣金工（5，8）</td><td>喷漆工（2，4）</td><td>机电工*（7，23）</td><td>保险专员*（3，3）</td><td>销售员（1，2）</td><td>中职/高职</td><td>1~3</td><td>0~1</td></tr>
<tr><td>Ⅰ</td><td>学徒（1，1）</td><td>学徒（0，0）</td><td>学徒（1，3）</td><td>学徒（或助理）（0，0）</td><td>学徒（或助理）（1，1）</td><td>中职</td><td>—</td><td>—</td></tr>
</table>

注：（1）带“*”的为现代学徒制岗位。

（2）学徒生目标岗位是：钣金班长、喷漆班长、机电工、保险专员。非学徒制学生对应的是5个岗位群。

（二）职业能力分析的成效

1. 为现代学徒制汽车车身维修技术专业人才培养目标提供了依据

通过职业能力分布汇总表获得的现代学徒制毕业生就业岗位及未来的迁移岗位，可作为现代学徒制汽车车身维修技术专业人才培养目标。根据行业企业专家职业能力分析的结论，高职现代学徒制汽车车身维修技术专业人才培养目标应该主要是面向汽车售后服务企业，现代学徒制培养的学生毕业即具备与汽车售后服务企业普通员工同等水平的专业能力和技能水平，可以独自完成钣金、喷漆、保险理赔、机电维修、销售等岗位的工作，并具有吃苦耐劳和团队合作的精神，具备解决问题的能力，具有良好的职业道德和职业素养，自主学习能力强，能成为企业生产、服务和管理上的骨干人才。

2. 为下一步课程标准的制定提供了依据

通过职业能力分析会获得的岗位工作项目、工作任务和职业能力点，可以了解企业岗位真实的生产状况和对人才的需求类型，下一步可以按照工作项目开发课程体系，按照工作任务开发课程内容，按照职业能力点开发课程知识点，进而通过邀请企业专家召开现代学徒制汽车车身维修技术专业课程标准建设研讨会，构建基于现代学徒制人才培养模式的高职汽车车身维修技术专业课程标准和教学标准。

3. 有助于校企深度融合，提高师资素质，促进现代学徒制的发展

通过职业能力分析会，开展现代学徒制合作的校企双方，加深了感情，增进了互信，有利于校企双主体实施的现代学徒制的发展。另外，专业教师和企业专家面对面交流，可以使学校的教师充分了解目前汽车售后服务企业对人才所需具备能力的需求，促进教师继续提高技能水平，进而有利于提高现代学徒制教师素质。

四、职业能力分析表

现代学徒制汽车车身维修技术专业职业能力分析表，如表 8－3 所示。

表 8－3　现代学徒制汽车车身维修技术专业职业能力分析表

工作项目/职业素养		工作任务/职业素养分类		职业能力（技能、工具、方法、要求、知识）		学习水平 高职 Lj
01	汽车漆面护理	01－01	车身外部清洗	01－01－01	正确选择车身清洗剂	L2
				01－01－02	正确选择车身美容常见的防护专用工具	L2
				01－01－03	使用高压水枪进行全车外部冲洗（大块泥沙）	L2
				01－01－04	使用专用清洁剂对全车外部清洗（去油污、除静电）	L2

续上表

<table>
<tr><th rowspan="2" colspan="2">工作项目/职业素养</th><th rowspan="2" colspan="2">工作任务/职业素养分类</th><th rowspan="2" colspan="2">职业能力（技能、工具、方法、要求、知识）</th><th>学习水平</th></tr>
<tr><th>高职 Lj</th></tr>
<tr><td rowspan="17">01</td><td rowspan="17">汽车漆面护理</td><td rowspan="2">01－01</td><td rowspan="2">车身外部清洗</td><td>01－01－05</td><td>正确选择专用清洁剂和专用工具对漆面焦油、沥青、鸟类粪便等杂物进行处理，以及胎面清洗、上蜡</td><td>L2</td></tr>
<tr><td>01－01－06</td><td>玻璃清洁、防雾处理、加装防冻清洁剂</td><td>L2</td></tr>
<tr><td rowspan="7">01－02</td><td rowspan="7">车身漆面开蜡和打蜡</td><td>01－02－01</td><td>分清常用物料（一般车蜡、清洁剂）</td><td>L2</td></tr>
<tr><td>01－02－02</td><td>使用适当的个人防护装备</td><td>L2</td></tr>
<tr><td>01－02－03</td><td>确定有关危险品、污染物及化学废物的工作程序</td><td>L3</td></tr>
<tr><td>01－02－04</td><td>知道一般打蜡器材功用及操作守则</td><td>L3</td></tr>
<tr><td>01－02－05</td><td>正确使用开蜡剂或开蜡水除去新车保护蜡</td><td>L3</td></tr>
<tr><td>01－02－06</td><td>正确选择车身蜡及对车辆表面进行打蜡处理</td><td>L3</td></tr>
<tr><td>01－02－07</td><td>使用一般打蜡器材</td><td>L3</td></tr>
<tr><td rowspan="3">01－03</td><td rowspan="3">研磨抛光</td><td>01－03－01</td><td>正确辨别车身漆面划痕及漆面状况</td><td>L3</td></tr>
<tr><td>01－03－02</td><td>根据漆面情况选择合适的抛光盘和抛光剂</td><td>L3</td></tr>
<tr><td>01－03－03</td><td>正确操控抛光机对漆面进行抛光处理</td><td>L3</td></tr>
<tr><td rowspan="5">01－04</td><td rowspan="5">车身漆面护理</td><td>01－04－01</td><td>使用中性洗车液清洗全车漆面</td><td>L3</td></tr>
<tr><td>01－04－02</td><td>抛光研磨，除掉漆面上的氧化层</td><td>L3</td></tr>
<tr><td>01－04－03</td><td>封釉机安装使用</td><td>L3</td></tr>
<tr><td>01－04－04</td><td>车釉涂抹及封釉处理</td><td>L3</td></tr>
<tr><td>01－04－05</td><td>无尘打磨处理</td><td>L3</td></tr>
<tr><td rowspan="2">02</td><td rowspan="2">安全生产及喷涂设备使用维护</td><td rowspan="2">02－01</td><td rowspan="2">安全生产（劳保用品）</td><td>02－01－01</td><td>做好个人防护，正确处理相关危险品、污染物及化学废物</td><td>L2</td></tr>
<tr><td>02－01－02</td><td>正确使用劳保用品（防护眼镜、防尘口罩、耐溶剂手套、防毒口罩、防护服、棉手套、工作鞋）</td><td>L2</td></tr>
</table>

续上表

工作项目/职业素养		工作任务/职业素养分类		职业能力（技能、工具、方法、要求、知识）		学习水平 高职 Lj
02	安全生产及喷涂设备使用维护	02－02	脱漆水及清洁剂的认识	02－02－01	了解脱漆水及清洁剂对皮肤及车身物料的影响	L2
				02－02－02	了解脱漆水及清洁剂的化学品安全技术说明书（MSDS①）内容，包括防护措施	L3
		02－03	喷涂设备使用及维护	02－03－01	知道汽车喷涂工位设备的用途及工作原理	L3
				02－03－02	按照设备使用手册正确操作喷涂设备	L3
				02－03－03	在完成喷涂工序后，清洁有关工具/设施、清理化学废物等	L3
				02－03－04	按照设备的使用手册执行或安排喷涂工场设备的保养计划	L3
				02－03－05	为出现故障的喷涂工场设备进行初步诊断和发出停用通告，以及进行或安排维修	L3
03	底材处理及底漆喷涂	03－01	确定维修项目	03－01－01	制定维修工艺流程	L4
				03－01－02	清楚维修工单内容	L4
				03－01－03	检查钣金维修板件是否合格	L4
		03－02	去除旧漆膜及金属表面处理	03－02－01	审察工作场地情况，进行去除旧漆膜及金属表面处理，包括选择在设有空气污染控制设备的工场内进行相应工序操作	L3
				03－02－02	选择及使用适当工具及仪器，按照工作指示、汽车制造商手册的指引及职业安全健康环境卫生守则，完成工序	L3
				03－02－03	去除旧漆漆面，不影响其他部位	L3
				03－02－04	使用研磨设备打磨金属表面	L3
		03－03	清洁车身	03－03－01	挑选、使用指定清洁剂及护理用品	L3
				03－03－02	徒手或使用指定清洁及护理器材，对汽车进行护理或修补	L3
		03－04	环氧底漆	03－04－01	喷涂前的吹尘及脱脂处理	L3
				03－04－02	旧漆膜去除（检查是否有残留）	L3

① MSDS：material safety data sheet，化学品安全技术说明书。

续上表

工作项目/职业素养		工作任务/职业素养分类		职业能力（技能、工具、方法、要求、知识）		学习水平 高职 Lj
03	底材处理及底漆喷涂	03-04	环氧底漆	03-04-03	羽状边处理（各层宽度 10 mm 左右）	L3
				03-04-04	喷涂环氧底漆，进行环氧防护处理	L3
				03-04-05	按涂料商规定进行干燥及研磨	L3
04	原子灰刮涂与打磨	04-01	认识填灰用料及研磨器材	04-01-01	了解填灰用料的成分及特性	L3
				04-01-02	了解研磨器材的功用及操作守则	L3
				04-01-03	了解清洁剂及化学品安全说明书（MSDS）内容，包括防护措施	L3
				04-01-04	了解干磨与水磨的特性及优缺点	L3
		04-02	填涂原子灰（进行填灰及研磨工序）	04-02-01	确认各工序符合环保法规要求	L3
				04-02-02	正确处理相关危险品、污染物及化学废物	L3
				04-02-03	采用规范进行作业，减少环境污染、材料使用	L3
				04-02-04	使用 2K 双组份原子灰（固化剂重量比为 0.3% ~0.5%）	L3
				04-02-05	填充原子灰，参数及技巧（手法）的使用，原子灰的干磨处理（磨刀、干磨机）	L3
				04-02-06	按工序要求选用砂纸（60#、80#、120#、180#、240#、320#、400#、600#等型号）	L3
				04-02-07	确认冲压线、研磨方法、表面、轮廓	L3
				04-02-08	缺陷处理（空气孔确认、裸露铁板补喷环氧）	L3
				04-02-9	作业区域的防尘措施	L3
				04-02-10	完成工序后，进行检查，确保达致可进行喷漆工序的要求	L3
05	中途底漆调配与喷涂	05-01	中途底漆	05-01-01	使用 2K 双组份的底漆涂料	L3
				05-01-02	喷涂前吹尘及脱脂除油处理	L3
				05-01-03	底漆遮蔽采用反贴法	L3
				05-01-04	喷涂范围的确认（喷涂膜厚度是否覆盖砂纸痕）（使用 1.7 mm 枪头的喷枪）	L3
				05-01-05	按涂料商的规定进行干燥	L3

续上表

工作项目/职业素养		工作任务/职业素养分类		职业能力（技能、工具、方法、要求、知识）		学习水平 高职 Lj
05	中途底漆调配与喷涂	05－02	中途打磨	05－02－01	按工序要求选用砂纸（320#、360#、400#、500#、600#、800#、1000#等型号）	L3
				05－02－02	线条平面的处理（研磨方法）	L3
				05－02－03	缺陷处理（砂纸痕、沙眼）	L3
		05－03	新件喷涂	05－03－01	塑料补漆的作用	L3
				05－03－02	塑料件喷塑料底漆后再喷中涂	L3
				05－03－03	使用专用底漆喷枪（1.7 mm 枪头的喷枪）	L3
				05－03－04	按供应商比例添加软化剂	L3
06	面漆调色与喷涂	06－01	调色处理	06－01－01	识别和遵循有关选择、检查和许可的工具与设备存储的程序	L4
				06－01－02	识别和采取厂家许可的程序区调配车辆颜色	L4
				06－01－03	根据调色数据进行母色选择、调加	L4
				06－01－04	熟悉调色三属性理论（明暗度、彩度、色相及颜色）	L4
				06－01－05	使用色板进行颜色对比	L4
				06－01－06	在自然光或调色光（调色灯箱）下对比	L4
				06－01－07	按涂料商要求正确加入硬化剂	L4
		06－02	面涂	06－02－01	喷涂前的吹尘和脱脂除油处理	L4
				06－02－02	明确喷涂时的温度、供排气、钣件表面温度	L4
				06－02－03	明确喷涂时的气压（使用1.3 mm枪头的喷枪）、湿度	L4
				06－02－04	明确喷涂时的漆膜重叠（厂家指定），明确气压流量、扇面、距离、速度等参数	L4
				06－02－05	鱼眼、桔皮、起云、尘点等的检查	L4

续上表

工作项目/职业素养		工作任务/职业素养分类		职业能力（技能、工具、方法、要求、知识）		学习水平 高职 Lj
07	漆面缺陷处理	07－01	修复车辆油漆缺陷	07－01－01	修复车辆油漆缺陷前进行干燥	L4
				07－01－02	确认判断和修正局部油漆表面修复缺陷相关的车间程序	L4
				07－01－03	确认和选择厂家许可的设备和材料来修复局部油漆缺陷	L4
				07－01－04	确认和遵循厂家许可的确认和修复局部油漆表面修复缺陷的程序	L4
				07－01－05	确认和遵循车间质量控制程序	L4
		07－02	干燥	07－02－01	清漆的流平时间（根据不同的涂料商）	L3
				07－02－02	漆膜的温度设定（根据不同的涂料商）	L3
				07－02－03	喷漆房及红外线烤灯的干燥时间设定	L3
		07－03	抛光处理	07－03－01	正确使用合适的抛光设备	L3
				07－03－02	正确使用合适的抛光剂	L3
				07－03－03	正确使用抛光机(转速1 200～1 500 r/min)，上油腊 1 800 r/min，上中粗腊 2 500～4 000 r/min	L3
				07－03－04	漆面质量确认（残铳、留砂纸痕、抛光痕）	L3
				07－03－05	周边部件旧漆膜、纹路抛光处理	L3
08	塑料件的喷涂	08－01	塑料件的喷涂	08－01－01	明确塑料的成分、特性	L3
				08－01－02	了解汽车上常用塑料的种类及鉴别方法	L3
				08－01－03	会对塑料件表面进行预处理（脱脂处理、化学处理、退火处理、静电除尘）	L3
				08－01－04	去除底漆、用红外线烤灯或其他加热装置加热变形部位以便修正变形	L3
				08－01－05	用双组份环氧树脂黏合剂进行黏合修复裂纹、打磨	L3
				08－01－06	用型号为180#或240#的砂纸打磨或通过刮涂腻子来恢复表面的形状，采用自然干燥或烘烤干燥的方法干燥腻子	L3
				08－01－07	采用风枪除尘，贴护、除油	L3

续上表

工作项目/职业素养		工作任务/职业素养分类		职业能力（技能、工具、方法、要求、知识）		学习水平 高职 Lj
08	塑料件的喷涂	08-01	塑料件的喷涂	08-01-08	底漆喷涂	L3
				08-01-09	中涂底漆涂装	L3
				08-01-10	面漆涂装	L3
				08-01-11	干燥及修整	L3
09	镜面釉处理	09-01	清洁封釉	09-01-01	知道镜面釉处理的基础知识	L3
				09-01-02	清除干净抛光残留物	L3
				09-01-03	摇匀镜面釉，用软布或海绵将其涂在漆面	L3
		09-02	抛光处理	09-02-01	正确使用合适的抛光轮、抛光剂	L3
				09-02-02	正确使用抛光机（转速为 1 000 r/min 以下）	L3
10	车身部件检修更换	10-01	车身部件更换	10-01-01	熟悉车身部件的组成和功能，清楚车身结构	L3
				10-01-02	更换座椅等部件	L3
				10-01-03	更换车内、外饰板等部件	L3
				10-01-04	车门、车窗等车身部件更换	L3
11	矫正车身（车架）	11-01	量度车身和底盘	11-01-01	进行车身量度前的准备工作，包括准备车辆及工具/仪器	L4
				11-01-02	按工具/仪器制造商指引，进行车身量度工序及记录有关数据	L4
				11-01-03	对比测量数据与规格，确定车辆变形的状况	L4
		11-02	矫正车身（车架）	11-02-01	确认和遵循有关准备、测试、使用和许可的工具设备调整的程序	L4
				11-02-02	遵循程序矫正车身变形	L4
				11-02-03	确认和采取厂家和车间许可的质量检查	L4
12	整体式车身的校正	12-01	校正前准备	12-01-01	工具的准备	L4
				12-01-02	人、车身的安全防护	L4
				12-01-03	车身固定、底盘固定	L4

续上表

<table>
<tr><th colspan="2" rowspan="3">工作项目/
职业素养</th><th colspan="2" rowspan="3">工作任务/
职业素养分类</th><th colspan="2" rowspan="3">职业能力
（技能、工具、方法、要求、知识）</th><th>学习水平</th></tr>
<tr><th>高职</th></tr>
<tr><th>Lj</th></tr>
<tr><td rowspan="6">12</td><td rowspan="6">整体式车身的校正</td><td rowspan="4">12－02</td><td rowspan="4">校正的方法</td><td>12－02－01</td><td>观察事故车的状况</td><td>L4</td></tr>
<tr><td>12－02－02</td><td>掌握受损情况</td><td>L4</td></tr>
<tr><td>12－02－03</td><td>创建维修作业的图像</td><td>L4</td></tr>
<tr><td>12－02－04</td><td>校正</td><td>L4</td></tr>
<tr><td rowspan="2">12－03</td><td rowspan="2">校正后的测量</td><td>12－03－01</td><td>用仪器测量、数据对比</td><td>L4</td></tr>
<tr><td>12－03－02</td><td>零部件对比（附件安装位置是否正确）</td><td>L4</td></tr>
<tr><td rowspan="18">13</td><td rowspan="18">车身镀锌钢板检查维修</td><td rowspan="2">13－01</td><td rowspan="2">钢板维修概述</td><td>13－01－01</td><td>知道钢板的特性</td><td>L2</td></tr>
<tr><td>13－01－02</td><td>熟悉钢板维修步骤</td><td>L2</td></tr>
<tr><td rowspan="4">13－02</td><td rowspan="4">钢板损伤评估</td><td>13－02－01</td><td>目视：观察钢板表面以评估受损范围</td><td>L3</td></tr>
<tr><td>13－02－02</td><td>触摸：触摸钢板表面以评估有无凹陷和凸起</td><td>L3</td></tr>
<tr><td>13－02－03</td><td>按压：按压钢板表面以评估张力</td><td>L3</td></tr>
<tr><td>13－02－04</td><td>对比：对比受损表面和未受损表面以确定差异</td><td>L3</td></tr>
<tr><td rowspan="7">13－03</td><td rowspan="7">检查及修补车身金属板</td><td>13－03－01</td><td>按情况需要拆装车身板或其他简单组件以便维修受损金属板</td><td>L3</td></tr>
<tr><td>13－03－02</td><td>采用适当方法和程序修理金属板，并确保在合适的工作环境下进行</td><td>L3</td></tr>
<tr><td>13－03－03</td><td>使用适当的防护措施</td><td>L3</td></tr>
<tr><td>13－03－04</td><td>选择合适的金属板进行车身修补</td><td>L3</td></tr>
<tr><td>13－03－05</td><td>正确地使用工具进行研磨</td><td>L3</td></tr>
<tr><td>13－03－06</td><td>采取适当的工序，保持车辆防水、隔热、减音、减震、防锈的功能</td><td>L3</td></tr>
<tr><td>13－03－07</td><td>在工序完成后，按照制造商规格，进行车身板外观尺寸及相关组件基本的检查</td><td>L3</td></tr>
<tr><td rowspan="5">13－04</td><td rowspan="5">修复车身凹面</td><td>13－04－01</td><td>正确确定凹面范围</td><td>L3</td></tr>
<tr><td>13－04－02</td><td>打磨去除旧漆膜</td><td>L3</td></tr>
<tr><td>13－04－03</td><td>选择正确工具拉拔凹面</td><td>L3</td></tr>
<tr><td>13－04－04</td><td>缩火</td><td>L3</td></tr>
<tr><td>13－04－05</td><td>打磨符合喷漆要求</td><td>L3</td></tr>
</table>

续上表

工作项目/职业素养		工作任务/职业素养分类		职业能力（技能、工具、方法、要求、知识）		学习水平 高职 Lj
13	车身镀锌钢板检查维修	13－05	掌握手锤和手顶铁维修方法	13－05－01	如何使用手锤	L2
				13－05－02	如何拿手顶铁	L2
				13－05－03	怎样选择手锤和手顶铁	L2
				13－05－04	手锤和手顶铁保养	L2
				13－05－05	实敲和虚敲的原理和作用	L2
		13－06	垫圈焊机（介子机）维修方法	13－06－01	清楚垫圈焊机操作原理	L3
				13－06－02	熟悉垫圈焊机组件	L3
				13－06－03	拉拔方法	L3
		13－07	缩火维修方法	13－07－01	知道什么是缩火	L2
				13－07－02	清楚缩火维修的原理	L2
				13－07－03	清楚缩火条件	L2
				13－07－04	清楚选择缩火方法	L2
		13－08	检查维修表面状况	13－08－01	线条和平面达到施涂原子灰的要求	L3
		13－09	防锈处理	13－09－01	施涂防锈剂，确保在所有焊接过的部位都能施涂到位	L3
		13－10	检查及修补车身玻璃纤维板	13－10－01	正确地选用有关的工具及物料	L3
				13－10－02	辨认各种常见的玻璃纤维板表面缺陷（如剥落、裂缝、气孔等）	L3
				13－10－03	采用适当的玻璃纤维修补方法和程序	L3
				13－10－04	修补工作的检查及进行修补	L3
				13－10－05	使用正确工具进行研磨	L3
				13－10－06	按照制造商规格，进行车身玻璃纤维板外观尺寸及玻璃纤维表面的检查	L3
14	维修非结构车身面板	14－01	拆除并更换车辆非结构车身面板	14－01－01	确认认可的程序，为移除非结构式车辆车身面板做准备	L3
				14－01－02	确认认可的程序为移除非结构式车辆车身面板工作	L3

续上表

工作项目/职业素养		工作任务/职业素养分类		职业能力（技能、工具、方法、要求、知识）		学习水平 高职 Lj
14	维修非结构车身面板	14－01	拆除并更换车辆非结构车身面板	14－01－03	确认认可的程序，为移除非结构式车辆车身面板工作做焊接准备	L3
				14－01－04	确认认可的程序，为移除非结构式车辆车身面板工作使用点焊和 MIC 焊接程序	L3
				14－01－05	确认和使用厂家认可的黏性焊接材料连接非结构式车身面板	L3
				14－01－06	根据厂家和车间的规章条例进行质量检查	L3
		14－02	维修车辆非结构车身面板	14－02－01	识别和选择修复车辆非结构式车身面板时需要使用的一系列手动工具和设备	L3
				14－02－02	按照厂家许可的方法和程序确认修复非结构式车身面板	L3
				14－02－03	识别和遵循厂家技术资料和车间程序中相关的许可修复步骤进行非结构式车身面板的修复	L3
				14－02－04	识别和遵循厂家技术和车间质量控制程序	L3
15	焊接	15－01	焊机概述	15－01－01	清楚什么是焊接	L2
				15－01－02	焊接类型（压杰焊、熔接焊、纤焊）	L2
				15－01－03	车身总成的接合方法	L2
		15－02	使用一般焊接设备	15－02－01	审察工作场地情况，确保在合适的工作环境下进行焊接工作，并使用适当的保护措施	L3
				15－02－02	正确地选择焊接设备及焊条等物料	L3
				15－02－03	操作焊接设备及采用正确的焊接方法和程序，预防各种焊缝表面缺陷	L3
				15－02－04	应用适当的工具进行研磨	L3
				15－02－05	在工序完成后，检查焊缝	L3
				15－02－06	遵行我国对氧乙炔焊接、气体金属电弧焊接（MIG）及电阻点焊接（SPOT）的法例要求及相关工作和安全指引	L3
				15－02－07	预防有害气体和烟雾中毒	L3

续上表

工作项目/职业素养		工作任务/职业素养分类		职业能力（技能、工具、方法、要求、知识）		学习水平 高职 Lj
15	焊接	15－03	点焊	15－03－01	焊接的准备	L3
				15－03－02	要清楚点焊的原理、特性	L3
				15－03－03	清楚会影响点焊接的因素	L3
				15－03－04	点焊前对钣金进行清洁除油和防锈剂的处理	L3
		15－04	气体保护焊	15－04－01	清楚什么是气体保护金属电弧焊接	L3
				15－04－02	气体保护金属电弧焊接原理	L3
				15－04－03	气体保护金属电弧焊接特性	L3
				15－04－04	保护气体类型	L3
				15－04－05	清楚会影响气体保护焊接的因素	L3
				15－04－06	焊接方法	L3
		15－05	车身焊接	15－05－01	检查焊缝并修正焊缝缺陷	L3
				15－05－02	打磨焊缝	L3
16	更换钢板	16－01	钢板接合的类型	16－01－01	使用螺栓、螺母接合	L3
				16－01－02	通过焊接接合	L3
				16－01－03	使用钢板黏合接合	L3
				16－01－04	通过卷边接合	L3
				16－01－05	使用铆钉接合	L3
		16－02	拆装板件	16－02－01	更换前所需物品、工具、设备的准备	L3
				16－02－02	评估受损部位	L3
				16－02－03	车身保护	L3
				16－02－04	拆卸装配件	L3
				16－02－05	拆卸受损钢板	L3
				16－02－06	维修车量侧的接合部位	L3
				16－02－07	定位新钢板	L3
				16－02－08	隔热、防水、防腐蚀处理	L3
				16－02－09	调整相对位置	L3

续上表

工作项目/职业素养		工作任务/职业素养分类		职业能力（技能、工具、方法、要求、知识）		学习水平 高职 Lj
17	更换玻璃	17－01	拆卸玻璃	17－01－01	附件拆卸	L2
				17－01－02	车身安全防护	L2
		17－02	安装玻璃	17－02－01	清洁处理	L1
				17－02－02	施涂玻璃胶技巧	L2
				17－02－03	安装玻璃技巧	L2
				17－02－04	安装后的固定	L2
				17－02－05	车身清洁	L2
				17－02－06	安装检查（安装情况、漏风漏水情况）	L3
18	铝车身修复	18－01	铝植钉修复	18－01－01	审察工作场地情况，确保在合适的工作环境下进行操作，并使用适当的保护措施	L3
				18－01－02	对损伤板件定损，制订维修方案，选择合适维修的设备工具并进行调试	L3
				18－01－03	会用打磨机去除旧漆	L3
				18－01－04	清洁处理（使用清洁无纺布配合吹尘枪进行清洁）	L3
				18－01－05	调试参数并试焊（调试、检查焊枪端部、安装铝焊钉）	L3
				18－01－06	熔植铝焊钉	L3
				18－01－07	安装拉拔头	L3
				18－01－08	加热钣件	L3
				18－01－09	拉伸修复	L3
				18－01－10	拆除拉拔头	L3
				18－01－11	去除铝焊钉（剪除、打磨）	L3
				18－01－12	表面处理（打磨、清洁）	L4
				18－01－13	效果评估	L4

续上表

工作项目/职业素养		工作任务/职业素养分类		职业能力（技能、工具、方法、要求、知识）		学习水平 高职 Lj
18	铝车身修复	18－02	铝合金腻子修补	18－02－01	掌握铝合金腻子的特性，掌握铝合金腻子填补的方法	L3
				18－02－02	定损	L3
				18－02－03	制订维修方案	L3
				18－02－04	确定维修方案后准备在作业中将使用到的工具和设备	L4
				18－02－05	使用打磨机去除旧漆	L3
				18－02－06	使用清洁剂配合清洁无纺布进行清洁	L3
				18－02－07	下料（取腻子并根据铝合金腻子的重量配比固化剂）	L3
				18－02－08	搅拌调和	L3
				18－02－09	填补刮涂	L3
				18－02－10	静置干燥、加热以使其充分硬化	L3
				18－02－11	表面处理（表面塑形处理，用型号为80#或120#的砂纸进行打磨，使用清洁剂配合无纺布将表面擦拭干净）	L4
				18－02－12	质量评估	L4
		18－03	铝焊机的使用	18－03－01	设置主电流	L2
				18－03－02	安装气瓶	L2
				18－03－03	安装焊枪	L2
				18－03－04	安装焊丝	L3
				18－03－05	接好地线	L3
				18－03－06	焊接部位打磨	L3
				18－03－07	焊接操作	L3
				18－03－08	在工序完成后，检查焊缝	L3

续上表

<table>
<tr><th colspan="2" rowspan="2">工作项目/
职业素养</th><th colspan="2" rowspan="2">工作任务/
职业素养分类</th><th colspan="2" rowspan="2">职业能力
（技能、工具、方法、要求、知识）</th><th>学习水平</th></tr>
<tr><th>高职
Lj</th></tr>
<tr><td rowspan="20">19</td><td rowspan="20">塑料件的修复</td><td rowspan="10">19－01</td><td rowspan="10">断裂损伤修复</td><td>19－01－01</td><td>正确认识塑料的特性、种类及鉴别方法</td><td>L2</td></tr>
<tr><td>19－01－02</td><td>正确使用塑料件专用修复套装工具和设备</td><td>L3</td></tr>
<tr><td>19－01－03</td><td>掌握塑料件断裂修复的原理、方法</td><td>L3</td></tr>
<tr><td>19－01－04</td><td>检查表面损伤等级（定损）</td><td>L3</td></tr>
<tr><td>19－01－05</td><td>制订维修方案</td><td>L3</td></tr>
<tr><td>19－01－06</td><td>去除旧漆，进行打磨处理</td><td>L3</td></tr>
<tr><td>19－01－07</td><td>利用吹尘枪清洁</td><td>L3</td></tr>
<tr><td>19－01－08</td><td>调试参数并试焊</td><td>L3</td></tr>
<tr><td>19－01－09</td><td>熔植修补钉、剪除修补钉、打磨修补钉</td><td>L4</td></tr>
<tr><td>19－01－10</td><td>表面处理（加热抹平、冷却、打磨、清洁）</td><td>L4</td></tr>
<tr><td rowspan="10">19－02</td><td rowspan="10">穿孔损伤修复</td><td>19－02－01</td><td>正确认识塑料的特性、种类及鉴别方法</td><td>L3</td></tr>
<tr><td>19－02－02</td><td>正确使用塑料件专用修复套装工具和设备</td><td>L3</td></tr>
<tr><td>19－02－03</td><td>掌握塑料件穿孔修复的原理、方法</td><td>L3</td></tr>
<tr><td>19－02－04</td><td>检查表面损伤等级（定损）</td><td>L3</td></tr>
<tr><td>19－02－05</td><td>制订维修方案</td><td>L3</td></tr>
<tr><td>19－02－06</td><td>去除旧漆</td><td>L3</td></tr>
<tr><td>19－02－07</td><td>清洁处理（使用吹尘枪进行清洁，使用喷洒专用清洁剂对钣件进行除油，擦除清洁剂）</td><td>L3</td></tr>
<tr><td>19－02－08</td><td>裁剪不锈钢网</td><td>L3</td></tr>
<tr><td>19－02－09</td><td>熔植不锈钢网</td><td>L3</td></tr>
<tr><td>19－02－10</td><td>表面处理（加热胶条、填补穿孔、冷却、打磨、清洁）</td><td>L4</td></tr>
</table>

续上表

工作项目/职业素养		工作任务/职业素养分类		职业能力（技能、工具、方法、要求、知识）		学习水平 高职 L*j*
20	车险内勤（保险公司）	20－01	出险车辆的合法性审核	20－01－01	能够填写业务出险登记表	L2
				20－01－02	能够审核出险车辆的保险有效性	L2
				20－01－03	根据客户提供的保险凭证或保险单号查阅保单副本并抄单及复印保单、保单副本和附表	L2
				20－01－04	查阅保费收费情况并由财务人员在保费收据（业务及统计联）复印件上确认签章	L2
				20－01－05	确认保险标的在保险有效期限内或出险前特约交费	L2
		20－02	进行立案	20－02－01	予以立案（如通过电话、传真等报案，由检验人员负责要求客户填写），并按报案顺序编写立案号	L3
				20－02－02	发放索赔单证	L3
				20－02－03	通知检验人员，报告损失情况及出险地点	L3
		20－03	签收审核索赔单证	20－03－01	能够审核出险车辆的保险有效性	L3
				20－03－02	确认保险标的在保险有效期限内或出险前特约交费	L3
				20－03－03	审核客户交来的赔案索赔单证	L3
				20－03－04	对手续不完备的客户说明需补交的单证并将保单证退回给客户	L3
				20－03－05	对单证齐全的赔案应在“出险报告（索赔）书”（一式二联）上签收	L3
				20－03－06	将黄色联交还被保险人	L3
				20－03－07	将索赔单证及备存的资料整理后，交产险部核赔科	L3
		20－04	供应商质量监控管理系统	20－04－01	参与车险理赔供应商实行分级分类及收费标准管理	L4
				20－04－02	建立供应商质量监控管理系统，保障理赔质量	L4

续上表

<table>
<tr><th colspan="2" rowspan="2">工作项目/职业素养</th><th colspan="2" rowspan="2">工作任务/职业素养分类</th><th colspan="2" rowspan="2">职业能力（技能、工具、方法、要求、知识）</th><th>学习水平</th></tr>
<tr><th>高职 Lj</th></tr>
<tr><td rowspan="12">20</td><td rowspan="12">车险内勤（保险公司）</td><td rowspan="2">20－05</td><td rowspan="2">建立供应商质量评估和考核招标体系</td><td>20－05－01</td><td>参与建立理赔、防灾技术供应商质量评估和考核招标体系</td><td>L4</td></tr>
<tr><td>20－05－02</td><td>制订对供应商的招标和考核计划，审核招标书和考核标准，落实定期考核招标事项</td><td>L4</td></tr>
<tr><td rowspan="3">20－06</td><td rowspan="3">认识保单条款</td><td>20－06－01</td><td>如属全保索偿个案，须了解汽车保单条款中各项细节，例如保障范围、赔偿上限、索偿人责任、折旧率、虚报等</td><td>L4</td></tr>
<tr><td>20－06－02</td><td>了解保单的有效性、保障范围、各方责任与权利</td><td>L4</td></tr>
<tr><td>20－06－03</td><td>明白常见有关车辆损毁评估文件的内容，如警方意外记录、维修评估报价单等，以协助分析及做出决定</td><td>L4</td></tr>
<tr><td rowspan="5">20－07</td><td rowspan="5">综合信息加以分析及撰写报告</td><td>20－07－01</td><td>掌握旧车市价、翻新零部件价格及车辆维修总额等多方面价格信息，评估受损车辆余值，并了解索偿人应负的责任，从而根据保单条款计算赔偿总额</td><td>L5</td></tr>
<tr><td>20－07－02</td><td>若索偿个案成立，须运用良好的谈判技巧，与索偿人、维修工场及保险公司等各方面进行有效沟通，达成各方面接受的赔偿方案</td><td>L5</td></tr>
<tr><td>20－07－03</td><td>掌握一般图像技巧，例如绘图及摄影，清晰记录图像或照片/短片，以辅助撰写汽车损毁评估报告</td><td>L5</td></tr>
<tr><td>20－07－04</td><td>运用良好的文书技巧，综合各方面的信息，如官方意外记录、虚报疑点、专业评核报告、照片及意外发生经过、时间、地点、环境、涉及人物、车辆细节等，根据相关保险公司或客户的要求，清晰地撰写客观的索偿个案报告</td><td>L5</td></tr>
<tr><td>20－07－05</td><td>在整个索偿个案中进行索偿人、汽车维修商及保险公司各方的协调</td><td>L5</td></tr>
</table>

续上表

工作项目/职业素养		工作任务/职业素养分类		职业能力（技能、工具、方法、要求、知识）		学习水平 高职 Lj
20	车险内勤（保险公司）	20－08	进行汽车损毁保险索偿的专业处理	20－08－01	排除索偿人、保险公司、车辆维修从业员及相关行政人员的压力与关系，不偏不倚地做出公平、公正、诚实、客观及独立的评估及决定	L5
				20－08－02	坚守高尚的道德操守，维护中立的专业形象	L5
				20－08－03	确保索偿人及保险公司的法定权益得以保障	L5
		20－09	保险估价及索偿的基本知识	20－09－01	明白我国相关法例条文对交通意外及道路使用等相关事项的知识	L5
				20－09－02	了解我国汽车保险的种类，对不同车种的要求事项，不同保险的索偿程序及要求	L5
				20－09－03	了解汽车交通意外时的处理程序，包括意外涉及伤亡与不涉及伤亡的处理	L5
				20－09－04	了解汽车保险的申报、估价、追讨及索偿等，以及有关的程序与所需文件	L5
				20－09－05	了解机构内各部门的分工及工作流程，协调各部门的工作安排	L5
				20－09－06	了解维修估价、成本及利润的计算	L5
21	车辆定损（保险公司）	21－01	获得事故车辆现场信息	21－01－01	事故现场拍照取证	L3
				21－01－02	询问投保人事故经过	L3
				21－01－03	能够从交警部门获得事故证明和责任认定信息	L3
		21－02	初步评估损伤	21－02－01	掌握汽车构造（底盘、发动机、电器）与维修知识	L3
				21－02－02	熟悉汽车钣喷知识	L3
				21－02－03	熟悉保险条款	L3
				21－02－04	熟悉交通法规	L3
				21－02－05	懂得查勘事故碰撞痕迹	L3
				21－02－06	能够快速出具估损报价	L3
				21－02－07	引导客户提供各项证明材料	L3

续上表

工作项目/职业素养		工作任务/职业素养分类		职业能力（技能、工具、方法、要求、知识）		学习水平 高职 Lj
21	车辆定损（保险公司）	21－02	初步评估损伤	21－02－08	完成现场查勘和检验工作	L3
				21－02－09	要求客户提供有关单证	L3
				21－02－10	事故车辆的损伤评定	L3
				21－02－11	结合实际预计完工时间	L3
		21－03	保险责任划分	21－03－01	使用道路交通法规和条例	L3
				21－03－02	使用保险法律和合同条款	L3
				21－03－03	调查取证（车、证、人、路、货、行人）	L3
		21－04	定配件价格	21－04－01	熟悉汽车配件类型	L4
				21－04－02	熟悉汽车配件流通成本	L4
				21－04－03	理解配件结构图	L4
				21－04－04	清楚汽车配件询问报价和供货渠道	L4
		21－05	赔付情况跟踪	21－05－01	懂得赔付查询方法	L4
				21－05－02	及时告知客户赔付进度	L4
				21－05－03	及时了解客户赔付到账情况	L4
22	现场处理（保险公司）	22－01	接受调度	22－01－01	使用移动查勘设备，完成系统操作	L2
				22－01－02	使用查勘汽车，快速、安全到达现场	L2
				22－01－03	知道所需查勘工具及保险单证	L2
		22－02	协助客户现场施救	22－02－01	使用查勘工具，完成现场安全防护	L3
				22－02－02	按时到达勘察现场（一般20～25分钟）	L3
				22－02－03	使用标准话术	L3
				22－02－04	了解汽车安全驾驶知识	L3
				22－02－05	掌握施救（车、人）方法，及时联系第三方救援	L3
		22－03	查明事故情况	22－03－01	注意采集信息，核对并判断痕迹情况（碰撞情况）	L3
				22－03－02	避免道德风险和重复索赔	L3
				22－03－03	使用标准话术	L3
				22－03－04	知道“问、闻、看、思、摄”的取证方法，完成取证	L3

续上表

工作项目/职业素养		工作任务/职业素养分类		职业能力（技能、工具、方法、要求、知识）		学习水平 高职 Lj
22	现场处理（保险公司）	22－04	现场拍照	22－04－01	使用数码相机拍摄事故现场	L3
				22－04－02	掌握由表及里、由前再往后的摄影方法	L3
		22－05	初步判定保险责任	22－05－01	使用交通法规条例	L3
				22－05－02	使用保险法及条款	L3
				22－05－03	区分新旧痕迹及损伤	L3
				22－05－04	了解出险车辆的承保、报案情况	L3
		22－06	缮制现场查勘报告	22－06－01	概述并填写事故经过及责任认定	L4
				22－06－02	清晰书写报告（现场查勘意见）	L4
				22－06－03	绘制现场草图（碰撞情况）	L4
		22－07	现场估损	22－07－01	掌握汽车配件、知识	L4
				22－07－02	掌握汽车构造和原理	L4
				22－07－03	掌握维修工艺和费用成本	L4
				22－07－04	缮制损失确认书	L4
		22－08	告知客户后续理赔流程	22－08－01	理会保险理赔流程知识	L4
				22－08－02	熟悉维修接待流程	L4
				22－08－03	使用标准话术，完成理赔资源调派	L4
23	培训与监督（保险公司）	23－01	建立技术培训等级	23－01－01	根据实际工作岗位的技术需要，制订完善的保险公司培训等级制度	L5
				23－01－02	合理安排员工不同等级培训的标准工作	L5
		23－02	制定等级培训考核方法和标准	23－02－01	实施技术培训工作，定期举行不同等级的技术培训工作	L5
				23－02－02	集中突发案例的培训	L5
				23－02－03	业务的定期交流工作	L5
		23－03	车险理赔流程管理	23－03－01	开展车险理赔流程管理的工作	L5
				23－03－02	开展对分支机构理赔系统的应用督导	L5
				23－03－03	通过理赔系统的完善为流程管理提供科学依据	L5

续上表

工作项目/职业素养		工作任务/职业素养分类		职业能力（技能、工具、方法、要求、知识）		学习水平 高职 Lj
23	培训与监督（保险公司）	23－04	车险理赔业务监督	23－04－01	开展车险理赔质量监控和信息反馈的管理工作	L5
				23－04－02	建立完善理赔系统的统计分析功能	L5
				23－04－03	与相关部门合作建立信息共享机制	L5
		23－05	供应商质量监控管理系统	23－05－01	参与车险理赔供应商实行分级分类及收费标准管理	L5
				23－05－02	建立供应商质量监控管理系统，保障理赔质量	L5
		23－06	建立供应商质量评估和考核招标体系	23－06－01	参与建立理赔、防灾技术供应商质量评估和考核招标体系	L5
				23－06－02	制订对供应商的招标和考核计划，审核招标书和考核标准，落实定期考核招标事项	L5
24	车险服务人员（4S店车险专员	24－01	了解保单条款	24－01－01	了解汽车保单条款中各项细节，例如投保车辆的细节、投保日期范围、投保事项范围驾驶者/投保人/车主等	L2
				24－01－02	掌握汽车保单条款内容，能判断其有效性、投保范围及各方责任与权利等	L2
				24－01－03	了解常见的相关文件，如车辆登记文件、保单、警方记录等，熟悉的程度须能辨别其真伪	L2
				24－01－04	熟悉道路安全条例，以掌握道路使用者应有的责任与权利	L2
		24－02	核实索偿个案	24－02－01	运用良好的沟通技巧，能与索偿人或相关证人会面，查阅警方或医院记录等，在不同的场地中搜集相关信息，了解意外发生的时间、地点、环境、事发经过、人物、意外性质及成因等，并对事件做出初步分析，借此排除虚报	L3
				24－02－02	在存放损毁车辆的现场，根据相关文件，如车辆登记文件等，核对车辆实物，核实涉案车辆确为投保车辆	L3

续上表

<table>
<tr><th rowspan="2" colspan="2">工作项目/职业素养</th><th rowspan="2" colspan="2">工作任务/职业素养分类</th><th rowspan="2" colspan="2">职业能力
（技能、工具、方法、要求、知识）</th><th>学习水平</th></tr>
<tr><th>高职
Lj</th></tr>
<tr><td rowspan="12">24</td><td rowspan="12">车险服务人员（4S店车险专员）</td><td rowspan="2">24－02</td><td rowspan="2">核实索偿个案</td><td>24－02－03</td><td>在存放损毁车辆的现场，根据客观证据，如官方记录等，核实事故的发生时间、地点及涉案车辆，纳入投保范围内</td><td>L3</td></tr>
<tr><td>24－02－04</td><td>就确立的理据，核对保单的条款细则，并核实索偿人的索偿须属于相关保单之保障范围之内</td><td>L3</td></tr>
<tr><td rowspan="3">24－03</td><td rowspan="3">核实索偿个案的专业处理</td><td>24－03－01</td><td>排除索偿人、保险公司、车辆维修从业员及相关行政人员的压力与关系，不偏不倚地做出公平、公正、诚实、客观及独立的评估及决定</td><td>L3</td></tr>
<tr><td>24－03－02</td><td>坚守高尚的道德操守，维护独立的专业形象</td><td>L3</td></tr>
<tr><td>24－03－03</td><td>保障索偿人及保险公司的法定权益</td><td>L3</td></tr>
<tr><td rowspan="5">24－04</td><td rowspan="5">综合信息加以分析及撰写报告</td><td>24－04－01</td><td>掌握旧车市价、翻新零部件价格及车辆维修总额等多方面价格信息，评估受损车辆余值，并了解索偿人应负的责任，从而根据保单条款计算赔偿总额</td><td>L4</td></tr>
<tr><td>24－04－02</td><td>若索偿个案成立，须运用良好的谈判技巧，与索偿人、维修工场及保险公司等各方面进行有效沟通，达成各方面接受的赔偿方案</td><td>L4</td></tr>
<tr><td>24－04－03</td><td>掌握一般图像技巧，例如绘图及摄影，清晰记录图像或照片/短片，以辅助撰写汽车损毁评估报告</td><td>L4</td></tr>
<tr><td>24－04－04</td><td>运用良好的文书技巧，综合各方面的信息，如官方意外记录、虚报疑点、专业评核报告、照片及意外发生经过、时间、地点、环境、涉及人物、车辆细节等，根据相关保险公司或客户的要求，清晰地撰写客观的索偿个案报告</td><td>L4</td></tr>
<tr><td>24－04－05</td><td>在整个索偿个案中进行索偿人、汽车维修商及保险公司各方的协调</td><td>L4</td></tr>
</table>

续上表

<table>
<tr><th rowspan="2" colspan="2">工作项目/职业素养</th><th rowspan="2" colspan="2">工作任务/职业素养分类</th><th rowspan="2" colspan="2">职业能力（技能、工具、方法、要求、知识）</th><th>学习水平</th></tr>
<tr><th>高职 Lj</th></tr>
<tr><td rowspan="17">24</td><td rowspan="17">车险服务人员（4S店车险专员）</td><td rowspan="3">24－05</td><td rowspan="3">进行汽车损毁保险索偿的专业处理</td><td>24－05－01</td><td>排除索偿人、保险公司、车辆维修从业员及相关行政人员的压力与关系，不偏不倚地做出公平、公正、诚实、客观及独立的评估及决定</td><td>L4</td></tr>
<tr><td>24－05－02</td><td>坚守高尚的道德操守，维护中立的专业形象</td><td>L4</td></tr>
<tr><td>24－05－03</td><td>确保索偿人及保险公司的法定权益得以保障</td><td>L4</td></tr>
<tr><td rowspan="2">24－06</td><td rowspan="2">建立技术培训等级</td><td>24－06－01</td><td>根据实际工作岗位的技术需要，指定完善的保险公司培训等级制度</td><td>L4</td></tr>
<tr><td>24－06－02</td><td>合理安排员工不同等级培训的标准工作</td><td>L4</td></tr>
<tr><td rowspan="3">24－07</td><td rowspan="3">制定等级培训考核方法和标准</td><td>24－07－01</td><td>实施技术培训工作，定期举行不同等级的技术培训工作</td><td>L4</td></tr>
<tr><td>24－07－02</td><td>集中突发案例的培训</td><td>L4</td></tr>
<tr><td>24－07－03</td><td>业务的定期交流工作</td><td>L4</td></tr>
<tr><td rowspan="3">24－08</td><td rowspan="3">车险理赔流程管理</td><td>24－08－01</td><td>开展车险理赔流程管理的工作</td><td>L4</td></tr>
<tr><td>24－08－02</td><td>开展对分支机构理赔系统的应用督导</td><td>L4</td></tr>
<tr><td>24－08－03</td><td>通过理赔系统的完善为流程管理提供科学依据</td><td>L4</td></tr>
<tr><td rowspan="3">24－09</td><td rowspan="3">车险理赔业务监督</td><td>24－09－01</td><td>开展车险理赔质量监控和信息反馈的管理工作</td><td>L4</td></tr>
<tr><td>24－09－02</td><td>建立完善理赔系统的统计分析功能</td><td>L4</td></tr>
<tr><td>24－09－03</td><td>与相关部门合作建立信息共享机制</td><td>L4</td></tr>
<tr><td rowspan="3">24－10</td><td rowspan="3">维修顾问提供保险估价/索偿服务</td><td>24－10－01</td><td>接待顾客，提供有关汽车保险索偿/维修申报程序等的顾问服务及建议</td><td>L4</td></tr>
<tr><td>24－10－02</td><td>为顾客做出初步交通意外事故评估，根据不同环境及程况做出客观分析/评估，并提供适当意见/安排</td><td>L4</td></tr>
<tr><td>24－10－03</td><td>为顾客提供交通意外事故后的处理程序</td><td>L4</td></tr>
</table>

续上表

工作项目/职业素养		工作任务/职业素养分类		职业能力（技能、工具、方法、要求、知识）		学习水平 高职 Lj
24	车险服务人员（4S店车险专员）	24－10	维修顾问提供保险估价/索偿服务	24－10－04	为顾客分析如何/是否需就事故的发生交予交警处理（报警），及如何知会有关的保险机构并做出申报	L4
				24－10－05	为顾客交通意外事故有关车辆做出详细维修估价、计算所需时间及所有支出并做出详细报告及费用	L4
				24－10－06	取得顾客授权后，与有关的保险机构联络并安排公正机构做出公正评估，就公正评估与保险机构商讨有关维修估价及收费等问题	L4
				24－10－07	掌握各部门的零件供应及维修进度，协调各部门的工作安排，掌握准确数据并与顾客保持联络，进行适当汇报及跟进	L4
				24－10－08	当机构内未能提供所需零件/产品时，寻找、联络及安排其他产品/服务提供者，提供产品/服务，协调各方安排及进度，并计算所需成本、利润及收费	L4
		24－11	确定维修项目及价格	24－11－01	熟悉零件分布图、名称、价格	L5
				24－11－02	具备询价报价能力，熟悉车间维修项目、工时、费用等	L5
				24－11－03	掌握碰撞原理、力学知识	L5
				24－11－04	掌握维修工艺、流程	L5
				24－11－05	熟悉车辆品牌、型号	L5
				24－11－06	能够与车间沟通	L5
				24－11－07	指导顾客填列有关索赔单证	L5
				24－11－08	撰写碰撞损伤评估报告	L5
				24－11－09	合理安排维修时间	L5
		24－12	与保险公司（车行）进行修复验车及旧件回收	24－12－01	能够使用检验工具	L5
				24－12－02	熟悉检验项目	L5
				24－12－03	熟悉质量检验	L5
				24－12－04	合理回收旧件，正确摆放旧件	L5

续上表

工作项目/职业素养		工作任务/职业素养分类		职业能力（技能、工具、方法、要求、知识）		学习水平 高职 Lj
25	6S管理	25－01	整理	25－01－01	明白汽车维修工具和设备的用途	L1
				25－01－02	明白汽车维修工具和设备使用注意事项	L1
				25－01－03	明白汽车维修专用工具和设备的工作原理	L1
				25－01－04	按要求摆放工具	L1
				25－01－05	按要求摆放配件	L1
				25－01－06	按要求摆放拆装件	L1
		25－02	整顿	25－02－01	每天整理工具、配件、拆装件及清理旧件	L2
				25－02－02	按规范每天检查工具、配件、拆装件及清理旧件	L2
				25－02－03	保管及展示汽车维修专用工具和设备的定期检验/校正文件	L2
				25－02－04	按照汽车故障诊断仪器名称、作用分类	L2
				25－02－05	熟悉各种汽车维修工场不同区域的设备（如照明、通风、排水装置、空调等），以及废物处理方法等	L2
				25－02－06	落实岗位有关环保作业，判断环保作业是否符合程序或优于法规要求	L2
				25－02－07	应用防污设备的相关保养	L2
				25－02－08	掌握汽车维修工场基本设备的运作，如发现运作不正常，实时向上级汇报	L2
				25－02－09	明白岗位的工序所涉及的环保条例，避免抵触环保法规，及时反映问题	L2
				25－02－10	按指导及既定的程序方法及环保要求，安全地进行汽车维修工场的保养工序	L2
				25－02－11	了解化学用品的处理方法（化学用品的种类及特性，存放、提取、处理各种常见的化学用品）	L2
				25－02－12	定期为汽车检测专用仪器和设备进行保养工作，包括检查和清理、校正和测定、添加物料和更换耗材等	L2

续上表

工作项目/职业素养		工作任务/职业素养分类		职业能力（技能、工具、方法、要求、知识）		学习水平 高职 Lj
25	6S管理	25－02	整顿	25－02－13	保养检测专用仪器和设备，例如汽油引擎废气分析仪、柴油引擎烟度计、底盘测功仪、引擎测功仪、引擎分析仪、手提检测仪、制动测试仪、车轮定位仪、车轮平衡仪、大灯定位仪、制冷剂回收及加注仪、液化气探测设备、其他汽车检测专用仪器和设备、介子机、焊机等的定期保养、检测	L2
				25－02－14	安排维修汽车维修工具和设备	L2
		25－03	清洁	25－03－01	清洁工具、工具箱、举升机、工作服、工作台、零件盛物	L1
				25－03－02	监督清洁工具、工具箱、举升机、工作服、工作台、零件盛物	L1
		25－04	清扫	25－04－01	清扫地面、“三不落地”（工具、零件、油水）	L1
				25－04－02	监督清扫地面、“三不落地”（工具、零件、油水）	L1
		25－05	安全	25－05－01	注意生产安全	L2
				25－05－02	注意人身安全（废气排放、车辆行驶）	L2
				25－05－03	注意车辆安全（避免刮花）	L2
				25－05－04	注意设备使用安全（举升机使用安全）	L2
				25－05－05	注意消防安全、用电安全、行车安全（车辆）	L2
		25－06	素养	25－06－01	遵守公司的规章制度	L2
				25－06－02	洁身自爱	L2
				25－06－03	按标准着装	L2

续上表

工作项目/职业素养		工作任务/职业素养分类		职业能力（技能、工具、方法、要求、知识）		学习水平 高职 Lj
26	PDI	26－01	发动机舱（冷机时）	26－01－01	懂得汽车的结构和部件功能及检查方法，会进行 PDI 检查	L2
				26－01－02	检查发动机盖锁扣和铰链	L2
				26－01－03	检查蓄电池接线柱有无松动、被腐蚀	L2
				26－01－04	蓄电池电压的检测	L2
				26－01－05	检查冷却液液面（min-max）	L2
				26－01－06	检查清洗液液面（min-max）	L2
				26－01－07	检查发动机机油液面（low-high）	L2
				26－01－08	驱动附件的保养	L2
				26－01－09	检查制动液液面（min-max）	L2
				26－01－10	检查液压离合器液液面（如有配置）（min-max）	L2
				26－01－11	检查发动机附件	L2
				26－01－12	检查助力转向液位（如有配置）	L2
				26－01－13	检查转动皮带的松紧状况（助力转向、发电机、压缩机）	L2
				26－01－14	检查发动机舱主线束的固定装配	L2
		26－02	起动发动机并预热	26－02－01	蓄电池和起动机的工作及各警告灯显示情况	L2
				26－02－02	检查怠速状态（有无异响）	L2
				26－02－03	检查各种灯光（包括仪表、警告灯类）的开关和喇叭	L2
				26－02－04	检查风挡雨刮及清洗开关	L2
				26－02－05	检查后雨刮及清洗开关（如有配置）	L2
				26－02－06	暖风和空调功能的确认	L2
				26－02－07	检查后窗除雾器与指示灯	L2
				26－02－08	音响功能的确认	L2
				26－02－09	时钟的设定	L2

续上表

工作项目/职业素养		工作任务/职业素养分类		职业能力（技能、工具、方法、要求、知识）		学习水平 高职 Lj
26	PDI	26－02	起动发动机并预热	26－02－10	语音电子导航系统（NAVI）功能的确认（如有配置）	L2
				26－02－11	倒车影像的功能确认（如有配置）	L2
				26－02－12	检查烟灰缸、点烟器	L2
				26－02－13	检查电动后视镜的功能	L2
				26－02－14	检查电动装置的动作（座椅、车窗、天窗）	L2
				26－02－15	检查左前安全带、头枕的操作	L2
				26－02－16	检查门胶条、内饰有无脏迹、损伤	L2
		26－03	汽车底部的检查	26－03－01	检查发动机、变速箱、转向系统、冷却系统、制动器与燃油管路是否有泄漏或破损	L2
				26－03－02	检查排气管、消声器是否生锈、有污渍	L2
				26－03－03	检查减振器是否漏油	L2
				26－03－04	检查传动轴防尘套是否漏油和破裂	L2
				26－03－05	检查悬架的固定与螺栓	L2
		26－04	车身外观的检查	26－04－01	检查车身号、发动机号、铭牌是否和合格证相符	L2
				26－04－02	检查车身、油漆有无损伤	L2
				26－04－03	检查遥控装置的功能	L2
				26－04－04	检查车窗玻璃有无划伤或破裂	L2
				26－04－05	检查轮胎气压（前轮：220 kPa，后轮：200 kPa）	L2
				26－04－06	检查车轮螺栓的紧固情况（98～118 N·m）	L2
		26－05	车辆内饰检查	26－05－01	检查遮阳板	L2
				26－05－02	检查阅读灯	L2
				26－05－03	检查室内灯	L2
				26－05－04	检查左前、左后安全带操作状态	L2

续上表

工作项目/职业素养		工作任务/职业素养分类		职业能力（技能、工具、方法、要求、知识）		学习水平 高职 Lj
26	PDI	26－05	车辆内饰检查	26－05－05	检查左前、左后车门的开关、锁止功能	L2
				26－05－06	检查后部扶手	L2
				26－05－07	检查后部扶手控制面板功能（如有配置）	L2
				26－05－08	检查门胶条、内饰有无脏迹、损伤	L2
				26－05－09	检查行李箱盖（后门）、油箱盖开启、锁定功能	L2
				26－05－10	检查行李箱照明灯	L2
				26－05－11	检查随车物品是否齐全	L2
				26－05－12	检查备胎气压（300 kPa）	L2
				26－05－13	检查右后安全带操作状态	L2
				26－05－14	检查右后车门的开关、锁止功能	L2
				26－05－15	检查内饰有无脏迹、损伤	L2
				26－05－16	检查右前安全带、头枕操作状态	L2
				26－05－17	检查右前车门的开关、锁止功能	L2
				26－05－18	检查座椅的状态（滑动、靠背调整）	L2
				26－05－19	检查手套箱状态检查	L2
				26－05－20	检查右前胶条、内饰有无脏迹、损伤	L2
		26－06	行驶试验	26－06－01	检查从内部、悬架及制动器发出的噪音	L2
				26－06－02	检查制动器及手刹	L2
				26－06－03	检查方向盘自动回正	L2
				26－06－04	检查离合器踏板的自由行程及效果确认	L2
				26－06－05	检查挡位变换（升挡、降挡）	L2
		26－07	最终准备	26－07－01	清洗车辆内外部	L2
				26－07－02	检查车内包括行李箱是否有水漏入	L2

续上表

工作项目/职业素养		工作任务/职业素养分类		职业能力（技能、工具、方法、要求、知识）		学习水平 高职 Lj
26	PDI	26－08	展示车、长期库存车	26－08－01	检查车身表面划伤、磨伤	L2
				26－08－02	检查车里虫害、铁粉存在	L2
				26－08－03	检查车身凹陷	L2
				26－08－04	检查有无各橡胶件类的风化、老化	L2
				26－08－05	检查车身色泽有无模糊、烧蚀	L2
27	快速保养	27－01	室内检查	27－01－01	将车辆移动到规定位置，拉起手刹	L2
				27－01－02	灯光、方向指示灯的检查（发动机点火开关在 ON 位置时）	L2
				27－01－03	清洗液装置的检查	L2
				27－01－04	雨刮的检查，雨刮片状况的检查	L2
				27－01－05	变速箱换挡杆及指示灯的检查	L2
				27－01－06	除霜器、空调的检查	L2
				27－01－07	仪表、表类的检查（发动机 ON→启动）	L2
				27－01－08	门后视镜的检查	L2
				27－01－09	电动窗的检查（窗户全开）	L2
				27－01－10	中控门锁的检查	L2
				27－01－11	天窗的检查	L2
				27－01－12	室内灯的检查	L2
				27－01－13	方向盘的检查	L2
				27－01－14	报警器的检查	L2
				27－01－15	制动器踏板的检查	L2
				27－01－16	真空泵的检查（发动机 ON→停止）	L2
				27－01－17	加油踏板的检查	L2
				27－01－18	驻车制动器的检查	L2
				27－01－19	左前座椅安全带的检查	L2
				27－01－20	右前作业安全带的检查	L2
				27－01－21	转向锁的解除、驻车制动器的解除	L2

续上表

工作项目/职业素养		工作任务/职业素养分类		职业能力（技能、工具、方法、要求、知识）		学习水平 高职 Lj
27	快速保养	27－02	外围的检查	27－02－01	打开机舱盖锁、打开行李箱锁、打开加油孔盖锁	L2
				27－02－02	放置左前举升机臂	L2
				27－02－03	左前门的检查	L2
				27－02－04	左门后视镜的检查	L2
				27－02－05	左前挡风玻璃的检查	L2
				27－02－06	左前雨刮片的检查	L2
				27－02－07	左灯透镜的检查（前大灯、方向指示器）	L2
				27－02－08	机舱盖的检查（关闭机舱盖）	L2
				27－02－09	右灯透镜的检查	L2
				27－02－10	右前玻璃的检查	L2
				27－02－11	右前雨刮片的检查	L2
				27－02－12	放置右前举升机臂	L2
				27－02－13	右门后视镜的检查	L2
				27－02－14	右前门的检查	L2
				27－02－15	放置左后举升机臂	L2
				27－02－16	右后门的检查	L2
				27－02－17	右后座椅安全带的检查	L2
				27－02－18	加油孔盖的检查	L2
				27－02－19	右后挡风玻璃的检查	L2
				27－02－20	右后灯透镜的检查	L2
				27－02－21	行李箱的检查	L2
				27－02－22	左后灯透镜的检查	L2
				27－02－23	左后挡风玻璃的检查	L2
				27－02－24	放置左后举升机臂	L2
				27－02－25	左后门的检查	L2
				27－02－26	左后座椅安全带的检查	L2

续上表

工作项目/职业素养		工作任务/职业素养分类		职业能力（技能、工具、方法、要求、知识）		学习水平 高职 Lj
27	快速保养	27－03	发动机机舱的检查（1）	27－03－01	打开机舱盖锁	L2
				27－03－02	安装翼子板护板	L2
				27－03－03	发动机缸盖周围的检查	L2
				27－03－04	蓄电池端子的检查	L2
				27－03－05	蓄电池状况的检查	L2
				27－03－06	减震器塔的检查	L2
				27－03－07	主泵和制动器配管的检查	L2
				27－03－08	电气配线的检查	L2
				27－03－09	清洗液的检查	L2
				27－03－10	皮带的检查	L2
				27－03－11	散热器、水泵的检查	L2
				27－03－12	水箱的检查	L2
				27－03－13	冷却水的检查	L2
				27－03－14	散热器盖的检查	L2
				27－03－15	空气过滤器的检查	L2
				27－03－16	拆下发动机油盖	L2
				27－03－17	升起升降机	L2
				27－03－18	将升降机上升到中段（70～100 cm）	L2
		27－04	车轮周围的检查（1）（前端）	27－04－01	检查轮胎气压	L2
				27－04－02	转向、轮轴承、制动器的检查	L2
				27－04－03	轮胎外侧和碟刹外侧的检查	L2
				27－04－04	轮胎的检查	L2
				27－04－05	制动器软管的检查	L2
				27－04－06	拆卸轮胎	L2
				27－04－07	碟刹内侧和轮胎内侧的检查	L2
				27－04－08	线圈弹簧的检查	L2

续上表

工作项目/职业素养		工作任务/职业素养分类		职业能力（技能、工具、方法、要求、知识）		学习水平 高职 Lj
27	快速保养	27－04	车轮周围的检查（1）（前端）	27－04－09	减震器的检查	L2
				27－04－10	转向节固定螺栓的检查	L2
				27－04－11	制动器软管和硬管的检查	L2
				27－04－12	碟刹卡钳的检查	L2
				27－04－13	刹车片的清理检查	L2
				27－04－14	刹车盘的清理检查	L2
				27－04－15	安装轮胎	L2
		27－05	车轮周围的检查（1）（后端）	27－05－01	测量轮胎气压	L2
				27－05－02	轮轴承、制动器的检查	L2
				27－05－03	轮胎表面和碟刹表面的检查	L2
				27－05－04	轮胎的检查	L2
				27－05－05	拆卸轮胎	L2
				27－05－06	刹车内侧和轮胎内侧的检查	L2
				27－05－07	线圈弹簧的检查	L2
				27－05－08	减震器的检查	L2
				27－05－09	制动器软管和硬管的检查	L2
				27－05－10	拆卸制动鼓（鼓式）	L2
				27－05－11	制动鼓的清理检查（鼓式）	L2
				27－05－12	制动蹄的清理检查（鼓式）	L2
				27－05－13	车轮驱动汽缸的检查（鼓式）	L2
				27－05－14	安装制动鼓（鼓式）	L2
				27－05－15	碟刹卡钳的检查（碟式）	L2
				27－05－16	刹车片的检查（碟式）	L2
				27－05－17	刹车盘的检查（碟式）	L2
				27－05－18	安装轮胎（碟式）	L2

续上表

工作项目/职业素养		工作任务/职业素养分类		职业能力（技能、工具、方法、要求、知识）		学习水平 高职 Lj
27	快速保养	27－06	车身底部的检查	27－06－01	推进废油收集机	L2
				27－06－02	排放发动机油（拆卸油底壳螺栓）	L2
				27－06－03	拆卸机油过滤器	L2
				27－06－04	散热器的检查	L2
				27－06－05	发动机、变速箱的检查	L2
				27－06－06	皮带的检查	L2
				27－06－07	侧杆、转臂、球头的检查	L2
				27－06－08	驱动轴的检查	L2
				27－06－09	前悬架的检查	L2
				27－06－10	横拉杆的检查	L2
				27－06－11	机油过滤器的更换（安装面的清扫，以及在要更换的过滤器O形圈上涂抹新油）	L2
				27－06－12	更换油底壳螺栓的铜垫圈	L2
				27－06－13	安装油底壳螺栓，推出废油收集机	L2
				27－06－14	集中配管的检查	L2
				27－06－15	驻车制动电缆的检查	L2
				27－06－16	后悬架的检查	L2
				27－06－17	消音器、排气歧管、隔热板的检查	L2
				27－06－18	将升降机下降到下段	L2
				27－06－19	拉起驻车手刹	L2
				27－06－20	打开行李箱盖	L2
		27－07	车轮周围的检查（2）	27－07－01	左前轮胎加力矩	L2
				27－07－02	左前升降机转臂返回	L2
				27－07－03	左后轮胎加力矩	L2
				27－07－04	左后升降机转臂返回	L2

续上表

工作项目/职业素养		工作任务/职业素养分类		职业能力（技能、工具、方法、要求、知识）		学习水平 高职 Lj
27	快速保养	27－07	车轮周围的检查（2）	27－07－05	左前、左后门铰链涂润滑脂	L2
				27－07－06	备用轮胎检查	L2
				27－07－07	行李箱盖锁涂润滑脂	L2
				27－07－08	右后轮胎加力矩	L2
				27－07－09	右后升降机转臂返回	L2
				27－07－10	右前、右后门铰链涂润滑脂	L2
				27－07－11	右前轮胎加力矩	L2
				27－07－12	右前升降机转臂返回	L2
		27－08	发动机机舱的检查（2）	27－08－01	注入发动机油（关闭盖）	L2
				27－08－02	启动发动机	L2
				27－08－03	自动变速器 A/T 液的检查	L2
				27－08－04	燃油装置的检查	L2
				27－08－05	冷却装置的检查	L2
				27－08－06	停止发动机	L2
				27－08－07	发动机油量的检查	L2
				27－08－08	发动机机舱内最终确认	L2
				27－08－09	发动机机舱的清扫	L2
				27－08－10	发动机舱盖锁涂润滑脂	L2
				27－08－11	拆下翼子板护板	L2
				27－08－12	关闭机舱盖	L2
28	发动机故障诊断与维修	28－01	维修前准备	28－01－01	根据维修手册进行发动机维修	L2
				28－01－02	维修过程中避免随意断电	L2
				28－01－03	点火开关打开状态下不能随意测量电器类部件	L2
				28－01－04	使用高阻抗的万用表	L2
				28－01－05	要熟悉厂家发布的服务快讯	L2
				28－01－06	选择使用正确工具	L2

续上表

工作项目/职业素养		工作任务/职业素养分类		职业能力（技能、工具、方法、要求、知识）		学习水平 高职 Lj
28	发动机故障诊断与维修	28－01	维修前准备	28－01－07	能够看懂机械装配图	L2
				28－01－08	能够看懂各类机械结构原理	L2
				28－01－09	了解金属属性	L2
				28－01－10	知道机械公差配合关系	L2
				28－01－11	熟悉专业英文术语	L2
		28－02	发动机部件更换	28－02－01	了解发动机基本特性，懂得发动机部件的更换方法和注意事项，以及相关专用工具	L2
				28－02－02	熟悉发动机机械基础知识、基本理论	L2
				28－02－03	根据维修手册进行发动机拆装	L2
				28－02－04	更换发动机曲柄连杆机构部件	L2
				28－02－05	更换发动机配气机构部件	L2
				28－02－06	更换发动机点火系统部件	L2
				28－02－07	更换发动机燃料系统部件	L2
				28－02－08	更换发动机冷却系统部件	L2
				28－02－09	更换发动机润滑系统部件	L2
				28－02－10	更换发动机启动系统部件	L2
				28－02－11	更换发动机附件（起动机等）	L2
				28－02－12	更换发动机电控系统部件（传感器、ECU、执行器）	L2
		28－03	检修曲柄连杆机构	28－03－01	使用量具检测曲轴、飞轮	L3
				28－03－02	使用量具检测气缸体、缸盖及缸套	L3
				28－03－03	使用量具检测活塞、活塞环及活塞销	L3
				28－03－04	使用量具检测连杆	L3
		28－04	检修配气机构	28－04－01	使用量具检测凸轮轴	L3
				28－04－02	使用量具及专用工具检测、调整气门间隙	L3

续上表

工作项目/职业素养		工作任务/职业素养分类		职业能力（技能、工具、方法、要求、知识）		学习水平 高职 Lj
28	发动机故障诊断与维修	28－04	检修配气机构	28－04－03	使用专用工具检测正时皮带（正时链条、正时齿轮）	L3
				28－04－04	使用量具及专用工具检测气门组件	L3
				28－04－05	使用专用工具拆装可变正时机构	L3
		28－05	汽车燃油供给系统故障检修	28－05－01	明白汽车各类燃料系统（例如汽油、柴油和液化气等系统）的结构及工作原理	L3
				28－05－02	准确测试燃料系统，包括应用仪器设备执行测试	L3
				28－05－03	使用燃料系统诊断和测试仪器设备确认汽车各类燃料系统的故障点（根据车型维修手册操作）	L3
				28－05－04	使用专业工具修复故障	L3
				28－05－05	使用燃油压力表检测燃油压力	L3
				28－05－06	使用万用表检测燃油泵及燃油泵继电器	L3
				28－05－07	使用万用表检测空气流量计	L3
				28－05－08	使用万用表检测节气门位置传感器	L3
				28－05－09	使用量具及专用设备检测喷油嘴	L3
				28－05－10	使用量具及专用设备检测柴油发动机喷油嘴	L3
				28－05－11	修复后测试，确认修复故障，准确填写报告	L3
		28－06	汽车进、排气系统故障检修	28－06－01	检修汽车进、排气系统较复杂的故障（堵塞、三元催化异常、空燃比传感器异常）	L3
				28－06－02	应用专用仪器设备辅助进行测试，确认故障点	L3
				28－06－03	按程序修复排除故障	L3
				28－06－04	使用万用表检测废气再循环阀（EGR阀）	L3
				28－06－05	使用万用表检测曲轴箱通风阀（PCV阀）	L3

续上表

工作项目/职业素养		工作任务/职业素养分类		职业能力（技能、工具、方法、要求、知识）		学习水平 高职 Lj
28	发动机故障诊断与维修	28－06	汽车进、排气系统故障检修	28－06－06	使用仪器检测三元催化器	L3
				28－06－07	检查废气涡轮增压器	L3
				28－06－08	检查机械增压器	L3
		28－07	点火系统故障检修	28－07－01	点火系统诊断、修复方案（根据维修手册操作）	L3
				28－07－02	点火波形读取与判断	L3
				28－07－03	应用专用仪器设备辅助进行测试，确认故障点	L3
				28－07－04	使用万用表和诊断仪检测点火系统电路	L3
				28－07－05	使用诊断仪和万用表检测点火模块	L3
				28－07－06	使用量具检测火花塞	L3
		28－08	汽车冷却系统故障检修	28－08－01	明白汽车各类冷却系统及更换步骤	L3
				28－08－02	会使用冷却系统诊断和测试仪器设备	L3
				28－08－03	查找、排除汽车冷却系统的故障（根据维修手册操作）	L3
				28－08－04	选择更换冷却液	L3
				28－08－05	使用量具检测机油泵	L3
				28－08－06	使用量具检测机油压力、机油压力调节阀	L3
		28－09	润滑系统故障检修	28－09－01	判断不同润滑油性能	L3
				28－09－02	会使用润滑系统诊断和测试仪器设备	L3
				28－09－03	使用专用工具检测节温器	L3
				28－09－04	使用万用表检测继电器、电子扇、温控开关	L3
				28－09－05	使用量具检测水泵	L3
				28－09－06	查找、排除汽车润滑系统的诊断故障（根据维修手册操作）	L3

续上表

工作项目/职业素养		工作任务/职业素养分类		职业能力（技能、工具、方法、要求、知识）		学习水平 高职 Lj
28	发动机故障诊断与维修	28－10	汽车蓄电池、充电系统及起动系统检测	28－10－01	选用适当工具及仪器，准确检测及量度汽车充电/供电及起动系统，并依据不同数据分析及评估系统的故障问题	L3
				28－10－02	依据不同问题及故障进行检修，包括拆卸、更换、重装及调较有关系统组件及辅件等	L3
				28－10－03	处理及回收蓄电池	L3
				28－10－04	检修程序完成后，准确量度有关系统的效能，并做出适当评估及跟进	L3
				28－10－05	依据检查及量度所得的数据，排除系统故障，并评估蓄电池、充电系统、供电系统及起动系统效能是否符合制造商维修手册的要求，做出适当的处理	L3
		28－11	诊断曲柄连杆机构及配气机构故障	28－11－01	懂得曲柄连杆机构及配气机构原理及故障诊断方法	L3
				28－11－02	会运用专用工具和设备，诊断发动机异响故障	L3
				28－11－03	会运用专用工具和设备，诊断发动机起动困难故障	L3
				28－11－04	会运用专用工具和设备，诊断发动机怠速不稳故障	L3
				28－11－05	会运用专用工具和设备，诊断发动机机油消耗量过大、排放超标故障	L3
				28－11－06	会运用专用工具和设备，诊断发动机无法起动故障	L3
				28－11－07	会运用专用工具和设备，诊断发动机动力不足故障	L3
		28－12	诊断燃油、点火系统故障	28－12－01	懂得燃油、点火系统原理及故障诊断方法	L3
				28－12－02	会运用专用工具和设备，诊断燃油压力不足故障	L3
				28－12－03	会运用专用工具和设备，诊断发动机怠速不稳故障	L3
				28－12－04	会运用专用工具和设备，诊断发动机加速不良故障	L3

续上表

工作项目/职业素养		工作任务/职业素养分类		职业能力（技能、工具、方法、要求、知识）		学习水平 高职 Lj
28	发动机故障诊断与维修	28－12	诊断燃油、点火系统故障	28－12－05	会运用专用工具和设备，诊断发动机怠速过高故障	L3
				28－12－06	会运用专用工具和设备，诊断发动机无法起动故障	L3
				28－12－07	会运用专用工具和设备，诊断发动机易熄火故障	L3
		28－13	诊断进、排气系统故障	28－13－01	懂得进、排气系统原理及故障诊断方法	L3
				28－13－02	会运用专用工具和设备，诊断发动机动力不足故障	L3
				28－13－03	会运用专用工具和设备，诊断排放超标故障	L3
				28－13－04	会运用专用工具和设备，诊断发动机加速不良故障	L3
				28－13－05	会运用专用工具和设备，诊断发动机怠速不稳故障	L3
				28－13－06	会运用专用工具和设备，诊断增压系统故障	L3
		28－14	诊断冷却、润滑系统故障	28－14－01	懂得冷却、润滑系统原理及故障诊断方法	L3
				28－14－02	会运用专用工具和设备，诊断水温过高故障	L3
				28－14－03	会运用专用工具和设备，诊断冷却液消耗异常故障	L3
				28－14－04	会运用专用工具和设备，诊断机油压力过低或过高故障	L3
				28－14－05	会运用专用工具和设备，诊断机油指示灯异常故障	L3
		28－15	发动机电控系统检修	28－15－01	认识电路图（根据维修手册操作）	L4
				28－15－02	认识传感器及线路连接（根据维修手册操作）	L4
				28－15－03	按品牌维修流程维修（根据车型维修手册操作）	L4
				28－15－04	区分发动机系统波形、数据流	L4
				28－15－05	确认发动机系统故障点	L4
				28－15－06	使用品牌专用诊断仪确认发动机故障，诊断仪器检修电控系统故障	L4

续上表

工作项目/职业素养		工作任务/职业素养分类		职业能力（技能、工具、方法、要求、知识）		学习水平 高职 Lj
28	发动机故障诊断与维修	28－16	分析发动机系统故障	28－16－01	诊断分析发动机可变配气正时系统综合故障	L4
				28－16－02	诊断分析发动机辅助控制系统综合故障	L4
				28－16－03	诊断分析缸内直喷发动机综合故障	L4
				28－16－04	诊断分析发动机 ECU 故障	L4
				28－16－05	诊断分析电控柴油机燃油喷射系统综合故障	L4
				28－16－06	诊断分析发动机电控系统综合故障	L4
				28－16－07	诊断分析发动机机械系统综合故障	L4
		28－17	诊断发动机系统疑难故障	28－17－01	诊断分析发动机疑难故障	L5
				28－17－02	远程诊断分析发动机疑难故障	L5
29	底盘故障诊断与维修	29－01	底盘故障部件更换	29－01－01	熟悉底盘部件基本结构、原理、特性，懂得底盘部件的更换方法、步骤和注意事项	L2
				29－01－02	正确拆装并归类	L2
				29－01－03	正确更换行驶系统部件	L2
				29－01－04	正确更换传动系统部件	L2
				29－01－05	正确更换转向系统部件	L2
				29－01－06	正确更换制动系统部件	L2
				29－01－07	正确更换底盘电控系统部件	L2
		29－02	汽车制动系统诊断与维修	29－02－01	熟悉汽车各类制动系统（例如真空加力和电子控制防抱死等系统）的结构及工作原理	L3
				29－02－02	会使用制动系统测试、检修设备	L3
				29－02－03	懂得传动系统原理及故障诊断方法	L3
				29－02－04	会运用专用工具和设备，诊断离合器故障	L3

续上表

工作项目/职业素养		工作任务/职业素养分类		职业能力（技能、工具、方法、要求、知识）		学习水平 高职 Lj
29	底盘故障诊断与维修	29－02	汽车制动系统诊断与维修	29－02－05	会运用专用工具和设备，诊断手动变速器故障	L3
				29－02－06	诊断自动变速器故障	L3
				29－02－07	会运用专用工具和设备，诊断万向传动装置故障	L3
				29－02－08	会运用专用工具和设备，诊断驱动桥故障	L3
				29－02－09	测试、判断制动系统性能	L3
				29－02－10	按步骤检修、排除制动故障（根据维修手册操作）	L3
				29－02－11	使用工具、量具检修制动总泵	L3
				29－02－12	使用工具、量具检修制动分泵	L3
				29－02－13	使用诊断仪和万用表检测制动防抱死系统（ABS）制动压力调节器	L3
				29－02－14	使用工具、量具检修制动盘（鼓）、制动摩擦片	L3
				29－02－15	使用工具、量具检修驻车制动器	L3
		29－03	汽车转向系统诊断与维修	29－03－01	熟悉汽车转向系统（电、液动力转向系统）的结构及工作原理	L3
				29－03－02	会使用转向系统测试、检修设备	L3
				29－03－03	按步骤测试、检修转向系统（根据维修手册操作）	L3
				29－03－04	使用工具、量具检修转向器	L3
				29－03－05	使用工具、量具检修转向器助力泵	L3
				29－03－06	使用工具、量具检修转向系统传动件	L3
				29－03－07	懂得转向系统原理及故障诊断方法	L3
				29－03－08	会运用专用工具和设备，诊断机械转向系统故障	L3
				29－03－09	会运用专用工具和设备，诊断液压助力转向系统故障	L3
				29－03－10	会运用专用工具和设备，诊断电动助力转向系统故障	L3
				29－03－11	使用工具拆装方向盘及附件	L3

续上表

<table>
<tr><th colspan="2" rowspan="2">工作项目/
职业素养</th><th colspan="2" rowspan="2">工作任务/
职业素养分类</th><th colspan="2" rowspan="2">职业能力
（技能、工具、方法、要求、知识）</th><th>学习水平</th></tr>
<tr><th>高职
Lj</th></tr>
<tr><td rowspan="23">29</td><td rowspan="23">底盘故障诊断与维修</td><td rowspan="13">29－04</td><td rowspan="13">汽车行驶系统诊断与维修</td><td>29－04－01</td><td>熟悉汽车悬挂系统（主动、被动悬挂系统）的结构及工作原理</td><td>L3</td></tr>
<tr><td>29－04－02</td><td>会使用悬挂系统测试、检修设备</td><td>L3</td></tr>
<tr><td>29－04－03</td><td>按步骤测试、检修悬挂系统（根据维修手册操作）</td><td>L3</td></tr>
<tr><td>29－04－04</td><td>使用专用工具更换轮毂轴承</td><td>L3</td></tr>
<tr><td>29－04－05</td><td>使用四轮定位仪进行车轮定位</td><td>L3</td></tr>
<tr><td>29－04－06</td><td>使用工具、量具检修被动悬架</td><td>L3</td></tr>
<tr><td>29－04－07</td><td>使用动平衡机进行车轮动平衡</td><td>L3</td></tr>
<tr><td>29－04－08</td><td>懂得行驶系统原理及故障诊断方法</td><td>L3</td></tr>
<tr><td>29－04－09</td><td>会运用专用工具和设备，诊断车轮故障</td><td>L3</td></tr>
<tr><td>29－04－10</td><td>会运用专用工具和设备，诊断悬架故障</td><td>L3</td></tr>
<tr><td>29－04－11</td><td>会运用专用工具和设备，诊断行驶异响故障</td><td>L3</td></tr>
<tr><td>29－04－12</td><td>会运用专用工具和设备，诊断行驶跑偏故障</td><td>L3</td></tr>
<tr><td>29－04－13</td><td>使用拆胎机进行轮胎更换</td><td>L3</td></tr>
<tr><td rowspan="10">29－05</td><td rowspan="10">汽车传动系统检修</td><td>29－05－01</td><td>熟悉汽车传动系统（电、液传动系统）的结构及工作原理</td><td>L3</td></tr>
<tr><td>29－05－02</td><td>会使用传动系统测试、检修设备</td><td>L3</td></tr>
<tr><td>29－05－03</td><td>检修、安装离合器（间隙、摩擦片是否变形、摩擦片的厚度）</td><td>L3</td></tr>
<tr><td>29－05－04</td><td>检修手动变速器（根据维修手册操作）</td><td>L3</td></tr>
<tr><td>29－05－05</td><td>检修、调整自动变速器（迟滞、失速实验等）（根据维修手册操作）</td><td>L3</td></tr>
<tr><td>29－05－06</td><td>使用工具、量具检修离合器</td><td>L3</td></tr>
<tr><td>29－05－07</td><td>使用工具、量具检修手动变速器</td><td>L3</td></tr>
<tr><td>29－05－08</td><td>使用工具、量具检修自动变速器</td><td>L3</td></tr>
<tr><td>29－05－09</td><td>使用工具、量具检修驱动桥</td><td>L3</td></tr>
<tr><td>29－05－10</td><td>使用工具、量具检修万向传动装置</td><td>L3</td></tr>
</table>

续上表

工作项目/职业素养		工作任务/职业素养分类		职业能力（技能、工具、方法、要求、知识）		学习水平 高职 Lj
29	底盘故障诊断与维修	29－06	诊断制动系统故障	29－06－01	懂得制动系统原理及故障诊断方法	L3
				29－06－02	会运用专用工具和设备，诊断常规制动系统故障	L3
				29－06－03	会运用专用工具和设备，诊断制动防抱死系统（ABS）故障	L3
				29－06－04	会运用专用工具和设备，诊断制动防抱死辅助系统（BAS/EBD/ESP）故障	L3
		29－07	底盘电控系统检修	29－07－01	底盘区分波形、数据流	L3
				29－07－02	使用万用表检测底盘电控系统传感器及执行器	L3
				29－07－03	确认底盘系统故障点	L3
				29－07－04	使用诊断仪器检修底盘电控系统故障	L3
		29－08	分析底盘系统故障	29－08－01	诊断分析自动变速器综合故障	L4
				29－08－02	诊断分析电控悬架系统综合故障	L4
				29－08－03	诊断分析电控驱动防滑/牵引力控制系统（ASR/TRC）综合故障	L4
				29－08－04	诊断分析车身电子稳定系统（ESP/VSC/VSA/DSC）故障	L4
				29－08－05	诊断分析电子防滑差速系统（EDS/EDL）故障	L4
				29－08－06	诊断分析底盘机械系统综合故障	L4
				29－08－07	诊断分析电涡流缓速器或液力缓速器综合故障	L4
		29－09	诊断分析底盘系统疑难故障	29－09－01	诊断分析底盘系统疑难故障	L5
				29－09－02	远程诊断分析底盘系统疑难故障	L5
30	电气系统故障诊断与维修	30－01	电器元件更换	30－01－01	熟悉电器原件的组成、安装位置、工作基本原理	L2
				30－01－02	判断基本电器电路是否短路、断路	L2
				30－01－03	点火开关打开状态下不能随意测量电器类部件	L2
				30－01－04	使用高阻抗的万用表	L2

续上表

工作项目/职业素养		工作任务/职业素养分类		职业能力（技能、工具、方法、要求、知识）		学习水平 高职 Lj
30	电气系统故障诊断与维修	30－01	电器元件更换	30－01－05	更换灯光、照明系统部件	L2
				30－01－06	更换安全气囊、安全带等部件	L2
				30－01－07	更换空调系统部件	L2
				30－01－08	更换电源系统部件	L2
				30－01－09	更换启动系统电气部件	L2
				30－01－10	拆装信号及仪表系统（保险丝、继电器等）	L2
				30－01－11	拆装汽车娱乐系统	L2
				30－01－12	拆装倒车雷达、倒车影像等系统	L2
				30－01－13	拆装其他辅助电器系统（雨刮、门窗电机、喷水壶电机、电动后视镜、点烟器、喇叭等）	L2
		30－02	充电及起动系统检修	30－02－01	熟悉充电及起动系统结构及工作原理	L3
				30－02－02	使用工具、量具检修发电机	L3
				30－02－03	使用工具、量具检修起动机	L3
				30－02－04	使用工具、量具检修充电线路	L3
				30－02－05	使用工具、量具检修起动线路及继电器	L3
				30－02－06	使用万用表检修起动安全开关	L3
				30－02－07	使用万用表检修点火开关	L3
		30－03	照明、信号及仪表系统检修	30－03－01	熟悉汽车照明、信号及仪表系统结构及工作原理	L3
				30－03－02	使用万用表检修照明线路及元件	L3
				30－03－03	使用万用表检测信号线路及元件	L3
				30－03－04	使用万用表与诊断仪检测仪表	L3
				30－03－05	使用万用表检测仪表线路及元件	L3
		30－04	空调系统检修	30－04－01	熟悉汽车空调系统的结构及工作原理	L3
				30－04－02	使用工具、设备检修空调压缩机	L3

续上表

工作项目/职业素养		工作任务/职业素养分类		职业能力（技能、工具、方法、要求、知识）		学习水平 高职 Lj
30	电气系统故障诊断与维修	30－04	空调系统检修	30－04－03	使用空调压力表或冷媒回收加注机检修空调系统	L3
				30－04－04	使用万用表检修空调鼓风机线路及元件	L3
				30－04－05	使用工具拆装膨胀阀	L3
				30－04－06	使用工具检修蒸发器	L3
		30－05	辅助电器系统检修	30－05－01	熟悉汽车辅助电器系统结构及工作原理	L3
				30－05－02	使用万用表检修电动车窗电机	L3
				30－05－03	使用万用表检修门锁电机及开关	L3
				30－05－04	使用万用表检修电动后视镜开关	L3
				30－05－05	使用万用表检修雨刮电机及开关	L3
				30－05－06	使用工具拆装音响及元件	L3
				30－05－07	使用工具拆装电动天窗及元件	L3
				30－05－08	使用工具拆装电动座椅及元件	L3
				30－05－09	使用万用表检测发动机电控系统传感器及执行器	L3
		30－06	诊断充电及起动系统故障	30－06－01	懂得充电及起动系统原理及故障诊断方法	L3
				30－06－02	会运用专用工具和设备，诊断发电机故障	L3
				30－06－03	会运用专用工具和设备，诊断充电线路故障	L3
				30－06－04	会运用专用工具和设备，诊断起动机故障	L3
				30－06－05	会运用专用工具和设备，诊断起动线路及元件故障	L3
		30－07	诊断照明、信号及仪表系统故障	30－07－01	懂得照明、信号及仪表系统原理及故障诊断方法	L3
				30－07－02	会运用专用工具和设备，诊断照明系统元件故障	L3
				30－07－03	会运用专用工具和设备，诊断照明系统线路故障	L3

续上表

工作项目/职业素养		工作任务/职业素养分类		职业能力（技能、工具、方法、要求、知识）		学习水平 高职 Lj
30	电气系统故障诊断与维修	30－07	诊断照明、信号及仪表系统故障	30－07－04	会运用专用工具和设备，诊断信号系统元件故障	L3
				30－07－05	会运用专用工具和设备，诊断信号系统线路故障	L3
				30－07－06	会运用专用工具和设备，诊断仪表系统元件故障	L3
				30－07－07	会运用专用工具和设备，诊断仪表系统线路故障	L3
		30－08	诊断辅助电器系统故障	30－08－01	懂得辅助电器系统原理及故障诊断方法	L3
				30－08－02	会运用专用工具和设备，诊断音响系统故障	L3
				30－08－03	会运用专用工具和设备，诊断电动座椅系统故障	L3
				30－08－04	会运用专用工具和设备，诊断电动天窗系统故障	L3
				30－08－05	会运用专用工具和设备，诊断巡航系统故障	L3
				30－08－06	会运用专用工具和设备，诊断电动后视镜系统故障	L3
				30－08－07	会运用专用工具和设备，诊断中控门锁系统故障	L3
				30－08－08	会运用专用工具和设备，诊断雨刮系统故障	L3
				30－08－09	会运用专用工具和设备，诊断电动车窗系统故障	L3
				30－08－10	会运用专用工具和设备，诊断防盗系统故障	L3
				30－08－11	会运用专用工具和设备，诊断安全气囊系统故障	L3
		30－09	诊断空调系统故障	30－09－01	懂得空调系统原理及故障诊断方法	L3
				30－09－02	会运用专用工具和设备，诊断空调制冷循环系统故障	L3
				30－09－03	会运用专用工具和设备，诊断自动空调控制线路故障	L3

续上表

工作项目/职业素养		工作任务/职业素养分类		职业能力（技能、工具、方法、要求、知识）		学习水平 高职 Lj
30	电气系统故障诊断与维修	30－09	诊断空调系统故障	30－09－04	会运用专用工具和设备，诊断自动空调电控元器件故障	L3
				30－09－05	会运用专用工具和设备，诊断手动空调控制线路故障	L3
		30－10	分析电器系统故障	30－10－01	诊断分析信息显示系统综合故障	L4
				30－10－02	诊断分析防盗系统综合故障	L4
				30－10－03	诊断分析音响和视讯系统综合故障	L4
				30－10－04	诊断分析自动空调系统综合故障	L4
				30－10－05	诊断分析车载网络控制系统综合故障	L4
				30－10－06	诊断分析舒适系统综合故障	L4
				30－10－07	诊断分析全车线路综合故障	L4
				30－10－08	诊断分析车辆安全辅助系统综合故障	L4
		30－11	诊断分析电器系统疑难故障	30－11－01	诊断分析电器系统疑难故障	L5
				30－11－02	远程诊断分析电器系统疑难故障	L5
31	新能源汽车诊断与维修	31－01	清洁新能源汽车动力系统更换	31－01－01	懂得新能源汽车的基本原理和组成部分	L2
				31－01－02	拆装更换动力电池各连接线	L2
				31－01－03	更换（LPG/CNG 等的）气瓶等	L2
				31－01－04	检查驱动电机冷却系统及冷却液液面	L2
				31－01－05	使用专用工具及设备更换动力电池	L2
				31－01－06	使用专用工具及设备更换各插接件	L2
				31－01－07	使用专用工具及设备更换动力电池箱散热风扇	L2
				31－01－08	使用专用工具及设备更换气瓶各功能阀体	L2
				31－01－09	使用专用工具及设备更换燃料计量阀、混合器、调压器	L2
				31－01－10	使用专用工具及设备调整气瓶压力	L2

续上表

工作项目/职业素养		工作任务/职业素养分类		职业能力（技能、工具、方法、要求、知识）		学习水平 高职 Lj
31	新能源汽车诊断与维修	31－02	新能源汽车动力系统检测	31－02－01	熟悉新能源汽车动力系统的结构及工作原理	L3
				31－02－02	使用专用工具及设备检测动力电池	L3
				31－02－03	使用专用工具及设备检测插接件	L3
				31－02－04	使用专用工具及设备检测动力电池箱散热风扇	L3
				31－02－05	使用专用工具及设备检测气瓶各功能阀体	L3
				31－02－06	使用专用工具及设备检测燃料计量阀、混合器、调压器	L3
		31－03	新能源汽车动力系统维修	31－03－01	懂得新能源汽车动力系统原理及故障诊断方法	L3
				31－03－02	会运用专用工具和设备，诊断新能源汽车动力电池故障	L3
				31－03－03	会运用专用工具和设备，诊断纯电动车电池电压突降故障	L3
				31－03－04	会运用专用工具和设备，诊断混合动力车车辆行驶过程中动力切换冲击故障	L3
				31－03－05	排除新能源汽车动力电池故障	L3
				31－03－06	会运用专用工具和设备，排除纯电动车电池电压突降故障	L3
				31－03－07	会运用专用工具和设备，排除混合动力车车辆行驶过程中动力切换冲击故障	L4
		31－04	分析新能源汽车动力系统故障	31－04－01	诊断分析高压控制器综合故障	L4
				31－04－02	诊断分析新能源汽车续航能力明显下降综合故障	L4
				31－04－03	诊断分析新能源汽车的综合故障	L4
				31－04－04	诊断分析新能源汽车异响综合故障	L4
				31－04－05	诊断分析新能源汽车无高压综合故障	L4
		31－05	诊断分析新能源汽车动力系统疑难故障	31－05－01	诊断分析高压控制器疑难故障	L5
				31－05－02	诊断分析新能源汽车续航能力明显下降疑难故障	L5
				31－05－03	诊断分析新能源汽车综合性疑难故障	L5
				31－05－04	诊断分析新能源汽车异响的疑难故障	L5

续上表

工作项目/职业素养		工作任务/职业素养分类		职业能力（技能、工具、方法、要求、知识）		学习水平 高职 Lj
32	总成大修	32－01	发动机大修	32－01－01	懂得发动机大修原理及故障诊断方法，能够带领组员进行发动机大修	L3
				32－01－02	会运用专用工具和设备，拆分发动机	L3
				32－01－03	分解、清洁发动机部件	L3
				32－01－04	测量、检测各零件技术状态	L3
				32－01－05	确定更换的零件及数量	L3
				32－01－06	组装发动机	L3
				32－01－07	装车检验	L4
		32－02	底盘大修	32－02－01	懂得底盘总成大修原理及故障诊断方法，能够带领组员进行底盘大修	L3
				32－02－02	检查传动系统、行驶系统技术状况	L3
				32－02－03	根据客户反映情况（底盘异响），检查并判断是否大修	L3
				32－02－04	会使用底盘维修的一些专业工具，如拆装变速器专用工具等	L3
				32－02－05	检查制动系统、转向系统技术状况	L3
				32－02－06	若漏油则更换相关机件	L3
				32－02－07	若球头严重磨损则更换球头	L3
				32－02－08	更换底盘胶套	L3
				32－02－09	检测底盘部件各零件磨损状态	L3
				32－02－10	检测底盘部件零件变形程度	L3
				32－02－11	更换底盘部件相应部件	L3
				32－02－12	装车后测试底盘部件状态	L4
33	电话销售	33－01	电话接听	33－01－01	报出姓名及职务	L1
				33－01－02	主动询问客户需求，并解答客户疑问	L1
				33－01－03	主动邀约客户到店体验	L1
				33－01－04	收集客户相关信息（姓名、电话等）	L1

续上表

工作项目/职业素养		工作任务/职业素养分类		职业能力（技能、工具、方法、要求、知识）		学习水平 高职 Lj
33	电话销售	33－02	电话回访	33－02－01	询问购车相关问题	L2
				33－02－02	提醒客户购车需要携带的证件	L2
				33－02－03	询问客户是否需要其他帮助	L2
34	接待	34－01	接待流程	34－01－01	知道招呼客户的程序和标准（客户进店1分钟内接待、自我介绍递名片）	L2
				34－01－02	了解接待顾客的基本知识	L2
				34－01－03	掌握口头沟通和人际技巧（在接待过程中是否一直专注客户）	L2
				34－01－04	在接待过程中，关注客户有没有受到其他服务（主动出门迎接、专人引导进行泊车等）	L2
		34－02	需求分析	34－02－01	主动询问客户购车需求（用途、用车时间、竞品情况、预算、配置等）	L3
				34－02－02	得知客户需求后，应及时回应（总结客户需求、提供不同车型信息、推荐车型）	L3
				34－02－03	帮助客户解决疑难问题	L3
		34－03	车型介绍	34－03－01	熟悉车型的功能	L3
				34－03－02	结合客户需求向客户介绍车辆（外观、内饰、配置及功能），突出对客户的优点和好处	L3
				34－03－03	对客户的疑问做到清晰回答	L3
				34－03－04	在不诋毁竞品车型的前提下，着重介绍本产品相对于竞品车型的优势	L3
				34－03－05	邀请客户亲自体验，同时询问客户的感受	L3
35	试乘试驾邀请	35－01	试乘试驾准备	35－01－01	主动向客户提供试乘试驾服务	L3
				35－01－02	若是没有进行试乘试驾，根据客户需求预约下一次到店试乘试驾体验	L3
				35－01－03	试乘试驾前，介绍试乘试驾流程、路线及所需时间	L3
				35－01－04	试乘试驾前，确保试驾车干净整齐无异味、温度合适	L3

续上表

工作项目/职业素养		工作任务/职业素养分类		职业能力（技能、工具、方法、要求、知识）		学习水平 高职 Lj
35	试乘试驾邀请	35－02	试乘试驾演示	35－02－01	试乘试驾过程中，讲解车辆基本操作（多功能仪表、座椅、后视镜等）	L3
				35－02－02	根据客户需求，重点安排客户体验感兴趣的体验项目（原地起步加速、直线加速、连续转弯）	L3
				35－02－03	了解客户试乘试驾的感受，并回答客户疑问	L3
				35－02－04	了解试乘试驾注意事项	L3
36	异议处理与报价	36－01	顾客异议处理	36－01－01	了解顾客异议产生的原因	L4
				36－01－02	正确对待客户的异议	L4
		36－02	处理异议的方法	36－02－01	具有防范大于处理的心态	L4
				36－02－02	清楚处理客户异议的原则	L4
				36－02－03	掌握处理客户异议的方法和技巧	L4
		36－03	报价	36－03－01	主动向客户推荐贷款购车方式（贷款银行、金额、年限、月供、利息等）	L3
				36－03－02	主动向客户推荐保险业务（保险公司、险种、保费等）	L3
				36－03－03	为客户提供报价单并在议价时给予合理的解释	L3
37	交车服务与售后跟踪服务	37－01	签约成交	37－01－01	具备总结推销成交失利原因的能力	L3
				37－01－02	适时建议购买	L3
				37－01－03	掌握促成交易的方法和技巧	L3
				37－01－04	防范成交阶段的风险	L3
		37－02	交车流程	37－02－01	交车前文件的准备	L3
				37－02－02	交车前车辆的检查	L3
				37－02－03	车辆功能演示	L3
				37－02－04	车辆与相关文件的交接	L3
				37－02－05	罗列账单，解释费用，确认发票信息	L3
				37－02－06	填写保养手册	L3
				37－02－07	下次保养提醒及建议	L3
				37－02－08	引领客户车辆至公司大门口	L3

续上表

<table>
<tr><th colspan="2" rowspan="2">工作项目/职业素养</th><th colspan="2" rowspan="2">工作任务/职业素养分类</th><th colspan="2" rowspan="2">职业能力（技能、工具、方法、要求、知识）</th><th>学习水平</th></tr>
<tr><th>高职 Lj</th></tr>
<tr><td rowspan="4">37</td><td rowspan="4">交车服务与售后跟踪服务</td><td rowspan="4">37-03</td><td rowspan="4">售后跟踪服务</td><td>37-03-01</td><td>维系客户关系，致电客户（三天内回访）</td><td>L3</td></tr>
<tr><td>37-03-02</td><td>再次提醒客户下次保养时间</td><td>L3</td></tr>
<tr><td>37-03-03</td><td>让保有客户引荐新客户</td><td>L3</td></tr>
<tr><td>37-03-04</td><td>未成交顾客的跟踪服务</td><td>L3</td></tr>
<tr><td rowspan="11">38</td><td rowspan="11">计划及协调</td><td rowspan="3">38-01</td><td rowspan="3">制订销售计划</td><td>38-01-01</td><td>制订公司的零售目标</td><td>J5</td></tr>
<tr><td>38-01-02</td><td>制订公司的零售策略，拓展销售渠道（促销活动）</td><td>J5</td></tr>
<tr><td>38-01-03</td><td>制订附件销售业务</td><td>J5</td></tr>
<tr><td rowspan="8">38-02</td><td rowspan="8">业务管理及协调</td><td>38-02-01</td><td>对员工培训，分析客流和销售顾问绩效，帮助销售顾问提升能力</td><td>J4</td></tr>
<tr><td>38-02-02</td><td>监督接待流程和交车流程</td><td>L4</td></tr>
<tr><td>38-02-03</td><td>执行展厅日常管理制度，合理安排值班人员的工作</td><td>L4</td></tr>
<tr><td>38-02-04</td><td>使用 QC-Sales 流程来指导销售顾问的展厅工作</td><td>L4</td></tr>
<tr><td>38-02-05</td><td>收集团队绩效，进行每周会议</td><td>L4</td></tr>
<tr><td>38-02-06</td><td>鼓舞团队士气，认可销售顾问的成就、努力或成果</td><td>L4</td></tr>
<tr><td>38-02-07</td><td>倾听客户表述并澄清相关问题、处理顾客投诉</td><td>L4</td></tr>
<tr><td>38-02-08</td><td>具备出色的沟通能力</td><td>L4</td></tr>
<tr><td rowspan="8">39</td><td rowspan="8">职业素养（通用能力、核心技能、关键能力）</td><td rowspan="5">39-01</td><td rowspan="5">沟通交流</td><td>39-01-01</td><td>明白上级意图</td><td>L3</td></tr>
<tr><td>39-01-02</td><td>认真听取客户诉求</td><td>L3</td></tr>
<tr><td>39-01-03</td><td>能及时准确传达客户要求到相关部门</td><td>L3</td></tr>
<tr><td>39-01-04</td><td>良好的沟通能力，善于发现问题，表达清晰</td><td>L3</td></tr>
<tr><td>39-01-05</td><td>能够与同事沟通，增强信任感</td><td>L3</td></tr>
<tr><td rowspan="3">39-02</td><td rowspan="3">创新精神</td><td>39-02-01</td><td>具有创新意识，优化流程</td><td>L3</td></tr>
<tr><td>39-02-02</td><td>积极发表改进意见，解决问题思路清晰，有革新意识</td><td>L3</td></tr>
<tr><td>39-02-03</td><td>改善工具、方法</td><td>L3</td></tr>
</table>

续上表

工作项目/职业素养		工作任务/职业素养分类		职业能力（技能、工具、方法、要求、知识）		学习水平 高职 Lj
39	职业素养（通用能力、核心技能、关键能力）	39－03	自主学习	39－03－01	学习品牌新技术、新知识（新车型）	L3
				39－03－02	学习技术通告、产品通告	L3
				39－03－03	学习管理知识	L3
				39－03－04	学习厂家学习系统（LMS①）	L3
				39－03－05	收集和整合维修案例	L3
		39－04	团队合作	39－04－01	有凝聚力	L3
				39－04－02	能够服从安排	L3
				39－04－03	有集体荣誉感	L3
				39－04－04	能够完成团队任务	L3
		39－05	解决问题	39－05－01	及时反馈问题	L3
				39－05－02	具有谈判能力（投诉）	L3
				39－05－03	形成解决问题的思路	L3
		39－06	信息处理	39－06－01	保密客户信息	L3
				39－06－02	及时更新客户资料	L3
				39－06－03	能使用经销商系统（DMS② 系统）	L3
				39－06－04	会使用常用办公软件	L3
				39－06－05	及时传递信息	L3
				39－06－06	会阅读电子目录	L3
		39－07	责任（安全）意识	39－07－01	具有安全防护意识	L3
				39－07－02	能够使用防护工具	L3
				39－07－03	知道“三废”处理	L3
				39－07－04	知道危险品处理方法	L3
				39－07－05	轻取轻放物品	L3
				39－07－06	正确使用维修设备	L3

① LMS：学习管理系统。

② DMS：汽车经销商管理系统。

续上表

<table>
<tr><th colspan="2" rowspan="2">工作项目/
职业素养</th><th colspan="2" rowspan="2">工作任务/
职业素养分类</th><th colspan="2" rowspan="2">职业能力
（技能、工具、方法、要求、知识）</th><th>学习水平</th></tr>
<tr><th>高职
Lj</th></tr>
<tr><td rowspan="16">39</td><td rowspan="16">职业素养（通用能力、核心技能、关键能力）</td><td rowspan="2">39－08</td><td rowspan="2">外语应用</td><td>39－08－01</td><td>读懂英文专业术语及缩写（用语）</td><td>L3</td></tr>
<tr><td>39－08－02</td><td>能读懂英文诊断流程</td><td>L3</td></tr>
<tr><td rowspan="4">39－09</td><td rowspan="4">组织能力</td><td>39－09－01</td><td>思路清晰，能合理分工</td><td>L4</td></tr>
<tr><td>39－09－02</td><td>调动员工的积极性</td><td>L4</td></tr>
<tr><td>39－09－03</td><td>组织娱乐活动、团队建设</td><td>L4</td></tr>
<tr><td>39－09－04</td><td>开展公司间联谊</td><td>L4</td></tr>
<tr><td rowspan="4">39－10</td><td rowspan="4">吃苦耐劳精神</td><td>39－10－01</td><td>有牺牲精神（时间、精力）</td><td>L3</td></tr>
<tr><td>39－10－02</td><td>能够接受加班</td><td>L3</td></tr>
<tr><td>39－10－03</td><td>任劳任怨、不怕辛劳</td><td>L3</td></tr>
<tr><td>39－10－04</td><td>忍得住寂寞</td><td>L3</td></tr>
<tr><td rowspan="6">39－11</td><td rowspan="6">其他</td><td>39－11－01</td><td>具有职业道德、责任心</td><td>L3</td></tr>
<tr><td>39－11－02</td><td>具有法律意识</td><td>L3</td></tr>
<tr><td>39－11－03</td><td>注意仪容仪表</td><td>L3</td></tr>
<tr><td>39－11－04</td><td>服务态度好</td><td>L3</td></tr>
<tr><td>39－11－05</td><td>主动、积极</td><td>L3</td></tr>
<tr><td>39－11－06</td><td>爱岗敬业</td><td>L3</td></tr>
</table>

注：①“学习水平”中的高职 Lj 的 j 对应“表 8－1　现代学徒制汽车车身维修技术专业毕业生职业生涯发展路径”中的高职发展阶段。若是第Ⅱ发展阶段，则用 L2 表示；若是第Ⅲ发展阶段，则用 L3 表示，依此类推。

②该职业能力分析表参考了《中高职衔接汽车运用技术专业职业能力分析报告》中的职业能力分析表。

③除了销售岗位，其他 4 个岗位都是现代学徒制目标岗位。

五、附录

（一）参与职业能力分析的行业企业专家名单（如表8－4所示）

表8－4 参与职业能力分析的行业企业专家名单

序号	姓名	工作单位	职务
1	周高宽	珠海市欧亚汽车技术有限公司	经理
2	陈家深	珠海市龙神有限公司	培训经理
3	庄洪威	珠海市新龙时代汽车维修服务有限公司	钣金主管
4	郭小兵	珠海市欧亚汽车技术有限公司	喷漆培训师
5	宋　明	珠海市龙神汽车职业培训学校	高级喷漆培训师
6	周东波	珠海市新龙时代汽车维修服务有限公司	喷漆主管
7	林少峰	珠海市美利汽车销售服务有限公司	技术经理
8	施英杰	珠海市香洲一汽汽车销售有限公司	机修主管
9	黄亚利	中国平安保险（集团）股份有限公司珠海分公司	保险主管
10	魏一凡	珠海市强利二手车交易市场有限公司	经理
11	吴振源	东风日产珠海南屏专营店	销售主管
12	郭丽坚	珠海市香洲一汽汽车销售有限公司	销售主管

（二）参与职业能力分析的院校教师和合作企业代表名单（如表8－5所示）

表8－5 参与职业能力分析的院校教师和合作企业代表名单

序号	姓名	单位名称	职务/职称
1	李双芹	广东科学技术职业学院	教务副处长
2	陈斗雪	广东科学技术职业学院	院长/教授
3	赖兴余	广东科学技术职业学院	副院长/教授
4	王红梅	广东科学技术职业学院	院长助理/副教授
5	孙宝文	广东科学技术职业学院	负责人/副教授
6	吴云溪	广东科学技术职业学院	副院长/教授
7	许海华	广东科学技术职业学院	汽车专业负责人/副教授
8	李光福	广东科学技术职业学院	工程师

续上表

序号	姓名	单位名称	职务/职称
9	赖建生	广东科学技术职业学院	讲师
10	肖文颖	广东科学技术职业学院	讲师
11	冯志荣	广东科学技术职业学院	工程师
12	叶玉春	广东科学技术职业学院	高级实验师
13	何宁发	广东科学技术职业学院	实验员
14	张冰珂	广东科学技术职业学院	助教
15	卞青青	广东科学技术职业学院	讲师
16	张华军	广东科学技术职业学院	实验员
17	韦兰英	广东科学技术职业学院	讲师
18	王　辉	广东科学技术职业学院	高级工程师
19	郑　红	广东科学技术职业学院	副教授
20	刘劲松	珠海市欧亚汽车技术有限公司	总经理
21	周亮宽	珠海市欧亚汽车技术有限公司	经理
22	米天祥	珠海市欧亚汽车技术有限公司	培训主管
23	洪小茵	珠海市欧亚汽车技术有限公司	文员